ERNST CASSIRER

PHILOSOPHIE DER SYMBOLISCHEN FORMEN

ERNST CASSIRER

# PHILOSOPHIE DER SYMBOLISCHEN FORMEN

ZWEITER TEIL

DAS MYTHISCHE DENKEN

1977

WISSENSCHAFTLICHE BUCHGESELLSCHAFT

DARMSTADT

Die Seitenzählung der vorliegenden Auflage hat sich nur um ein geringes gegenüber der 1. Auflage verschoben. Der genaue Vergleich mit den Seitenzahlen der 1. Auflage ist am Schluß des Bandes abgedruckt. Schrägstriche im Text bezeichnen den genauen Seitenbeginn der 1. Auflage. Es kann also jedes Zitat ohne weiteres auch in der 2. Auflage gefunden werden.

---

CIP-Kurztitelaufnahme der Deutschen Bibliothek

**Cassirer, Ernst**
Philosophie der symbolischen Formen. — Nachdr. — Darmstadt: Wissenschaftliche Buchgesellschaft.

Teil 2. Das mythische Denken. — 7., unveränd. Aufl. — 1977.
ISBN 3-534-05938-7

---

Bestellnummer 68-4 II

7., unveränderte Auflage
© 1964 by Wissenschaftliche Buchgesellschaft, Darmstadt
Druck und Einband: Wissenschaftliche Buchgesellschaft, Darmstadt
Printed in Germany

ISBN 3-534-05938-7

DEM ANDENKEN PAUL NATORPS

## VORWORT

Eine „Kritik des mythischen Bewußtseins" in dem Sinne, in welchem sie der vorliegende zweite Band der „Philosophie der symbolischen Formen" durchzuführen versucht, muß, gemessen an dem heutigen Stand der kritischen und wissenschaftlichen Philosophie, nicht nur als ein Wagnis, sondern geradezu als eine Paradoxie erscheinen. Denn der Ausdruck der Kritik schließt seit Kant die Voraussetzung in sich, daß ein Faktum vorliegt, an das die philosophische Frage sich wendet – ein Faktum, das in seiner eigentümlichen Bedeutung und Geltungsart, von der Philosophie nicht erschaffen, sondern vorgefunden wird, um sodann auf die „Bedingungen seiner Möglichkeit" untersucht zu werden. Ist die Welt des Mythos aber ein solches Faktum, das in irgendeiner Weise, der Welt der theoretischen Erkenntnis, der Welt der Kunst oder der des sittlichen Bewußtseins zu vergleichen ist? Oder gehört diese Welt nicht von Anfang an dem Gebiete des Scheines an – jenes Scheines, von dem die Philosophie, als Lehre vom Wesen, sich fernzuhalten, in den sie sich nicht zu versenken, sondern gegen den sie sich immer klarer und schärfer abzusondern hat? In der Tat läßt sich die gesamte Geschichte der wissenschaftlichen Philosophie als ein einziger fortlaufender Kampf um diese Absonderung und Loslösung betrachten. So sehr, je nach der erreichten Stufe des theoretischen Selbstbewußtseins, die Formen dieses Kampfes wechseln – so klar und deutlich tritt seine Grundrichtung und seine allgemeine Tendenz heraus. Und es ist insbesondere der philosophische Idealismus, innerhalb dessen dieser Gegensatz erst seine ganze Schärfe gewinnt. In dem Augenblick, in dem dieser Idealismus zu seinem eigenen Begriff gelangt, in dem ihm der Gedanke des Seins als sein Grund- und Urproblem bewußt wird, fällt die Welt des Mythos dem Gebiet des Nicht-Seins anheim. Und vor diesem Gebiet ist seit altersher als warnendes Zeichen das Wort des Parmenides aufgerichtet, das dem reinen Gedanken jede Berührung und jede Beschäftigung mit dem Nicht-Seienden / verwehrt: ἀλλὰ σὺ τῆσδ' ἀφ' ὁδοῦ διζήσιος εἶργε νόημα. Es ist als hätte die Philosophie diese Warnung, die sie mit Rücksicht auf die Welt der empirischen Wahrnehmung seit langem hinter sich gelassen hat, mit Rücksicht auf die Welt des Mythos unverändert festgehalten. Sie zum mindesten erschien, seitdem der Gedanke sich sein eigenes Reich und seine eigene Selbstgesetzlichkeit erobert hatte, ein für allemal überwunden und vergessen. Seit zu Beginn des vorigen Jahrhunderts die Romantik diese versunkene Welt wieder entdeckt und seit Schelling versucht hat, ihr innerhalb des Systems der Philosophie ihre feste Stelle zu geben, schien freilich hierin ein Wandel eingetreten zu sein. Aber das neu belebte Interesse für den Mythos und für die Grundfragen der vergleichenden Mythologie kam weit mehr als der philosophischen Analyse seiner Form der Erforschung seiner Materie zugute. Diese Materie liegt heute dank der Arbeit, die die systematische Religionswissenschaft, die Religionsgeschichte und die Völkerkunde auf diesem Gebiet geleistet haben, in reicher Fülle vor uns. Das systematische Problem der Einheit dieses vielfältigen und heterogenen Materials aber wird heute entweder überhaupt nicht mehr gestellt oder aber es wird, sofern es aufgeworfen wird, ausschließlich mit den Methoden der Entwicklungspsychologie und der allgemeinen Völkerpsychologie zu lösen versucht. Der Mythos gilt als „begriffen", wenn es gelingt, seine Herkunft aus bestimmten Grundanlagen der „menschlichen Natur" verständlich zu machen und die psychologischen Regeln aufzuweisen, denen er in seiner Entfaltung aus diesem ursprünglichem Keim folgt. Wenn die Logik, die Ethik, die Ästhetik sich gegen eine derartige Form der Erklärung und Ableitung, so oft sie auch ihnen gegenüber versucht wurde, zuletzt doch immer wieder in ihrem systematischen Eigenrecht behauptet haben, so geschah es, weil sie alle sich auf ein selbständiges Prinzip von „objektiver" Geltung berufen und stützen konnten, das jeder psychologistischer Auflösung widerstand. Der Mythos hingegen, dem jede derartige Stütze zu fehlen scheint, schien eben damit ein für allemal nicht nur der Psychologie, sondern auch dem Psychologismus überantwortet und preisgegeben. Der Einblick in seine Entstehungsbedingungen schien hier mit der Negation eines selbständigen Bestandes gleichbedeutend zu sein. Seinen Gehalt verstehen – dies schien nichts anderes bedeuten zu können als seine objektive Nichtigkeit zu erweisen, als die zwar allgemeine, aber nichtsdestoweniger völlig „subjektive" Illusion zu durchschauen, der er sein Dasein verdankt.

Und doch birgt dieser „Illusionismus", wie er nicht nur in der Theorie / des mythischen Vorstellens, sondern auch in Versuchen zur Grundlegung der Ästhetik und der Kunsttheorie immer aufs neue auftritt, ein schweres Problem und eine schwere Gefahr in sich, sobald man ihn vom Standpunkt des Systems der geistigen Ausdrucksformen betrachtet. Denn wenn die Gesamtheit dieser Formen wirklich eine systematische Einheit bildet, so liegt darin, daß das Schicksal der einen eng mit dem aller andern verknüpft ist. Jede Negation, die die eine trifft, muß sich somit, unmittelbar oder mittelbar, auf die anderen erstrecken – jede Vernichtung eines einzelnen Gliedes bedroht das Ganze, sofern dasselbe nicht als ein bloßes Aggregat, sondern als geistig-organische Einheit gedacht wird. Und daß der Mythos in diesem Ganzen und für dasselbe eine entscheidende Bedeutung besitzt, – das ergibt sich sofort, wenn man sich die Genesis der Grundformen der geistigen Kultur aus dem mythischen Bewußtsein vor Augen hält. Keine dieser Formen besitzt von Anfang an ein selbständiges Sein und eine eigene klar abgegrenzte Gestalt; sondern jede tritt uns gleichsam verkleidet und eingehüllt in irgendeine Gestalt des Mythos entgegen. Es gibt kaum einen Bereich des „objektiven Geistes", an dem sich nicht diese Verschmelzung, diese konkrete Einheit, die er ursprünglich mit dem mythischen Geiste bildet, aufweisen ließe. Die Gebilde der Kunst wie die der Erkenntnis, – die Inhalte der Sitte, des Rechts, der Sprache, der Technik: sie alle weisen hier auf das gleiche Grundverhältnis hin. Die Frage nach dem „Ursprung der Sprache" ist unlöslich mit der Frage nach dem „Ursprung des Mythos" verwoben – beide lassen sich, wenn überhaupt, so nur miteinander und in wechselseitiger Beziehung aufeinander stellen. Nicht minder führt uns das Problem der Anfänge der Kunst, der Anfänge der Schrift, der Anfänge des Rechts und der Wissenschaft auf eine Stufe zurück, in der sie alle noch in der unmittelbaren und ungeschiedenen Einheit des mythischen Bewußtseins ruhen. Aus dieser Umschließung und Verklammerung lösen sich die theoretischen Grundbegriffe der Erkenntnis, die Begriffe von Raum, Zeit und Zahl, oder die Rechts- und Gemeinschaftsbegriffe, wie etwa der Begriff des Eigentums, weiterhin aber auch die einzelnen Gestaltungen der Wirtschaft, der Kunst, der Technik nur ganz allmählich los. Und dieser genetische Zusammenhang wird in seiner eigentlichen Bedeutung und Tiefe nicht erfaßt, solange man ihn als einen bloß-genetischen betrachtet und hinnimmt. Wie überall im Leben des Geistes, so weist vielmehr auch hier das Werden auf ein Sein zurück, ohne das es nicht begriffen, nicht in seiner eigentümlichen „Wahrheit" erkannt werden kann. Es ist die Psychologie selber, die in ihrer modernen wissen/schaftlichen Gestalt von diesem Zusammenhang Kunde gibt: denn immer schärfer macht sich hier die Einsicht geltend, daß die genetischen Probleme niemals rein für sich, sondern nur in nächster Verknüpfung und in durchgängiger Korrelation mit den „Strukturproblemen" ihre Lösung finden können. Das Hervorgehen der einzelnen spezifischen Gebilde des Geistes aus der Allgemeinheit und Indifferenz des mythischen Bewußtseins kann nicht wahrhaft verstanden werden, wenn dieser Urgrund selbst als ein unbegriffenes Rätsel stehenbleibt – wenn er, statt daß in ihm eine eigene Weise der geistigen Formung erkannt wurde, vielmehr nur als gestaltloses Chaos genommen wird.

In dieser Weise gefaßt wächst das Problem des Mythos über alle psychologische oder psychologistische Enge hinaus, um sich dem allgemeinen Problemkreis einzufügen, den Hegel als „Phänomenologie des Geistes" bezeichnet hat. Daß der Mythos zu der universellen Aufgabe der Phänomenologie des Geistes in einem innerlichen und notwendigen Verhältnis steht: das läßt sich mittelbar schon Hegels eigener Fassung und Bestimmung ihres Begriffs entnehmen. „Der Geist, der sich . . . entwickelt als Geist weiß" – so heißt es in der Vorrede zur „Phänomenologie" – „ist die Wissenschaft. Sie ist seine Wirklichkeit und das Reich, das er sich in seinem eigenen Elemente erbaut... Der Anfang der Philosophie macht die Voraussetzung oder Forderung, daß das Bewußtsein sich in diesem Elemente befinde. Aber dieses Element erhält seine Vollendung und Durchsichtigkeit selbst nur durch die Bewegung seines Werdens. Es ist die reine Geistigkeit als das Allgemeine, das die Weise der einfachen Unmittelbarkeit hat . . . Die Wissenschaft verlangt von ihrer Seite an das Selbstbewußtsein, daß es in diesen Äther sich erhoben habe, um mit ihr und in ihr leben zu können und zu leben. Umgekehrt hat das Individuum das Recht zu fordern, daß die Wissenschaft ihm die Leiter wenigstens zu diesem Standpunkte reiche, ihm in ihm selbst denselben aufzeige . . . Wenn der Standpunkt des Bewußtseins, von gegenständlichen Dingen im Gegensatze gegen sich selbst und von sich selbst im Gegensatze gegen sie zu wissen, der Wissenschaft als das Andere . . . gilt, so ist ihm (dem Bewußtsein) dagegen das Element der Wissenschaft eine jenseitige Ferne, worin es nicht mehr sich selbst besitzt. Jeder von diesen beiden Teilen scheint für den anderen das Verkehrte der Wahrheit zu sein . . . Die Wissenschaft sei an ihr selbst, was sie will; im Verhältnisse zum unmittelbaren Selbstbewußtsein stellt sie sich als ein Verkehrtes gegen sie dar; oder weil dasselbe in der Gewißheit seiner selbst das Prinzip seiner Wirklichkeit hat, trägt sie, indem es für sich außer ihr/ist, die Form der Unwirklichkeit. Sie hat darum solches Element mit ihr zu vereinigen oder vielmehr zu zeigen, daß und wie es ihr selbst angehört. Als solcher Wirklichkeit entbehrend ist sie nur der Inhalt als das Ansich, der Zweck, der erst noch ein Inneres, nicht als Geist, nur erst geistige Substanz ist. Dies Ansich hat sich zu äußern und für sich selbst zu werden, dies heißt nichts anderes, als dasselbe hat das Selbstbewußtsein als eins mit sich zu setzen . . . Das Wissen, wie es zuerst ist, oder der unmittelbare Geist ist das Geistlose, das sinnliche Bewußtsein. Um zum eigentlichen Wissen zu werden oder das Element der Wissenschaft, das ihr reiner Begriff selbst ist, zu erzeugen, hat es sich durch einen langen Weg hindurchzuarbeiten." Diese Sätze, in denen Hegel das Verhältnis der „Wissenschaft" zum sinnlichen Bewußtsein kennzeichnet, gelten in vollem Umfang und in voller Schärfe für das Verhältnis der Erkenntnis zum mythischen Bewußtsein. Denn der eigentliche Ausgangspunkt für alles Werden der Wissenschaft, ihr Anfang im Unmittelbaren, liegt nicht sowohl in der Sphäre des Sinnlichen als in der der mythischen Anschauung. Was man das sinnliche Bewußtsein zu nennen pflegt, der Bestand einer „Wahrnehmungswelt", die sich weiterhin in deutlich geschiedene einzelne Wahrnehmungskreise, in die sinnlichen „Elemente" der Farbe, des Tones usf. gliedert: das ist selbst bereits das Produkt einer Abstraktion, einer theoretischen Bearbeitung des „Gegebenen". Bevor das Selbstbewußtsein sich zu dieser Abstraktion erhebt, ist und lebt es in den Gebilden des mythischen Bewußtseins – in einer Welt nicht sowohl von „Dingen" und deren „Eigenschaften" als vielmehr von mythischen Potenzen und Kräften, von Dämonen- und Göttergestalten. Soll daher, gemäß der Forderung Hegels, die „Wissenschaft" dem natürlichen Bewußtsein die Leiter darreichen, die zu ihr selbst hinanführt, so muß sie diese Leiter noch um eine Stufe tiefer ansetzen. Der Einblick in das „Werden" der Wissenschaft – im ideellen, nicht im zeitlichen Sinne verstanden – ist erst vollendet, wenn ihr Hervorgehen und ihre Herausarbeitung aus der Sphäre der mythischen Unmittelbarkeit aufgezeigt und die Richtung wie das Gesetz dieser Bewegung kenntlich gemacht ist.

Und es handelt sich hierbei nicht bloß um eine Forderung der philosophischen Systematik, sondern um eine Forderung der Erkenntnis selbst. Denn die Erkenntnis wird des Mythos nicht Herr, indem sie ihn einfach außerhalb ihrer Grenzen verbannt. Für sie gilt vielmehr, daß sie nur das wahrhaft zu überwinden vermag, was sie zuvor in seinem eigentümlichen Gehalt und nach seinem spezifischen Wesen begriffen hat. Solange diese geistige Arbeit nicht vollbracht ist, zeigt es sich, daß der Kampf, den die/theoretische Erkenntnis für immer siegreich bestanden zu haben glaubte, stets aufs neue ausbricht. Die Erkenntnis findet jetzt den Gegner, den sie scheinbar endgültig besiegt hatte, in ihrer eigenen Mitte wieder. Gerade die Erkenntnislehre des „Positivismus" bietet für diesen Sachverhalt einen deutlichen Beleg. Die Absonderung des rein Tatsächlichen, des faktisch Gegebenen von allen „subjektiven" Zutaten des mythischen oder des metaphysischen Geistes bildet hier das eigentliche Ziel der Betrachtung. Die Wissenschaft gelangt zu ihrer eigenen Form erst dadurch, daß sie alle mythischen und metaphysischen Bestandteile von sich ausstößt. Und doch zeigt gerade die Entwicklung der Lehre Comtes, daß eben jene Momente und Motive, über die sie schon in ihrem Beginn hinweggeschritten zu sein meinte, in ihr selbst lebendig und wirksam bleiben. Comtes System, das mit der Verbannung alles Mythischen in die Urzeit und Vorzeit der Wissenschaft begann, schließt sich selbst in einem mythisch-religiösen Oberbau ab. Und so zeigt sich überhaupt, daß zwischen dem Bewußtsein der theoretischen Erkenntnis und dem mythischen Bewußtsein nirgends ein Hiatus in dem Sinne besteht, daß ein scharfer zeitlicher Einschnitt – im Sinne des Comteschen „Dreiphasengesetzes" – beide gegeneinander absondert. Die Wissenschaft bewahrt auf lange Zeit hinaus uraltes mythisches Erbgut, dem sie nur eine andere Form aufprägt. Für die theoretische Naturwissenschaft genügt es hier an die jahrhundertelangen, noch heute nicht abgeschlossenen Kämpfe zu erinnern, die um die Ablösung des Kraftbegriffs von allen mythischen Bestandteilen, um seine Umsetzung in einen reinen Funktionsbegriff, geführt worden sind. Und es handelt sich hierbei nicht nur um einen Gegensatz, der in der Feststellung des **Inhalts** einzelner Grundbegriffe immer wieder hervorbricht, sondern um einen Konflikt, der tief in die eigene Form der theoretischen Erkenntnis hinabreicht. Wie wenig innerhalb dieser Form eine wahrhaft scharfe Abgrenzung des Mythos gegen den Logos erreicht ist – das beweist besser als alles andere der Umstand, daß der Mythos heute auch im Gebiet der reinen **Methodenlehre** wieder ein Heimat- und Bürgerrecht für sich in Anspruch nimmt. Schon wird unverhohlen die Ansicht laut, daß zwischen Mythos und **Geschichte** sich nirgend eine klare logische Abtrennung vollziehen lasse, daß vielmehr alles historische Begreifen mit echt mythischen Elementen durchsetzt und an sie notwendig gebunden sei. Besteht diese These zu Recht, so wäre damit nicht nur die Geschichte selbst, sondern das gesamte System der Geisteswissenschaften, das auf ihr als einem seiner Fundamente ruht, dem Gebiet der Wissenschaft ent/zogen und dem des Mythos anheimgegeben. Solche Eingriffe und Übergriffe des Mythos in den Kreis der Wissenschaft können nur dann erfolgreich abgewehrt werden, wenn man ihn zuvor innerhalb seines eigenen Bereichs nach dem, was er geistig ist und geistig vermag, erkannt hat. Seine echte Überwindung muß auf seiner Erkenntnis und Anerkenntnis beruhen: nur durch die Analyse seiner geistigen Struktur läßt sich nach der einen Seite sein eigentümlicher Sinn, nach der anderen seine Grenze bestimmen.

Je schärfer sich mir im Fortgang der Untersuchung diese allgemeine Aufgabe präzisierte, um so deutlicher habe ich freilich die Schwierigkeiten empfunden, die sich ihrer Durchführung entgegenstellen. Noch weniger als für die Probleme der Sprachphilosophie, die der erste Band behandelt, bestand hier ein sicher gebahnter, ja auch nur ein einigermaßen fest abgesteckter Weg. Wenn für die Sprache die systematische Betrachtung, wo nicht inhaltlich, so doch methodisch, überall an die grundlegenden Untersuchungen Wilhelm v. Humboldts anknüpfen konnte – so fehlte im Gebiet des mythischen Denkens jeder derartige methodische „Leitfaden". Der Überreichtum des Materials, das die Forschung der letzten Jahrzehnte ans Licht gefördert hat, bot hierfür keine Entschädigung: er ließ im Gegenteil den Mangel der systematischen Einsicht in die „innere Form" des Mythischen nur um so schärfer hervortreten. Die vorliegende Untersuchung hofft einen Weg beschritten zu haben, auf dem sich dieser Einsicht näherkommen läßt – aber ich bin weit davon entfernt, zu glauben, daß sie diesen Weg wirklich durchmessen hat. Was sie enthält, will in keiner Weise ein Abschluß, sondern lediglich ein erster Anfang sein. Erst dann, wenn die Fragestellung, die hier versucht wurde, nicht nur von der systematischen Philosophie, sondern auch von den wissenschaftlichen Einzeldisziplinen, insbesondere von der Religionsgeschichte und von der Völkerkunde, aufgenommen und weiter verfolgt wird, läßt sich hoffen, daß das Ziel, das diese Untersuchung sich ursprünglich gesteckt hatte, in stetig fortschreitender Arbeit wirklich erreicht werde.

Die Entwürfe und Vorarbeiten für diesen Band waren bereits weit fortgeschritten, als ich durch meine Berufung nach Hamburg in nähere Berührung mit der Bibliothek Warburg kam. Hier fand ich auf dem Gebiet der Mythenforschung und der allgemeinen Religionsgeschichte nicht nur ein reiches, in seiner Fülle und Eigenart fast unvergleichliches Material vor – sondern dieses Material erschien in seiner Gliederung und Sichtung, in der geistigen Prägung, die es /durch Warburg erhalten hat, auf ein einheitliches und zentrales Problem bezogen, das sich mit dem Grundproblem meiner eigenen Arbeit aufs nächste berührte. Diese Übereinstimmung ist mir immer aufs neue zum Ansporn geworden, auf dem einmal beschrittenen Wege fortzugehen – schien sich doch daraus zu ergeben, daß die systematische Aufgabe, die dieses Buch sich stellt, innerlich zusammenhängt mit Tendenzen und Forderungen, die aus der konkreten Arbeit der Geisteswissenschaften selber und aus der Bemühung um ihre geschichtliche Fundierung und Vertiefung erwachsen sind. Bei der Benutzung der Bibliothek Warburg erwies sich mir Fritz Saxl als ein stets hilfsbereiter und sachkundiger Führer. Ich bin mir bewußt, daß ohne seine tatkräftige Hilfe und ohne die lebendige persönliche Teilnahme, die er meiner Arbeit von Anfang an entgegengebracht hat, sich viele Schwierigkeiten in der Beschaffung und Durchdringung des Materials kaum hätten bewältigen lassen. Dieses Buch soll nicht hinausgehen, ohne daß ich dafür auch an dieser Stelle meinen herzlichsten Dank ausspreche.

HAMBURG, im Dezember 1924

*Ernst Cassirer*

## INHALTSVERZEICHNIS

### EINLEITUNG
### DAS PROBLEM EINER „PHILOSOPHIE DER MYTHOLOGIE" 3

### ERSTER ABSCHNITT
### DER MYTHOS ALS DENKFORM

Kapitel I: Charakter und Grundrichtung des mythischen Gegenstandsbewußtseins . . . . . . . . . . . . . . . . . . . . . . 39
Kapitel II: Einzelkategorien des mythischen Denkens . . . . . . . 78

### ZWEITER ABSCHNITT
### DER MYTHOS ALS ANSCHAUUNGSFORM
### AUFBAU UND GLIEDERUNG DER RÄUMLICH-ZEITLICHEN WELT IM MYTHISCHEN BEWUSSTSEIN

Kapitel I: Der Grundgegensatz . . . . . . . . . . . . . . . . 93
Kapitel II: Grundzüge einer Formenlehre des Mythos. – Raum, Zeit und Zahl 104
1. Die Gliederung des Raumes im mythischen Bewußtsein . . . . . 104
2. Raum und Licht. – Das Problem der „Orientierung" . . . . . . 116
3. Der mythische Zeitbegriff . . . . . . . . . . . . . . . . 129
4. Die Gestaltung der Zeit im mythischen und religiösen Bewußtsein . . 145
5. Die mythische Zahl und das System der „heiligen Zahlen" . . . . 169

### DRITTER ABSCHNITT
### DER MYTHOS ALS LEBENSFORM
### ENTDECKUNG UND BESTIMMUNG DER SUBJEKTIVEN WIRKLICHKEIT IM MYTHISCHEN BEWUSSTSEIN

Kapitel I: Das Ich und die Seele . . . . . . . . . . . . . . . 185
Kapitel II: Die Herausbildung des Selbstgefühls aus dem mythischen Einheits- und Lebensgefühl . . . . . . . . . . . . 209

1. Die Gemeinschaft des Lebendigen und die mythische Klassenbildung. –
Der Totemismus . . . . . . . . . . . . . . . . . . . 209
2. Der Persönlichkeitsbegriff und die persönlichen Götter. – Die Phasen des
mythischen Ichbegriffs . . . . . . . . . . . . . . . . . 238
Kapitel III: Kultus und Opfer . . . . . . . . . . . . . 262

VIERTER ABSCHNITT

DIE DIALEKTIK DES MYTHISCHEN BEWUSSTSEINS 281

# EINLEITUNG
## DAS PROBLEM EINER „PHILOSOPHIE DER MYTHOLOGIE"

## I.

Die philosophische Betrachtung der Inhalte des mythischen Bewußtseins und die Versuche einer theoretischen Erfassung und Deutung dieser Inhalte gehen bis in die ersten Anfänge der wissenschaftlichen Philosophie zurück. Früher als den anderen großen Kulturgebieten wendet sich die Philosophie dem Mythos und seinen Gebilden zu. Das ist geschichtlich und systematisch verständlich: denn in der Auseinandersetzung mit dem mythischen Denken erst gelingt es der Philosophie, zu der scharfen Fassung ihres eigenen Begriffs und zum klaren Bewußtsein über ihre eigene Aufgabe vorzudringen. Die Philosophie sieht sich überall, wo sie sich als theoretische Weltbetrachtung und Welterklärung zu konstituieren sucht, nicht sowohl der unmittelbaren Erscheinungswirklichkeit selbst als vielmehr der mythischen Auffassung und Umprägung dieser Wirklichkeit gegenübergestellt. Sie findet die „Natur" nicht in derjenigen Gestaltung vor, die ihr später – nicht ohne entscheidende Mitwirkung der philosophischen Reflexion selbst – durch das entwickelte und ausgebildete Erfahrungsbewußtsein gegeben wird, sondern alle Gestalten des Daseins erscheinen zunächst wie eingehüllt in die Atmosphäre des mythischen Denkens und der mythischen Phantasie. Erst durch sie erhalten sie ihre Form und Farbe, erhalten sie ihre spezifische Bestimmtheit. Lange bevor die Welt dem Bewußtsein als ein Ganzes empirischer „Dinge" und als ein Komplex empirischer „Eigenschaften" gegeben ist, ist sie ihm als ein Ganzes mythischer Kräfte und Wirkungen gegeben. Und von diesem seinem geistigen Urgrund und Mutterboden vermag auch die philosophische Ansicht und die eigentümliche philosophische Blickrichtung den Weltbegriff nicht unmittelbar abzulösen. Die Anfänge des philosophischen Denkens bewahren noch auf lange Zeit hinaus eine mittlere, eine gleichsam unentschiedene Stellung zwischen der mythischen und der eigentlich philosophischen Fassung des Ursprungsproblems. In dem Begriff, den die frühe griechische Philosophie für dieses / Problem geschaffen hat, im Begriff der ἀρχή, drückt sich diese Doppelbeziehung prägnant und deutlich aus. Er bezeichnet die Grenze zwischen Mythos und Philosophie – aber eine Grenze, die als solche an beiden durch sie geschiedenen Gebieten Anteil hat; er stellt den Übergangs- und Indifferenzpunkt zwischen dem mythischen Begriff des Anfangs und dem philosophischen des „Prinzips" dar. Je weiter die methodische Selbstbesinnung der Philosophie fortschreitet und je schärfer sie seit der Eleatik auf eine „Kritik", auf eine κρίσις innerhalb des Seinsbegriffs selbst dringt, um so deutlicher scheidet sich freilich die neue Welt des Logos, die jetzt ersteht und die sich als autonomes Gebilde behauptet, von der Welt der mythischen Kräfte und der mythischen Göttergestalten ab. Aber wenn beide Welten jetzt nicht mehr unmittelbar nebeneinander bestehen können, so wird doch zum mindesten versucht, die eine als eine Vorstufe der anderen zu behaupten und zu rechtfertigen. Hier liegt der Keim zu jener „allegorischen" Mythendeutung, die zum festen Bildungsbestand der antiken Wissenschaft gehört. Soll dem Mythos gegenüber dem neuen Seins- und Weltbegriff, den das philosophische Denken fortschreitend erringt, noch irgendeine wesentliche Bedeutung, noch irgendeine, wenngleich nur mittelbare „Wahrheit" bleiben, so ist dies, wie es scheint, nur dadurch möglich, daß er als eine Hindeutung und Vorbereitung auf eben diesen Weltbegriff erkannt wird. Sein Bildgehalt umschließt und verbirgt einen rationalen Erkenntnisgehalt, den die Reflexion herauszuschälen und als seinen eigentlichen Kern aufzudecken hat. So wird insbesondere seit dem fünften Jahrhundert, seit dem Jahrhundert der griechischen „Aufklärung", fort und fort diese Methode der Mythendeutung geübt. Sie ist es, an der die Sophistik die Kraft ihrer neugegründeten „Weisheitslehre" mit Vorliebe zu üben und zu erproben pflegte. Der Mythos wird begriffen und „erklärt", indem er in die Begriffssprache der Popularphilosophie umgesetzt, indem er als Einkleidung einer sei es spekulativen, sei es naturwissenschaftlichen oder ethischen Wahrheit gefaßt wird.

Es ist kein Zufall, daß gerade derjenige griechische Denker, in dem die eigentümliche Gestaltungskraft des Mythischen noch unmittelbar lebendig und wirksam ist, sich dieser Ansicht, die zu einer völligen Nivellierung der mythischen Bildwelt hinführt, am schärfsten widersetzt hat. Platon steht den Versuchen der Mythendeutung, wie sie in der Sophistik und Rhetorik geübt werden, mit ironischer Überlegenheit gegenüber – sie sind für ihn nichts anderes als ein Spiel des / Witzes und als eine ebenso plumpe als mühselige Weisheit (ἄγροικος σοφία Phaedr. 229 D). Wenn Goethe einmal die „Einfachheit" der Platonischen Naturbetrachtung rühmt und sie der grenzenlosen Vielfachheit, Zerstückelung und Verwicklung der modernen Naturlehre gegenüberstellt, so zeigt auch Platons Verhältnis zum Mythos denselben charakteristischen Grundzug. Denn Platons Blick verweilt auch in der Betrachtung der mythischen Welt nirgends bei der Fülle der besonderen Motive, sondern ihm erscheint diese Welt als ein in sich geschlossenes Ganze, das er dem Ganzen der reinen Erkenntnis entgegenhält, um beide wechselseitig aneinander zu messen. Die philosophische „Rettung" des Mythos, die zugleich seine philosophische Aufhebung bedeutet, besteht jetzt darin, daß er als eine Form und eine Stufe des Wissens selbst gefaßt wird – und zwar als eine solche, die einem bestimmten Bereich von Gegenständen notwendig zukommt und ihm als adäquater Ausdruck entspricht. So birgt auch für Platon der Mythos einen bestimmten Begriffsgehalt: denn er ist diejenige Begriffssprache, in der allein sich die Welt des Werdens aussprechen läßt. Von dem, was niemals ist, sondern immer „wird", von dem, was nicht, gleich den Gebilden der logischen und der mathematischen Erkenntnis, in identischer Bestimmtheit verharrt, sondern von Moment zu Moment als ein anderes erscheint, kann es auch keine andere als eine mythische Darstellung geben. So scharf daher die bloße „Wahrscheinlichkeit" des Mythos von der „Wahrheit" der strengen Wissenschaft geschieden wird – so besteht doch kraft dieser Scheidung auf der andern Seite der nächste methodische Zusammenhang zwischen der Welt des Mythos und jener Welt, die wir die empirische „Wirklichkeit" der Erscheinungen, die Wirklichkeit der „Natur" zu nennen pflegen. Hier wächst somit der Mythos über jede bloß stoffliche Bedeutung hinaus; hier wird er als eine bestimmte und an ihrem Platze notwendige Funktion des Weltbegreifens gedacht. Und nun vermag er sich auch im einzelnen im Aufbau der Platonischen Philosophie als ein wahrhaft schöpferisches, als ein zeugendes und gestaltendes Motiv zu bewähren. Die tiefere Ansicht, die hier errungen war, hat sich freilich im Fortgang des griechischen Denkens nicht dauernd zu behaupten und durchzusetzen vermocht. Die Stoa wie der Neuplatonismus lenken wieder in die alten Wege der spekulativ-allegorischen Mythendeutung zurück – und durch sie wird diese Deutung auf das Mittelalter wie auf die Renaissance vererbt. Eben der Denker, durch den die Lehre Platons der Renaissance zuerst wieder vermittelt wurde, kann hier / als typisches Beispiel dieser Denkrichtung gelten: bei Georgios Gemistos Plethon greift die Darstellung der Ideenlehre derart in die seiner mythisch-allegorischen Götterlehre über, daß beide zu einem untrennbaren Ganzen verschmelzen.

Gegenüber dieser objektivierenden „Hypostase", die die Gestalten des Mythos in der Neuplatonischen Spekulation erfahren, setzt sich in der neueren Philosophie auch an diesem Punkte allmählich immer bestimmter die Umwendung ins „Subjektive" durch. Der Mythos wird zum Problem der Philosophie, sofern sich in ihm eine ursprüngliche Richtung des Geistes, eine selbständige Gestaltungsweise des Bewußtseins ausspricht. Wo immer eine umfassende Systematik des Geistes gefordert wird, da lenkt die Betrachtung notwendig zu ihm zurück. In dieser Hinsicht ist Giambattista Vico wie der Begründer der neueren Sprachphilosophie, so auch der Begründer einer von Grund aus neuen Philosophie der Mythologie geworden Der echte und wahrhafte Einheitsbegriff des Geistes stellt sich ihm in der Trias der Sprache, der Kunst und des Mythos dar[1]. Aber zu voller systematischer Bestimmtheit und Deutlichkeit wird dieser Gedanke Vicos erst in der Grundlegung der Geisteswissenschaft erhoben, die sich in der Philosophie der Romantik vollzieht. Auch hier bereiten sich die romantische Dichtung und die romantische Philosophie wechselseitig den Weg: es ist vielleicht eine geistige Anregung Hölderlins, der Schelling folgt, wenn er in dem ersten Entwurf eines Systems des objektiven Geistes, den er als Zwanzigjähriger aufstellt, eine Vereinigung des „Monotheismus der Vernunft" und des „Polytheismus der Einbildungskraft", wenn er eine „Mythologie der Vernunft" fordert[2]. Zur Durchführung dieser Forderung aber sieht sich die Philosophie des absoluten Idealismus, wie überall, so auch hier auf die Begriffsmittel zurückgewiesen, die Kants kritische Lehre geschaffen hatte. Die kritische Frage des „Ursprungs", die Kant für das theoretische, für das ethische und für das ästhetische Urteil gestellt hatte, wird von Schelling auf das Gebiet des Mythos und des mythischen Bewußtseins übertragen. Wie bei Kant gilt diese Frage nicht der psychologischen Entstehung, sondern dem reinen Bestand und Gehalt. Der Mythos erscheint nunmehr gleich der Erkenntnis, gleich der Sittlichkeit und der Kunst als eine selbständige, in sich geschlossene „Welt", die nicht an fremden/von außen herangebrachten Wert- und Wirklichkeitsmaßstäben gemessen werden darf, sondern die in ihrer immanenten Strukturgesetzlichkeit begriffen werden soll. Jeder Versuch, diese Welt dadurch „verständlich" zu machen, daß man in ihr etwas bloß Mittelbares, daß man in ihr lediglich die Hülle für ein anderes sieht, wird jetzt in siegreicher, ein für allemal entscheidender Beweisführung abgewiesen. Wie Herder

---

[1] Vgl. Band I, S. 91 ff.
[2] Näheres hierüber in meinem Aufsatz: „Hölderlin und der deutsche Idealismus" (In: Idee und Gestalt, 2. Aufl., Berlin 1924, S. 115 ff.).

in der Sprachphilosophie, so überwindet Schelling in der Philosophie der Mythologie das Prinzip der Allegorie – wie dieser geht er von der scheinbaren Erklärung durch die Allegorie auf das Grundproblem des symbolischen Ausdrucks zurück. Die allegorische Deutung der Mythenwelt wird von ihm durch die „tautegorische" ersetzt – d. h. durch eine solche, die die mythischen Gestalten als autonome Gebilde des Geistes nimmt, die aus sich selbst, aus einem spezifischen Prinzip der Sinn- und Gestaltgebung begriffen werden müssen. An diesem Prinzip geht – wie Schellings einleitende Vorlesungen über die „Philosophie der Mythologie" im einzelnen darlegen – sowohl die euhemeristische Deutung, die den Mythos in Geschichte verwandelt, wie die physische Auslegung, die ihn zu einer Art primitiver Naturerklärung macht, in gleicher Weise vorbei. Sie erklären nicht die eigentümliche Realität, die das Mythische für das Bewußtsein hat, sondern sie verflüchtigen und verleugnen sie. Der Weg der wahrhaften Spekulation aber ist der Richtung einer derart auflösenden Betrachtung gerade entgegengesetzt. Sie will nicht analytisch zersetzen, sondern sie will synthetisch verstehen; sie strebt zu dem letzten Positiven des Geistes und des Lebens zurück. Und als ein solches durchaus Positives gilt es auch den Mythos zu begreifen. Sein philosophisches Verständnis beginnt mit der Einsicht, daß auch er sich keineswegs in einer rein „erfundenen" oder „erdichteten" Welt bewegt, sondern daß ihm eine eigne Weise der Notwendigkeit und damit, gemäß dem Gegenstandsbegriff der idealistischen Philosophie, eine eigene Weise der Realität zukommt. Nur wo eine solche Notwendigkeit aufweisbar ist, hat die Vernunft, hat somit die Philosophie eine Stätte. Das bloß Willkürliche, das schlechthin Akzidentelle und Zufällige, könnte für sie nicht einmal einen Gegenstand der Frage bilden – denn im schlechthin Leeren, in einem Gebiet, das in sich selbst ohne wesenhafte Wahrheit ist, vermag die Philosophie, die Lehre vom Wesen, nicht Fuß zu fassen. Nichts scheint freilich auf den ersten Blick disparater als Wahrheit und Mythologie – nichts eben darum entgegengesetzter als Philosophie und Mythologie. „Aber gerade in dem Gegensatz selbst liegt die bestimmte Aufforderung und die / Aufgabe, eben in dieser scheinbaren Unvernunft Vernunft, in dem sinnlos Scheinenden Sinn zu entdecken, und zwar nicht, wie dies bisher allein versucht worden ist, vermöge einer willkürlichen Unterscheidung, so nämlich, daß irgend etwas, das man sich als vernünftig oder sinnvoll getraute, als das Wesentliche, alles übrige aber bloß als zufällig erklärt, zur Einkleidung oder Entstellung gerechnet wurde.

Die Absicht muß vielmehr sein, daß auch die Form als eine notwendige und insofern vernünftige erscheine[1]."

Gemäß der Gesamtkonzeption der Schellingschen Philosophie muß nun diese Grundabsicht in einer zweifachen Richtung, nach der Seite des Subjekts und des Objekts, im Hinblick auf das Selbstbewußtsein und im Hinblick auf das Absolute zur Durchführung gelangen. Was das Selbstbewußtsein betrifft und die Form, in welcher in ihm das Mythische erfahren wird, so ist, genauer betrachtet, diese Form schon für sich allein hinreichend, um jedwede Theorie auszuschließen, die den Mythos auf bloße „Erfindung" gründet. Denn eine derartige Theorie verfehlt bereits den rein faktischen Bestand des Phänomens, das durch sie erklärt werden soll. Das eigentliche Phänomen, das hier begriffen werden soll, ist ja nicht der mythische Vorstellungsinhalt als solcher, sondern die Bedeutung, die er für das menschliche Bewußtsein besitzt und die geistige Macht, die er über dasselbe ausübt. Nicht der stoffliche Inhalt der Mythologie, sondern die Intensität, mit der er erlebt, mit der er – wie nur irgendein objektiv-Daseiendes und Wirkliches – geglaubt wird, bildet das Problem. Schon diesem Urfaktum des mythischen Bewußtseins gegenüber scheitert jeder Versuch, seine letzte Wurzel in einer – sei es poetischen, sei es philosophischen – Erdichtung zu sehen. Denn zugegeben selbst, daß auf diesem Wege der rein theoretische, der intellektuelle Gehalt des Mythischen sich begreiflich machen ließe, so bliebe damit doch gleichsam die Dynamik des mythischen Bewußtseins, so bliebe die unvergleichliche Kraft, die es in der Geschichte des menschlichen Geistes fort und fort beweist, völlig unerklärt. Im Verhältnis von Mythos und Geschichte erweist sich jener durchaus als das Primäre, diese als das Sekundäre und Abgeleitete. Nicht durch seine Geschichte wird einem Volke seine Mythologie, sondern umgekehrt wird ihm durch seine Mythologie seine Geschichte bestimmt – oder vielmehr, diese bestimmt nicht, sondern sie ist selbst sein Schicksal, sein ihm von/ Anfang an gefallenes Los. Mit der Götterlehre der Inder, der Hellenen u. a. war bereits ihre ganze Geschichte gegeben. Hier gibt es daher so wenig für ein einzelnes Volk wie für die Menschheit als Ganzes eine freie Wahl, ein *liberum arbitrium indifferentiae*, mit der sie bestimmte mythische Vorstellungen annehmen oder ablehnen könnte; sondern hier herrscht überall strenge Notwendigkeit. Es ist eine gegen das Bewußtsein reale, d. h. jetzt nicht mehr in seiner Gewalt befindliche Macht, die sich seiner im My-

---

[1] Schelling, Einleitung in die Philosophie der Mythologie. S. W. (zweite Abteil.) I, 220 f., vgl. besonders I, 194 ff.

thos bemächtigt hat. Die Mythologie entsteht im eigentliche Sinne durch etwas von aller Erfindung Unabhängiges, ja ihr formell und wesentlich Entgegengesetztes: durch einen (in Ansehung des Bewußtseins) notwendigen Prozeß, dessen Ursprung ins Übergeschichtliche sich verliert, dem das Bewußtsein sich vielleicht in einzelnen Momenten widersetzen, aber den es im ganzen nicht aufhalten und noch weniger rückgängig machen kann. Wir sehen uns hier in eine Region zurückversetzt, wo keine Zeit ist zur Erfindung, lasse man sie von einzelnen oder vom Volk selbst ausgehen, keine zu künstlicher Einkleidung und zu Mißverstand. Wer versteht, was einem Volke seine Mythologie ist, welche innere Gewalt sie über dasselbe besitzt und welche Realität sie hierin bekundet: der würde ebenso leicht, als er die Mythologie von einzelnen erfinden ließe, für möglich halten, daß einem Volke auch seine Sprache durch Bemühungen einzelner unter ihm entstanden sei. Damit trifft die spekulative philosophische Betrachtung nach Schelling erst auf den eigentlichen Lebensgrund der Mythologie, den sie lediglich aufzuzeigen vermag, an dem es aber für sie nichts weiter zu „erklären" gibt. Schelling vindiziert sich ausdrücklich als sein eigentümliches Verdienst den Gedanken, an die Stelle von Erfindern, Dichtern oder überhaupt Individuen zuerst das menschliche Bewußtsein selbst gesetzt und es als Sitz, als *subjectum agens* der Mythologie erwiesen zu haben. Allerdings habe die Mythologie keine Realität außer dem Bewußtsein; aber wenngleich sie nur in Bestimmungen desselben, also in Vorstellungen verläuft, so kann doch dieser Verlauf, diese Sukzession von Vorstellungen selbst, nicht wieder als ein solcher bloß vorgestellt sein, sondern er muß wirklich stattgehabt, im Bewußtsein wirklich sich ereignet haben. Die Mythologie ist somit keine bloß als sukzessiv vorgestellte Götterlehre: sondern der sukzessive Polytheismus, in dem sie besteht, ist nur zu erklären, indem man annimmt, das Bewußtsein der Menschheit habe nacheinander in allen Momenten desselben wirklich verweilt. „Die aufeinander folgenden Götter haben sich des Bewußtseins wirklich nacheinander / bemächtigt. Die Mythologie als Göttergeschichte konnte sich nur im Leben selbst erzeugen, sie mußte etwas Erlebtes und Erfahrenes sein[1]."

Ist aber damit der Mythos als eine eigentümliche und ursprüngliche Lebensform erwiesen, so ist er damit auch von jedem Schein einer bloß einseitigen Subjektivität befreit. Denn das „Leben" bedeutet nach der Grundanschauung Schellings weder ein bloß Subjektives, noch ein bloß

---

[1] Philosophie der Mythologie, a. a. O. I, 124 f.; vgl. besonders I, 56 ff., I, 192 ff.

Objektives, sondern steht auf der genauen Grenzscheide zwischen beiden: es ist die Indifferenz zwischen Subjektivem und Objektivem. Wenden wir dies auf den Mythos an, so muß auch hier der Bewegung und Entwicklung der mythischen Vorstellungen im menschlichen Bewußtsein, sofern diese Bewegung innere Wahrheit haben soll, ein objektives Geschehen: eine notwendige Entwicklung im Absoluten selbst entsprechen. Der mythologische Prozeß ist ein theogonischer Prozeß: ein Prozeß, in dem Gott selbst wird, in dem er sich, als der wahre Gott, stufenweise erzeugt. Jede einzelne Stufe dieser Erzeugung hat, sofern sie als notwendiger Durchgangspunkt begriffen werden kann, ihre eigene Bedeutsamkeit: aber erst im Ganzen, im ununterbrochenen Zusammenhang der durch alle Momente fortgehenden Bewegung des Mythischen, enthüllt sich ihr vollständiger Sinn und ihr eigentliches Ziel. In diesem erscheint denn auch jede besondere und bedingte Einzelphase als notwendig und insofern als gerechtfertigt. Der mythologische Prozeß ist der Prozeß der sich wiederherstellenden und dadurch verwirklichenden Wahrheit. „Es ist also freilich nicht in dem einzelnen Momente Wahrheit, denn sonst bedürfte es keines Fortganges zu einem folgenden, keines Prozesses; aber in diesem selbst erzeugt sich, und es ist daher in ihm – als eine sich erzeugende – die Wahrheit, die das Ende des Prozesses ist, die also der Prozeß im ganzen selbst als vollendete enthält."

Näher betrachtet ist für Schelling diese Entwicklung dadurch bestimmt, daß von der Einheit Gottes, als einer bloß seienden, aber nicht als solcher gewußten, zur Vielheit weitergegangen und aus ihr, aus dem Gegensatz zur Vielheit, nun erst die wahrhafte, die nicht bloß seiende, sondern erkannte Einheit Gottes gewonnen wird. Schon das erste Bewußtsein des Menschen, bis zu dem wir zurückgehen können, ist notwendig zugleich als ein göttliches Bewußtsein, als ein Bewußtsein von Gott zu denken: das menschliche Bewußtsein ist seinem eigentlichen und spezifischen Sinne nach ein solches, das Gott nicht außer / sich hat, sondern das zwar nicht mit Wissen oder Wollen, nicht mit einem freien Akt der Willkür, wohl aber kraft seiner Natur die Beziehung auf Gott in sich schließt. „Der ursprüngliche Mensch ist nicht *actu*, er ist *natura sua* das Gott Setzende und zwar ... bleibt für das Urbewußtsein nichts, als daß es das den Gott in seiner Wahrheit und absoluten Einheit Setzende ist." Aber wenn dies Monotheismus ist, so ist es doch nur ein relativer Monotheismus: der Gott, der hier gesetzt wird, ist einer nur in dem abstrakten Sinne, daß in ihm selbst noch keinerlei innere Unterschiede bestehen, daß noch nichts vorhanden ist, womit er verglichen und dem er entgegengesetzt werden könnte. Erst im Fortgang zum Polytheismus wird sodann dieses „Andere" erreicht: das religiöse Bewußtsein erfährt jetzt in sich selbst eine Spaltung, eine Besonderung, eine innere „Alteration", für die die Vielheit der Götter nur der bildlich-gegenständliche Ausdruck ist. Aber andererseits wird durch diesen Fortgang nun erst der Weg eröffnet, um sich von dem relativ-Einen zu dem in ihm eigentlich verehrten absolut-Einen zu erheben. Durch die Scheidung, durch die „Krisis" des Polytheismus erst mußte das Bewußtsein hindurchgehen, wenn für dasselbe der wahre Gott, d. h. der bleibend Eine und Ewige als solcher unterschieden werden sollte – unterschieden von dem Urgott, der dem Bewußtsein zum relativ-Einen und bloß vorübergehend Ewigen wird. Ohne den zweiten Gott, ohne die Sollizitation zum Polytheismus würde auch kein Fortgang zum eigentlichen Monotheismus gewesen sein. Dem Menschen der Urzeit war der Gott noch durch keine Lehre, keine Wissenschaft vermittelt; – „das Verhältnis war ein **reales** und konnte daher nur ein Verhältnis zu dem Gott **in seiner Wirklichkeit**, nicht zu dem Gott in seinem Wesen, und also auch nicht zu dem **wahren** Gott sein; denn der wirkliche Gott ist nicht sofort auch der wahre ... Der Gott der Vorzeit ist ein wirklicher realer Gott, und in dem auch der wahre **Ist**, aber nicht **als solcher** gewußt. Die Menschheit betete also an, **was sie nicht wußte**, wozu sie kein ideales (freies), sondern nur ein reales Verhältnis hatte". Dieses ideale und freie Verhältnis herzustellen, die seiende Einheit in die gewußte zu verwandeln: das erscheint nunmehr als der Sinn und Inhalt des gesamten mythischen, des eigentlich „theogonischen" Prozesses. Wieder zeigt sich hierin ein **reales** Verhältnis des menschlichen Bewußtseins zu Gott, während alle bisherige Philosophie nur von „Vernunftreligion", also nur von einem rationalen Verhältnis zu Gott wußte und alle religiöse Entwicklung nur als eine Entwicklung in der / Idee, d. h. in der Vorstellung und in Gedanken ansah. Und damit erst ist nunmehr nach Schelling der Kreis der Erklärung geschlossen – sind Subjektivität und Objektivität innerhalb des Mythischen in ihr rechtes Verhältnis gesetzt. „Es sind überhaupt nicht die Dinge, mit denen der Mensch im mythologischen Prozeß verkehrt, es sind **im Innern des Bewußtseins selbst aufstehende Mächte**, von denen es bewegt ist. Der theogonische Prozeß, durch den die Mythologie entsteht, ist ein **subjektiver**, inwiefern er im Bewußtsein vorgeht und sich durch Erzeugung von Vorstellungen erweist: aber die Ursachen und also auch die Gegenstände dieser Vorstellungen sind die **wirklich und an sich theo-**

gonischen Mächte, eben dieselben, durch welche das Bewußtsein ursprünglich das Gott setzende ist. Der Inhalt des Prozesses sind nicht bloß vorgestellte Potenzen, sondern die Potenzen selbst, die das Bewußtsein, und da das Bewußtsein nur das Ende der Natur ist, die die Natur erschaffen und daher auch wirkliche Mächte sind. Nicht mit Naturobjekten hat der mythologische Prozeß zu tun, sondern mit den reinen erschaffenden Potenzen, deren ursprüngliches Erzeugnis das Bewußtsein selbst ist. Hier also ist es, wo die Erklärung vollends ins Objektive durchbricht, ganz objektiv wird[1]."

In der Tat ist hier der höchste Begriff und die höchste Form der „Objektivität" erreicht, die Schellings philosophisches System überhaupt kennt. Der Mythos hat seine „wesentliche" Wahrheit erlangt, indem er als ein notwendiges Moment im Prozeß der Selbstentfaltung des Absoluten begriffen ist. Daß er es nirgends mit den „Dingen" im Sinne einer naivrealistischen Weltansicht zu tun hat, sondern daß es lediglich eine Wirklichkeit, eine Potenz des Geistes ist, die sich in ihm darstellt, kann keinerlei Einwand gegen seine Objektivität, seine Wesenheit und Wahrheit begründen: denn auch die Natur hat keine andere und keine höhere Wahrheit als diese. Auch sie ist nichts anderes als eine Stufe in der Entwicklung und Selbstentfaltung des Geistes – und die Aufgabe der Philosophie der Natur besteht eben darin, sie als solche zu verstehen und durchsichtig zu machen. Was wir Natur nennen – so hatte es schon das „System des transzendentalen Idealismus" ausgesprochen –, ist ein Gedicht, das in geheimer wunderbarer Schrift verschlossen liegt: doch könnte das Rätsel sich enthüllen, so würden wir die Odyssee des Geistes darin erkennen, der / wunderbar getäuscht, sich selber suchend, sich selber flieht. Diese Geheimschrift der Natur ist nun durch die Betrachtung des Mythos und seiner notwendigen Entwicklungsphasen von einer neuen Seite her aufgeschlossen. Die „Odyssee des Geistes" steht hier auf einer Stufe, in der wir ihr letztes Ziel nicht mehr wie in der Sinnenwelt nur durch halbdurchsichtigen Nebel, sondern in dem Geiste unmittelbar vertrauten, wenngleich von ihm noch immer nicht völlig durchdrungenen Gestalten vor uns erblicken. Der Mythos ist die Odyssee des reinen Gottesbewußtseins, das in seiner Entfaltung gleich sehr durch das Natur- und Weltbewußtsein, wie durch das Ichbewußtsein bedingt und vermittelt ist. Hier enthüllt sich ein inneres Gesetz, das demjenigen, das in der Natur waltet, durchaus analog,

---

[1] Philosophie der Mythologie, a. a. O., S. 207 ff.; vgl. besonders S. 175 ff., 185 ff.

ja von einer höheren Art der Notwendigkeit als dieses ist. Weil der Kosmos nur aus dem Geiste und somit aus der Subjektivität heraus zu verstehen und zu deuten ist, darum hat umgekehrt auch der scheinbar bloß subjektive Gehalt des Mythischen unmittelbar kosmische Bedeutung. „Nicht daß die Mythologie unter einem Einfluß der Natur entstünde, welchem das Innere des Menschen durch diesen Prozeß vielmehr entzogen ist, sondern daß der mythologische Prozeß nach demselben Gesetz durch dieselben Stufen hindurchgeht, durch welche ursprünglich die Natur hindurchgegangen ist ... Der mythologische Prozeß hat also nicht bloß religiöse, er hat allgemeine Bedeutung, denn es ist der allgemeine Prozeß, der sich in ihm wiederholt; demgemäß ist auch die Wahrheit, welche die Mythologie im Prozeß hat, eine nichts ausschließende, universelle. Man kann der Mythologie nicht, wie gewöhnlich, die historische Wahrheit absprechen, denn der Prozeß, durch den sie entsteht, ist selbst eine wahre Geschichte, ein wirklicher Vorgang. Ebensowenig ist von ihr physikalische Wahrheit auszuschließen, denn die Natur ist ein ebenso notwendiger Durchgangspunkt des mythologischen als des allgemeinen Prozesses[1]."

Der charakteristische Vorzug und die charakteristischen Schranken der Erklärungsart des Schellingschen Idealismus treten an dieser Stelle deutlich hervor. Der Einheitsbegriff des Absoluten ist es, der auch das menschliche Bewußtsein erst wahrhaft und endgültig seiner absoluten Einheit versichert, indem er alles, was in ihm als besondere Leistung, als eine bestimmte Richtung des geistigen Tuns hervortritt, aus einem gemeinsamen letzten Ursprung ableitet. Aber zugleich schließt freilich / dieser Einheitsbegriff die Gefahr in sich, daß die Fülle der konkreten besonderen Unterschiede von ihm zuletzt aufgesogen und unkenntlich gemacht wird. So kann für Schelling der Mythos zu einer zweiten „Natur" werden, weil sich ihm zuvor die Natur selbst in eine Art Mythos verwandelt hatte, indem sich ihre rein empirische Bedeutung und Wahrheit in ihre geistige Bedeutung, in ihre Funktion, die Selbstoffenbarung des Absoluten zu sein, aufhob. Weigert man sich, diesen ersten Schritt zu tun, so scheint damit auch der zweite aufgegeben werden zu müssen, – so scheint also kein Weg mehr übrig zu bleiben, der zu einer eigenen Wesenheit und Wahrheit, zu einer eigentümlichen „Objektivität" des Mythischen hinführen könnte. Oder gäbe es ein Mittel und eine Möglichkeit, die Frage, die Schellings „Philosophie der Mythologie" gestellt hat, als solche festzuhalten, sie aber zu-

---

[1] Philosophie der Mythologie, neunte Vorlesung, S. 216.

gleich vom Boden der Philosophie des Absoluten auf den Boden der kritischen Philosophie zu versetzen? Birgt sich in ihr nicht nur ein Problem der Metaphysik, sondern ein rein „transzendentales" Problem, das als solches einer kritisch-transzendentalen Lösung fähig ist? Nimmt man den Begriff des „Transzendentalen" im strengen Kantischen Sinne, so scheint es freilich paradox, auch nur eine derartige Frage aufzuwerfen. Denn die transzendentale Problemstellung Kants bezieht sich ausdrücklich auf die Bedingungen der Möglichkeit der Erfahrung und schränkt sich auf diese Bedingungen ein. Welche „Erfahrung" aber ließe sich aufweisen, in der die Welt des Mythischen sich beglaubigen und an der sie irgendeine Art von objektiver Wahrheit, von gegenständlicher Gültigkeit für sich erweisen könnte? Soll eine solche für den Mythos überhaupt erweisbar sein, so scheint sie jedenfalls in nichts anderem als in seiner psychologischen Wahrheit und in seiner psychologischen Notwendigkeit gefunden werden zu können. Die Notwendigkeit, mit der er, in relativen übereinstimmenden Formen, auf bestimmten Entwicklungsstufen des Geistes entsteht, scheint zugleich seinen einzigen objektiv-faßbaren Gehalt auszumachen. In der Tat ist, nach der Epoche des deutschen spekulativen Idealismus, das Problem des Mythos nur noch in diesem Sinne gestellt und auf diesem Wege zu lösen gesucht worden. An die Stelle der Einsicht in die letzten absoluten Gründe des Mythos sollte jetzt die Einsicht in die natürlichen Ursachen seiner Entstehung treten: an die Stelle der Methodik der Metaphysik trat die Methodik der Völkerpsychologie. Der wahre Zugang zur Welt des Mythischen und zu ihrer Erklärung schien erst erschlossen, nachdem der dialektische Entwicklungs/begriff Schellings und Hegels ein für allemal durch den empirischen Entwicklungsbegriff ersetzt war. Daß die mythische Welt ein Inbegriff bloßer „Vorstellungen" war, stand jetzt außer Frage; – aber diese Vorstellungen waren begriffen, wenn es gelang, sie aus den allgemeinen Regeln der Vorstellungsbildung überhaupt, aus den Elementargesetzen der Assoziation und Reproduktion verständlich zu machen. Jetzt erschien in einem völlig anderen Sinne der Mythos als „Naturform" des Geistes, die zu ihrem Verständnis keiner anderen Methoden als der der empirischen Naturwissenschaft und der empirischen Psychologie bedurfte.

Und doch läßt sich noch eine dritte „Formbestimmung" des Mythischen denken, die ebensowenig darauf gerichtet ist, die Welt des Mythischen aus dem Wesen des Absoluten zu erklären, wie sie sich darauf beschränkt, sie einfach in das Spiel der empirisch-psychologischen Kräfte aufgehen zu lassen. Wenn diese Bestimmung mit Schelling und mit der Methodik der Psychologie darin einig ist, daß das *subjectum agens* der Mythologie nirgends anders als im menschlichen Bewußtsein zu suchen ist: müssen wir dann notwendig das Bewußtsein selbst lediglich nach seinem empirisch-psychologischen oder aber nach seinem metaphysischen Begriff nehmen – oder gibt es nicht eine Form der kritischen Analyse des Bewußtseins, die sich außerhalb beider Betrachtungsweisen hält? Die moderne Erkenntniskritik, die Analyse der Gesetze und Prinzipien des Wissens, hat sich immer bestimmter von den Voraussetzungen der Metaphysik wie von denen des Psychologismus gelöst. Der Kampf, der hier zwischen dem Psychologismus und der reinen Logik geführt worden ist, scheint heute endgültig entschieden: und man darf die Voraussage wagen, daß er in gleicher Form wie bisher nicht wiederkehren wird. Aber was von der Logik gilt, das gilt nicht minder von allen selbständigen Gebieten und von allen ursprünglichen Grundfunktionen des Geistes. In ihnen allen ist die Bestimmung ihres reinen Gehalts, die Bestimmung dessen, was sie bedeuten und sind, von der Frage nach ihrem empirischen Werden und nach ihren psychologischen Entstehungsbedingungen unabhängig. Wie nach einem „Sein" der Wissenschaft, nach dem Gehalt und den Prinzipien ihrer Wahrheit, rein objektiv gefragt werden kann und muß, ohne daß wir hierbei darauf reflektieren, in welcher zeitlichen Abfolge die einzelnen Wahrheiten, die besonderen Erkenntnisse im empirischen Bewußtsein hervortreten, so kehrt das gleiche Problem für alle Formen des Geistes wieder. Die Frage nach ihrem „Wesen" läßt sich auch hier niemals dadurch zum Schweigen bringen, daß wir sie in eine empi/risch-genetische Frage verwandeln. Die Voraussetzung einer solchen Einheit des Wesens bedeutet für die Kunst und für den Mythos, ebenso wie für die Erkenntnis, die Annahme einer allgemeinen Gesetzlichkeit des Bewußtseins, die alle Gestaltung des Besonderen bedingt. Wie wir gemäß der kritischen Grundansicht die Einheit der Natur nur dadurch haben, daß wir sie in die Erscheinungen „hineinlegen", daß wir sie als Einheit der gedanklichen Form nicht sowohl aus den Einzelphänomenen gewinnen, als sie vielmehr an ihnen darstellen und herstellen – so gilt das Gleiche auch von der Einheit der Kultur und von jeder ihrer ursprünglichen Richtungen. Auch für sie genügt es nicht, sie faktisch an den Erscheinungen aufzuweisen, sondern wir müssen sie aus der Einheit einer bestimmten „Strukturform" des Geistes verständlich machen. So steht auch hier, wie in der Theorie der Erkenntnis, die Methodik der kritischen Analyse zwischen der metaphysisch-deduktiven und der psychologisch-induktiven Methodik. Sie muß, gleich dieser letzteren, überall vom „Gegebenen", von den empirisch festgestellten und gesicherten Tatsachen des Kulturbewußtseins ausgehen; aber sie kann bei ihnen als einem bloß Gegebenen nicht stehen bleiben. Sie fragt von der Wirklichkeit des Faktums nach den „Bedingungen seiner Möglichkeit" zurück. In ihnen sucht sie einen bestimmten Stufenbau, eine Über- und Unterordnung der Strukturgesetze des betreffenden Gebietes, einen Zusammenhang und eine wechselseitige Bestimmung der einzelnen gestaltenden Momente aufzuweisen. In diesem Sinne nach einer „Form" des mythischen Bewußtseins fragen, heißt weder nach seinen letzten metaphysischen Gründen, noch nach seinen psychologischen, seinen geschichtlichen oder sozialen Ursachen suchen: vielmehr ist damit lediglich die Frage nach der Einheit des geistigen Prinzips gestellt, von dem all seine besonderen Gestaltungen, in all ihrer Verschiedenheit und in ihrer unübersehbaren empirischen Fülle, sich zuletzt beherrscht zeigen[1]. /

Und damit nimmt auch die Frage nach dem „Subjekt" des Mythos eine andere Wendung. Sie wird von der Metaphysik und von der Psychologie in entgegengesetztem Sinne beantwortet. Dort stehen wir auf dem Boden der „Theogonie"; hier auf dem Boden der „Anthropogonie". In dem einen Fall wird der mythologische Prozeß dadurch erklärt, daß er als besonderer Fall, als eine bestimmte und notwendige Einzelphase des „absoluten Pro-

---

[1] Es gehört zu den grundlegenden Verdiensten der Husserlschen Phänomenologie, daß sie für die Verschiedenheit der geistigen „Strukturformen" erst wieder den Blick geschärft und für ihre Betrachtung einen neuen, von der psychologischen Fragestellung und Methodik abweichenden Weg gewiesen hat. Insbesondere die scharfe Trennung der psychischen „Akte" von den in ihnen intendierten „Gegenständen" ist hier entscheidend. In dem Weg, den Husserl selbst von den „Logischen Untersuchungen" bis zu den „Ideen zu einer reinen Phänomenologie" gegangen ist, tritt immer klarer hervor, daß die Aufgabe der Phänomenologie, wie er sie faßt, sich in der Analyse der Erkenntnis nicht erschöpft, sondern daß in ihr die Strukturen ganz verschiedener Gegenstandsbereiche rein nach dem, was sie „bedeuten", und ohne Rücksicht auf die „Wirklichkeit" ihrer Gegenstände, zu untersuchen sind. Eine derartige Untersuchung müßte auch die mythische „Welt" in ihren Kreis ziehen, um ihren eigentümlichen „Bestand" nicht durch Induktion aus der Mannigfaltigkeit der ethnologischen und völkerpsychologischen Erfahrung abzuleiten, sondern um ihn in rein „ideierender" Analyse zu erfassen. Ein Versuch in dieser Richtung ist jedoch, soviel ich sehe, bisher weder von seiten der Phänomenologie selbst, noch von seiten der konkreten Mythenforschung unternommen worden, in der vielmehr die genetisch-psychologisch orientierte Fragestellung noch fast unbestritten das Feld behauptet.

zesses" gedeutet wird – in dem anderen damit, daß die mythische Apperzeption aus den allgemeinen Faktoren und Regeln der Vorstellungsbildung abgeleitet wird. Aber kehrt damit nicht im Grunde eben jene „allegorische" Auffassung des Mythischen wieder, die Schellings „Philosophie der Mythologie" im Prinzip bereits überwunden hatte? Wird nicht in beiden Fällen der Mythos nur dadurch „begriffen", daß er auf etwas anderes, als das, was er selbst unmittelbar ist und bedeutet, bezogen und reduziert wird? „Die Mythologie" – so heißt es bei Schelling – „wird in ihrer Wahrheit und daher wahrhaft nur erkannt, wenn sie im Prozeß erkannt wird; der Prozeß aber, der sich in ihr nur auf besondere Weise wiederholt, ist der allgemeine, der absolute Prozeß; die wahre Wissenschaft der Mythologie demnach die, welche in ihr den absoluten Prozeß darstellt. Diese aber darzustellen ist Sache der Philosophie; die wahre Wissenschaft der Mythologie ist daher Philosophie der Mythologie" (S. 209 f.). An die Stelle dieser Identität des Absoluten setzt die Völkerpsychologie die Überzeugung von der Identität der Menschennatur, die immer und notwendig dieselben „Elementargedanken" des Mythos aus sich hervorbringe. Aber wenn sie in dieser Weise von der Konstanz und Einheit der menschlichen Natur ausgeht und sie zur Voraussetzung aller Erklärungsversuche erhebt, so verfällt auch sie damit zuletzt einer *petitio principii*. Denn statt die Einheit des Geistes durch die Analyse aufzuzeigen und sie als Ergebnis der Analyse sicherzustellen, behandelt sie sie vielmehr als ein an sich bestehendes und als ein durch sich gewisses Datum. Aber hier wie in der Erkenntnis steht die Gewißheit der systematischen Einheit nicht sowohl am Anfang als vielmehr am Ende; be/deutet sie nicht sowohl den Ausgangspunkt als das Ziel der Betrachtung. Innerhalb der Grenzen der kritischen Betrachtungsweise können wir somit nicht von der voraus bestehenden oder vorausgesetzten Einheit des metaphysischen oder psychologischen Substrats auf die Einheit der Funktion schließen, noch diese in jener begründen, sondern wir müssen rein von der Funktion als solcher ausgehen. Findet sich in ihr bei allem Wechsel der Einzelmotive eine relativ gleichbleibende „innere Form", so schließen wir von ihr nicht auf die substantielle Einheit des Geistes zurück, sondern diese Einheit gilt uns eben hierdurch als konstituiert und bezeichnet. Die Einheit erscheint mit anderen Worten nicht als der Grund, sondern nur als ein anderer Ausdruck eben dieser Formbestimmtheit selbst. Diese muß sich, als rein immanente Bestimmtheit, auch in ihrer immanenten Bedeutung erfassen lassen, ohne daß wir hierfür die Frage nach ihren, sei es transzendenten, sei es empirischen Gründen zu beantworten brauchen. So läßt sich auch in bezug auf die mythische Funktion nach ihrer reinen Wesensbestimmtheit – ihrem τί ἔστι im Sokratischen Sinne – fragen und diese ihre reine Form der sprachlichen, der ästhetischen, der logisch-begrifflichen Funktion gegenüberstellen. Für Schelling hat die Mythologie philosophische Wahrheit, weil sich in ihr ein nicht nur gedachtes, sondern reales Verhältnis des menschlichen Bewußtseins zu Gott ausspricht, weil das Absolute, weil Gott selbst es ist, der hier aus der ersten Potenz des „In-sich-Seins" zur Potenz des „Außer-sich-Seins" und durch sie hindurch in das vollendete „Bei-sich-Sein" übergeht. Für die entgegengesetzte Betrachtung, für den Standpunkt der „Anthropogonie", wie ihn Feuerbach und seine Nachfolger vertreten, ist es umgekehrt die empirisch-reale Einheit der Menschennatur, die als Ausgangspunkt genommen wird – als ein ursprünglicher kausaler Grundfaktor des mythologischen Prozesses, der es erklärt, daß er sich unter den verschiedenartigsten Bedingungen und von den mannigfaltigsten zeitlich-räumlichen Ansatzpunkten aus in wesentlich gleichartiger Weise entwickelt. Statt dessen wird eine kritische Phänomenologie des mythischen Bewußtseins weder von der Gottheit als einer metaphysischen, noch von der Menschheit als einer empirischen Urtatsache ausgehen können, sondern sie wird das Subjekt des Kulturprozesses, sie wird den „Geist" lediglich in seiner reinen Aktualität, in der Mannigfaltigkeit seiner Gestaltungsweisen zu erfassen und die immanente Norm, der jede von ihnen folgt, zu bestimmen suchen. Im Ganzen dieser Tätigkeiten erst konstituiert sich die „Menschheit" ihrem ideellen Be/griff und ihrem konkreten geschichtlichen Dasein nach; in ihm ergibt sich erst die fortschreitende Scheidung von „Subjekt" und „Objekt", von „Ich" und „Welt", durch die das Bewußtsein aus seiner Dumpfheit, aus der Befangenheit im bloßen Dasein und im sinnlichen Eindruck und Affekt, heraustritt und sich zum Kulturbewußtsein formt.

Vom Standpunkt dieser Problemstellung kann auch die relative „Wahrheit", die dem Mythos zuzusprechen ist, nicht länger fraglich sein. Sie wird jetzt nicht mehr damit begründet werden können, daß er der Ausdruck und die Widerspiegelung eines transzendenten Prozesses ist, noch lediglich damit, daß sich in seinem empirischen Werden bestimmte gleichbleibende seelische Kräfte auswirken. Seine „Objektivität" ist – wie dies vom kritischen Standpunkt für jegliche Art geistiger Objektivität gilt – nicht dinglich, sondern funktionell zu bestimmen: sie liegt weder in einem metaphysischen, noch in einem empirisch-psychologischen Sein, das hinter ihm steht, sondern in dem, was er selbst ist und leistet, in der Art und

Form der Objektivierung, die er vollzieht. Er ist „objektiv", sofern auch er als einer der bestimmenden Faktoren erkannt wird, kraft deren das Bewußtsein sich von der passiven Befangenheit im sinnlichen Eindruck löst und zur Schaffung einer eigenen, nach einem geistigen Prinzip gestalteten „Welt" fortschreitet. Faßt man die Frage in diesem Sinne, so verschwinden damit die Einwürfe, die aus der „Irrealität" der mythischen Welt gegen ihre Bedeutung und Wahrheit hergeleitet werden können. Freilich: die mythische Welt ist und bleibt eine Welt „bloßer Vorstellungen" – aber auch die Welt der Erkenntnis ist ihrem Inhalt, ihrer bloßen Materie nach nichts anderes. Auch zum wissenschaftlichen Begriff der Natur gelangen wir nicht dadurch, daß wir hinter unseren Vorstellungen deren absolutes Urbild, den transzendenten Gegenstand ergreifen, sondern dadurch, daß wir in ihnen selbst und an ihnen eine Regel entdecken, durch die sie in ihrer Ordnung und Folge bestimmt werden. Die Vorstellung gewinnt für uns gegenständlichen Charakter, indem wir sie ihrer Zufälligkeit entkleiden und an ihr ein Allgemeines, ein objektiv-notwendiges Gesetz herausstellen. Auch dem Mythos gegenüber kann daher die Frage der Objektivität nur in dem Sinne gestellt werden, daß wir untersuchen, ob auch er eine ihm immanente Regel, eine ihm eigentümliche „Notwendigkeit" erkennen läßt. Freilich scheint es sich auch in diesem Falle immer nur um eine Objektivität niederer Stufe handeln zu können: denn ist nicht diese Regel dazu bestimmt, vor der eigentlichen, der wissenschaftlichen / Wahrheit, vor dem Natur- und Gegenstandsbegriff, wie er in der reinen Erkenntnis gewonnen wird, zu verschwinden? Mit der ersten Dämmerung der wissenschaftlichen Einsicht scheint die Traum- und Zauberwelt des Mythos ein für allemal dahin, scheint sie wie ins Nichts hinabgesunken zu sein. Und doch erscheint selbst dieses Verhältnis in einem anderen Licht, wenn man, statt den Inhalt des Mythos mit dem Inhalt des endgültigen Weltbildes der Erkenntnis zu vergleichen, vielmehr den Prozeß des Aufbaus der mythischen Welt der logischen Genese des wissenschaftlichen Naturbegriffs gegenüberstellt. Hier gibt es einzelne Stufen und Phasen, in denen die verschiedenen Objektivierungsstufen und Objektivationskreise noch keineswegs durch einen scharfen Schnitt getrennt sind. Ja, auch die Welt unserer unmittelbaren Erfahrung – jene Welt, in der wir alle, sofern wir außerhalb der Sphäre bewußter, kritisch-wissenschaftlicher Reflexion stehen, beständig leben und sind – enthält eine Fülle von Zügen, die sich, vom Standpunkt eben dieser Reflexion, nur als mythisch bezeichnen lassen. Insbesondere ist es der Begriff der Ursächlichkeit, der allgemeine

Begriff von „Kraft", der durch die Sphäre der mythischen Anschauung des Wirkens hindurchgehen muß, ehe er sich in den mathematisch-logischen Begriff der Funktion auflöst. Und so zeigt sich überall bis in die Gestaltung unserer Wahrnehmungswelt hinein, also bis in jenes Gebiet, das wir vom naiven Standpunkt aus als die eigentliche „Wirklichkeit" zu bezeichnen pflegen, dieses eigentümliche Fortleben mythischer Grund- und Urmotive. So wenig daher diesen Motiven unmittelbar Gegenstände entsprechen, so sind sie doch auf dem Wege zur „Gegenständlichkeit" überhaupt, sofern sich in ihnen eine bestimmte, nicht zufällige, sondern notwendige Art der geistigen Formung darstellt. Die Objektivität des Mythos besteht daher vornehmlich in dem, worin er sich von der Realität der Dinge, von der „Wirklichkeit" im Sinne eines naiven Realismus und Dogmatismus, am weitesten zu entfernen scheint – sie gründet sich darauf, daß er nicht das Abbild eines gegebenen Daseins, sondern eine eigene typische Weise des Bildens selbst ist, in der das Bewußtsein aus der bloßen Rezeptivität des sinnlichen Eindruckes heraus- und ihr gegenübertritt.

Der Nachweis dieses Verhältnisses kann freilich nicht von oben her, in rein konstruktivem Aufbau, versucht werden, sondern er setzt die Tatsachen des mythischen Bewußtseins, er setzt das empirische Material der vergleichenden Mythenforschung und der vergleichenden Religionsgeschichte voraus. Das Problem einer „Philosophie der Mythologie" / hat durch dieses Material, wie es insbesondere seit der zweiten Hälfte des 19. Jahrhunderts in immer reicherem Maße zutage gefördert worden ist, eine außerordentliche Erweiterung erfahren. Für Schelling, der sich vornehmlich auf Creuzers „Symbolik und Mythologie der alten Völker" stützt, ist alle Mythologie im wesentlichen Götterlehre und Göttergeschichte. Der Gottesbegriff und die Gotteserkenntnis bildet für ihn den Anfang alles mythologischen Denkens – eine *notitia insita*", mit der es erst eigentlich beginnt. Heftig wendet er sich gegen die, welche die religiöse Entwicklung der Menschheit, statt von der Einheit des Gottesbegriffes von der Vielheit durchaus partieller, wohl gar anfänglich lokaler Vorstellungen ausgehen lassen, von sogenanntem Fetischismus oder von einer Naturvergötterung, die nicht einmal Begriffe oder Gattungen, sondern einzelne Naturobjekte, z. B. diesen Baum oder diesen Fluß vergöttert. „Nein – von solchem Elend ist die Menschheit nicht ausgegangen, der majestätische Gang der Geschichte hat einen ganz anderen Anfang, der Grundton im Bewußtsein der Menschheit blieb immer jener große Eine, der noch seinesgleichen nicht kannte, der wirklich Himmel und Erde, d. h. alles erfüllte[1]." Auch die moderne ethnologische Forschung hat – in der Theorie Andrew Langs und W. Schmidts – diese Schellingsche Grundthese eines primären „Urmonotheismus" zu erneuern und sie durch reichhaltiges empirisches Material zu stützen gesucht[2]. Aber je weiter sie schritt, um so deutlicher trat die Unmöglichkeit heraus, die Gestaltungen des mythischen Bewußtseins rein inhaltlich in eine Einheit zusammenzufassen und sie genetisch aus ihr, als gemeinsamer Wurzel, abzuleiten. Wenn der Animismus, der seit Tylors grundlegendem Werk lange Zeit die gesamte Mythendeutung beherrscht hat, diese Wurzel, statt in der primären Gottesanschauung, in der primitiven Seelenvorstellung gefunden zu haben glaubte – so erscheint heute auch diese Erklärungsart mehr und mehr zurückgedrängt und zum mindesten in ihrer Alleingültigkeit und Allgemeingültigkeit erschüttert. Immer bestimmter traten die Züge einer mythischen Grundanschauung heraus, die weder einen ausgeprägten Gottesbegriff, noch einen ausgeprägten Seelen- und Persönlichkeitsbegriff kennt, sondern von einer / noch ganz indifferenzierten Anschauung des magischen Wirkens, von der Anschauung einer den Dingen innewohnenden zauberischen Kraftsubstanz ausgeht. Hier zeigt sich eine eigentümliche „Schichtung" innerhalb des mythischen Denkens – eine Über- und Unterordnung seiner Strukturelemente, die rein phänomenologisch auch für den bedeutsam ist, der sich nicht getraut, auf Grund ihrer die Frage nach den zeitlich-ersten Elementen des Mythos, nach seinen empirischen Anfängen zu beantworten[3]. Damit aber werden wir, in einer anderen Richtung der Betrachtung, auf die gleiche Forderung hingeführt, die auch Schelling als das Grundpostulat seiner Philosophie der Mythologie aufgestellt hat: auf die Forderung, kein Moment im Fortgang des mythischen Denkens, so unscheinbar oder so phantastisch und willkürlich es erscheinen mag, für schlechthin geringfügig anzusehen, sondern ihm die bestimmte Stelle im

---

[1] Philosophie der Mythologie, achte Vorlesung, a. a. O. I, 178.

[2] Eine Zusammenfassung dieses Materials und eine Prüfung der Einwände, die gegen die Theorie A. Langs erhoben worden sind, findet sich vor allem bei P. W. Schmidt, Der Ursprung der Gottesidee, Münster 1892. Siehe auch: P. W. Schmidt, Die Stellung der Pygmäenvölker in der Entwicklungsgeschichte des Menschen, Stuttgart 1910.

[3] Zur Theorie des sog. „Präanimismus" vgl. neben den Aufsätzen von K. Th. Preuß (Ursprung der Religion und Kunst, Globus 1904 f., Bd. 86/87) und Vierkandt, Die Anfänge der Religion und Zauberei (Globus 1907, Bd. 92), insbesondere Marett, „Pre-Animistic religion" und „From Spell to Prayer" (Folk Lore 1900 und 1904; wieder abgedr. in „The threshold of religion", London 1909).

Ganzen dieses Denkens anzuweisen, durch welche es seinen ideellen Sinn empfängt. Dieses Ganze birgt eine eigene innere „Wahrheit" in sich, sofern es einen der Wege bezeichnet, auf dem die Menschheit zu ihrem spezifischen Selbstbewußtsein und zu ihrem spezifischen Objektbewußtsein vorgedrungen ist.

## II.

Auch innerhalb der rein empirischen Forschung und der empirischen Mythenvergleichung macht sich seit einiger Zeit immer deutlicher das Bestreben geltend, nicht nur den Umfang des mythischen Denkens und Vorstellens auszumessen, sondern es auch als eine einheitliche Bewußtseinsform mit bestimmt ausgeprägten charakteristischen Zügen zu beschreiben. Es drückt sich darin die gleiche philosophische Tendenz aus, die auch auf anderen Gebieten, wie z. B. in der Naturwissenschaft oder in der Sprachwissenschaft, zu einer Umkehr der Problemstellung, zu einer Rückwendung vom „Positivismus" zum „Idealismus" geführt hat. Wie es in der Physik die Frage nach der „Einheit des physikalischen Weltbildes" war, die zu einer Erneuerung und Vertiefung ihrer allgemeinen Prinzipienlehre hinführte, so ist innerhalb der Völkerkunde das Problem einer „allgemeinen Mythologie" gerade von seiten der Spezialforschung selbst in den letzten Jahrzehnten immer bestimmter / gestellt worden. Aus dem Widerstreit der einzelnen Schulen und Richtungen schien auch hier zuletzt kein anderer Ausweg gewonnen werden zu können, als dadurch, daß man sich auf einheitliche Richtlinien und auf feste und bestimmte Orientierungspunkte der Forschung zurückbesann. Solange man jedoch diese Richtlinien noch einfach den Gegenständen der Mythologie entnehmen zu können glaubte, solange man von einer Klassifikation der mythischen Objekte seinen Ausgang nahm, erwies es sich bald, daß auf diesem Wege der Widerstreit in den Grundanschauungen nicht zu beseitigen war. Man gelangte zwar zu einer gruppierenden Übersicht der mythischen Grundmotive, die sich über die ganze Erde verbreitet finden und deren Verwandtschaft auch dort zutage trat, wo jede Möglichkeit eines unmittelbaren räumlich-zeitlichen Zusammenhangs, einer direkten Entlehnung zu fehlen schien. Sobald man jedoch innerhalb dieser Motive selbst eine Sonderung vorzunehmen, sobald man einzelne von ihnen als die eigentlich ursprünglichen auszuzeichnen und sie anderen, abgeleiteten gegenüberzustellen versuchte, trat der Streit der Meinungen alsbald wieder unverhüllt und in schärfster Form hervor. Als die Aufgabe der Völkerkunde wurde es erklärt, im Verein mit der Völkerpsychologie im Wechsel der Erscheinungen ein Allgemeingültiges festzustellen und die Prinzipien zu bestimmen, die allen besonderen mythologischen Bildungen zugrunde liegen[1]. Aber die Einheit dieser Prinzipien ging, kaum daß man sich ihrer versichert zu haben glaubte, alsbald wieder in die Fülle und Verschiedenheit der konkreten Objekte auf. Neben der Naturmythologie stand die Seelenmythologie – und innerhalb der ersteren sonderten sich wieder die verschiedenen Richtungen, die mit Entschiedenheit und Beharrlichkeit danach strebten, je ein bestimmtes Naturobjekt als den Kern und Ursprung aller Mythenbildung zu erweisen. Man ging davon aus, daß für jeden einzelnen Mythos – wenn er überhaupt wissenschaftlich „erklärbar" sein solle – die bestimmte Anknüpfung an irgendein natürliches Sein oder Geschehen gefordert werden müsse, weil nur auf diesem Wege die Willkür der Phantasiebildung beschränkt und die Forschung in eine streng „objektive" Bahn gebracht werden könne[2]. Aber die Willkür der Hypothesenbildung, / die sich auf diesem vermeintlich streng objektiven Wege ergab, erwies sich zuletzt kaum minder groß als die der Phantasiebildung. Der älteren Form der Sturm- und Gewittermythologie trat die Astralmythologie gegenüber, die selbst alsbald wieder in die verschiedenen Formen der Sonnenmythologie, der Mondmythologie, der Gestirnmythologie auseinanderfiel. In dem Maße, als jede dieser Formen sich, mit Ausschluß der übrigen, als einziges Prinzip der Erklärung zu konstituieren und zu behaupten strebte, zeigte es sich immer deutlicher, daß die Anknüpfung an bestimmte Einzelkreise gegebener Objekte die gesuchte objektive Eindeutigkeit der Erklärung selber in keiner Weise zu gewährleisten vermochte.

Ein anderer Weg, zu einer letzten Einheit der Mythenbildung vorzudringen, schien sich zu eröffnen, indem man diese Einheit nicht sowohl als natürliche, als vielmehr als geistige Einheit zu bestimmen suchte – indem man sie also als die Einheit nicht eines Objektkreises, sondern als die eines historischen Kulturkreises faßte. Gelang es, einen solchen Kulturkreis als den gemeinsamen Ursprung der großen mythischen Grundmotive zu erweisen und als den Mittelpunkt, von dem aus sie sich nach und nach über die ganze Weite des Erdkreises verbreiteten, so schien damit von selbst auch

---

[1] Vgl. bes. Paul Ehrenreich, Die allgemeine Mythologie und ihre ethnologischen Grundlagen, Leipzig 1910 u. H. Leßmann, Aufgaben und Ziele der vergleichenden Mythenforschung, Leipzig 1908.

[2] Als „Postulat" jeder Mythenerklärung wird dieser Grundsatz z. B. von Ehrenreich (a. a. O. S. 41, 192 ff., 213) aufgestellt.

der innere Zusammenhang und die systematische Konsequenz dieser Motive erklärt. Mochte dieser Zusammenhang in den abgeleiteten und mittelbaren Formen noch so verdunkelt sein: — er mußte sofort wieder hervortreten, sobald man bis zu den letzten geschichtlichen Quellen und zu den relativ einfachen Entstehungsbedingungen zurückging. Wenn ältere Theorien – wie z. B. die Benfeysche Märchentheorie – hierbei die eigentliche Heimat der wichtigsten mythischen Motive in Indien suchten, so schien ein bündiger Beweis für die geschichtlichen Zusammenhänge und die geschichtliche Einheitlichkeit der Mythenbildung erst erbracht werden zu können, als sich der Inhalt der babylonischen Kultur der Forschung mehr und mehr erschloß. Jetzt schien mit der Frage nach der Urheimat der Kultur auch die Frage nach der ursprünglichen und einheitlichen Struktur des Mythischen beantwortet. Zu einer in sich folgerechten „Weltanschauung" – so schloß in der Tat die Theorie des „Panbabylonismus" – hätte der Mythos sich niemals entwickeln können, wenn er lediglich aus primitiven magischen Vorstellungen oder aus Traumerlebnissen, aus Seelenglauben oder sonstigem Aberglauben hervorgegangen wäre. Der Weg zu einer solchen Weltanschauung war vielmehr nur dort gegeben, wo ein bestimmter Begriff, ein Gedanke / der Welt als eines geordneten Ganzen vorausging – eine Bedingung, die nirgends als in den Anfängen der babylonischen Astronomie und Kosmogonie erfüllt war. Von dieser gedanklichen und historischen Orientierung aus schien sich erst die Möglichkeit zu erschließen, den Mythos nicht als eine reine Ausgeburt der Phantasie, sondern als ein in sich geschlossenes und aus sich verständliches System zu begreifen. Auf die empirischen Grundlagen dieser Theorie des Panbabylonismus braucht hier nicht näher eingegangen zu werden [1] – was diese Theorie indessen auch im rein methodologischen Sinne merkwürdig macht, ist der Umstand, daß sie sich, näher betrachtet, keineswegs als eine bloß empirische Behauptung über die tatsächlichen geschichtlichen Ur-

---

[1] Zur Begründung der Grundthese des „Panbabylonismus" vgl. bes. die Schriften von Hugo Winckler (Himmelsbild und Weltenbild der Babylonier als Grundlage der Weltanschauung und Mythologie aller Völker (Der alte Orient III, 2 u. 3, Leipzig 1901), Die Weltanschauung des alten Orients, Der alte Orient und die Bibel (Ex oriente lux I/II), Leipzig 1905 f.; Die babylonische Geisteskultur, Leipzig 1907 und A. Jeremias, Handbuch der altorientalischen Geisteskultur, Leipzig 1913. Zur Kritik des „Panbabylonismus" siehe z. B. M. Jastrow jr., Religious belief and practice in Babylonia and Assyria, Neuyork und London 1911, S. 413 ff. und Bezold, Astronomie, Himmelsschau und Astrallehre bei den Babyloniern (Heidelberger Akademievortrag 1911).

sprünge des Mythos, sondern als eine Art apriorischer Behauptung über Richtung und Ziel der Mythenforschung erweist. Daß alle Mythen astralen Ursprungs, daß sie letzten Endes „Kalendermythen" sein müßten: das wird von den Anhängern des Panbabylonismus geradezu als Grundforderung der Methode, als der „Ariadnefaden" bezeichnet, der allein imstande sei, durch das Labyrinth der Mythologie hindurchzuführen. Immer wieder war es dieses allgemeine Postulat, das dazu dienen mußte, die Lücken der empirischen Überlieferung und der empirischen Beweisführung auszufüllen, – das aber eben damit auch immer deutlicher darauf hinwies, daß die Grundfrage der Einheit des mythischen Bewußtseins auf dem Wege der rein empirischen und der historisch-objektiven Betrachtung zu keiner endgültigen Lösung zu bringen war.

Mehr und mehr befestigte sich daher die Einsicht, daß die bloß faktische Einheit der mythischen Grundgebilde, selbst wenn es gelänge, sie über allen Zweifel zu erheben, solange ein bloßes Rätsel bleiben muß, als sie nicht auf eine tiefere Strukturform der mythischen Phantasie und des mythischen Denkens zurückgeführt wird. Zur Bezeichnung dieser Strukturform aber bot sich, wenn man den Boden / der rein deskriptiven Betrachtung nicht verlassen wollte, zuletzt kein anderer Begriff als der Bastiansche Begriff der „Völkergedanken" dar. Er besitzt, prinzipiell betrachtet, vor allen rein objektiv-gewandten Erklärungsformen den entscheidenden Vorzug, daß es jetzt nicht mehr bloß die Inhalte und Gegenstände der Mythologie, sondern die Funktion des Mythischen selbst ist, worauf die Frage sich richtet. Die Grundrichtung dieser Funktion soll als gleichbleibend nachgewiesen werden, unter so verschiedenen Bedingungen sie auch ausgeübt wird und so verschiedenartige Objekte sie auch in ihren Kreis zieht. Die gesuchte Einheit wird damit von Anfang an gleichsam von außen nach innen, von der Wirklichkeit der Dinge in die des Geistes verlegt. Aber auch diese Idealität ist, solange sie lediglich psychologisch gefaßt und durch die Kategorien der Psychologie bestimmt wird, nicht eindeutig charakterisiert. Wenn von der Mythologie als einem geistigen Gesamtbesitz der Menschheit gesprochen wird, dessen Einheit sich zuletzt aus der Einheit der menschlichen „Seele" und aus der Gleichartigkeit ihres Tuns erklären soll, so geht doch die Einheit der Seele selbst alsbald wieder in eine Mehrheit verschiedener Potenzen und „Vermögen" auseinander. Sobald die Frage gestellt wird, welcher dieser Potenzen im Aufbau der mythischen Welt die entscheidende Rolle zufällt, so ergibt sich alsbald wieder ein Wettstreit und Widerstreit verschiedener Erklärungsarten. Entstammt der Mythos letzten Endes dem Spiel der subjektiven Phantasie, oder geht er in jedem Einzelfalle auf eine „reale Anschauung" zurück, in der er sich gründet? Stellt er eine primitive Form der Erkenntnis dar und ist er insofern im wesentlichen ein Gebilde des Intellekts, oder gehört er seinen Grundäußerungen nach der Sphäre des Affekts und des Willens an? Je nach der Antwort, die man auf diese Frage erteilt, scheinen sich der wissenschaftlichen Mythenforschung und Mythendeutung ganz verschiedene Wege zu eröffnen. Wie die Theorien sich zuvor nach den Objektkreisen unterschieden, die sie für die Bildung des Mythos als entscheidend ansehen, so unterscheiden sie sich jetzt nach den seelischen Grundkräften, auf die sie ihn zurückführen. Und auch hier scheinen sich die verschiedenen prinzipiell möglichen Erklärungsarten ständig zu erneuern und in einer Art Kreislauf einander zu folgen. Auch die Form der reinen „Intellektualmythologie", die lange Zeit als überwunden galt, – auch die Auffassung, daß der Kern des Mythos in einer verstandesmäßigen Deutung der Erscheinungen zu suchen sei, ist neuerdings wieder stärker hervorgetreten. Gegenüber Schellings Forderung der / „tautegorischen" Deutung der mythischen Gestalten wurde jetzt wieder eine Art Ehrenrettung der „Allegorie und Allegorese" versucht[1]. In alledem zeigt sich, wie die Frage nach der Einheit des Mythos ständig in der Gefahr steht, sich in irgendeiner Einzelheit zu verlieren und sich in ihr zu befriedigen. Ob diese Einzelheit als die eines natürlichen Objektsgebiets oder als die eines bestimmten geschichtlichen Kulturkreises oder endlich als die einer besonderen psychologischen Grundkraft angesehen wird, gilt hierbei prinzipiell gleichviel. Denn in all diesen Fällen wird die gesuchte Einheit fälschlich in die Elemente verlegt, statt in der charakteristischen Form gesucht zu werden, die aus diesen Elementen ein neues geistiges Ganze, eine Welt der symbolischen „Bedeutung" hervorgehen läßt. Wie indes die kritische Erkenntnislehre die Erkenntnis – bei aller unabsehbaren Mannigfaltigkeit der Gegenstände, auf die sie sich richtet, und bei aller Verschiedenheit der psychischen Kräfte, auf die sie sich in ihrem aktuellen Vollzug stützt – dennoch als ein ideelles Ganze nimmt, dessen allgemeine konstitutive Bedingungen sie aufsucht, so gilt die gleiche Betrachtungsweise für jede geistige Einheit des „Sinns". Sie muß zuletzt immer statt in genetisch-kausaler, in teleologischer Hinsicht festgestellt und sichergestellt werden – als eine Zielrichtung, der das Bewußtsein im Aufbau der geistigen Wirklichkeit

---

[1] Vgl. Fritz Langer, Intellektualmythologie. Betrachtungen über das Wesen des Mythos und der mythischen Methode. Leipzig 1916, bes. Kapitel 10–12.

folgt. Was in einer solchen Zielrichtung ersteht und was zuletzt als geschlossenes Gebilde vor uns steht, das hat ein selbstgenügsames „Sein" und einen autonomen Sinn, gleichviel ob wir die Art seiner Entstehung durchschauen und auf welche Weise wir sie uns denken. So stellt auch der Mythos, wenngleich er sich auf keinen Einzelkreis von Dingen oder Vorgängen beschränkt, sondern die Gesamtheit des Seins umspannt und durchdringt, und wenngleich er die verschiedenartigsten geistigen Potenzen als seine Organe braucht, einen einheitlichen „Blickpunkt" des Bewußtseins dar, von dem aus die „Natur" wie die „Seele", das „äußere" wie das „innere" Sein, in einer neuen Gestalt erscheint. Diese seine „Modalität" gilt es zu fassen und in ihren Bedingungen zu verstehen[1]. Die empirische Wissenschaft, die Ethnologie wie die vergleichende Mythenforschung und Religionsgeschichte, stellt hier nur das Problem auf, indem sie, je weiter sie den Kreis ihrer Betrach/tung spannt, die „Gleichläufigkeit" der Mythenbildung in um so helleres Licht stellt[2]. Aber auch hier gilt es, hinter dieser empirischen Regelmäßigkeit nun erst die ursprüngliche Gesetzlichkeit des Geistes zu suchen, auf die sie zurückgeht. Wie sich innerhalb der Erkenntnis die bloße „Rhapsodie der Wahrnehmungen" kraft bestimmter Formgesetze des Denkens zu einem System des Wissens umbildet, so darf und muß nach der Beschaffenheit jener Formeinheit gefragt werden, die es bewirkt, daß die unendlich vielgestaltige Welt des Mythos kein bloßes Konglomerat willkürlicher Vorstellungen und beziehungsloser Einfälle ist, sondern sich zu

---

[1] Zum Begriff der „Modalität", siehe Bd. I, S. 29 ff.
[2] Vom Standpunkt des reinen „Positivismus" aus ist das Problem, das in dieser „Gleichläufigkeit" enthalten ist, soviel ich sehe, am schärfsten von Vignoli bezeichnet worden (Mito e scienza, 1879, auch in deutscher Übersetzung: Mythus u. Wissenschaft, Leipzig 1880). Vignoli sieht trotz seiner streng empiristischen Grundrichtung den Mythos als eine „spontane und notwendige Funktion des Verstandes", als eine „angeborene" Tätigkeit des Geistes an, deren Wurzeln er bis ins tierische Denken zurückzuverfolgen sucht. Schon hier walte jene Tendenz zur Vergegenständlichung, zur „Entifikation" und „Personifikation" der Sinneseindrücke, aus der sich weiterhin, indem diese Tendenz sich vom Einzelnen ins Allgemeine, vom Singulären ins Typische wende, die Welt der mythischen Gestalten entwickle. In diesem Sinne wird dem Mythos ein eigenes „transzendentales Prinzip" zugestanden, – ein eigentümliches Bildungsgesetz, das auch beim Fortgang des Geistes zur empirischen und exakten Wissenschaft nicht schlechthin verschwinde, sondern sich neben den Bildungen der strengen Wissenschaft behaupte: „denn der Anteil, den das reine Denken an der fortschreitenden Entwicklung des Mythos nimmt, ist genau dieselbe Verstandestätigkeit, welche die Wissenschaft hervorruft und ermöglicht" (a. a. O. S. 99 f.).

einem charakteristischen geistigen Gebilde zusammenfaßt. Auch hier bleibt die bloße Bereicherung unserer faktischen Kenntnis solange unfruchtbar, als sie nicht zugleich zu einer Vertiefung der prinzipiellen Erkenntnis hinführt, indem statt eines bloßen Aggregats einzelner Motive zwischen ihnen eine durchgehende Gliederung, eine bestimmte Über- und Unterordnung der formgebenden Momente sichtbar gemacht wird.

Wenn sich indes nach dieser Seite hin die Einreihung des Mythos in ein Gesamtsystem der „symbolischen Formen" unmittelbar förderlich erweist – so schließt sie freilich, wie es scheint, auch eine bestimmte Gefahr in sich. Denn der Vergleich der mythischen Form mit anderen geistigen Grundformen droht zu einer Nivellierung ihres eigentlichen Gehalts zu führen, sobald man ihn in rein inhaltlichem Sinne nimmt und ihn auf bloße inhaltliche Übereinstimmungen oder Beziehungen zu gründen sucht. In der Tat fehlt es nicht an Versuchen, den Mythos dadurch „verständlich" zu machen, daß man ihn auf/irgendeine andere Form des Geistes, sei es auf die der Erkenntnis, sei es auf die Kunst oder die Sprache zurückführt. Wenn Schelling den Zusammenhang zwischen Sprache und Mythos dahin bestimmte, daß er die Sprache als eine „verblichene Mythologie" ansah[1] – so ging eine spätere Richtung der vergleichenden Mythenforschung umgekehrt darauf aus, die Sprache als das primäre, den Mythos als das sekundäre Gebilde zu erweisen. So hat z. B. Max Müller versucht, Mythos und Sprache derart zu verketten, daß er das Wort und seine Vieldeutigkeit als den ersten Anlaß der mythischen Begriffsbildung zu erweisen trachtete. Als das Bindeglied zwischen beiden gilt ihm die Metapher, die, im Wesen und in der Funktion der Sprache selbst wurzelnd, nun auch dem Vorstellen selbst jene Richtung gibt, die zu den Gebilden des Mythos hinführt. „Die Mythologie ist unvermeidlich; sie ist eine inhärente Notwendigkeit der Sprache, wenn wir in der Sprache die äußere Form des Gedankens erkennen; sie ist . . . der dunkle Schatten, welchen die Sprache auf den Gedanken wirft, und der nie verschwinden wird, solange sich Sprache und Gedanke nicht vollständig decken, was nie der Fall sein kann. Mythologie im höchsten Sinne des Wortes ist die durch die Sprache auf den Gedanken ausgeübte Macht, und zwar in jeder nur möglichen Sphäre geistiger Tätigkeit." Die Tatsache der „Paronymie", der Umstand, daß ein und dasselbe Wort für ganz verschiedene Vorstellungsgebilde gebraucht wird, wird hier zum Schlüssel der Mythendeutung. Der Quell und Ursprung alles

---

[1] Vgl. Philosophie der Mythologie, dritte Vorlesung, a. a. O. S. 52.

mythischen Sinnes ist der sprachliche Doppelsinn – der Mythos selbst ist somit nichts anderes als eine Art Erkrankung des Geistes, die in einer „Krankheit der Sprache" ihren letzten Grund hat. Weil das griechische Wort δάφνη, das den Lorbeer bezeichnet, auf eine Sanskrit-Wurzel Ahana zurückgeht, die die Morgenröte bedeutet – so ist der Mythos von Daphne, die auf ihrer Flucht vor Apollon in einen Lorbeerbaum verwandelt wird, seinem Kern nach nichts anderes als die Darstellung des Sonnengottes, der seiner Braut, der Morgenröte, nacheilt und vor dem sie sich zuletzt in den Schoß ihrer Mutter, der Erde, rettet – weil im Griechischen die Ausdrücke für Mensch und Stein (λαοί und λᾶας) aneinander anklingen, so ließ der griechische Mythos, in der bekannten Erzählung von Deukalion und Pyrrha, die Menschen aus Steinen hervorgehen[1]. In derart naiver Form pflegt freilich die sprachliche „Er/klärung" mythischer Motive nicht mehr aufzutreten; aber noch immer scheint der Versuch lockend, die Sprache im ganzen wie im einzelnen, als das eigentliche Vehikel der Mythenbildung zu erweisen[2]. In der Tat wird die vergleichende Mythenforschung wie die vergleichende Religionsgeschichte immer wieder auf Tatsachen hingeführt, die die Gleichung: *numina = nomina* von den verschiedensten Seiten her zu bestätigen scheinen. In einer ganz neuen Tiefe und Fruchtbarkeit ist der Gedanke, der dieser Gleichsetzung zugrunde liegt, von Usener durchgeführt worden. Die Analyse und die Kritik der „Götternamen" wird hier als das geistige Werkzeug erwiesen, das, richtig gebraucht, imstande ist, das Verständnis des Prozesses der religiösen **Begriffsbildung** zu erschließen. Damit eröffnet sich der Ausblick auf eine allgemeine **Bedeutungslehre**, in der Sprachliches und Mythisches untrennbar vereint und korrelativ aufeinander bezogen ist. Der Fortschritt, den die Philologie und die Religionsgeschichte in philosophischer Hinsicht durch diese Theorie Useners erreicht hat, besteht auch hier wieder darin, daß die Frage nicht mehr auf den nackten Inhalt der Einzelmythen, sondern auf den Mythos und die Sprache als Ganzes, als in sich gesetzmäßige geistige Formen, gerichtet wird. Für Usener ist die Mythologie nichts anderes als die Lehre (λόγος) vom Mythos oder die „Formenlehre der religiösen Vorstellungen". Sie

---

[1] Vgl. F. Max Müller, Über die Philosophie der Mythologie (gedruckt als Anhang der deutschen Übersetzung von Max Müllers Einleitung in die vergl. Religionswissenschaften, 2. Auflage, Straßburg 1876).

[2] In etwas modifizierter Form ist die Grundthese Max Müllers neuerdings z. B. von Brinton wieder aufgenommen worden; vgl. seine Schrift „The religions of primitive peoples", S. 115 ff.

strebt nichts Geringeres an, als „die Notwendigkeit und Gesetzmäßigkeit des mythischen Vorstellens aufzuweisen und dadurch nicht nur die mythologischen Gebilde der Volksreligionen, sondern auch die Vorstellungsformen monotheistischer Religionen verständlich zu machen". Wieweit diese Methode, das Wesen der Götter aus ihrem Namen und aus der Geschichte ihres Namens zu lesen, vorzudringen vermag, und wie helles Licht sie über die Struktur der mythischen Welt zu verbreiten vermag, – dafür stellen Useners „Götternamen" ein bewunderungswürdiges Beispiel dar. Hier ist nicht nur im einzelnen der Sinn und das Werden der griechischen Göttergestalten von der Philologie und Sprachgeschichte her erleuchtet, sondern zugleich der Versuch gemacht, eine bestimmte allgemeine und typische Abfolge im mythischen und sprachlichen Vorstellen selbst und demgemäß eine wechselseitige Entsprechung in ihrer beiderseitigen / Entwicklung aufzuweisen[1]. Und da der Mythos andererseits die ersten Anfänge und Versuche einer Erkenntnis der Welt in sich faßt, da er sich weiterhin als das vielleicht früheste und allgemeinste Erzeugnis der ästhetischen Phantasie darstellt: – so hätten wir in ihm wieder jene unmittelbare Einheit „des" Geistes vor uns, von der alle Sonderformen nur Bruchstücke, nur einzelne Manifestationen wären. Aber auch hier verlangt unsere allgemeine Aufgabe, daß statt einer Ursprungseinheit, in welcher die Gegensätze sich aufzulösen und ineinander überzugehen scheinen, die kritisch-transzendentale Begriffseinheit gesucht wird, die vielmehr auf die Erhaltung, auf die klare Bestimmung und Begrenzung der Sonderformen hinzielt. Das Prinzip dieser Sonderung wird deutlich, wenn man hier das Problem der Bedeutung mit dem der Bezeichnung verknüpft – d. h. wenn man auf die Art reflektiert, in der sich in den verschiedenen geistigen Äußerungsformen der „Gegenstand" mit dem „Bild", der „Gehalt" mit dem „Zeichen" verknüpft und in der sich zugleich beide voneinander ablösen und sich gegeneinander selbständig erhalten.

Denn hierbei zeigt es sich freilich als ein Grundelement der Übereinstimmung, daß sich die aktive, die schöpferische Kraft des Zeichens ebensowohl im Mythos wie in der Sprache, ebensowohl in der künstlerischen Gestaltung wie in der Bildung der theoretischen Grundbegriffe von der Welt und vom Zusammenhang der Welt bewährt. Was Humboldt

---

[1] S. Usener, Götternamen, Versuch einer Lehre von der religiösen Begriffsbildung, Bonn 1896. – Näheres in meiner Schrift Sprache und Mythos. Ein Beitrag zum Problem der Götternamen, Leipzig 1924.

von der Sprache sagt, daß der Mensch sie zwischen sich und die innerlich und äußerlich auf ihn einwirkende Natur stelle, – daß er sich mit einer Welt von Lauten umgebe, um die Welt von Gegenständen in sich aufzunehmen und zu bearbeiten: das gilt genau ebenso von den Gebilden der mythischen und ästhetischen Phantasie. Sie sind nicht sowohl Reaktionen auf Eindrücke, die von außen auf den Geist geübt werden, als vielmehr echte geistige Aktionen. Schon in den ersten, in den im gewissen Sinne „primitivsten" Äußerungen des Mythos wird deutlich, daß wir es in ihnen nicht mit einer bloßen Spiegelung des Seins, sondern mit einer eigentümlichen bildenden Bearbeitung und Darstellung zu tun haben. Auch hier läßt sich verfolgen, wie eine anfangs bestehende Spannung zwischen „Subjekt" und „Objekt", zwischen dem „Innen" und „Außen" sich allmählich löst, indem zwischen beide Welten, immer vielgestaltiger und reicher, ein neues mittleres Reich / tritt. Der Sachwelt, die ihn umfängt und beherrscht, stellt der Geist eine eigene selbständige Bildwelt entgegen – der Macht des „Eindrucks" tritt allmählich immer deutlicher und bewußter die tätige Kraft zum „Ausdruck" gegenüber. Aber diese Schöpfung trägt freilich selbst noch nicht den Charakter der freien geistigen Tat, sondern den Charakter der naturhaften Notwendigkeit, den Charakter eines bestimmten psychologischen „Mechanismus" an sich. Eben weil auf dieser Stufe noch kein selbständiges und selbstbewußtes, frei in seinen Produktionen lebendes Ich vorhanden ist, sondern weil wir hier erst an der Schwelle des geistigen Prozesses stehen, der dazu bestimmt ist, „Ich" und „Welt" gegeneinander abzugrenzen, muß die neue Welt des Zeichens dem Bewußtsein selbst als eine durchaus „objektive" Wirklichkeit erscheinen. Aller Anfang des Mythos, insbesondere alle magische Weltauffassung, ist von diesem Glauben an die objektive Wesenheit und an die objektive Kraft des Zeichens durchdrungen. Wortzauber, Bildzauber und Schriftzauber bilden den Grundbestand der magischen Betätigung und der magischen Weltansicht. Man könnte hierin, wenn man auf die Gesamtstruktur des mythischen Bewußtseins hinblickt, eine eigentümliche Paradoxie finden. Denn wenn, nach einer allgemein herrschenden Auffassung, der Grundtrieb des Mythos ein Trieb zur Belebung, d. h. zur konkret-anschaulichen Erfassung und Darstellung aller Daseinselemente sein soll: wie kommt es alsdann, daß dieser Trieb sich mit besonderer Intensität gerade auf das „Unwirklichste" und Lebloseste richtet: daß das Schattenreich der Worte, der Bilder und Zeichen eine solche substantielle Gewalt über das mythische Bewußtsein gewinnt? Wie kommt es zu diesem Glauben an das „Abstrakte", zu diesem Kult des Symbols, in einer Welt, in der der allgemeine Begriff nichts, die Empfindung, der unmittelbare Trieb, die sinnliche Wahrnehmung und Anschauung alles zu sein scheint? Eine Antwort auf diese Frage läßt sich erst finden, wenn man erkennt, daß sie, in dieser Form wenigstens, falsch gestellt ist – sofern sie eine Scheidung, die wir auf der Stufe der denkenden Betrachtung, der Reflexion und der wissenschaftlichen Erkenntnis vornehmen und die wir hier notwendig vornehmen müssen, in ein Gebiet geistigen Lebens hinein trägt, das dieser Scheidung vorausliegt und ihr gegenüber indifferent bleibt. Die mythische Welt ist nicht insofern „konkret", als sie es nur mit sinnlich-gegenständlichen Inhalten zu tun hat und alle bloß „abstrakten" Momente, alles was lediglich Bedeutung und Zeichen ist, von sich ausschließt und abstößt – sondern sie ist es / dadurch, daß in ihr die beiden Momente, das Dingmoment und das Bedeutungsmoment, unterschiedslos ineinander aufgehen, daß sie hier in eine unmittelbare Einheit zusammengewachsen, „konkresziert" sind. Gegenüber der Welt des sinnlich-passiven Eindrucks richtet auch der Mythos, als eine ursprüngliche Weise der **Gestaltung**, von Anfang an eine bestimmte Schranke auf – auch er entsteht, gleich der Kunst und der Erkenntnis, in einem Prozeß der Scheidung, in einer Trennung vom unmittelbaren „Wirklichen", d. h. vom schlechthin Gegebenen. Aber wenn er in diesem Sinne einen der ersten Schritte über das „Gegebene" hinaus bedeutet, so tritt er doch mit seinem eigenen Erzeugnis alsbald wieder in die Form der Gegebenheit zurück. Er erhebt sich geistig über die Dingwelt, aber er tauscht in den Gestalten und Bildern, die er an ihre Stelle setzt, nur eine andere Form des Daseins und der Gebundenheit ein. Was den Geist von der Fessel der Dinge zu befreien schien, das wird ihm jetzt zu einer neuen Fessel, die um so unzerreißbarer ist, als es hier keine bloß physische, sondern selbst schon eine geistige Macht ist, deren Gewalt er erfährt. Aber ein **solcher Zwang** enthält freilich in sich selbst schon die immanente Bedingung seiner künftigen Aufhebung; enthält die Möglichkeit eines geistigen Befreiungsprozesses, der sich im Fortschritt von der Stufe der **magisch-mythischen** Weltansicht zur eigentlich **religiösen** Weltansicht tatsächlich vollzieht. Auch dieser Übergang ist – wie die fortschreitende Untersuchung im einzelnen erweisen wird – dadurch bedingt, daß der Geist sich zu der Welt der „Bilder" und „Zeichen" in ein neues freies Verhältnis setzt – daß er sie, indem er noch unmittelbar in ihnen lebt und sie gebraucht, doch zugleich in einer anderen Weise als zuvor durchschaut und sich damit über sie erhebt.

Und in noch weiterem Ausmaß und damit in gesteigerter Deutlichkeit steht die gleiche Dialektik dieses Grundverhältnisses, dieser Bindung und Lösung, die der Geist durch seine eigenen selbstgeschaffenen Bildwelten erfährt, vor uns, wenn wir hier den Mythos den anderen Gebieten des symbolischen Ausdrucks vergleichen. Auch für die Sprache besteht zunächst kein scharfer Trennungsstrich, durch den das Wort und seine Bedeutung, der Sachgehalt der „Vorstellung" und der Gehalt des bloßen Zeichens voneinander geschieden würden, sondern beides geht unmittelbar ineinander ein und ineinander über. Die „nominalistische" Ansicht, für die die Worte nur noch konventionelle Zeichen, bloße *flatus vocis* sind, ist erst das Ergebnis einer späteren Reflexion, nicht aber der Ausdruck des „natürlichen", des unmittelbaren Sprachbewußtseins. Für dieses gilt das „Wesen" des Dinges im Worte nicht nur als mittelbar bezeichnet, sondern es ist in ihm in irgendeiner Weise enthalten und gegenwärtig. Im Sprachbewußtsein der „Primitiven" und im Sprachbewußtsein des Kindes läßt sich diese Stufe der vollen „Konkreszenz" von Namen und Sache noch in höchst prägnanten Beispielen – man braucht hier nur an die verschiedenen Formen des Namen-Tabu zu denken – aufweisen. Aber im Fortgang der geistigen Entwicklung der Sprache setzt sich freilich auch hier die immer schärfere und bewußtere Trennung durch. Wenn die Welt der Sprache, gleich der des Mythos, in die sie anfangs selbst noch gleichsam eingebettet, der sie unmittelbar anhaftend erscheint, zunächst durchaus an der Einerleiheit von Wort und Wesen, von „Bedeutendem" und „Bedeuteten" festhält – so ergibt sich doch in dem Maße, als ihre selbständige gedankliche Grundform, als die eigentliche Kraft des Logos in ihr hervortritt, die immer bestimmtere Ablösung. Gegenüber allem sonstigen bloß physischen Dasein und aller physischen Wirksamkeit tritt das Wort als ein Eigenes und Eigentümliches, in seiner rein ideellen, in seiner „signifikativen" Funktion heraus. Und zu einer neuen Stufe der „Ablösung" sehen wir uns sodann in der Kunst geführt. Auch hier gibt es nicht von Anfang an eine scharfe und klare Abgrenzung des „Ideellen" und des „Reellen"; auch hier wird das „Gebilde" nicht unmittelbar als das Ergebnis des schöpferischen Prozesses des Bildens, als reine Schöpfung der „produktiven Einbildungskraft" gesucht und als solche Schöpfung gewußt. Die Anfänge der bildenden Kunst reichen vielmehr, wie es scheint, in eine Sphäre zurück, in der die Tätigkeit des Bildens selbst noch unmittelbar im magischen Vorstellungskreis wurzelt und auf bestimmte magische Zwecke gerichtet ist, in der somit das Bild selbst noch keineswegs selbständige, rein „ästhetische" Bedeutung hat. Dennoch wird schon in der ersten Regung eigentlich künstlerischer Gestaltung im Stufengang der geistigen Ausdrucksform ein ganz neuer Anfang, ein neues „Prinzip" erreicht. Denn hier zuerst gewinnt die Bildwelt, die der Geist der bloßen Sach- und Dingwelt gegenüberstellt, eine rein immanente Geltung und Wahrheit. Sie zielt nicht auf ein anderes und verweist nicht auf ein anderes; sondern sie „ist" schlechthin und besteht in sich selbst. Aus der Sphäre der Wirksamkeit, in der das mythische Bewußtsein, und aus der Sphäre der Bedeutung, in der das sprachliche Zeichen verharrt, sind wir nun in ein Gebiet versetzt, in dem gleichsam nur das reine „Sein", nur die ihm eigene innewohnende Wesenheit des Bildes als / solche ergriffen wird. Damit erst formt sich die Welt des Bildes zu einem in sich geschlossenen Kosmos, der in seinem eigenen Schwerpunkt ruht. Und nun erst vermag auch der Geist zu ihr ein wahrhaft freies Verhältnis zu finden. Die ästhetische Welt wird, gemessen an den Maßstäben der dinglichen, der „realistischen" Ansicht, zu einer Welt des „Scheines"; – aber indem eben dieser Schein die Beziehung auf die unmittelbare Wirklichkeit, auf die Welt des Daseins und des Wirkens, in der auch die magisch-mythische Anschauung sich bewegt, hinter sich läßt, schließt er damit einen ganz neuen Schritt zur „Wahrheit" in sich. So stellt sich im Verhältnis des Mythos, der Sprache und der Kunst, so sehr ihre Gestaltungen in den konkreten geschichtlichen Erscheinungen unmittelbar ineinandergreifen, doch ein bestimmter systematischer Stufengang, ein ideeller Fortschritt dar, als dessen Ziel es sich bezeichnen läßt, daß der Geist in seinen eigenen Bildungen, in seinen selbstgeschaffenen Symbolen nicht nur ist und lebt, sondern daß er sie als das, was sie sind, begreift. Auch diesem Problem gegenüber bewährt sich somit, was Hegel als das durchgehende Thema der „Phänomenologie des Geistes" bezeichnet hat: das Ziel der Entwicklung liegt darin, daß das geistige Sein nicht bloß als Substanz, sondern „ebensosehr als Subjekt" aufgefaßt und ausgedrückt werde. In dieser Hinsicht schließen sich die Probleme, die aus einer „Philosophie der Mythologie" herauswachsen, wieder unmittelbar denen an, die aus der Philosophie und der Logik der reinen Erkenntnis erstehen. Denn auch die Wissenschaft scheidet sich von den anderen Stufen geistigen Lebens nicht dadurch, daß sie, statt irgendwelcher Vermittlungen durch Zeichen und Symbole zu bedürfen, nun der hüllenlosen Wahrheit, der Wahrheit der „Dinge an sich" gegenübersteht – sondern dadurch, daß sie die Symbole, die sie gebraucht, anders und tiefer als jene es vermögen, als solche weiß und begreift. Und auch für sie ist diese Leistung nicht mit einem Schlage zu vollziehen; vielmehr wiederholt sich auch hier, auf einer neuen Stufe, das typische Grundverhältnis des Geistes zu seinen eigenen Schöpfungen. Auch hier muß die Freiheit diesen Schöpfungen gegenüber erst in steter kritischer Arbeit gewonnen und gesichert werden. Auch innerhalb des Wissens geht der Gebrauch der Hypothesen und „Grundlegungen" der Erkenntnis ihrer eigentümlichen Funktion als Grundlegungen voraus – und solange diese Erkenntnis nicht erreicht ist, vermag auch das Wissen seine eigenen Prinzipien nicht anders als in dinglicher, d. h. aber in halb-mythischer Form auszudrücken und anzuschauen. /

Aber wir verlassen diese allgemeinen Betrachtungen, die dazu bestimmt waren, den Ort, den der Mythos im System der geistigen Formen einnimmt, vorläufig zu bezeichnen und zu umgrenzen, um nunmehr die Besonderheit des mythischen Begriffs der „Realität" und des eigentümlichen mythischen Objektivitätsbewußtseins schärfer ins Auge zu fassen. /

# ERSTER ABSCHNITT
# DER MYTHOS ALS DENKFORM

KAPITEL I

CHARAKTER UND GRUNDRICHTUNG DES MYTHISCHEN
GEGENSTANDSBEWUSSTSEINS

Es gehört zu den ersten und wesentlichen Einsichten der kritischen Philosophie, daß die Gegenstände nicht fertig und starr, in ihrem nackten An-Sich, dem Bewußtsein „gegeben" werden, sondern daß die Beziehung der Vorstellung auf den Gegenstand einen selbständigen spontanen Akt des Bewußtseins voraussetzt. Der Gegenstand besteht nicht vor und außerhalb der synthetischen Einheit, sondern er wird vielmehr erst durch sie konstituiert – er ist keine geprägte Form, die sich dem Bewußtsein einfach aufdrängt und eindrückt, sondern er ist das Ergebnis einer Formung, die sich kraft der Grundmittel des Bewußtseins, kraft der Bedingungen der Anschauung und des reinen Denkens vollzieht. Die „Philosophie der symbolischen Formen" nimmt diesen kritischen Grundgedanken, dieses Prinzip, auf welchem Kants „Kopernikanische Drehung" beruht, auf, um es zu erweitern. Sie sucht die Kategorien des Gegenstandsbewußtseins nicht nur in der theoretisch-intellektuellen Sphäre auf, sondern sie geht davon aus, daß derartige Kategorien überall dort wirksam sein müssen, wo überhaupt aus dem Chaos der Eindrücke ein Kosmos, ein charakteristisches und typisches „Weltbild" sich formt. Jedes solche Weltbild ist nur möglich durch eigenartige Akte der Objektivierung, der Umprägung der bloßen „Eindrücke" zu in sich bestimmten und gestalteten „Vorstellungen". Aber wenn auf diese Weise das Ziel der Objektivierung bis in Schichten zurückverfolgt werden kann, die dem theoretischen Gegenstandsbewußtsein unserer Erfahrung, unseres wissenschaftlichen Weltbildes vorausliegen, so ändern sich, wenn wir in diese Schichten hinabsteigen, doch der Weg und die Mittel des Objektivierungsprozesses. Ehe die Richtung dieses Weges nicht erkannt und allgemein bezeichnet ist – eher läßt sich auch über seinen be/sonderen Verlauf, über seine einzelnen Stadien, seine Halt- und Wendepunkte keine Klarheit gewinnen. Daß diese Richtung keine schlechthin „einsinnige" und einzigartige ist, daß die Art und Tendenz, in welcher das Mannigfaltige der Sinneseindrücke zu geistigen Einheiten zusammengefaßt wird, in sich wieder die mannigfachsten Bedeutungsnuancen aufweisen kann: dieses Gesamtergebnis unserer bisherigen Untersuchung erfährt eine klare und prägnante Bestätigung, wenn wir nunmehr den Gegensatz des Objektivierungsprozesses im mythischen und im theoretischen, im reinen Erfahrungsdenken ins Auge fassen.

Die logische Form des Erfahrungsdenkens tritt am schärfsten heraus, wenn wir es in seiner höchsten Ausbildung, in der Gestaltung und im Aufbau der Wissenschaft, insbesondere in der Grundlegung einer „exakten" Wissenschaft der Natur, betrachten. Aber was hier in höchster Vollendung geleistet ist, das ist angelegt schon in jedem einfachsten Akt des empirischen Urteils, des empirischen Vergleichens und Zuordnens bestimmter Wahrnehmungsinhalte. Die Entwicklung der Wissenschaft bringt nur die Prinzipien, auf denen, mit Kant zu sprechen, die „Möglichkeit auch aller Wahrnehmung" beruht, zu voller Aktualität, zur Entfaltung und zur durchgehenden logischen Bestimmung. In Wahrheit ist jedoch schon das, was wir die Welt unserer Wahrnehmung nennen, kein Einfaches, von Anfang an selbstverständlich Gegebenes, sondern es „ist" nur, sofern es durch gewisse theoretische Grundakte hindurchgegangen, durch sie erfaßt, „apprehendiert" und bestimmt ist. Am deutlichsten vielleicht prägt sich dieses allgemeine Grundverhältnis aus, wenn man von der anschaulichen Urform unserer Wahrnehmungswelt, von ihrer räumlichen Gestaltung ausgeht. Die Verhältnisse des Mit- und Beieinander, des Aus- und Nebeneinander im Raume sind als solche mit den „einfachen" Empfindungen, mit der sinnlichen „Materie", die sich im Raume ordnet, keineswegs schlechthin mitgegeben, sondern sie sind ein höchst komplexes, durch und durch mittelbares Ergebnis des Erfahrungsdenkens. Wenn wir den Dingen im Raume eine bestimmte Größe, eine bestimmte Lage und eine bestimmte Entfernung zusprechen, so sprechen wir damit kein einfaches Datum der Sinnesempfindung aus, sondern wir stellen die sinnlichen Daten in einen Relations- und Systemzusammenhang ein, der sich zuletzt als nichts anderes denn als ein reiner Urteilszusammenhang erweist. Jede Gliederung im Raume setzt eine Gliederung im Urteil voraus; jede Differenz von Stellen, von Größen, von Entfernungen ist nur dadurch faßbar und setzbar, daß die einzelnen sinnlichen / Eindrücke urteilsmäßig verschieden bewertet, daß ihnen eine verschiedene Bedeutung beigelegt wird. Die erkenntniskritische wie die psychologische Analyse des Raumproblems hat diesen Sachverhalt nach allen Seiten hin beleuchtet und ihn in seinen Grundzügen sichergestellt. Ob man als Ausdruck desselben mit

Helmholtz den Begriff der ,,unbewußten Schlüsse" wählt, oder ob man auf diesen Ausdruck, der in der Tat gewisse Gefahren und Zweideutigkeiten in sich birgt, verzichtet – das Eine bleibt jedenfalls als gemeinsames Ergebnis der ,,transzendentalen" wie der physiologisch-psychologischen Betrachtung bestehen, daß die räumliche Ordnung der Wahrnehmungswelt, im ganzen wie im einzelnen, auf Akte der Identifizierung, der Unterscheidung, der Vergleichung und Zuordnung zurückgeht, die ihrer Grundform nach rein intellektuelle Akte sind. Erst indem die Eindrücke kraft solcher Akte selbst gegliedert, indem sie verschiedenen Bedeutungsschichten zugewiesen werden, entsteht für uns, gleichsam als anschaulicher Reflex dieser theoretischen Bedeutungsschichtung, die Gliederung ,,im" Raume. Und diese verschiedene ,,Schichtung" der Eindrücke, wie sie uns die physiologische Optik im einzelnen kennen lehrt, wäre selbst nicht möglich, wenn ihr nicht wiederum ein allgemeines Prinzip, ein durchgehend gebrauchter Maßstab zugrunde läge. Der Übergang von der Welt des unmittelbaren Sinneseindrucks zur vermittelten Welt der anschaulichen, insbesondere der räumlichen ,,Vorstellung" beruht darauf, daß sich in der fließend immer gleichen Reihe der Eindrücke die konstanten Verhältnisse, in denen sie stehen und nach welchen sie wiederkehren, allmählich als ein Selbständiges herausheben und sich eben hierdurch von den von Moment zu Moment wechselnden, schlechthin unbeständigen Sinnesinhalten charakteristisch unterscheiden. Diese konstanten Verhältnisse bilden nun das feste Gefüge und gleichsam das feste Gerüst der ,,Objektivität". Wenn das naive, von erkenntnistheoretischen Zweifeln und Fragen unberührte Denken unbefangen von einer Konstanz der ,,Dinge" und ihrer Eigenschaften zu sprechen pflegt – so löst sich für die kritische Betrachtung eben diese Behauptung konstanter Dinge und Eigenschaften, wenn man sie in ihren Ursprung und in ihre letzten logischen Gründe zurückverfolgt, in die Gewißheit solcher Verhältnisse, insbesondere in die Gewißheit gleichbleibender Maß- und Zahlverhältnisse auf. An ihnen hängt, durch sie konstituiert sich das Sein der Erfahrungsobjekte. Damit aber ist zugleich gegeben, daß jede Auffassung eines besonderen empirischen ,,Dinges" oder eines bestimmten empirischen/Geschehens zugleich einen Akt der Schätzung in sich schließt. Die empirische ,,Wirklichkeit", der feste Kern des ,,objektiven" Seins, im Unterschied zur Welt der bloßen Vorstellung oder Einbildung, hebt sich dadurch heraus, daß das Beharrliche gegenüber dem Fließenden, das Gleichbleibende gegenüber dem Veränderlichen, das Feste gegenüber dem Wandelbaren immer schärfer und deutlicher unterschieden wird. Der einzelne Sinneseindruck wird nicht einfach als das, was er ist und als was er sich unmittelbar gibt, hingenommen, sondern es wird an ihn die Frage gestellt, wieweit er sich im Ganzen der Erfahrung bewähren und gegenüber diesem Ganzen behaupten werde. Erst wenn er dieser Frage und dieser kritischen Probe standhält, gilt er als aufgenommen in das Reich der Wirklichkeit, der objektiven Bestimmtheit. Und diese Probe, diese Bewährung ist auf keiner Stufe des Erfahrungsdenkens und -wissens schlechthin beendet, sondern sie darf und muß immer von neuem einsetzen. Immer wieder erweisen sich die Konstanten unserer Erfahrung als nur relative Konstanten, die wiederum des Haltes und der Begründung in einem Anderen, Festeren bedürfen. So sind die Grenzen des „Objektiven" gegen das bloß „Subjektive" nicht von Anfang an unverrückbar bestimmt, sondern sie bilden und bestimmen sich selbst erst im fortschreitenden Prozeß der Erfahrung und ihrer theoretischen Grundlegung. Es ist eine ständig erneute Arbeit des Geistes, kraft deren sich der Umriß dessen, was wir das objektive Sein nennen, stetig verschiebt, um sich in veränderter und erneuter Gestalt wiederherzustellen. Diese Arbeit aber ist wesentlich kritischer Art. Fort und fort werden Elemente, die bisher als gesichert, als gültig, als „objektiv-wirklich" angesehen wurden, ausgeschieden, weil es sich ergibt, daß sie sich in die Einheit der Gesamterfahrung nicht widerspruchslos einfügen oder daß sie zum mindesten, an dieser Einheit gemessen, eine nur relative und begrenzte, keine absolute Bedeutung besitzen. Immer wieder ist es die Ordnung, die Gesetzlichkeit der Erscheinungen überhaupt, die als Kriterium der Wahrheit des einzelnen empirischen Phänomens und des „Seins", das diesem Phänomen zuzuschreiben ist, gebraucht wird. So wird hier, im theoretischen Aufbau des Zusammenhangs der Erfahrungswelt, alles Besondere mittelbar oder unmittelbar auf ein Allgemeines bezogen und an ihm gemessen. Die „Beziehung der Vorstellung auf einen Gegenstand" besagt zuletzt nichts anderes und ist im Grunde nichts anderes, als diese ihre Einordnung in einen übergreifenden systematischen Gesamtzusammenhang, in welchem ihr eine eindeutig bestimmte Stelle zugewiesen wird. Die / Erfassung, die bloße Apprehension des Einzelnen, erfolgt somit, in dieser Form des Denkens, bereits *sub specie* des Gesetzesbegriffs. Das Einzelne, das besondere Sein und das konkret-besondere Geschehen, ist und besteht; aber dieser sein Bestand ist ihm nur dadurch gesichert und verbürgt, daß wir es als einen Sonderfall eines allgemeinen Gesetzes oder genauer gesagt, eines Inbegriffs, eines Systems allgemeiner Gesetze denken können und denken müssen. Die Objektivität dieses Weltbildes ist somit nichts anderes als der Ausdruck seiner vollständigen Geschlossenheit, als der Ausdruck der Tatsache, daß wir in und mit jedem Einzelnen die Form des Ganzen mitdenken und das Einzelne somit gleichsam nur als einen besonderen Ausdruck, als einen „Repräsentanten" dieser Gesamtform ansehen.

Aus dieser Aufgabe aber, die dem theoretischen Erfahrungsdenken gestellt ist, ergeben sich nun auch die gedanklichen Mittel, deren es sich zu ihrer Lösung fortschreitend bedienen muß. Wenn sein Ziel in einer höchsten und allgemeinsten Synthese, in der Zusammenfassung alles Besonderen zur durchgängigen Einheit der Erfahrung besteht, so weist doch die Methodik, kraft deren dieses Ziel allein erreicht werden kann, vielmehr den scheinbar umgekehrten Weg. Die Inhalte müssen, ehe sie in dieser Weise umgeordnet werden, ehe sie in die Form des systematischen Ganzen eingehen können, in sich selbst eine Umbildung erfahren haben; sie müssen auf letzte, nicht mehr im unmittelbaren sinnlichen Eindruck faßbare, sondern nur im theoretischen Denken setzbare „Elemente" zurückgeführt und in sie gewissermaßen aufgelöst sein. Ohne die Setzung derartiger Elemente würde das Gesetzesdenken der Erfahrung und der Wissenschaft gleichsam des Substrats entbehren, an das es anknüpfen könnte. Denn die unzerlegten Inhalte und Gestaltungen der Wahrnehmung als solche bieten diesem Denken keinen Halt und Stützpunkt dar. Sie fügen sich keiner durchgehenden und festen Ordnung, sie tragen nirgends den Charakter wahrhaft eindeutiger Bestimmtheit, sondern sie stellen vielmehr, in ihrem unmittelbaren Dasein aufgefaßt, ein schlechthin Fließendes und Flüchtiges dar, das jedem Versuch, an ihm selbst wahrhaft scharfe und genaue „Grenzen" zu unterscheiden, widerstreitet. Diese werden vielmehr erst bestimmbar, wenn man von dem unmittelbaren Dasein und der unmittelbaren Beschaffenheit der Erscheinungen in ein Anderes zurückgeht, das selbst nicht mehr erscheint, sondern das vielmehr als der „Grund" der Erscheinung gedacht wird. So kann es z. B. zu keiner Formulierung wahrhaft „exakter" Gesetze der Bewegung kommen, / solange wir die Subjekte der Bewegung noch einfach im Bereich der konkreten wahrnehmbaren Gegenstände suchen. Erst indem das Denken diese Sphäre überschreitet, indem es zur Setzung der Atome als der „wahren" Subjekte der Bewegung übergeht, wird ihm an diesen neuen ideellen Elementen das Phänomen der Bewegung mathematisch faßbar. Und wie hier, so hat überhaupt die Synthesis, auf die das theoretische Erfahrungsdenken hinstrebt, eine entsprechende Analysis zur Voraussetzung und kann sich nur auf dem Grunde einer solchen Analysis aufbauen. Die Verknüpfung setzt hier die Trennung voraus, wie die Trennung ihrerseits auf nichts anderes hinzielt, als die Verknüpfung zu ermöglichen und vorzubereiten. In diesem Sinne ist alles Erfahrungsdenken in sich dialektisch – wenn man den Begriff der Dialektik nach der historischen Urbedeutung nimmt, die ihm durch Platon gegeben worden ist, wenn man in ihm die Einheit von Verknüpfung und Trennung, von συναγωγή und διαίρεσις denkt. Der logische Zirkel, der hierin zu liegen scheint, ist doch nichts anderes als der Ausdruck jenes ständigen Kreislaufes des Erfahrungsdenkens selbst, das immer zugleich analytisch und synthetisch, progressiv und regressiv verfahren muß, indem es die besonderen Inhalte in ihre konstitutiven Faktoren zerlegt, um sie aus ihnen als ihren Voraussetzungen wieder „genetisch" zu erzeugen.

In der Wechselwirkung, in der Korrelation dieser beiden Grundmethoden empfängt erst die Welt des Wissens ihre charakteristische Form. Was diese Welt von der der sinnlichen Eindrücke unterscheidet, ist nicht der Stoff, aus dem sie sich aufbaut, sondern die neue Ordnung, in die er gefaßt wird. Diese Ordnungsform verlangt, daß das, was in der unmittelbaren Wahrnehmung noch ungeschieden nebeneinander liegt, allmählich immer bestimmter und schärfer auseinandertritt; daß das, was dort im bloßen Beisammen gegeben ist, sich in eine Unter- und Überordnung – in ein System von „Gründen" und „Folgen" – umbildet. In dieser Kategorie des Grundes und der Folge findet der Gedanke das eigentlich wirksame Scheidemittel, das nun seinerseits erst die neue Weise der Verknüpfung ermöglicht, die er an den sinnlichen Daten zu vollziehen strebt. Wo die sinnliche Weltansicht nur ein friedliches Beieinander, nur ein Konglomerat von „Dingen" sieht – da erblickt das empirisch-theoretische Denken vielmehr ein Ineinandergreifen, eine Komplexion von „Bedingungen". Und in diesem Stufenbau der Bedingungen wird nun jedem besonderen Inhalt sein bestimmter Platz zugewiesen. Während die sinnliche Auffassung sich mit der / Feststellung des „Was" der einzelnen Inhalte begnügt, wird jetzt dieses bloße „Was" in die Form des „Weil" verwandelt, wird die bloße Koexistenz oder Sukzession der Inhalte, ihre Mitgegebenheit in Raum und Zeit durch ihre ideelle Abhängigkeit (ihr In-einander-gegründet-sein) ersetzt. Damit aber wird zugleich gegenüber der Einfachheit und gleichsam der Einfalt der ersten unreflektierten Dingansicht eine außerordentliche Verfeinerung und Differenzierung in der Bedeutung des Objektbegriffs selbst erreicht. „Objektiv" – im Sinne der theoretischen Weltansicht und ihres Erkenntnisideals – heißt nun nicht mehr all das, was sich nach dem Zeugnis der Empfindung als ein einfaches „Dasein" und als ein einfaches

„So-sein" vor uns hinstellt, sondern was in sich die Gewähr der Konstanz, der bleibenden und durchgängigen Bestimmtheit besitzt. Weil diese Bestimmtheit – wie jedes Phänomen der „Sinnestäuschung" erweisen kann – den Wahrnehmungen in ihrer unmittelbaren Beschaffenheit nicht eignet: darum werden sie mehr und mehr vom Zentrum der Objektivität, in dem sie sich anfangs zu befinden schienen, gegen die Peripherie verschoben. Die objektive Bedeutung eines Erfahrungselements hängt jetzt nicht mehr von der sinnlichen Gewalt ab, mit der es sich als ein einzelnes dem Bewußtsein aufdrängt, sondern von der Klarheit, mit der sich in ihm die Form, die Gesetzlichkeit des Ganzen ausdrückt und reflektiert. Aber da eben diese Form nicht mit einem Schlage vorhanden ist, sondern sich nur in einem stetigen Stufengang aufbaut, so ergibt sich hieraus eine Differenzierung und Abstufung des empirischen Wahrheitsbegriffs selbst. Der bloße Sinnenschein sondert sich von der empirischen Wahrheit des Objekts, die nicht unmittelbar zu erfassen, sondern erst im Fortgang der Theorie, im Fortgang des wissenschaftlichen Gesetzesdenkens zu erringen ist. Aber eben deshalb trägt auch diese Wahrheit selbst keinen absoluten, sondern einen relativen Charakter: denn sie steht und fällt mit dem allgemeinen Bedingungszusammenhang, in dem allein sie erreichbar ist, und mit den Voraussetzungen, den „Hypothesen", auf denen dieser Bedingungszusammenhang beruht. Immer wieder grenzt sich so das Konstante gegen das Veränderliche, das Objektive gegen das Subjektive, die Wahrheit gegen den Schein ab: und in dieser Bewegung erst stellt sich nun für das Denken die Gewißheit des Empirischen – stellt sich sein eigentlicher logischer Charakter dar. Das positive Sein des empirischen Objekts wird gleichsam durch eine doppelte Negation gewonnen: durch seine Abgrenzung gegen das „Absolute" einerseits und gegen den Sinnenschein anderer/seits. Es ist Objekt der „Erscheinung", aber diese ist nicht „Schein", sofern sie in notwendigen Gesetzen der Erkenntnis gegründet, – sofern sie ein „*phaenomenon bene fundatum*" ist. Wiederum zeigt sich, daß der allgemeine Begriff der Objektivität, wie seine einzelnen konkreten Erfüllungen, in der Art, wie beides sich in der Sphäre des theoretischen Denkens gestaltet, durchaus auf einem fortschreitenden Akt der Sonderung der Erfahrungselemente, auf einer kritischen Arbeit des Geistes beruht, in welcher mehr und mehr das „Akzidentelle" gegen das „Wesentliche", das Veränderliche gegen das Bleibende, das Zufällige gegen das Notwendige sich abscheidet.

Und es gibt keine einzige noch so „primitive" und unreflektierte Phase des Erfahrungsbewußtseins, in der dieser sein Grundcharakter nicht schon klar erkennbar wäre. Man nimmt freilich oft in erkenntnistheoretischen Betrachtungen als den Anfang aller empirischen Erkenntnis einen Zustand der reinen Unmittelbarkeit, der bloßen Gegebenheit an, in dem die Eindrücke nur in ihrer einfachen sinnlichen Beschaffenheit aufgenommen und in dieser Beschaffenheit „erlebt" werden sollen – ohne daß an ihnen schon irgendeine Formung, eine denkende Bearbeitung vorgenommen würde. Hier würden also wiederum alle Inhalte noch gleichsam in einer Ebene liegen noch mit einem einzigen, in sich noch nicht gespaltenen und gesonderten Charakter des schlichten und einfachen „Daseins" behaftet sein. Aber man vergißt hierbei allzu leicht, daß die hier vorausgesetzte schlechthin „naive" Stufe des Erfahrungsbewußtseins selbst kein Faktum, sondern eine theoretische Konstruktion – daß sie im Grunde nichts anderes als ein Grenzbegriff ist, den die erkenntniskritische Reflexion sich geschaffen hat. Auch dort, wo das empirische Wahrnehmungsbewußtsein sich noch nicht zum Erkenntnisbewußtsein der abstrakten Wissenschaft entwickelt hat, enthält es implizit bereits jene Scheidungen und Trennungen, die in diesem in expliziter logischer Form hervortreten. Dies hat sich bereits am Beispiel des Raumbewußtseins gezeigt: aber was vom Raume gilt, das gilt nicht minder von den anderen Ordnungsformen, auf denen der „Gegenstand der Erfahrung" beruht und durch welche er konstituiert wird. Denn jede schlichte „Wahrnehmung" schließt bereits ein „Für-Wahr-nehmen" – also eine bestimmte Norm und einen Maßstab der Objektivität ein. Sie ist, näher betrachtet, bereits ein Prozeß der Auswahl und der Unterscheidung, den das Bewußtsein gegenüber der chaotischen Masse der „Eindrücke" vollzieht. An diesen Eindrücken, wie sie sich in einem jeweilig gegebenen / Zeitmoment zusammendrängen, müssen bestimmte Züge als wiederkehrende und „typische" festgehalten und anderen bloß zufälligen und flüchtigen entgegengesetzt werden; – müssen gewisse Momente betont, andere dagegen als „unwesentlich" ausgeschaltet werden. Auf einer solchen „Selektion", die wir an dem von allen Seiten her sich zudrängenden Stoff der Wahrnehmung vornehmen, beruht alle Möglichkeit, ihm eine bestimmte Form und somit einen bestimmten „Gegenstand" zu geben; beruht die Möglichkeit, die Wahrnehmung überhaupt auf ein Objekt zu beziehen. Das Gegenstandsbewußtsein der Wahrnehmung und das der wissenschaftlichen Erfahrung unterscheidet sich somit nicht prinzipiell, sondern nur graduell – sofern die Geltungsunterschiede, die in jenem bereits vorhanden und wirksam sind, in diesem in die Form der Erkenntnis erhoben, d. h. im Begriff und Urteil fixiert sind[1].

Aber einen Schritt weiter in der Richtung auf das „Unmittelbare" werden wir nun geführt, wenn wir jene andere Art von Gegenständen und von Gegenständlichkeit ins Auge fassen, die uns im mythischen Bewußtsein entgegentritt. Auch der Mythos lebt in einer Welt reiner Gestalten, die ihm als ein durchaus Objektives, ja als das Objektive schlechthin gegenüberstehen. Aber die Beziehung auf sie zeigt noch nichts von jener entscheidenden „Krisis", mit der das empirische und begriffliche Wissen beginnt. Wenn ihm seine Inhalte in gegenständlicher Fassung, als „wirkliche Inhalte" gegeben sind, so ist doch diese Form der Wirklichkeit in sich noch völlig homogen und undifferenziert. Die Bedeutungs- und Wertnuancen, die die Erkenntnis in ihrem Objektbegriff ausprägt und vermöge deren sie zur strengen Auseinanderhaltung verschiedener Objektkreise, zu einer Grenzscheide zwischen der Welt der „Wahrheit" und der des „Scheins" gelangt, fehlen hier noch völlig. Der Mythos hält sich ausschließlich in der Gegenwart seines Objekts, – in der Intensität, mit der es in einem bestimmten Augenblick das Bewußtsein ergreift und von ihm Besitz nimmt. Ihm fehlt daher jede Möglichkeit, den Augenblick über sich selbst zu erweitern, über ihn voraus und hinter ihn zurückschauen, ihn als einen besonderen auf das Ganze der Wirklichkeitselemente zu beziehen. Statt der dialektischen Bewegung des Denkens, für die jedes gegebene Besondere nur der Anlaß wird, es an ein anderes anzuknüpfen, es mit / anderen zu Reihen zusammenzuschließen und es auf diese Weise zuletzt einer allgemeinen Gesetzlichkeit des Geschehens einzuordnen, steht hier die bloße Hingabe an den Eindruck selbst und an seine jeweilige „Präsenz". Das Bewußtsein ist in ihm, als einem einfach Daseienden befangen – es besitzt weder den Antrieb noch die Möglichkeit, das hier und jetzt Gegebene zu berichtigen, zu kritisieren, es in seiner Objektivität dadurch einzuschränken, daß es an einem Nicht-Gegebenen, an einem Vergangenen oder Zukünftigen gemessen wird. Fällt aber dieser mittelbare Maßstab fort, geht alles Sein, alle „Wahrheit" und Wirklichkeit in die bloße Präsenz des Inhalts auf, so drängt sich damit notwendig alles überhaupt Erscheinende in eine einzige Ebene zusammen. Es gibt hier keine verschiedenen Realitätsstufen, keine gegeneinander abgegrenzten Grade objek-

---

[1] Zur näheren Begründung dieser erkenntnistheoretischen Vorbetrachtungen muß ich auf die eingehendere Darstellung in meiner Schrift „Substanzbegriff und Funktionsbegriff" (bes. Kapitel 4 und 6) verweisen.

tiver Gewißheit. Dem Bilde der Realität, das auf diese Weise entsteht, fehlt somit gleichsam die Tiefendimension – die Trennung von Vordergrund und Hintergrund, wie sie sich im empirisch-wissenschaftlichen Begriff, in der Scheidung des „Grundes" vom „Begründeten", in so charakteristischer Weise vollzieht.

Und mit diesem einen Grundzug des mythischen Denkens, der hier zunächst ganz allgemein hingestellt wurde, sind nun bereits eine Fülle weiterer Züge an ihm, als dessen einfache und notwendige Folge bestimmt, – ist die spezielle Phänomenologie des Mythos schon auf eine weite Strecke hinaus bezeichnet. Schon ein flüchtiger Blick auf die Tatsachen des mythischen Bewußtseins lehrt in der Tat, daß dieses Bewußtsein bestimmte Trennungslinien, die der empirische Begriff und das empirisch-wissenschaftliche Denken als schlechthin notwendig ansehen, überhaupt nicht kennt. Es fehlt hier vor allem jede feste Grenzscheide zwischen dem bloß „Vorgestellten" und der „wirklichen" Wahrnehmung, zwischen Wunsch und Erfüllung, zwischen Bild und Sache. Am klarsten tritt dies in der entscheidenden Bedeutung hervor, die die Traumerlebnisse für die Genesis und für den Aufbau des mythischen Bewußtseins besitzen. Die animistische Theorie freilich, die den gesamten Inhalt des Mythos wesentlich aus dieser einen Quelle abzuleiten versucht, die den Mythos in erster Linie aus einer „Verwechslung" und Vermischung von Traumerfahrungen und Wacherfahrungen entspringen läßt, bleibt in dieser Form, die ihr vor allem durch Tylor gegeben worden ist, einseitig und ungenügend[1]. Aber / doch kann kein Zwiefel daran bestehen, daß bestimmte grundlegende mythische Begriffe in ihrer eigentümlichen Struktur erst dann verständlich und durchsichtig werden, wenn man erwägt, daß für das mythische Denken und die mythische „Erfahrung" zwischen der Welt des Traumes und per der objektiven „Wirklichkeit" ein steter schwebender Übergang besteht. Auch in rein praktischem Sinne, auch in der Stellung, die sich der Mensch nicht in der bloßen Vorstellung, sondern im Handeln und Tun zur Wirklichkeit gibt, eignet bestimmten Traumerfahrungen dieselbe Kraft und Bedeutsamkeit, kommt ihnen also mittelbar dieselbe „Wahrheit" zu, wie dem, was im Wachen erlebt wird. Das gesamte Leben und Wirken

---

[1] Daß auch der Inhalt des primitiven „Seelenbegriffs" sich keineswegs vollständig oder auch nur in seinen markantesten Zügen aus den Traumerlebnissen ableiten und aus ihnen verstehen läßt, ist neuerdings insbesondere von Walter F. Otto, Die Manen oder Von den Urformen des Totenglaubens, Berlin 1923, bes. S. 67 ff., mit Recht betont worden.

vieler „Naturvölker" ist bis ins einzelne hinein von ihren Träumen bestimmt und geleitet[1]. Und so wenig wie einen festen Unterschied zwischen Traum und Wachen, so wenig gibt es für das mythische Denken einen scharfen Schnitt, der die Sphäre des Lebens von der des Todes abtrennt. Beide verhalten sich nicht wie Sein und Nicht-Sein, sondern wie gleichartige, homogene Teile ein und desselben Seins. Es gibt für das mythische Denken keinen bestimmten, klar abgegrenzten Moment, bei dem das Leben in den Tod oder der Tod in das Leben übergeht. Wie es die Geburt als Wiederkehr denkt, so denkt es den Tod als Fortdauer. Alle „Unsterblichkeitslehren" des Mythos haben in diesem Sinne ursprünglich nicht sowohl positiv-dogmatische als vielmehr negative Bedeutung. Das in sich ungeschiedene und unreflektierte Bewußtsein weigert sich, eine Trennung zu vollziehen, die in der Tat nicht unmittelbar und zwingend im Erlebnisinhalt als solchem liegt, sondern die letzten Endes nur durch die Besinnung auf die empirischen Bedingungen des Lebens – also durch eine bestimmte Form der kausalen Analyse – gefordert wird. Wird alle „Wirklichkeit" lediglich als das hingenommen, als was sie sich im unmittelbaren Eindruck gibt – gilt sie in der Macht, die sie auf das Vorstellungs-, das Affekt- und Willensleben übt, als hinlänglich beglaubigt, so „ist" in der Tat der Tote auch dann noch, wenn seine bisherige Erscheinungsform sich gewandelt hat, wenn an die Stelle / der sinnlich-materiellen Existenz ein bloß schattenhaftes körperloses Dasein getreten ist. Die Tatsache, daß der Lebende mit ihm nach wie vor, in den Traumerscheinungen, sowie in den Affekten der Liebe, der Furcht usf. in Zusammenhang steht, kann hier – wo „wirklich sein" und „wirksam sein" in eins aufgehen – gar nicht anders als durch den Fortbestand des Toten ausgedrückt und „erklärt" werden. An Stelle der analytischen Diskretion, der ein fortgeschrittenes Erfahrungsdenken zwischen den Erscheinungen von Leben und Tod und zwischen ihren empirischen Voraussetzungen vollzieht, stehen wir hier vielmehr in der ungeteilten Anschauung des „Daseins" schlechthin. Auch das physische Dasein bricht ja, gemäß dieser Anschauung, mit dem Augenblick des Todes nicht plötzlich ab, sondern wechselt nur seinen Schauplatz. Aller Totenkult ruht wesentlich auf dem Glauben, daß der Tote auch der physischen Mittel zur Erhaltung seines Seins, daß er seiner Nahrung, seiner Kleidung, seines Besitzes ständig bedürftig bleibt.

---

[1] Vgl. hierüber das reichhaltige Material, das sich jetzt bei Lévy-Bruhl, La mentalité primitive, Paris 1922, zusammengestellt findet, siehe auch Brinton, Religions of primitive peoples, S. 65 ff.

Wenn somit auf der Stufe des Denkens, auf der Stufe der Metaphysik, der Gedanke sich abmühen muß, „Beweise" für die Fortdauer der Seele nach dem Tode zu erbringen, so gilt im natürlichen Fortgang der menschlichen Geistesgeschichte vielmehr das umgekehrte Verhältnis. Nicht die Unsterblichkeit, sondern die Sterblichkeit ist dasjenige, was hier „bewiesen", d. h. was theoretisch erkannt, was erst allmählich durch Trennungslinien, die die fortschreitende Reflexion in den Inhalt der unmittelbaren Erfahrung hineinlegt, herausgestellt und sichergestellt werden muß.

Dieses eigentümliche Ineinander, diese Indifferenz all der verschiedenen Objektivationsstufen, die durch das empirische Denken und den kritischen Verstand unterschieden werden, muß man sich ständig gegenwärtig halten, wenn man die Inhalte des mythischen Bewußtseins statt von außen über sie zu reflektieren, von innen her verstehen will. Wir sind gewohnt, diese Inhalte insofern als „symbolisch" aufzufassen, daß hinter ihnen ein anderer, verborgener Sinn gesucht wird, auf den sie mittelbar hindeuten. Der Mythos wird auf diese Weise zum Mysterium: seine eigentliche Bedeutung und seine eigentliche Tiefe liegt nicht in dem, was er in seinen eigenen Gestalten offenbart, sondern in dem, was er verhüllt. Das mythische Bewußtsein gleicht einer Chiffreschrift, die nur für den verständlich und lesbar ist, der den Schlüssel für sie besitzt – d. h. für den die besonderen Inhalte dieses Bewußtseins im Grunde nichts als konventionelle Zeichen für ein „Anderes" in ihnen selbst nicht Enthaltenes ist. Von hier aus ergeben sich die / verschiedenen Arten und Richtungen der Mythendeutung – der Versuche, den, sei es theoretischen, sei es moralischen Sinngehalt, den die Mythen in sich bergen, ans Licht zu ziehen[1]. Die mittelalterliche Philosophie hat in dieser Deutung einen dreifachen Stufengang, einen *sensus allegoricus*, einen *sensus anagogicus* und einen *sensus mysticus* unterschieden. Und selbst die Romantik hat, so sehr sie danach strebte, die „allegorische" Auffassung vom Mythos durch eine rein „tautegorische" zu ersetzen, also die Grundphänomene des Mythischen aus sich selbst, nicht aus der Beziehung auf ein anderes zu verstehen, diese Art der „Allegorese" nicht prinzipiell überwunden. Creuzers „Symbolik und Mythologie der alten Völker", wie Görres' „Mythengeschichte der asiatischen Welt" sehen beide im Mythos eine allegorisch-symbolische Sprache, die einen ge-

---

[1] Zur Geschichte der Mythendeutung vgl. jetzt Otto Gruppe, Gesch. der klassischen Mythologie und Religionsgeschichte während des Mittelalters im Abendland und während der Neuzeit (Supplem. zu Roschers Lexikon der griech. u. röm. Mythologie), Leipzig 1921.

heimen tieferen Sinn, einen rein ideellen Gehalt, der durch den bildhaften Ausdruck hindurchscheint, in sich birgt. Blickt man dagegen auf den Mythos selbst hin, auf das was er ist und als was er selbst sich weiß, so erkennt man, daß gerade diese Trennung des Ideellen vom Reellen, diese Scheidung zwischen einer Welt des unmittelbaren Seins und einer Welt der mittelbaren Bedeutung, dieser Gegensatz von „Bild" und „Sache", ihm fremd ist. Erst wir, die Zuschauer, die in ihm nicht mehr leben und sind, sondern die ihm bloß reflektierend gegenüberstehen, legen sie in ihn hinein. Wo wir ein Verhältnis der bloßen „Repräsentation" sehen, da besteht für den Mythos, sofern er von seiner Grund- und Urform noch nicht abgewichen und von seiner Ursprünglichkeit noch nicht abgefallen ist, vielmehr ein Verhältnis realer Identität. Das „Bild" stellt die „Sache" nicht dar – es ist die Sache; es vertritt sie nicht nur, sondern es wirkt gleich ihr, so daß es sie in ihrer unmittelbaren Gegenwart ersetzt. Man kann es demgemäß geradezu als ein Kennzeichen des mythischen Denkens bezeichnen, daß ihm die Kategorie des „Ideellen" fehlt, und daß es daher, wo immer ihm ein rein Bedeutungsmäßiges entgegentrat, dieses Bedeutungsmäßige selbst, um es überhaupt zu fassen, in ein Dingliches, in ein Seinsartiges umsetzen muß. Auf den verschiedensten Stufen des mythischen Denkens wiederholt sich dieses Grundverhältnis, das jedoch weit deutlicher als im bloßen Denken im mythischen Tun zum Ausdruck kommt. In allem mythischen Tun / gibt es einen Moment, in dem sich eine wahrhafte Transsubstantiation – eine Verwandlung des Subjekts dieses Tuns in den Gott oder Dämon, den es darstellt, vollzieht. Von den primitivsten Äußerungen der magischen Weltansicht bis hinauf zu den höchsten Kundgebungen religiösen Geistes läßt sich dieser Grundzug verfolgen. Es ist mit Recht betont worden, daß im Verhältnis von Mythos und Ritus der Ritus das Frühere, der Mythos das Spätere ist. Statt das rituelle Tun aus dem Glaubensinhalt, als einem bloßen Vorstellungsinhalt, zu erklären, müssen wir vielmehr den umgekehrten Weg einschlagen: wir müssen das, was am Mythos der theoretischen Vorstellungswelt angehört, was an ihm bloßer Bericht oder geglaubte Erzählung ist, als eine mittelbare Deutung desjenigen verstehen, was unmittelbar im Tun des Menschen und in seinem Affekt und Willen lebendig ist. So gefaßt aber haben alle Riten ursprünglich keinen bloß „allegorischen", nachbildenden oder darstellenden, sondern durchaus realen Sinn: sie sind in die Realität des Wirkens derart eingewoben, daß sie einen unentbehrlichen Bestandteil von ihr bilden. Es ist ein durchgängiger, in den mannigfachsten Formen und auf den verschiedensten Kulturformen begegnender Glaube, daß auf der rechten Ausführung der Riten der Fortbestand des menschlichen Lebens, ja des Daseins der Welt selbst beruht. Von den Cora- und den Uitoto-Indianern berichtet Preuß, daß ihnen die Ausführung der heiligen Riten, der Feste und Gesänge wichtiger erscheine, als das Ergebnis der ganzen Feldarbeit – denn von ihnen hängt alles Gedeihen und Wachstum ab. Der Kult ist das eigentliche Werkzeug, kraft dessen der Mensch sich die Welt nicht sowohl geistig als vielmehr rein physisch unterwirft – die Hauptfürsorge, die der Urheber, der Schöpfer der Welt für den Menschen getroffen hat, besteht darin, daß er ihm die verschiedenen Formen des Kults verliehen hat, durch die er sich die Kräfte der Natur unterwirft. Denn trotz ihres regelmäßigen Verlaufs gibt die Natur nichts ohne Zeremonien her[1]. Und dieser Übergang, dieses Aufgehen des Seins in die magisch-mythische Handlung, wie die unmittelbare Rückwirkung dieser Handlung auf das Sein gilt ebensowohl im subjektiven, wie im objektiven Sinn. Es ist kein bloßes Schaustück und Schauspiel, das / der Tänzer, der in einem mythischen Drama mitwirkt, aufführt; sondern der Tänzer **ist** der Gott, **wird** zum Gott. Insbesondere in allen Vegetationsriten, in denen das Sterben und Wiederauferstehen des Gottes gefeiert wird, spricht sich immer wieder dieses Grundgefühl der Identität, der realen Identifizierung aus. Was in diesen Riten, wie in den meisten Mysterienkulten vorgeht – das ist keine bloß nachahmende **Darstellung** eines Vorgangs, sondern es ist der Vorgang selbst und sein unmittelbarer **Vollzug**; es ist ein δρώμενον als ein reales und wirkliches, weil durch und durch wirksames Geschehen[2]. In dieser

---

[1] Vgl. Preuß, Ursprünge der Religion und Kunst, Globus Bd. 87 (1905), S. 336; Die Nayarit-Expedition, Leipzig 1912, I, S. LXVIII u. LXXXIX ff., Religion und Mythologie der Uitoto, Göttingen und Leipzig 1921, I, 123 ff. und den Aufsatz „Die höchste Gottheit bei den kulturarmen Völkern", Psychologische Forschung Bd. II (1922) S. 165.

[2] Für die antiken Mysterien vgl. hierzu insbesondere Reitzenstein, Die hellenistischen Mysterienreligionen[2], Leipzig 1920, sowie die entscheidenden Belege bei Usener, Heilige Handlung (Kleine Schriften, IV, 424). Die mythischen Zeremonien werden (nach de Jong, Das antike Mysterienwesen, S. 19) nur an einer Stelle bei Clemens ein Drama, sonst aber gewöhnlich „Dromena" genannt, was in der Regel Zeremonien, und zwar insbesondere verborgene, aber niemals eine theatralische Aufführung bedeutet. Dabei gibt es keine Weihe ohne Tanz: vom Verrat der Mysterien wird nicht gesagt, daß sie ausgeplaudert, sondern daß sie „ausgetanzt" würden. Ähnliches gilt von den Riten der „Primitiven". „Den Tier- und Geistertänzen gemeinsam ist - so bemerkt Preuß –, daß sie einen Zauber bezwecken. Es werden keine mythischen Erzählungen dargestellt, und das Ziel ist nirgends die bloße

Form des Mimus, bis zu der wir alle dramatische Kunst zurückverfolgen können, handelt es sich nirgends um bloßes ästhetisches Spiel, sondern um vollen tragischen Ernst, – um jenen Ernst, der eben die heilige Handlung als solche charakterisiert. Demgemäß entspricht auch der Ausdruck des „Analogiezaubers", den man für eine bestimmte Richtung des magischen Wirkens zu gebrauchen pflegt, dem eigentlichen Sinn dieses Wirkens keineswegs: denn wo wir ein bloßes Zeichen und eine Ähnlichkeit des Zeichens sehen, da ist für das magische Bewußtsein und sozusagen für die magische Wahrnehmung vielmehr der Gegenstand selbst gegenwärtig. Nur so ist der „Glaube" an die Magie verständlich: die Magie braucht an die Wirksamkeit des zauberischen Mittels nicht nur zu glauben, sondern sie besitzt in dem, was uns nur Mittel heißt, die Sache als solche und ergreift sie unmittelbar.

Am prägnantesten drückt sich dieses Unvermögen des mythischen Denkens, ein bloß Bedeutungsmäßiges, ein rein Ideelles und Signifikatives zu erfassen, in der Stellung aus, die hier der Sprache ge/geben wird. Mythos und Sprache stehen in ständiger wechselseitiger Berührung – ihre Inhalte tragen und bedingen einander. Neben dem Bildzauber steht der Wort- und Namenszauber, der einen integrierenden Bestandteil der magischen Weltansicht ausmacht. Aber die entscheidende Voraussetzung liegt auch hier darin, daß das Wort und der Name keine bloße Darstellungsfunktion besitzen, sondern daß in beiden der Gegenstand selbst und seine realen Kräfte enthalten sind. Auch das Wort und der Name bezeichnen und bedeuten nicht, sondern sie sind und wirken. Schon der bloßen sinnlichen Materie, aus der die Sprache sich bildet, schon jeder Äußerung der menschlichen Stimme als solcher wohnt eine eigentümliche Macht über die Dinge inne. Es ist bekannt, wie bei den Naturvölkern drohende Ereignisse und Katastrophen durch Gesang, durch lautes Schreien und Rufen abgewehrt und „beschworen" werden. Sonnen- und Mondfinsternisse, schwere Stürme und Gewitter werden auf diese Weise durch Geschrei und Geräusch zu bannen gesucht[1]. Aber die eigentliche mythisch-magische Kraft der Sprache tritt doch erst dort hervor, wo sie bereits in der Form des gegliederten, des arti-

---

Darstellung von Szenen und Gedanken. Das kann erst kommen, nachdem die Tänze profan geworden sind oder auf hoher Stufe der Entwicklung stehen" (Ursprung der Religion und Kunst, Globus Bd. 86, S. 392).
[1] Für die Naturvölker vgl. Preuß, Ursprung der Religion und Kunst, Globus Bd. 87, S. 384; Belege für die gleiche Anschauung aus der antiken Literatur finden sich z. B. bei Rohde, Psyche[2] II, 28, Anm. 2 II, 77.

kulierten Lautes erscheint. Das geformte Wort ist selbst ein in sich Begrenztes, ein Individuelles: – so ist ihm auch je ein besonderes Gebiet des Seins untertan, eine individuelle Sphäre gleichsam, über die es unumschränkt herrscht und waltet. Insbesondere ist es der Eigenname, der in dieser Weise mit geheimnisvollen Banden an die Eigenheit des Wesens geknüpft ist. Auch in uns wirkt vielfach noch diese eigentümliche Scheu vor dem Eigennamen nach – dieses Gefühl, daß er nicht äußerlich dem Menschen angeheftet ist, sondern irgendwie zu ihm „gehört". „Der Eigenname eines Menschen" – so heißt es in einer bekannten Stelle aus Goethes Dichtung und Wahrheit – „ist nicht etwa wie ein Mantel, der bloß um ihn her hängt und an dem man allenfalls noch zupfen und zerren kann, sondern ein vollkommen passendes Kleid, ja wie die Haut selbst ihm über und über angewachsen, an der man nicht schaben und schinden darf, ohne ihn selbst zu verletzen." Aber dem ursprünglichen mythischen Denken ist der Name noch mehr als eine solche Haut: er spricht das Innere, Wesentliche des Menschen aus und „ist" geradezu dieses Innere. Name und Persönlichkeit fließen hier in eins zusammen[1]. / Bei den Männerweihen und bei sonstigen Initiationsbräuchen empfängt der Mensch einen neuen Namen, weil es ein neues Selbst ist, das er hier erhält[2]. Vor allem aber ist es der Name des Gottes, der einen realen Teil seines Wesens und seines Wirkens ausmacht. Er bezeichnet die Kraftsphäre, innerhalb deren jeder besondere Gott ist und wirkt. So muß im Gebet, im Hymnus und in allen Formen religiöser Rede sorgsam darauf geachtet werden, daß jeder Gott mit dem ihm zukommenden Namen genannt wird; denn nur wenn er in der richtigen Weise angerufen wird, nimmt er die ihm dargebrachte Leistung an. Bei den Römern ist die Fähigkeit, jederzeit die rechte Gottheit in passender Form anzurufen, zu einer besonderen Kunst entwickelt, die von den Pontifices geübt wird und in den von ihnen verwalteten indigitamenta niedergelegt ist[3]. Auch sonst begegnet innerhalb der Religions-

---

[1] Noch im römischen Staatsrecht haben Sklaven keinen Namen, weil ihnen von Rechts wegen keine Persönlichkeit zukommt; s. Mommsen, Röm. Staatsrecht III, 1, S. 203 (zitiert in der Abhandlung von Rudolf Hirzel, Der Name, ein Beitrag zu seiner Geschichte im Altertum und besonders bei den Griechen, Abh. der Kgl. Sächs. Ges. der Wiss., Bd. XXVI, Nr. II, Leipzig 1918).

[2] Vielfache Belege hierfür finden sich bei Brinton, Primitive religion, S. 86 ff.; sowie bei James, Primitive ritual and belief, London 1917, S. 16 ff., s. auch van Gennep, Les rites de passage, Paris 1909.

[3] S. Wissowa, Religion und Kultus der Römer², S. 37; vgl. hierzu besonders Norden, Agnostos Theos S. 144 f.

geschichte immer wieder die Grundansicht, daß die eigentliche Natur des Gottes, die Stärke und die Mannigfaltigkeit seines Tuns in seinem Namen beschlossen und in ihm gleichsam verdichtet ist. Im Namen ruht das Geheimnis der göttlichen Fülle: die Vielfältigkeit der Gottesnamen, die göttliche „Polyonymie" und „Myrionymie" ist das eigentliche Kennzeichen der Unerschöpflichkeit des Wirkens Gottes. Wie dieser Glaube an die Macht des Gottesnamens unmittelbar in die Schriften des Alten Testaments hineinragt, ist bekannt[1]. In Ägypten, das als das klassische Land der Magie und des Namens-Zaubers auch diesen Zug in seiner Religionsgeschichte am deutlichsten ausgeprägt hat, gilt nicht nur das Universum als durch den göttlichen Logos geschaffen, sondern auch der erste Gott selbst ist durch die Kraft seines eigenen gewaltigen Namens hervorgebracht: – im Anfang war der Name, der sodann alles Sein, auch das göttliche, aus sich entlassen hat. Wer den wahren Namen eines Gottes oder Dämon kennt, dem ist daher auch die Macht seines / Trägers unumschränkt zu eigen; eine ägyptische Erzählung berichtet, wie Isis, die große Zauberin, den Sonnengott Ra durch List dazu bringt, ihr seinen Namen zu entdecken und wie sie dadurch die Herrschaft über ihn selber und über alle anderen Götter gewinnt[2].

---

[1] Näheres hierüber in der Schrift von Giesebrecht, Die alttestamentliche Schätzung des Gottesnamens und ihre religionsgeschichtliche Grundlage, Königsberg 1902.

[2] Näheres über diese „Allmacht des Namens" und über seine reale kosmologische Bedeutung s. jetzt in meiner Studie „Sprache und Mythos. Ein Beitrag zum Problem der Götternamen" (Stud. der Bibl. Warburg VI, Leipzig 1924). Nebenher kann darauf hingewiesen werden, daß der Glaube an die volle „Substantialität" des Wortes, der das mythische Denken durchgehend beherrscht, in fast unveränderter Form in bestimmten pathologischen Erscheinungen zu beobachten ist und daß er hier wohl auf dem gleichen geistigen Symptom, auf dem Ineinanderfließen der „Objektivationsstufen", die im kritischen Denken und in der analysierenden Begriffsbildung auseinandergehalten werden, beruht. Wichtig und lehrreich in dieser Hinsicht ist ein Fall, den Schilder in seiner Schrift „Wahn und Erkenntnis", Berlin 1918, S. 66 ff. mitteilt. Der Kranke, von dem hier berichtet wird, antwortete auf die Frage, was das eigentlich Wirksame in der Welt sei, daß dies die Worte seien. Die Himmelskörper „geben" bestimmte Worte, durch deren Kenntnis man die Dinge beherrscht. Und nicht nur jedes Wort als Ganzes, sondern auch jeder seiner Bestandteile ist wieder in gleicher Weise wirksam. Der Patient ist z. B. der Überzeugung, daß man Worte wie „Chaos" zerlegen könne und daß dann die Stücke gleichfalls noch Bedeutung hätten; er steht also „seinen Worten ebenso gegenüber wie der Chemiker einer kompliziert zusammengesetzten Substanz".

Und gleich dem Namen ist es insbesondere das Bild einer Person oder Sache, woran man sich die Gleichgültigkeit des mythischen Denkens gegenüber allen Unterschieden der „Objektivationsstufe" unmittelbar deutlich machen kann. Für das mythische Denken, dem sich alle Inhalte in eine einzige Seinsebene zusammendrängen, dem alles Wahrgenommene als solches schon Realitätscharakter besitzt, gilt für das gesehene Bild das Gleiche wie für das ausgesprochene und gehörte Wort – es ist mit realen Kräften ausgestattet. Auch das Bild stellt die Sache nicht nur für die subjektive Reflexion eines Dritten, eines Zuschauers dar, sondern es ist ein Teil ihrer eigenen Wirklichkeit und Wirksamkeit. Wie der Eigenname eines Menschen, so ist auch sein Bild ein *alter ego*: was ihm widerfährt, widerfährt dem Menschen selbst[1]. So sind im magischen Vorstellungskreis Bildzauber und Sachzauber nirgends scharf getrennt. Wie der Zauber sich als Mittels und Vehikels eines bestimmten physischen Teils des Menschen, etwa / seiner Nägel oder Haare bedienen kann, so kann er mit dem gleichen Erfolg das Bild als Ausgangspunkt wählen. Wird das Bild des Feindes mit Nadeln durchstochen oder mit Pfeilen durchbohrt, so wirkt dies magisch unmittelbar auf den Feind zurück. Und ebenso wie diese passive kommt dem Bild auch volle aktive Wirkungsfähigkeit zu; – eine Wirkungsfähigkeit, die der des Gegenstandes selbst durchaus gleich steht. Ein in Wachs geformtes Modell des Gegenstandes ist das Gleiche und verrichtet das Gleiche, wie das in ihm dargestellte Objekt[2]. Dieselbe Rolle wie dem Bild fällt insbesondere auch dem Schatten eines Menschen zu. Auch er ist ein reeller verletzlicher Teil von ihm – und jede Verletzung des Schattens ist eine solche des Menschen selbst. Es ist verboten, auf den Schatten eines Menschen zu treten, da man dadurch dem Menschen eine Krankheit zuzieht. Von einzelnen Naturvölkern wird berichtet, daß sie beim Anblick eines Regenbogens zittern, weil sie ihn für ein Netz halten, das von einem mächtigen

---

[1] Eine große Zahl von Beispielen für dieses Verhältnis aus dem chinesischen Vorstellungskreis gibt de Groot, Religious system of China, IV, S. 340 ff. „An image, especially if pictorial or sculptured, and thus approaching close to the reality, is an *alter ego* of the living reality, an abode of its soul, nay it is that reality itself. By myriads are such images made of the dead, expressly to enable mankind to keep the latter in their immediate presence as protectors and advisers ... Such intense association is, in fact, the very backbone of Chinas inveterate idolatry and fetish-worship, and, accordingly, a phaenomenon of paramount importance in her Religious System."

[2] Charakteristische Beispiele hierfür finden sich bei Budge, Egyptian Magic[2], London 1911, in dem Abschnitt über „Magical pictures" S. 104 ff.

Zauberer ausgebreitet ist, um ihre Schatten einzufangen[1]. In Westafrika wird bisweilen ein Mord heimlich begangen, indem man einen Nagel oder ein Messer in den Schatten eines Mannes schlägt[2]. Es ist wahrscheinlich schon eine spätere Reflexion, die wir erst nachträglich in die Erscheinungen des mythischen Denkens hineintragen, wenn man diese Bedeutung des Schattens animistisch zu erklären versucht, indem man den Schatten des Menschen mit seiner Seele gleichsetzt. Tatsächlich scheint hier noch eine weit einfachere und ursprünglichere Identifikation vorzuliegen – eben jene, die auch Wachen und Traum, Namen und Sache usf. miteinander zusammenschließt, und die es überhaupt zu irgendeiner strengen Trennung zwischen den Formen des „abbildlichen" und denen des „urbildlichen" Seins nicht kommen läßt. Denn jede derartige Trennung würde etwas anderes verlangen, als die bloße anschauliche Versenkung in den Inhalt selbst; sie würde erfordern, daß die Einzelinhalte, statt in ihrer bloßen Präsenz erfaßt zu werden, vielmehr auf/die Bedingungen ihrer Entstehung im Bewußtsein und auf das kausale Gesetz, das diese Entstehung beherrscht, zurückgeführt würden –: dies aber würde wieder eine Art der Analyse, der rein gedanklichen Zerlegung voraussetzen, die hier noch vollständig fern liegt. –

Allgemein läßt sich die besondere Eigenart des mythischen Denkens und der entscheidende Gegensatz, in dem es sich zu der rein „theoretischen" Auffassung der Welt befindet, nicht minder deutlich als von seiten seines Objektbegriffs von seiten seines Kausalbegriffs her erfassen. Denn beide Begriffe bedingen einander wechselseitig: die Form des kausalen Denkens bestimmt die Form des Objektdenkens und *vice versa*. Die allgemeine Kategorie von „Ursache" und „Wirkung" fehlt dem mythischen Denken keineswegs; ja sie gehört in gewissem Sinne zu seinem eigentlichen Grundbestand. Dafür zeugen nicht nur die mythischen Kosmogonien und Theogonien, die die Frage der Entstehung der Welt und der Geburt der Götter zu beantworten suchen, sondern eine Fülle von Mythenmärchen, die durchaus „explikativen" Charakter besitzen, d. h. die irgendeine besondere „Erklärung" für den Ursprung irgend eines konkreten Einzeldinges, für den Ursprung der Sonne oder des Mondes, des Menschen oder irgendeiner Tier- oder Pflanzengattung geben wollen. Auch die Kultur-

---

[1] Vgl. hierzu das sehr reichhaltige ethnologische Material, das Frazer zusammengestellt hat: The Golden Bough, Vol. II: Taboo and the perits of the soul[3], London 1911, S. 77 ff.
[2] Mary Kingsley, West African Studies, p. 207.

märchen, die den Besitz eines bestimmten Kulturgutes auf einen einzelnen Heros oder „Heilbringer" zurückführen, gehören in diesen Anschauungskreis. Aber von der Form der kausalen Erklärung, die durch die wissenschaftliche Erkenntnis gefordert und aufgestellt wird, unterscheidet sich die Kausalität des Mythos auch hier in demselben Zug, auf den sich zuletzt der Gegensatz ihrer beiderseitigen Objektbegriffe reduziert. Der Kausalsatz ist nach Kant, ein „synthetischer Grundsatz", – ein Satz, der dazu dient, Erscheinungen zu buchstabieren, um sie als Erfahrungen lesen zu können. Aber diese Synthesis des Kausalbegriffs schließt, ebenso wie diejenige des Objektbegriffs überhaupt, zugleich eine ganz bestimmte Richtung der Analysis in sich. Beide, die Synthese wie die Analyse, erweisen sich auch hier als einander ergänzende, einander notwendig fordernde Methoden. Es ist ein Grundmangel in Humes psychologischer Auffassung und in seiner psychologischen Kritik des Kausalbegriffs, daß in ihr diese analytische Funktion, die ihm innewohnt, nicht nach Gebühr erkannt und gewürdigt wird. Bei Hume soll alle Vorstellung von Kausalität zuletzt aus der Vorstellung der bloßen Koexistenz ableitbar sein. Zwei Inhalte, die häufig genug im Bewußtsein / miteinander aufgetreten sind, wachsen schließlich, kraft der vermittelnden psychologischen Funktion der „Einbildungskraft", aus dem Verhältnis der bloßen Nähe, des einfachen räumlichen Beisammen oder des zeitlichen Nacheinander, in eine kausale Beziehung zusammen. Die örtliche oder zeitliche Kontiguität formt sich, durch einen einfachen Mechanismus der „Assoziation", zur Kausalität um. In Wahrheit aber zeigt die Art, in der die wissenschaftliche Erkenntnis ihre Kausalbegriffe und ihre Kausalurteile gewinnt, das genau entgegengesetzte Verhalten. Durch diese Begriffe und Urteile wird das, was für den unmittelbaren sinnlichen Eindruck zusammenliegt, fortschreitend zerlegt und in verschiedene Komplexe von Bedingungen auseinandergefaltet. In der bloßen Wahrnehmung folgt auf einen bestimmten Zustand $A$ im Zeitpunkt $A_1$ ein anderer Zustand $B$ im Zeitpunkt $A_2$. Aber diese Sukzession würde, noch so oft wiederholt, nicht zu dem Gedanken führen, daß $A$ die „Ursache" von $B$ sei, – das *post hoc* würde sich niemals in ein *propter hoc* verwandeln, wenn hier nicht ein neuer Mittelbegriff einsetzte. Aus dem Gesamtzustand $A$ hebt das Denken ein bestimmtes Moment $\alpha$ heraus, das es mit einem Moment $\beta$ in $B$ verknüpft. Und daß $\alpha$ und $\beta$ zueinander in einem ‚notwendigen' Verhältnis, in einem Verhältnis von ‚Grund' und ‚Folge', von ‚Bedingung' und ‚Bedingtem' stehen: das wird nun nicht nur passiv aus einer gegebenen Wahrnehmung oder aus einer Mehrheit solcher Wahrnehmungen abgelesen, sondern es wird erprobt, indem die Bedingung α für sich hergestellt und sodann der an sie geknüpfte Erfolg untersucht wird. Dem physikalischen Experiment insbesondere, auf das zuletzt die Kausalurteile der Physik zurückgehen, liegt immer eine solche Zerlegung des Geschehens in einzelne Bedingungskreise, in verschiedene Relationsschichten zugrunde. Kraft dieser immer weiter fortschreitenden Analyse nimmt das räumlich-zeitliche Geschehen, das uns zunächst als ein bloßes Spiel von Eindrücken, als eine „Rhapsodie von Wahrnehmungen" gegeben war, erst den neuen Sinn an, der es zum kausalen Geschehen stempelt. Der Einzelvorgang, den wir vor uns haben, gilt jetzt nicht mehr bloß als solcher: er wird zum Träger und Ausdruck einer universellen übergreifenden Gesetzlichkeit, die sich in ihm darstellt. Das Zucken des Froschschenkels im Laboratorium Galvanis wird nicht an sich, als unzerlegtes Phänomen, sondern vermöge des analytischen Denkprozesses, der sich daran anknüpft, zum Beweis und Zeugnis der neuen Grundkraft des „Galvanismus". So wird durch die kausalen Beziehungen, die die Wissenschaft herstellt, nicht ein sinn/lich-empirisches Dasein einfach konstatierend wiederholt, sondern es wird vielmehr umgekehrt die bloße Kontiguität der Erfahrungselemente unterbrochen und durchbrochen: es werden Inhalte, die dem bloßen Dasein nach nebeneinander stehen, dem „Grund" und „Wesen" nach voneinander geschieden, während andere, die für die unmittelbare sinnliche Ansicht weit auseinander liegen, für den Begriff, für den gedanklichen Aufbau der Wirklichkeit, nahe aneinander rücken und aufeinander bezogen werden. Auf diese Weise entdeckt Newton einen neuen kausalen Begriff der Gravitation, durch den so verschiedenartige Phänomene, wie der freie Fall der Körper, wie der Lauf der Planeten und die Erscheinung von Ebbe und Flut, zu einer Einheit zusammengefaßt und derselben allgemeinen Regel des Geschehens unterworfen werden.

Eben diese isolierende Abstraktion aber, durch welche aus einem Gesamtkomplex ein bestimmtes Einzelmoment als „Bedingung" erfaßt und herausgehoben wird, ist und bleibt der Denkweise des Mythos fremd. Jede Gleichzeitigkeit, jede räumliche Begleitung und Berührung schließt hier schon an und für sich eine reale kausale „Folge" in sich. Man hat es geradezu als Prinzip der mythischen Kausalität und der auf sie gegründeten „Physik" bezeichnet, daß hier jede Berührung in Raum und Zeit unmittelbar als ein Verhältnis von Ursache und Wirkung genommen wird. Neben dem Prinzip des „*post hoc, ergo propter hoc*" ist insbesondere auch das Prinzip des „*juxta hoc ergo propter hoc*" für das mythische Denken bezeichnend. So ist es eine diesem Denken geläufige Ansicht, daß die Tiere, die in einer bestimmten Jahreszeit auftreten, die Bringer, die Urheber derselben sind: für die mythische Ansicht ist es tatsächlich die Schwalbe, die den Sommer macht[1]. „Netze phantastisch willkürlicher Beziehungen" – so schildert z. B. Oldenberg die Grundanschauung, die den Opfer- und Zauberbräuchen der vedischen Religion zugrunde liegt – umspannen alle Wesenheiten, aus deren Aktion sich die Struktur des Opfers, seine Wirkung auf Weltlauf und Ich erklären soll. Sie wirken aufeinander durch Berührung, durch die ihnen innewohnende Zahl, durch irgend etwas ihnen Anhängendes... Sie fürchten sich vorein/ander, gehen ineinander ein, sind miteinander verwoben, paaren sich miteinander... Das eine geht in das andere über, wird zum anderen, ist eine Form des anderen, ist das andere... Man möchte meinen, daß, wenn sich hier zwei Vorstellungen einmal in einer gewissen gegenseitigen Nähe befinden, es nicht mehr gelingen will, sie auseinanderzuhalten[2]. Trifft dies zu, so ergibt sich das Merkwürdige, daß Hume, indem er scheinbar das Kausalurteil der Wissenschaft analysierte, vielmehr eine Wurzel aller mythischen Welterklärung aufgedeckt hat. Man hat in der Tat das mythische Vorstellen – mit einem Ausdruck, den man der Klassifikation der Sprachen entnahm – als ‚polysynthetisch' bezeichnet und diese Bezeichnung dahin erläutert, daß für dasselbe keine Sonderung einer Gesamtvorstellung in ihre einzelnen Elemente vorgenommen werde, sondern daß nur ein einziges ungeschiedenes Ganze der Anschauung gegeben sei, in welchem noch keinerlei ‚Dissoziation' der Einzelmomente, insbesondere auch der objektiven Wahrnehmungsmomente und der subjektiven Gefühlsmomente stattgefunden habe[3]. Preuß hat diese Eigenart der mythisch-komplexen Vorstellungsweise, im Gegensatz zur analytischen Auffassung des begrifflichen Denkens, dadurch erläutert, daß er zeigt, wie z. B. in den kosmologischen und religiösen Vorstellungen der Cora-Indianer nicht ein einzelnes Gestirn, nicht der Mond oder die Sonne, die Vorherrschaft besitze, sondern wie hier vielmehr die Gesamtheit der Gestirne als ein noch ungeschiedenes Ganze genommen

---

[1] Näheres hierzu z. B. bei Preuß, Anfänge der Religion und Kunst; für das mythische Prinzip des „*juxta hoc ergo propter hoc*" vgl. insbesondere das reiche Beispielmaterial, das Levy Bruhl in seiner Schrift: Les fonctions mentales dans les sociétés inférieures, Paris 1910, zusammengestellt hat (deutsche Ausg. unter dem Titel: Das Denken der Naturvölker, Leipzig und Wien 1921, S. 252 ff.).

[2] Oldenberg, Die Lehre der Upanishaden und die Anfänge des Buddhismus, Göttingen 1915 S. 20 ff.

[3] Levy Bruhl, Das Denken der Naturvölker, S. 30.

und diesem Ganzen religiöse Verehrung gezollt werde. So sei die Auffassung des Nachthimmels und des Taghimmels in ihrer Totalität früher als die der besonderen Himmelskörper: „weil das Ganze als ein einheitliches Wesen aufgefaßt wurde und die religiösen Vorstellungen, die sich an die Gestirne knüpften, diese häufig mit dem ganzen Himmel vermischten, also nicht von der Gesamtauffassung frei werden konnten[1]". Im Zusammenhang unserer bisherigen Erörterungen aber erkennen wir nun, daß dieser oft betonte und beschriebene Zug des mythischen Denkens[2] ihm nicht äußerlich oder zufällig anhaftet, / sondern daß er sich mit Notwendigkeit aus der Struktur dieses Denkens ergibt. Wir haben hier gleichsam die Kehrseite der wichtigen erkenntniskritischen Einsicht vor uns, daß die grundlegende logische Funktion des wissenschaftlichen Kausalbegriffs sich nicht darin erschöpft, Elemente, die in der Wahrnehmung bereits gegeben sind, nur nachträglich, sei es durch die „Einbildungskraft", sei es durch den Verstand, zu „verbinden", sondern daß er diese Elemente als solche erst zu setzen, erst zu bestimmen hat. Solange diese Bestimmung noch fehlt: solange fehlen auch alle jene Trennungs- und Demarkationslinien, die für unser ausgebildetes Erfahrungsbewußtsein, das schon völlig mit kausalen „Schlüssen" durchsetzt ist, die verschiedenen Objekte und Objektkreise voneinander scheiden.

Während die Denkform der empirischen Kausalität daher wesentlich darauf gerichtet ist, eine eindeutige Beziehung zwischen bestimmten „Ursachen" und bestimmten „Wirkungen" herzustellen, stehen dem mythischen Denken auch dort, wo es die Ursprungsfrage als solche stellt, die „Ursachen" selbst noch in völlig freier Auswahl zu Gebote. Hier kann noch alles aus allem werden, weil alles mit allem sich zeitlich oder räumlich berühren kann. Wo daher das empirisch-kausale Denken von „Veränderung" spricht und wo es diese aus einer allgemeinen Regel zu verstehen sucht, da kennt das mythische Denken vielmehr nur die einfache Metamorphose (im Ovidischen, nicht im Goetheschen Sinne verstanden). Wenn das wissenschaftliche Denken sich der Tatsache der „Veränderung" zuwendet, so ist es nicht der Übergang eines einzelnen sinnlich-gegebenen Dinges in ein anderes, worauf sein Interesse wesentlich ge-

---

[1] Preuß, Die Nayarit-Expedition, S. L ff.; vgl. Die geistige Kultur der Naturvölker, Leipzig 1914, S. 9 ff.
[2] Vgl. z. B. Rich. Thurnwald, Zur Psychologie des Totemismus (Anthropos XIV [1919] S. 48 ff.), der, statt von einem „komplexen" Denken, von einem „Denken in Vollbildern" spricht.

richtet ist: sondern dieser Übergang erscheint ihm vielmehr nur insoweit „möglich" und zulässig, als in ihm ein allgemeines Gesetz sich ausdrückt, als ihm gewisse funktionale Beziehungen und Bestimmungen zugrunde liegen, die, unabhängig vom bloßen Hier und Jetzt und von der jeweiligen Konstellation der Dinge im Hier und Jetzt, allgemein als gültig angesehen werden. Die mythische „Metamorphose" ist dagegen stets der Bericht über ein individuelles Geschehen – über den Fortgang von einer individuellen und konkreten Ding- und Daseinsform zu einer anderen. Die Welt wird aus der Tiefe des Meeres herausgefischt oder aus einer Schildkröte gebildet; – die Erde wird aus dem Körper eines großen Tieres oder aus einer auf dem Wasser schwimmenden Lotosblume geformt; die Sonne entsteht aus einem Stein, die Menschen aus Felsen oder Bäumen. In all diesen so vielfältigen mythischen „Erklärungen" prägt sich, / so chaotisch und gesetzlos sie ihrem bloßen Inhalt nach erscheinen mögen, doch ein und dieselbe Richtung der Weltauffassung aus. Während das begriffliche Kausalurteil das Geschehen in konstante Elemente zerlegt und es aus der Komplexion und Durchdringung dieser Elemente, aus ihrer gleichartigen Wiederkehr, zu „verstehen" sucht, genügt dem mythischen Vorstellen, das in der Gesamtvorstellung als solcher verharrt, das Bild des einfachen Ablaufs des Geschehens selbst. In diesem mögen allenfalls gewisse typische Züge sich wiederholen, ohne daß jedoch von einer Regel und damit von bestimmten einschränkenden Formbedingungen des Werdens die Rede sein kann.

Freilich bedarf auch der Gegensatz von Gesetz und Gesetzlosigkeit, von ‚Notwendigkeit' und ‚Zufälligkeit' einer schärferen kritischen Analyse und einer strengeren Bestimmung, ehe er auf das Verhältnis des mythischen und des wissenschaftlichen Denkens angewandt werden kann. Leukipp und Demokrit scheinen geradezu das Prinzip der wissenschaftlichen Welterklärung und ihre endgültige Abkehr vom Mythos auszusprechen, indem sie den Satz aufstellen, daß nichts in der Welt „von ungefähr" entstehe, sondern alles aus einem Grunde und kraft der Notwendigkeit hervorgehe. (οὐδὲν χρῆμα μάτην γίνεται, ἀλλὰ πάντα ἐκ λόγου τε καὶ ὑπ' ἀνάγκης.) Und doch kann es auf den ersten Blick scheinen, daß gerade dieses Prinzip der Ursächlichkeit nicht minder für die Struktur der mythischen Welt gelte, ja daß es in dieser noch eine besondere Verschärfung und Zuspitzung erfahre. Man hat es wenigstens als einen eigentümlichen Wesenszug des mythischen Denkens bezeichnet, daß es den Gedanken eines in irgendeinem Sinne „zufälligen" Geschehens überhaupt nicht zu fassen vermöge. Häufig findet es sich, daß dort, wo wir, vom Standpunkt der wissenschaftlichen Welterklärung, vom ‚Zufall' sprechen, das mythische Bewußtsein gebieterisch eine ‚Ursache' verlangt und in jedem einzelnen Falle eine solche Ursache setzt. So ist z. B. für das Denken der Naturvölker ein Unglück, das über das Land hineinbricht, eine Verletzung, die sich ein Mensch zuzieht, so sind Krankheit und Tod niemals ‚zufällige' Ereignisse, sondern sie gehen stets auf magische Einwirkungen als ihre eigentlichen Ursachen zurück. Der Tod insbesondere tritt niemals „von selbst" ein, sondern er ist immer von außen her durch zauberischen Einfluß bewirkt[1]. Demnach scheint innerhalb des mythischen Denkens so wenig von gesetzloser Willkür die Rede zu sein, daß man / eher versucht wäre, vom Gegenteil, von einer Art Hypertrophie des kausalen „Instinkts" und des kausalen Erklärungsbedürfnisses zu sprechen. In der Tat hat man den Satz, daß nichts in der Welt durch Zufall, sondern alles durch bewußte Absicht geschieht, bisweilen geradezu als einen Fundamentalsatz der mythischen Weltansicht bezeichnet[2]. Auch hier also ist es nicht der Begriff der Kausalität als solcher, sondern die spezifische Form der kausalen Erklärung, worauf der Unterschied und der Gegensatz der geistigen Welten beruht. Es ist, als wenn das reine Erkenntnisbewußtsein und das mythische Bewußtsein den Hebel der „Erklärung" an ganz verschiedenen Stellen einsetzten. Jenes ist befriedigt, wenn es ihm gelingt, das individuelle Geschehen in Raum und Zeit als Spezialfall eines allgemeinen Gesetzes zu begreifen, während es für die Individualisierung selbst, für das Hier und Jetzt als solches, nach keinem weiteren „Warum" fragt. Dieses dagegen richtet die Frage des „Warum" gerade auf das Besondere, auf das Einzelne und Einmalige. Es ‚erklärt' das individuelle Geschehen durch die Setzung und Annahme individueller Willensakte. Unsere kausalen Gesetzesbegriffe lassen, so sehr sie auf Erfassung und Bestimmung des Besonderen gerichtet sind, und so sehr sie, um dieser Absicht Genüge zu leisten, sich selbst differenzieren und sich wechselseitig ergänzen und determinieren, an diesem Besonderen doch immer noch gewissermaßen eine Sphäre der Unbestimmtheit zurück. Denn gerade als Begriffe vermögen sie das anschaulich-konkrete Dasein und Geschehen, vermögen sie die Fülle der jeweiligen „Modifikationen" des allgemeinen Falles nicht auszuschöpfen. Hier unterliegt daher alles Besondere

---

[1] Beispiele hierfür aus afrikanischen Religionen s. bei Meinhof, Die Religion der schriftlosen Völker S. 15 ff.

[2] Vgl. Brinton, Primitive religion S. 47 f.; Levy Bruhl, La mentalité primitive, Paris 1922.

zwar lückenlos dem Allgemeinen, aber es ist aus ihm allein nicht restlos ableitbar. Schon die „besonderen Naturgesetze" stellen gegenüber dem allgemeinen Prinzip, dem Grundsatz der Kausalität als solchem, ein Neues und Eigenes dar. Sie unterstehen diesem Grundsatz; sie fallen unter ihn, ohne daß sie in ihrer konkreten Fassung durch ihn allein gesetzt und durch ihn allein bestimmbar wären. Hier entsteht für das theoretische Denken und für die theoretische Naturwissenschaft das Problem des „Zufälligen" – denn ‚zufällig' heißt beiden nicht das, was aus der Form der allgemeinen Gesetzlichkeit herausfällt, sondern was auf einer nicht weiter ableitbaren Modifikation dieser Form beruht. Will das theoretische Denken auch dieses vom Standpunkt des allgemeinen Kausalgesetzes „Zufällige" / noch irgendwie fassen und bestimmen, so muß es – wie die „Kritik der teleologischen Urteilskraft" dies im einzelnen dargelegt hat – in eine andere Kategorie übertreten. An die Stelle des reinen Kausalprinzips tritt jetzt das Zweckprinzip: denn die „Gesetzlichkeit des Zufälligen" ist das, was wir Zweckmäßigkeit nennen[1]. Der Mythos aber geht hier den genau umgekehrten Weg. Er beginnt mit der Anschauung des zweckhaften Wirkens – denn alle „Kräfte" der Natur sind ihm nichts anderes als dämonische oder göttliche Willensäußerungen. Dieses Prinzip bildet die Lichtquelle, die ihm das Ganze des Seins fortschreitend erhellt, – aber außerhalb desselben gibt es für ihn auch keine Möglichkeit des Verstehens der Welt. Für das wissenschaftliche Denken bedeutet das ‚Verstehen' eines Vorganges nichts anderes als eine Zurückführung auf bestimmte allgemeine Bedingungen, als seine Einordnung in jenen universellen Bedingungskomplex, den wir „Natur" nennen. Ein Phänomen, wie etwa der Tod eines Menschen, ist verstanden, wenn es gelingt, ihm innerhalb dieses Komplexes seine Stelle anzuweisen – wenn es aus den physiologischen Bedingungen des Lebens als „notwendig" erkannt wird. Aber eben diese Notwendigkeit des allgemeinen „Naturlaufs" bliebe für den Mythos, auch wenn er sich zum Gedanken derselben zu erheben vermöchte, bloße Zufälligkeit, weil sie gerade das, was sein Interesse fesselt und worauf sein Blick einzig gerichtet ist, weil sie das Hier und Jetzt des Einzelfalles, das Sterben eben dieses Menschen zu dieser Zeit, unerklärt läßt. Dieses Individuelle des Geschehens scheint erst dann ‚verständlich' zu werden, wenn es uns gelingt, dasselbe auf ein nicht minder Individuelles, auf einen persönlichen Willensakt zurückzuführen, der als freier Akt keiner weiteren

---

[1] Zur Ergänzung des Obigen s. die Analyse der Kritik der Urteilskraft in meiner Schrift „Kants Leben und Lehre", 3. Aufl., Berlin 1922, S. 310 ff.

Erklärung mehr fähig oder bedürftig ist. Wenn die Tendenz des allgemeinen Begriffs darauf geht, auch alle Freiheit des Tuns noch als determiniert, weil durch eine eindeutige kausale Ordnung bestimmt zu denken, so löst umgekehrt der Mythos alle Bestimmtheit des Geschehens in die Freiheit des Tuns auf: – und beide haben einen Vorgang ‚erklärt‘, wenn sie ihn aus diesem ihrem spezifischen Gesichtspunkt gedeutet haben.

Und mit dieser Fassung des Kausalbegriffs hängt ein weiterer Zug der mythischen Weltansicht zusammen, der an ihr stets als besonders charakteristisch hervorgehoben worden ist: nämlich das eigentümliche Verhältnis, das sie zwischen dem Ganzen eines konkreten / Objekts und seinen einzelnen Teilen annimmt. Für unsere empirische Auffassung „besteht" das Ganze aus seinen Teilen; für die Logik der Naturerkenntnis, für die Logik des analytisch-wissenschaftlichen Kausalbegriffes „resultiert" es aus ihnen; für die mythische Auffassung aber gilt im Grunde so wenig das eine wie das andere, sondern hier herrscht noch eine wirkliche Ungeschiedenheit, eine gedankliche und reale „Indifferenz" des Ganzen und der Teile. Das Ganze „hat" nicht Teile und zerfällt nicht in sie; sondern der Teil ist hier unmittelbar das Ganze und wirkt und fungiert als solches. Auch dieses Verhältnis, dieses Prinzip des „*pars pro toto*" hat man geradezu als ein Grundprinzip der „primitiven Logik" bezeichnet. Und abermals handelt es sich hierbei keineswegs um eine bloße Stellvertretung, sondern um eine reale Bestimmung; nicht um einen symbolisch-gedachten, sondern um einen dinglich-wirklichen Zusammenhang. Der Teil ist, mythisch gesprochen, noch dasselbe Ding wie das Ganze, weil er realer Wirkungsträger ist – weil alles, was er leidet oder tut, was aktiv und passiv an ihm geschieht, zugleich ein Leiden und Tun des Ganzen ist. Das Bewußtsein des Teils als eines solchen, als eines „bloßen" Teils, gehört noch nicht der unmittelbaren, der „naiven" Anschauung des Wirklichen, sondern erst jener sondernden und gliedernden Funktion des vermittelnden Denkens an, die von den Gegenständen, als konkreten Dingeinheiten, auf ihre konstitutiven Bedingungen zurückgeht. Verfolgt man den Fortgang des wissenschaftlichen Denkens, so sieht man, wie in ihm die Ausbildung des Kausalbegriffes und die Ausbildung der Kategorie des Ganzen und der Teile miteinander Schritt halten und wie beide ein und derselben Richtung der Analyse angehören. Die Frage nach dem „Ursprung" des Seins löst sich in den Anfängen der griechischen Spekulation dadurch von der Ursprungsfrage der mythischen Kosmogonien ab, daß sie sich zugleich mit der Frage nach den „Elementen" des Seins durchdringt. Die ἀρχή in ihrem neuen philosophischen

Sinn, im Sinn des „Prinzips", bedeutet fortan beides: sie ist ebensowohl Ursprung als Element. Die Welt ist nicht nur wie im Mythos aus dem Urwasser ‚entstanden'; sondern das Wasser macht ihren ‚Bestand', ihre bleibende stoffliche Konstitution aus. Und wenn diese Konstitution zunächst noch in einem einzelnen Materiellen, in einem konkreten Urstoff gesucht wird, so verschiebt sich doch alsbald der Begriff des Elements selbst in dem Maße, als an die Stelle der physischen Ansicht der Welt die mathematische Anschauung und mit ihr die Grundform der mathematischen Analyse tritt. Nicht mehr Erde und Luft, Wasser und Feuer bilden/jetzt die „Elemente" der Dinge – und nicht mehr „Liebe" und „Haß" sind es, die sie als halb-mythische Grundkräfte miteinander verknüpfen und wieder voneinander scheiden; sondern einfachste räumliche Gestalten und Bewegungen und die durchgängigen und notwendigen Gesetze, nach denen sie geordnet sind, bauen jetzt das Sein als mathematisch-physikalischen Kosmos auf. In der Entstehung der antiken Atomistik läßt sich deutlich verfolgen, wie es der neue Begriff des „Grundes", der neue Begriff der Kausalität ist, der hier einen neuen Begriff des Elementes, ein neues Verhältnis zwischen dem ‚Ganzen' und seinen ‚Teilen' fordert und aus sich hervortreibt. Der Gedanke des Atoms bildet nur ein einzelnes Moment im Aufbau und in der Entfaltung jener allgemeinen Seinsansicht, die sich in Demokrits Begriff der Naturgesetzlichkeit, der „Aitiologie" ausspricht[1]. Und auch die Weiterbildung, die der Atombegriff in der Geschichte der Wissenschaft erfahren hat, bestätigt durchgehend diesen Zusammenhang. Die Atome gelten nur so lange als die letzten, nicht weiter auflösbaren Teile des Seins, als die Analyse des Werdens in ihnen einen letzten Ruhepunkt gefunden zu haben glaubt. In dem Augenblick dagegen, wo die kausale Zerlegung des Werdens in seine einzelnen Faktoren weiter fortschreitet und auch über diese Ruhepunkte hinaus vordringt, ändert sich auch das Bild des Atoms. Es „zerfällt" in andere einfachere Elemente, die nunmehr als die eigentlichen Träger des Geschehens, als die Ansatzpunkte für die Formulierung der bestimmenden kausalen Relationen aufgestellt werden. So zeigt sich, daß die Teilungen und Unterteilungen, die die wissenschaftliche Erkenntnis am Sein vornimmt, immer nur der Ausdruck und gleichsam die begriffliche Hülle für die gesetzlichen Beziehungen sind, durch die die Wissenschaft die Welt des Werdens zu umfassen und eindeutig zu bestimmen versucht. Das Ganze ist hier nicht sowohl die Summe

---

[1] Näheres hierüber s. in meiner Darstellung der Geschichte der griechischen Philosophie im Lehrbuch der Philosophie, herausgeg. von Max Dessoir, Bd. I.

seiner Teile, als es sich vielmehr aus ihrem wechselseitigen Verhältnis aufbaut, es besagt die Einheit der dynamischen Verknüpfung, an der jedes einzelne „teilnimmt" und die es an seiner Stelle mit vollziehen hilft. Und auch hier zeigt nun der Mythos die Kehrseite dieses Verhältnisses und gestattet damit, die Gegenprobe auf dasselbe zu vollziehen. Weil der Mythos die Denkform der kausalen Analyse nicht kennt: darum kann für ihn auch die scharfe Grenze, die erst diese Denkform zwischen / dem Ganzen und seinen Teilen setzt, nicht bestehen. Selbst dort, wo die empirisch-sinnliche Anschauung uns die Dinge sozusagen von selbst als getrennte und geschiedene zu geben scheint, ersetzt er dieses ihr sinnliches Aus- und Nebeneinander durch eine ihm eigentümliche Form des „Ineinander". Das Ganze und seine Teile sind ineinander verwoben, sind gleichsam schicksalsmäßig miteinander verknüpft – und sie bleiben es, auch wenn sie sich rein tatsächlich voneinander gelöst haben. Was, auch nach dieser Trennung, über den Teil verhängt wird, das ist eben damit auch über das Ganze verhängt. Wer sich eines noch so geringfügigen körperlichen Teils eines Menschen, ja wer sich seines Namens, seines Schattens, seines Spiegelbildes – die ja im Sinne der mythischen Anschauung gleichfalls durchaus reale ‚Teile' von ihm sind – bemächtigt, der hat damit von ihm Besitz genommen, der hat die magische Gewalt über ihn erlangt. Die gesamte „Phänomenologie der Magie" geht, rein formell betrachtet, auf diese eine Grundvoraussetzung zurück, in welcher sich mit besonderer Deutlichkeit die „komplexe" Anschauung des Mythos von der Eigenart des „abstrakten" oder, genauer gesagt, des abstrahierenden und analysierenden Begriffs scheidet.

Die Einwirkung dieser Denkform läßt sich ebensowohl in der Richtung auf die Zeit, wie in der Richtung auf den Raum verfolgen: sie bildet ebensowohl die Auffassung des Sukzessiven, wie die des Simultanen nach sich um. In beiden Fällen hat das mythische Denken die Tendenz, jene analytische Zerfällung des Seins in selbständige Teilmomente und Teilbedingungen, mit der das wissenschaftliche Naturbegreifen beginnt und die für dasselbe typisch bleibt, nach Möglichkeit hintanzuhalten. Nach der Grundvorstellung der „sympathischen Magie" besteht eine durchgängige Verknüpfung, ein echter Kausalnexus zwischen allem, was durch räumliche Nachbarschaft oder durch seine Verbundenheit zu demselben dinglichen Ganzen noch so äußerlich als ‚zusammengehörig' bezeichnet ist. Reste einer Speise, von der man gegessen, Knochen verzehrter Tiere stehen zu lassen, bringt schwere Gefahren mit sich: denn alles, was diesen Überresten durch feindliche zauberische Einflüsse widerfährt, widerfährt gleichzeitig auch der Speise im Körper und dem, der von ihr gegessen hat. Die abgeschnittenen Haare eines Menschen, seine Nägel oder Exkremente müssen durch Eingraben verborgen oder durch Feuer vernichtet werden, damit sie nicht in die Hände eines feindlichen Zauberers fallen. Bei einzelnen Indianerstämmen wird der Speichel eines Feindes, wenn es gelingt, / sich seiner zu bemächtigen, in eine Kartoffel eingeschlossen und in den Rauchfang gehängt: in dem Maße, als die Kartoffel im Rauch trocknet, schwinden dann auch die Kräfte des Feindes dahin[1]. Wie man sieht, bleibt der „sympathetische" Zusammenhang, der zwischen den einzelnen Teilen des Körpers angenommen wird, gegen ihre physische und räumliche Trennung völlig gleichgültig. Kraft dieses Zusammenhanges wird die Scheidung eines Gesamtorganismus in seine Teile und die feste Abgrenzung dessen, was diese Teile für sich sind und was sie für das Ganze bedeuten, aufgehoben. Während die begrifflich-kausale Auffassung in ihrer Darstellung und Erklärung der Lebensvorgänge das Gesamtgeschehen im Organismus in einzelne charakteristische Tätigkeiten und Leistungen auseinanderlegt, gelangt die mythische Ansicht zu keiner derartigen Sonderung in Elementarprozesse und daher auch zu keiner eigentlichen „Artikulation" des Organismus selbst. Ein beliebiger noch so „anorganischer" Teil des Körpers, wie etwa der Nagel der kleinen Zehe, ist nach dem, was er magisch für das Ganze bedeutet, jedem anderen gleichwertig: statt des organischen Aufbaues, der immer eine organische Differenzierung voraussetzt, herrscht einfache Äquivalenz. Auch hier bleibt es also bei der Anschauung eines einfachen Beisammens dinglicher Stücke, ohne daß es zu einer Über- und Unterordnung von Funktionen kommt, deren jede nach ihren besonderen Bedingungen unterschieden wird. Und ebensowenig wie die physischen Teile des Organismus nach ihrer Bedeutung scharf auseinandertreten, heben sich auch die zeitlichen Bestimmungen des Geschehens, die einzelnen Zeitmomente nach ihrer kausalen Bedeutung voneinander ab. Wird ein Krieger von einem Pfeil verwundet, so kann er sich, nach der Vorstellungsweise der Magie, Heilung oder Linderung des Schmerzes verschaffen, wenn er den Pfeil an einem kühlen Orte aufhängt oder ihn mit Salbe bestreicht. So seltsam diese Art von „Kausalität" uns erscheinen mag, so wird sie doch sofort verständlich, wenn man erwägt, daß der Pfeil und die Wunde, als „Ursache" und „Wirkung", hier noch völlig einfache unzerlegte Dingeinheiten sind. Vom Standpunkt der wissenschaftlichen Welt-

---

[1] Vgl. Frazer, The Goulden Bough[3] P. II, S. 126 f., 258 ff., 287 u. ö.

betrachtung aus ist niemals ein ‚Ding' schlechthin die Ursache eines anderen: sondern was es an diesem bewirkt, das bewirkt es nur unter ganz bestimmten determinierenden Umständen und vor allem in einem fest umgrenzten Zeitmoment. Das ursächliche Verhältnis ist hier nicht sowohl ein Dingverhältnis, als vielmehr ein Verhältnis zwischen Veränderungen, die zu be/stimmten Zeiten an gewissen Objekten auftreten. Kraft dieser Verfolgung des Zeitverlaufs des Geschehens und seiner Auseinanderlegung in verschiedene, deutlich voneinander abgehobene ,,Phasen" gestalten sich die ursächlichen Zusammenhänge in dem Maße, als die wissenschaftliche Erkenntnis fortschreitet, immer komplexer und mittelbarer. Nicht ,,der" Pfeil kann hier mehr als Ursache ,,der" Wunde gedacht werden – sondern der Pfeil ruft nur in einem bestimmten Augenblick $(t_1)$, in welchem er in den Körper eindringt, in diesem eine bestimmte Veränderung hervor, an die sich dann weiterhin (in den folgenden Momenten $t_2$ $t_3$ usf.) andere Veränderungsreihen, bestimmte Veränderungen im körperlichen Organismus anschließen, die sämtlich als notwendige Teilbedingungen der Wunde zu denken sind. Weil der Mythos und die Magie diese Sonderung in Teilbedingungen, deren jede nur einen bestimmten relativen Wert im Ganzen des Wirkungszusammenhangs besitzt, nirgends vornehmen, darum gibt es für sie im Grunde ebensowenig bestimmte Schranken, die die Momente der Zeit auseinanderhalten, als es derartige Schranken für die Teile eines räumlichen Ganzen gibt. Der sympathetisch-magische Zusammenhang greift wie über die räumlichen, so auch über die zeitlichen Unterschiede hinweg: wie die Auflösung des räumlichen Beisammen, die physische Abtrennung eines Körperteils vom Ganzen des Körpers, den Wirkungszusammenhang zwischen beiden nicht aufhebt, so gehen auch die Grenzen des ,,Vor" und ,,Nach", des ,,Früher" und ,,Später" ineinander über. Genauer gesagt braucht sich die magische Beziehung nicht erst zwischen räumlich und zeitlich getrennten Elementen herzustellen – dies wäre nur der mittelbare reflexive Ausdruck des Verhältnisses – sondern sie verhindert von vornherein, daß es zu einer solchen Zerfällung in Elemente überhaupt kommt: und auch dort, wo die empirische Anschauung die Trennung unmittelbar darzubieten scheint, wird sie durch die magische alsbald wieder aufgehoben, wird gleichsam die Spannung zwischen dem räumlich und zeitlich Verschiedenen in die einfache Identität des magischen ,,Grundes" aufgelöst[1].

---

[1] Wie die gleiche Denkform der mythischen ,,Kausalität" sich nicht nur in der Magie, sondern auch in den höchsten Stufen des mythischen Denkens, insbesondere

Eine weitere Folge dieser Schranke, die der mythischen Auffassung gesetzt ist, zeigt sich in der **dinglich-substantiellen Ansicht/des Wirkens**, die ihr durchweg eigen ist. Die logisch-kausale Analyse des Geschehens ist wesentlich darauf gerichtet, das Gegebene zuletzt in einfache **Prozesse** aufzulösen, die wir für sich beobachten und in der Regelmäßigkeit ihres Verlaufs übersehen können – die mythische Anschauung sieht umgekehrt, auch wo sie sich der Betrachtung des Geschehensprozesses zuwendet, wo sie die Entstehungs- und Ursprungsfrage stellt, die „Genese" selbst immer schon an ein konkretes gegebenes **Dasein** geknüpft. Sie kennt und begreift den Prozeß des Wirkens immer nur als einfache Abwechslung zwischen konkret-individuellen Daseinsformen. Dort geht der Weg vom „Ding" zur „Bedingung", von der „substantiellen" zur „funktionellen" Anschauung: – hier bleibt auch die Anschauung des Werdens in der des einfachen Daseins gebunden. Wenn die Erkenntnis, je weiter sie fortschreitet, sich um so mehr dabei bescheidet, nach dem reinen „Wie" des Werdens, d. h. nach seiner gesetzlichen Form zu fragen, so fragt der Mythos ausschließlich nach seinem „Was", nach dem Woraus und Wohin. Und beides: dies Woraus und dies Wohin verlangt er in voller dinglicher Bestimmtheit vor sich zu sehen. Die Ursächlichkeit ist hier keine Beziehungsform des vermittelnden Denkens, das sich als ein Eigenes und Selbständiges gleichsam „zwischen" die einzelnen Elemente stellt, um deren Verknüpfung und Scheidung zu vollziehen, sondern hier besitzen und bewahren die Momente, in die das Werden zerlegt wird, noch wahrhaft den Charakter von **Ur-Sachen**, den selbständigen konkreten Dingcharakter. Während das begriffliche Denken, indem es eine in sich fortlaufende Geschehensreihe in „Ursachen" und „Wirkungen" auseinanderlegt, hierbei im wesentlichen auf die Art, die Stetigkeit, die Regel des **Übergangs** gerichtet ist, ist dem mythischen Erklärungsbedürfnis genügt, wenn nur überhaupt **Anfang** und **Ende** des Prozesses sich bestimmt gegeneinander abheben. Eine Fülle von Schöpfungsmythen berichtet, wie die Welt aus einer solchen einfachen Ur- und Anfangssache, aus dem Weltei oder der Weltesche hervorgegangen ist. In der nordischen Mythologie wird sie aus dem Leib des Riesen Ymir geformt: aus Ymirs Fleisch wird die Erde geschaffen, aus dem Blute das brausende Meer, die Berge aus seinem

---

im System der **Astrologie** als wirksam erweist, habe ich in meiner Studie „Die Begriffsform im mythischen Denken" (Studien der Bibliothek Warburg, I, Leipzig 1921) darzulegen versucht.

Gebein, die Bäume aus den Haaren, aus dem Schädel das Himmelsdach. Daß es sich hierbei um eine typische Vorstellungsform handelt, beweist die durchgehende Analogie eines vedischen Schöpfungshymnus, in dem geschildert wird, wie die lebenden Wesen, die Tiere der Luft und der Wildnis, wie die Sonne, der Mond und der Luftraum aus den Gliedern / des Purusha, des Menschen, hervorgehen, der von den Göttern als Opfer dargebracht wird. Und hier tritt die eigentümliche Verdinglichung, die allem mythischen Denken wesentlich ist, noch schärfer hervor: denn es sind nicht nur einzelne konkret-wahrnehmbare Objekte, deren Entstehung auf diese Weise erklärt wird, sondern auch ganz komplexe und vermittelte Formbeziehungen. Auch die Lieder und Melodien, die Metra und Opfersprüche sind aus einzelnen Teilen des Purusha entstanden; auch die sozialen Unterschiede und Ordnungen weisen den gleichen konkret-dinglichen Ursprung auf. ,,Der Brāhmana war sein Mund, seine Arme wurden zum Krieger, seine Schenkel zum Vaiśya, aus seinen Füßen ging der Śudra hervor[1]." Während also das begrifflich-kausale Denken darauf ausgeht, alles Seiende in Beziehungen aufzulösen und aus ihnen zu verstehen, gelangt umgekehrt die mythische Ursprungsfrage erst dadurch zur Ruhe, daß sie selbst verwickelte Beziehungskomplexe – wie die Rhythmen einer Melodie oder die Gliederung der Kasten – auf ein zuvor gegebenes dingliches Dasein zurückführt. Auch alle bloßen Zuständlichkeiten oder Eigenschaften müssen dem Mythos, gemäß dieser seiner ursprünglichen Denkform, zuletzt zu Körpern werden. Daß der Brahmane, der Krieger, der Sudra sich voneinander unterscheiden, ist nicht anders verständlich als dadurch, daß in ihnen verschiedene Substanzen: das Brahman, das Kshatra enthalten sind, die dem, der an ihnen Teil hat, ihre besondere Beschaffenheit mitteilen. In einem schlechten und treulosen Weibe wohnt, nach der Vorstellungsweise der vedischen Theologie, der ,,gattentötende Körper" – in einem unfruchtbaren Weib der ,,Körper *(tanu)* der Sohnlosigkeit[2]". In derartigen Bestimmungen wird der immanente Widerstreit, wird die Dialektik, in der sich die mythische Vorstellungsweise bewegt, besonders fühlbar. Die mythische Phantasie dringt auf Belebung und Beseelung, auf durchgängige ,,Spiritualisierung" des All; aber die mythische Denkform, die alle Qualitäten

---

[1] Siehe Lieder des Rigveda, übersetzt von Hillebrandt, Göttingen und Leipzig 1913, S. 130 f.; eine Übersetzung des Liedes der Edda, das die Schöpfung aus dem Leib des Riesen Ymir schildert, s. z. B. bei Golther, Handbuch der germanischen Mythologie, Leipzig 1895, S. 517.
[2] Näheres hierüber bei Oldenberg, Religion des Veda[2], S. 478 ff.

und Tätigkeiten, alle Zustände und Beziehungen an ein festes Substrat bindet, führt immer wieder zum entgegengesetzten Extrem: zu einer Art Materialisierung geistiger Inhalte zurück.

Zwar sucht auch das mythische Denken zwischen „Ursache" und/„Wirkung" eine Art Kontinuität herzustellen, indem es zwischen beide, als den Anfangs- und Endzustand, eine Reihe von Mittelgliedern einschaltet. Aber auch diese letzteren selbst bewahren hierbei den bloßen Sachcharakter. Die Stetigkeit des Geschehens wird vom Standpunkt der analytisch-wissenschaftlichen Kausalität im wesentlichen dadurch hergestellt, daß ein einheitliches Gesetz, eine analytische Funktion aufgewiesen wird, durch welche das Ganze des Geschehens gedanklich beherrschbar und der Fortgang von Zeitmoment zu Zeitmoment bestimmbar wird. Jedem Zeitmoment wird ein eindeutig bestimmter „Zustand" des Geschehens, der sich mathematisch durch gewisse Größenwerte ausdrücken läßt, zugeordnet; aber all diese verschiedenen Werte konstituieren in ihrer Gesamtheit wieder eine einzige Veränderungsreihe, weil eben die Veränderung selbst, die sie erfahren, einer allgemeinen Regel untersteht und aus ihr als notwendig hervorgehend gedacht wird. In dieser Regel stellt sich sowohl die Einheit wie die Sonderung, die „Kontinuität" wie die „Diskretion" der besonderen Momente des Geschehens dar. Das mythische Denken hingegen kennt so wenig eine solche Einheit der Verknüpfung, wie es eine solche Sonderung kennt. Es faßt den Wirkensprozeß selbst dort, wo es ihn scheinbar zerlegt und in eine Mehrheit von Stufen auseinanderfaltet, in durchaus substantieller Form auf. Alle Eigenart des Wirkens wird dadurch erklärt, daß eine bestimmte dingliche Qualität von einer Sache, der sie anhaftet, sukzessiv auf andere Sachen übergeht. Auch all das, was im empirischen und wissenschaftlichen Denken als eine bloße unselbständige „Eigenschaft" oder als eine bloße Zuständlichkeit erscheint, erhält hier den Charakter voller Substantialität und damit unmittelbare Übertragbarkeit. Von den Hupa-Indianern wird berichtet, daß ihnen auch der Schmerz als Substanz gilt[1]. Und daß auch rein „geistige", rein „moralische" Eigenschaften in diesem Sinne als übertragbare Substanzen gefaßt werden, lehrt eine Fülle ritueller Vorschriften, die eben diese Übertragung regeln. So kann die Befleckung, das Miasma, das eine Gemeinschaft sich zugezogen, auf einen Einzelnen, etwa auf einen Sklaven, übertragen und durch Opferung desselben beseitigt werden. Bei dem griechischen Thargelienfeste und auch sonst bei

---

[1] Goddard, The Hupa (Public. Americ. Archaeol. and Ethnol. University of California, Archaeol. I, Berkeley 1903/04).

außerordentlichen Veranstaltungen vollzog sich in den jonischen Städten ein solcher Sühneritus[1], der auf uralte und allgemein verbreitete mythische Grund/anschauungen zurückgeht[2]. Bei all diesen Reinigungs- und Sühneriten handelt es sich, wenn man den ursprünglichen Sinn des Gebrauchs ins Auge faßt, keineswegs um eine bloß symbolische Stellvertretung, sondern um eine durchaus reale, ja geradezu physische Übertragung[3]. Bei den Batak kann der, der unter einem Fluche steht, ihn ,,wegfliegen machen", indem er ihn auf eine Schwalbe überträgt und diese fortfliegen läßt[4]. Und daß die Übertragung statt auf ein besseelte oder belebtes Subjekt, auch auf ein bloßes Objekt erfolgen kann, lehrt z. B. ein Gebrauch, wie er aus der Shinto-Religion berichtet wird. Hier erhält derjenige, der entsühnt werden soll, vom Priester ein in Gestalt eines menschlichen Kleides geschnittenes weißes Papier, Kata-shiro, ,,Repräsentant der [menschlichen] Gestalt" genannt, schreibt darauf Jahr und Monat der Geburt und das Geschlecht, reibt es über den Körper und haucht seinen Atem darauf, durch welche Prozedur die Sünden auf das Kata-shiro übertragen werden. Die Reinigungszeremonie endet damit, daß diese ,,Sündenböcke" in einen Fluß oder ins Meer geworfen werden, damit die vier Reinigungsgottheiten sie nach der Unterwelt fortführen und dort spurlos verschwinden lassen[5]. Auch alle sonstigen geistigen Eigenschaften und Vermögen erscheinen dem mythischen Denken an irgendein bestimmtes dingliches Substrat gebunden. In den ägyptischen Zeremonien der Königskrönung gibt es genaue Anweisungen dafür, wie in einem ganz bestimmten Stufengang alle Eigenschaften, alle Attribute des Gottes durch die einzelnen Regalien, durch das Szep-

---

[1] Näheres s. z. B. bei Rohde, Psyche[2] II, 78.

[2] Zur Verbreitung der Vorstellung vom ,,Sündenbock" vgl. bes. Frazer, The Scapegoat (Goulden Bough, Vol. II), 3. Aufl., London 1913.

[3] Näheres hierüber z. B. bei Farnell, The evolution of religion, New York u. London 1905, S. 88 ff., 177 ff.

[4] Warneck, Die Religion der Batak, Göttingen 1909, S. 13; völlig übereinstimmende Anschauungen finden sich in Indien und im germanischen Volksaberglauben. ,,Every peasant woman in India – sagt Hopkins, Origin and evolution of religion, New Haven 1923; S. 163 – who is afflicted leaves a rag infected with her trouble on the road, hoping someone else will pick it up, for she has laid her sickness on it and when another takes it she herself becomes free from the sickness." Für den germanischen Kreis vgl. z. B. Weinhold, Die mythische Neunzahl bei den Deutschen. Abh. der Berl. Akad. der Wiss., 1897, S. 51.

[5] Karl Florenz, Der Shintoismus (in: ,,Kultur der Gegenwart", Teil I, Abt. III, 1 f., S. 193 f.).

ter, die Geißel, das Schwert auf den Pharao zu übertragen sind. Sie alle stehen hierbei nicht als bloßes Symbol, sondern als echte Talismane, als Träger und Bewahrer gött/licher Kräfte[1]. Überhaupt unterscheidet sich der mythische Kraftbegriff dadurch vom wissenschaftlichen, daß ihm die Kraft niemals als ein dynamisches Verhältnis, als der Ausdruck für ein Ganzes kausaler Relationen, sondern stets als ein Ding- und Substanzartiges erscheint[2]. Dieses Dingartige ist überall in der Welt verbreitet; aber in einzelnen machtbegabten Persönlichkeiten, im Zauberer und Priester, im Häuptling und im Krieger erscheint es gleichsam verdichtet. Und aus diesem substantiellen Ganzen, aus diesem Kraftvorrat können nun auch wieder einzelne Teile sich ablösen und durch bloße Berührung auf einen anderen übergehen. Die magische Zauberkraft, die dem Priester oder Häupt-

---

[1] S. A. Moret, Du caractère religieux de la royauté pharaonique, Paris 1903; ganz Analoges gilt von anderen Riten, z. B. von Eheriten. „Ils doivent être pris" bemerkt van Gennep, Les rites de passage, S. 191 − „non pas dans un sens symbolique, mais au sens strictement matériel: la corde, qui attache, l'anneau, le bracelet, la couronne, qui ceignent etc. ont une action réelle coexercitive."

[2] Dieser Auffassung des mythischen Denkens scheint es unmittelbar zu widersprechen, wenn Graebner in einer soeben erschienenen Schrift (Das Weltbild der Primitiven, München 1924) die These durchzuführen sucht, daß für dieses Denken „am einzelnen Objekte die Eigenschaften, die Wirkungen, die Beziehungen zu anderen, lebhafter ins Bewußtsein treten . . . als das Objekt in seiner Substanz". „Die Attribute spielen im primitiven Denken eine viel größere, die Substanzen eine viel geringere Rolle als bei uns" (S. 23, 132). Betrachtet man indes die konkreten Beispiele, durch die Graebner diese These zu begründen sucht, so zeigt sich, daß der Widerspruch nicht sowohl den Sachverhalt selbst, als vielmehr seine Formulierung betrifft. Denn gerade aus diesen Beispielen geht unzweideutig hervor, daß das mythische Denken den scharfen Unterschied zwischen Substanzen einerseits, zwischen „Attributen", „Beziehungen" und „Kräften" andererseits nicht kennt, sondern daß es all das, was vom Standpunkt unserer Auffassung „bloßes" Attribut oder eine bloße unselbständige Beziehung ist, zu einem selbständigen, für sich bestehenden Ding verdichtet. Die kritisch-wissenschaftliche Auffassung des Substanzbegriffs, nach welcher, mit Kant zu sprechen, die „Beharrlichkeit des Realen in der Zeit" das Schema der Substanz und das Kennzeichen ist, an dem sie empirisch erkannt wird, − diese Auffassung ist dem mythischen Denken, das eine unbegrenzte „Verwandlung" der Substanzen ineinander zuläßt, freilich fremd. Aber aus dieser Tatsache läßt sich nicht mit Graebner schließen, „daß von den beiden wichtigsten Kategorien des menschlichen Denkens, der Kausal- und der Substanzkategorie, die erste im primitiven Denken ungleich kräftiger arbeitet als die zweite" (S. 24) − denn der Abstand zwischen dem, was man als „Kausalität" im mythischen Sinne bezeichnen kann, und ihrem wissenschaftlichen Begriff ist, wie oben gezeigt, um nichts geringer, als er sich von seiten der Substanzvorstellung darstellt.

ling eignet, das „mana", das in ihnen gesammelt ist, ist nicht an sie, als individuelles Subjekt, gebunden, sondern der mannigfachsten Umwandlungen und Mitteilungen an andere fähig. Die mythische Kraft ist daher nicht, wie die physikalische, nur ein zusammenfassender Ausdruck, nur ein Ergebnis und eine „Resultante" von kausalen Fak/toren und Bedingungen, die erst in ihrer Verbindung, in der wechselseitigen Beziehung aufeinander, als „wirksam" gedacht werden können – sondern sie ist ein eigenes stoffartiges Sein, das als solches von Ort zu Ort, von Subjekt zu Subjekt wandert. Bei den Ewe z. B. können die zum Zauber gehörigen Geräte und Geheimnisse durch Kauf erworben werden; in den Besitz der Zauberkraft selbst aber kann man nur durch physische Übertragung gelangen, die sich hauptsächlich durch Speichel- und Blutmischung seitens des Zauberverkäufers und des Zauberkäufers vollzieht[1]. Auch eine Krankheit, an der ein Mensch leidet, ist, mythisch gesprochen, niemals ein Prozeß, der sich unter empirisch-bekannten und empirisch-allgemeinen Bedingungen in seinem Körper abspielt, sondern sie ist ein Dämon, der von ihm Besitz genommen. Und der Nachdruck liegt hierbei nicht sowohl auf der animistischen, als vielmehr auf der substantiellen Auffassung – denn ebenso wie als belebtes dämonisches Wesen kann die Krankheit auch einfach als eine Art Fremdkörper gefaßt werden, der in den Menschen eingedrungen ist[2]. Die tiefe Kluft, durch die diese mythische Form der Medizin von der empi-

[1] Spieth, Die Religion der Eweer, S. 12. – Dieser Übergang des *mana*, der magischen Zauberkraft, der doch im Sinne der mythischen Anschauung eben kein Übergang ist, sondern bei dem das Kraftartige in voller substantieller Identität sich erhält, wird vortrefflich illustriert durch eine Überlieferung der Maori. Hier wird berichtet, wie die Maori ihre jetzigen Wohnsitze auf einem Einwandererboot, dem Kurahoupo- oder Kurahaupo-Boot, erreicht hätten. „Nach der vom Maori Te Kahui Karareke mitgeteilten Version zerschellte das Boot freilich schon bei seiner Ausfahrt nach der neuen Heimat an der Küste Hawaikis. Zauber aus Mißgunst über das besondere mana-kura dieses Bootes hatte die Zerstörung bewirkt. Aber die Absicht der Feinde, das mana des Bootes zu vernichten, wurde vereitelt, denn der Häuptling des Kurahoupo-Bootes, Te Moungaroa, der die „Verkörperung des mana des Kurahoupo-Bootes" genannt wird, kam doch nach Neuseeland, wenn auch auf einem andern Boote ... Bei seiner Ankunft stellte sich (dieser Verkörperungstheorie entsprechend) Te Moungaroa den anderen Maoristämmen mit den Worten vor: „*Ich bin das Kurahoupo-Boot.*" (The Kurahoupo Canoe, Journal of the Polynesian Society, N. S., II, S. 186 f. zit. nach Fr. Rud. Lehmann, Mana – der Begriff des „außerordentlich Wirkungsvollen" bei Südseevölkern, Leipzig 1922, S. 13.)

[2] Näheres bei Thilenius, Globus Bd. 87, S. 105 ff. und bei Vierkandt, Globus Bd. 92, S. 45; vgl. auch Howitt, The native tribes of South East Australia, S. 380 ff.

risch-wissenschaftlichen, die erst im griechischen Denken begründet wird, getrennt bleibt, wird augenscheinlich, wenn man das Hippokratische Corpus etwa mit der Heilkunde der Asklepiospriester von Epidauros u. dgl. vergleicht. Auch sonst kehrt überall im mythischen Denken die Verdinglichung von Beschaffenheiten und Prozessen von Kräften und Tätigkeiten wieder, die häufig geradezu zu ihrer unmittel/baren Materialisierung führt[1]. Man hat, um diese eigentümliche Ablösbarkeit und Übertragbarkeit auch des bloß Eigenschaftlichen und Zuständlichen anzudeuten, von einem Prinzip des „Emanismus" gesprochen, der das mythische Denken beherrsche[1]. Den Sinn und Ursprung dieser Denkart aber kann man sich vielleicht am besten näher bringen, wenn man erwägt, daß selbst in der wissenschaftlichen Erkenntnis die scharfe Scheidung zwischen dem Dinge einerseits, der Eigenschaft, dem Zustand und der Beziehung andererseits sich nur ganz allmählich und unter dauernden gedanklichen Kämpfen durchsetzt. Immer wieder begegnet es auch hier, daß die Grenzen des „Substantiellen" und des „Funktionellen" sich verwischen, daß es zu einer halb-mythischen Hypostase reiner Funktions- und Beziehungsbegriffe kommt. Auch der physikalische Kraftbegriff hat sich nur langsam aus dieser Verschlingung gelöst. Immer von neuem kehrt auch in der Geschichte der Physik der Versuch wieder, die verschiedenen Formen des Wirkens dadurch zu verstehen und zu klassifizieren, daß man sie an bestimmte Stoffe und deren Übertragung von einem Raumpunkt zum andern, von einem „Ding" zum andern gebunden denkt. Noch die Physik des achtzehnten und des beginnenden neunzehnten Jahrhunderts hat in dieser Weise von einem „Wärmestoff" oder von einer elektrischen oder magnetischen „Materie" gesprochen. Aber wenn die eigentliche Tendenz des wissenschaftlichen, des analytisch-kritischen Denkens darauf geht, sich von dieser stofflichen Vorstellungsart mehr und mehr zu befreien, so ist es dem Mythos eigentümlich, daß er, bei aller „Geistigkeit" seiner Objekte und Inhalte, in seiner „Logik", in der Form seiner Begriffe, verhaftet an den Körpern klebt.

---

[1] So wird z. B. das manitu der Algonkinstämme Nordamerikas als eine Art „mysteriöser Kraftstoff" charakterisiert, der sich überall manifestieren und überall eindringen kann. „Der Mensch, der sich in einem Schwitzbad befindet, macht sich oft auf Armen und Beinen Einschnitte, damit etwas von dem Manitu, das durch die Hitze im Stein aufgeweckt wird und durch das darauf gesprengte Wasser sich im Dampf verbreitet, in den Körper eindringen kann." S. Preuß, Die geistige Kultur der Naturvölker, S. 54.

[2] S. Richard Karutz, Emanismus, Zeitschr. für Ethnol. Bd. 45; vgl. bes. Fr. R. Lehmann, Mana, S. 14, 25, 111 u. ö.

Wir haben diese Logik bisher nur in ihren allgemeinsten Grundzügen zu charakterisieren versucht – jetzt gilt es weiter zu verfolgen, wie sich der spezifische Objektbegriff und der spezifische Kausalbegriff des mythischen Denkens in der Fassung und Formung des Einzelnen auswirken und wie hierdurch auch alle besonderen „Kategorien" des Mythischen entscheidend bestimmt werden. /

## KAPITEL II
## EINZELKATEGORIEN DES MYTHISCHEN DENKENS

Wenn man das empirisch-wissenschaftliche und das mythische Weltbild miteinander vergleicht, so wird alsbald deutlich, daß der Gegensatz zwischen beiden nicht darauf beruht, daß sie in der Betrachtung und Deutung des Wirklichen ganz verschiedene Kategorien verwenden. Nicht die Beschaffenheit, die Qualität dieser Kategorien, sondern ihre Modalität ist es, worin der Mythos und die empirisch-wissenschaftliche Erkenntnis sich unterscheiden[1]. Die Verknüpfungsweisen, die beide gebrauchen, um dem sinnlich-Mannigfaltigen die Form der Einheit zu geben, um das Auseinanderfließende zur Gestalt zu zwingen, zeigen eine durchgehende Analogie und Entsprechung. Es sind dieselben allgemeinsten „Formen" der Anschauung und des Denkens, die die Einheit des Bewußtseins als solche, und die somit ebensowohl die Einheit des mythischen wie die des reinen Erkenntnisbewußtseins konstituieren. In dieser Hinsicht läßt sich sagen, daß jede dieser Formen, ehe sie ihre bestimmte logische Gestalt und Prägung erhält, ein mythisches Vorstadium durchlaufen haben muß. Dem Bilde des Kosmos, dem Bilde vom Weltraum und von der Gliederung der Körper im Weltraum, wie es die astronomische Wissenschaft entwirft, liegt ursprünglich die astrologische Anschauung vom Raume und vom Geschehen im Raume zugrunde. Die allgemeine Bewegungslehre sucht, ehe sie zur reinen Mechanik, zur mathematischen Darstellung der Bewegungserscheinungen wird, die Frage nach dem „Woher" der Bewegung zu beantworten, die sie zu dem mythischen Problem der Schöpfung, zum Problem des „ersten Bewegers" zurückführt. Und nicht minder als Raum und Zeit erweist sich der Begriff der Zahl, ehe er zum rein mathematischen Begriff wird, als ein mythischer Begriff – als eine Voraussetzung, die, wenn sie dem primitiven mythischen Bewußtsein noch fremd ist, / doch allen seinen Weiter- und Höherbildungen zugrunde liegt. Lange bevor sie zur reinen Maßzahl wurde, ist die Zahl als „heilige Zahl" verehrt worden –

---

[1] Zum Begriff der Modalität siehe Bd. I, S. 29 ff.

und ein Hauch dieser Verehrung liegt auch noch über den Anfängen der wissenschaftlichen Mathematik. So sind es, abstrakt genommen, die gleichen Arten der Beziehung, der Einheit und der Vielheit, des „Miteinander", des „Beisammen" und „Nacheinander", die die mythische und die wissenschaftliche Welterklärung beherrschen. Und doch erhält jeder dieser Begriffe, sobald wir ihn in die mythische Sphäre zurückversetzen, alsbald eine ganz besondere Eigenheit und gleichsam eine bestimmte eigentümliche „Tönung". Diese Tönung, diese Nuancierung der Einzelbegriffe innerhalb des mythischen Bewußtseins scheint auf den ersten Blick etwas völlig Individuelles zu sein, das sich nur nachfühlen, an dem sich aber nichts weiter erkennen und „begreifen" läßt. Dennoch liegt selbst diesem Individuellen noch ein Allgemeines zugrunde. In der besonderen Beschaffenheit und Eigenart jeder Einzelkategorie wiederholt sich, wie die schärfere Betrachtung zeigt, ein bestimmter Typus des Denkens. Die Grundstruktur des mythischen Denkens, die sich in der Richtung des mythischen Gegenstandsbewußtseins, im Charakter seines Realitätsbegriffs, seines Substanz- und Kausalbegriffs darstellte, greift weiter – sie erfaßt und bestimmt auch die Einzelgestaltungen dieses Denkens und drückt ihnen gleichsam ihr Siegel auf.

Die Objektbeziehung und Objektbestimmung innerhalb der reinen Erkenntnis geht auf die Grundform des synthetischen Urteils zurück: „Alsdann sagen wir, wir erkennen den Gegenstand, wenn wir in dem Mannigfaltigen der Anschauung synthetische Einheit bewirkt haben." Die synthetische Einheit aber ist wesentlich systematische Einheit: ihre Herstellung steht an keinem Punkte still, sondern ergreift fortschreitend das Ganze der Erfahrung, um es in einen einzigen logischen Zusammenhang, in ein Ganzes von „Gründen" und „Folgen" umzuschaffen. In dem Aufbau, in der Hierarchie dieser Gründe und Folgen ist jeder einzelnen Erscheinung, jedem besonderen Dasein und Geschehen eine besondere Stelle zugewiesen, kraft deren sie sich von allen andern unterscheidet und kraft deren sie sich doch zugleich auf alles andere durchgängig bezieht. Am klarsten tritt dies in der mathematischen Fassung des Weltbildes heraus. Die Besonderheit eines Seins oder Geschehens wird hier dadurch bezeichnet, daß ihm ganz bestimmte, für dasselbe charakteristische Zahl- und Größenwerte zugeordnet werden – aber all diese Werte sind untereinander wieder / durch bestimmte Gleichungen, durch funktionale Zusammenhänge verknüpft, so daß sie eine gesetzlich gegliederte Reihe, ein festes „Gefüge" exakter Maßbestimmungen bilden. In diesem Sinne „begreift" etwa die moderne Physik die Gesamtheit des Geschehens, indem sie jedes besondere Geschehen durch seine vier Raum-Zeitkoordinaten $x_1\ x_2\ x_3\ x_4$ ausdrückt und die Veränderung dieser Koordinaten auf letzte invariante Gesetzlichkeiten zurückführt. Wiederum ergibt sich aus diesem Beispiel, wie für das wissenschaftliche Denken Verknüpfung und Trennung nicht zwei verschiedene oder gar entgegengesetzte Grundakte bilden, sondern wie es ein und derselbe logische Prozeß ist, in dem sich beides, die scharfe Auseinanderhaltung des Besonderen und seine Zusammenfassung zur systematischen Einheit des Ganzen vollzieht. Und der tiefere Grund hierfür liegt in der Wesensart des synthetischen Urteils selbst. Denn das synthetische Urteil unterscheidet sich dadurch vom analytischen, daß es die Einheit, die es vollzieht, nicht als begriffliche Identität, sondern als Einheit des Verschiedenen denkt. Jegliches Element, das in ihm gesetzt wird, ist dadurch charakterisiert, daß es nicht lediglich „in sich selbst ist" und logisch in sich selbst verharrt, sondern daß es sich korrelativ auf ein „anderes" bezieht. Nennen wir, um dies Verhältnis auf einen schematischen Ausdruck zu bringen, die Elemente der Beziehung a und b, die Relation, durch die sie zusammengehalten werden, R – so weist somit jede solche Beziehung eine scharfe dreifache Gliederung auf. Nicht nur heben sich die beiden Grundelemente *(a* und *b)*, eben durch die Beziehung, die sie eingehen und kraft derselben, klar und deutlich voneinander ab, sondern auch die Form der Beziehung selbst *(R)* bedeutet gegenüber den Inhalten, die sich in ihr ordnen, ein Neues und Eigenes. Sie gehört sozusagen einer anderen Bedeutungsebene als die Einzelinhalte selbst an; sie ist nicht selbst ein besonderer Inhalt, ein besonderes Ding, sondern ein allgemeines, rein ideelles Verhältnis. In solchen ideellen Beziehungen gründet sich dasjenige, was die wissenschaftliche Erkenntnis die „Wahrheit" der Erscheinungen nennt: denn unter dieser ist eben nichts anderes verstanden, als die Totalität der Erscheinungen selbst, sofern sie nicht in ihrem konkreten Dasein genommen, sondern in die Form eines gedanklichen Zusammenhangs umgesetzt werden, eines Zusammenhangs, der gleich sehr und gleich notwendig auf Akten der logischen Verknüpfung wie auf solchen der logischen Sonderung beruht. –

Auch der Mythos strebt nach einer „Einheit der Welt" – und er / bewegt sich in der Befriedigung dieses Strebens in ganz bestimmten Bahnen, die ihm durch seine geistige „Natur" vorgezeichnet sind. Schon auf den untersten Stufen mythischen Denkens, in der er noch ganz dem unmittelbaren Sinneseindruck hingegeben und vom elementarsten sinnlichen Triebleben beherrscht scheint, schon in der magischen Auffassung, die die Welt in eine bunte Mannigfaltigkeit dämonischer Kräfte auseinandergehen läßt, lassen sich Züge aufweisen, die auf eine Art Gliederung, auf eine künftige „Organisation" dieser Kräfte hinweisen. Und zu je höheren Bildungen der Mythos aufsteigt, je bestimmter er die Dämonen zu Göttern umformt, die ihre eigene Individualität und Geschichte haben, um so klarer grenzt sich ihm ihre Wesenheit und Wirksamkeit gegeneinander ab. Wie die wissenschaftliche Erkenntnis nach einer Hierarchie der Gesetze, nach einer systematischen Über- und Unterordnung der Gründe und Folgen strebt, so strebt der Mythos nach einer Hierarchie der Kräfte und der Göttergestalten. Die Welt wird ihm mehr und mehr durchsichtig, indem er sie an die verschiedenen Götter verteilt; indem er je einen besonderen Bezirk des Daseins und der menschlichen Tätigkeit der Obhut je eines besonderen Gottes unterstellt. Aber so sehr sich damit auch die mythische Welt zum Ganzen webt – so zeigt doch dieses Ganze der Anschauung einen ganz anderen Charakter als jenes Ganze des Begriffs, in welches die Erkenntnis die Wirklichkeit zusammenzunehmen sucht. Hier sind es nicht ideelle Beziehungsformen, die die objektive Welt, als eine durch und durch gesetzlichbestimmte Welt, aufbauen, sondern hier schmilzt alles Sein in konkretbildhafte Einzelheiten zusammen. Und dieser Gegensatz, der im Resultat sichtbar wird, beruht zuletzt auf einem Gegensatz im Prinzip. Schon jede einzelne Verknüpfung, die sich im mythischen Denken vollzieht, trägt jenen Charakter, der dann im ganzen nur zu vollkommener Deutlichkeit und Sichtbarkeit gelangt. Wenn die wissenschaftliche Erkenntnis die Elemente nur dadurch zu verknüpfen vermag, daß sie sie, in ein und demselben kritischen Grundakt, gegeneinander sondert, so ballt der Mythos, was immer er berührt, gleichsam in eine unterschiedslose Einheit zusammen. Die Beziehungen, die er setzt, sind so geartet, daß durch sie die Glieder, die in sie eingehen, nicht nur ein wechselseitiges ideelles Verhältnis eingehen, sondern daß sie geradezu miteinander identisch, daß sie ein und dasselbe Ding werden. Was sich nur immer im mythischen Sinne miteinander „berührt" – mag diese Berührung als räumliches oder zeitliches Beieinander oder als irgendeine noch so/entfernte Ähnlichkeit oder als Zugehörigkeit zu derselben „Klasse" oder „Gattung" verstanden werden – das hat im Grunde aufgehört, ein Vielartiges und Vielfältiges zu sein: es hat eine substantielle Einheit des Wesens gewonnen. Deutlich tritt diese Anschauung schon auf den untersten Stufen des Mythos heraus. „Es ist" – so hat man z. B. die Grundrichtung der magischen Weltansicht geschildert – „als wenn das einzelne Objekt gar nicht für sich gesondert betrachtet werden kann, sobald es das magische Interesse erregt, sondern stets die Zugehörigkeit zu anderen Objekten in sich trägt, mit denen es identifiziert wird, so daß die äußere Erscheinung nur eine Art Umhüllung, eine Maske bildet[1]. „ In diesem Zuge erweist sich das mythische Denken als „konkretes" Denken im eigentlichen Wortsinne: was immer es ergreift, das erfährt selbst eine eigenartige Konkretion, es wächst miteinander zusammen. Wenn die wissenschaftliche Erkenntnis nach einem Zusammenschluß deutlich gesonderter Elemente sucht, so läßt die mythische Anschauung das, was sie verknüpft, zuletzt zusammenfallen. An die Stelle der Einheit der Verknüpfung – als synthetischer Einheit, also als Einheit des Verschiedenen –, tritt hier die dingliche Einerleiheit, die Koinzidenz. Und dies wird begreiflich, wenn man erwägt, daß es für die mythische Ansicht im Grunde nur eine einzige Dimension der Beziehung, nur eine einzige „Seinsebene" gibt. Im Erkennen tritt der reine Beziehungsbegriff gleichsam zwischen die Elemente, die er miteinander verknüpft. Denn er selbst ist nicht von derselben Welt wie diese Elemente – er hat keine ihnen vergleichbare dingliche Existenz, sondern nur eine ideelle Bedeutung. Die Geschichte der Philosophie und die Geschichte der Wissenschaft zeigt, wie das Bewußtsein dieser Sonderstellung der reinen Relationsbegriffe, wo es zuerst heraustritt, geradezu eine neue Epoche des wissenschaftlichen Geistes begründet. Die erste streng logische Charakteristik dieser Begriffe hebt eben diesen Gegensatz als das entscheidende Moment heraus: die reinen „Formen" der Anschauung und des Denkens werden als ein Nicht-Seiendes, als ein μὴ ὄν bezeichnet, um sie dadurch von jener Existenzweise, die den Dingen, den sinnlichen Erscheinungen eignet, abzusondern. Für den Mythos aber gibt es kein solches Nicht-Seiendes, das mittelbar das Sein, die „Wahrheit" der Erscheinung begründet: er kennt nur unmittelbar Daseiendes und unmittelbar Wirkendes. Daher sind die Relationen, die er setzt, keine / gedanklichen Bindungen, durch welche das, was in sie eingeht, zugleich gesondert und verknüpft wird, sondern sie sind eine Art von Kitt, der auch das Ungleichartigste noch irgendwie zusammenzuleimen vermag.

Dieses eigentümliche Gesetz der Konkreszenz oder Koinzidenz der Relationsglieder im mythischen Denken läßt sich durch alle seine einzelnen Kategorien hindurch verfolgen. Beginnen wir mit der Kategorie der Quantität, so hat sich bereits gezeigt, wie das mythische Denken zwischen dem Ganzen und den Teilen nirgends eine scharfe Grenzscheide

---
[1] Preuß, Die geistige Kultur der Naturvölker, S. 13.

setzt – wie für dasselbe der Teil nicht nur das Ganze vertritt, sondern es geradezu ist. Für die wissenschaftliche Grundansicht, die die Quantität als synthetische Beziehungsform nimmt, ist die Größe das Eine aus Vielem: d. h. Einheit und Vielheit bilden in ihr gleich notwendige, streng korrelative Momente. Die Verknüpfung der Elemente zu einem „Ganzen" setzt ihre scharfe Sonderung, ihre Unterscheidung als Elemente voraus. So wird die Zahl von den Pythagoreern als dasjenige definiert, was alle Dinge in Einklang bringt innerhalb der Seele und was ihnen dadurch erst Körperlichkeit verleiht und die Verhältnisse der begrenzenden und unbegrenzten Dinge jegliches für sich scheidet. Und eben auf dieser Scheidung beruht die Notwendigkeit wie die Möglichkeit aller Harmonie: denn „das Gleiche und Verwandte bedurfte ja doch nimmermehr der Harmonie, dagegen muß das Ungleiche und Unverwandte und ungleich Verteilte durch eine solche Harmonie zusammengeschlossen werden, durch die sie imstande sind, in der Weltordnung zusammengehalten zu werden" (Philol. fragm. 6; Diels.) Statt einer solchen Harmonie, die „buntgemischter Dinge Einigung und verschieden gestimmter Zusammenstimmung" ist, kennt das mythische Denken nur das Prinzip der Einerleiheit des Teils mit dem Ganzen. Das Ganze ist der Teil in dem Sinne, daß es mit seiner vollen mythisch-substantiellen Wesenheit in ihn eingeht, daß es geradezu sinnlich und materiell in ihm irgendwie „steckt". In den Haaren eines Menschen, in seinen abgeschnittenen Nägeln, in seinen Kleidern, in seinen Fußtapfen ist noch der ganze Mensch enthalten. Jede Spur, die der Mensch von sich hinterläßt, gilt als ein realer Teil von ihm, der auf ihn als Ganzes zurückwirken und ihn als Ganzes gefährden kann[1]. Und das gleiche mythische Gesetz der „Partizipation" herrscht nicht nur dort, wo es sich um reale, sondern wo es sich – in unse/rem Sinne – um rein ideelle Verhältnisse handelt. Auch die Gattung steht zu dem, was sie umschließt, was sie als Art oder Individuum unter sich enthält, nicht in dem Verhältnis, daß sie als ein Allgemeines dieses Besondere logisch bestimmt, sondern sie ist in diesem Besonderen unmittelbar gegenwärtig, sie lebt und wirkt in ihm. Hier herrscht keine bloße gedankliche Unterordnung, sondern wirkliche Unterwerfung des Einzelnen unter seinen generischen „Begriff". Die Struktur des totemistischen Weltbildes z. B. läßt sich kaum anders als aus diesem Wesenszug des mythischen Denkens begreifen. Denn in der totemistischen Einteilung der Menschen und der Gesamtheit der Welt findet keine bloße Zuordnung zwischen den Klassen der Menschen und Dinge einerseits und

---
[1] Beispiele hierfür s. oben S. 65 ff.

bestimmten Tier- und Pflanzenklassen andererseits statt, sondern hier wird der Einzelne von seinem totemistischen Ahnherrn in realer Weise als abhängig, ja als mit ihm identisch gedacht. So sagen – nach dem bekannten Bericht Karl v. d. Steinens – die Trumai in Nordbrasilien, daß sie Wassertiere sind, während die Bororos sich rühmen, rote Papageien zu sein[1]. Denn das mythische Denken kennt überhaupt jenes Verhältnis nicht, das wir als das logische Subsumtionsverhältnis, als das Verhältnis eines „Exemplars" zu seiner Art oder Gattung bezeichnen, sondern gestaltet es überall in ein sachliches Wirkungsverhältnis und daher – da nach ihm „Gleiches" nur auf „Gleiches" wirken kann – in ein sachliches Gleichheitsverhältnis um.

Noch deutlicher tritt sodann der gleiche Sachverhalt zutage, wenn wir ihn, statt unter dem Gesichtspunkt der Quantität, unter dem Gesichtspunkt der Qualität betrachten; – d. h. wenn wir an Stelle der Beziehung zwischen dem „Ganzen" und seinen „Teilen" die Beziehung des „Dinges" zu seinen „Eigenschaften" ins Auge fassen. Auch hier beobachten wir denselben eigentümlichen Zusammenfall der Relationsglieder: die Eigenschaft ist für das mythische Denken nicht sowohl eine Bestimmung „am" Dinge, als sie vielmehr die Gesamtheit des Dinges selbst, nur von einer bestimmten Seite her gesehen, ausdrückt und in sich schließt. Für die wissenschaftliche Erkenntnis beruht auch hier die Wechselbestimmung, die in ihr hergestellt wird, auf einem Gegensatz, der sich in eben dieser Bestimmung zwar versöhnt, aber nichtsdestoweniger nicht verwischt. Denn / das Subjekt der Eigenschaften, die „Substanz", der sie „inhärieren", ist nicht selbst mit irgendeiner Eigenschaft unmittelbar vergleichbar, ist nicht als ein Konkretes faßbar und aufzeigbar, sondern steht jeder besonderen Eigenschaft, ja auch der Gesamtheit der Eigenschaften als ein „Anderes", als ein Selbständiges gegenüber. Die „Accidentien" sind hier nicht dingliche reale „Stücke" der Substanz – sondern diese bildet die ideelle Mitte und Vermittlung, durch die sie sich aufeinander beziehen und miteinander zusammenschließen. Für den Mythos aber geht auch hier die Einheit, die er stiftet, alsbald wieder in bloße Einerleiheit auf. Für ihn, dem alles Wirkliche in dieselbe Ebene zusammenrückt, „hat" nicht ein und dieselbe Substanz verschiedene Eigenschaften, sondern jede Besonderung als solche ist schon Substanz: d. h. sie kann nicht anders als in unmittelbarer Konkretion, in

---

[1] Karl v. d. Steinen, Unter den Naturvölkern Zentral-Brasiliens, Berlin 1897, S. 307; weitere charakteristische Beispiele zu diesem mythischen „Gesetz der Partizipation" s. bes. bei Levy Bruhl, Das Denken der Naturvölker, Kap. II.

direkter Verdinglichung erfaßt werden. Wie diese Verdinglichung auch alles bloß zuständliche und eigenschaftliche Sein, alle Tätigkeiten und alle Beziehungen trifft, hat sich bereits gezeigt. (S. oben S. 68 ff.) Aber das eigentümliche Denkprinzip, das ihr zugrunde liegt, tritt noch weit schärfer als auf den primitiven Stufen mythischer Weltanschauung dort hervor, wo es bereits im Begriff steht, sich mit dem Grundprinzip des wissenschaftlichen Denkens zu verbünden und zu durchdringen, – wo es in Gemeinschaft mit ihm eine Art Zwitterwesen: eine halbmythische „Wissenschaft" der Natur erzeugt. Wie man sich die Eigenart des mythischen Kausalbegriffs vielleicht am klarsten am Aufbau der Astrologie vergegenwärtigen kann[1], so tritt die besondere Tendenz des mythischen Eigenschaftsbegriffs am deutlichsten heraus, wenn man die Struktur der Alchimie ins Auge faßt. Die Verwandtschaft zwischen Alchimie und Astrologie, die durch ihre ganze Geschichte hindurch zu verfolgen ist[2], findet hier ihre systematische Erklärung: sie beruht zuletzt darauf, daß beide nur zwei verschiedene Ausprägungen derselben Denkform, des mythisch-substantiellen Identitätsdenkens, sind. Für dieses gilt jede Gemeinsamkeit von Eigenschaften, jede Ähnlichkeit in der sinnlichen Erscheinung verschiedener Dinge oder in ihrer Wirkungsart schließlich nur dadurch als erklärt, daß in ihnen ein und dieselbe dingliche Ursache irgendwie „enthalten" ist. In diesem Sinne sieht z. B. die Alchimie die besonderen Körper/als Komplexe einfacher Grundqualitäten an, aus denen sie durch bloße Aggregation entstehen. Jede Eigenschaft stellt für sich ein bestimmtes Elementarding dar – und aus der Summe dieser Elementardinge baut sich die Welt des Zusammengesetzten, die empirische Körperwelt auf. Wer die Mischung dieser Elementardinge kennt, der kennt daher das Geheimnis ihrer Verwandlungen und ist Herr über sie, da er diese Wandlungen nicht nur begreift, sondern sie selbsttätig hervorzubringen vermag. So kann der Alchimist aus gewöhnlichem Quecksilber den „Stein der Weisen" gewinnen, indem er ihm zunächst ein Wasser, d. h. jenes Element des Beweglichen und Flüssigen entzieht, das das Quecksilber an der wahren Vollkommenheit hindert. Die weitere Aufgabe besteht darin, den Körper, der auf diese Weise gewonnen wurde, zu „fixieren", d. h. ihn von seiner Flüchtigkeit zu befreien, indem man ein luftartiges Element, das er noch

---

[1] Näheres hierüber in meiner Studie: Die Begriffsform im mythischen Denken, S. 29 ff.
[2] Belege hierfür s. bei Kopp, Die Alchimie, Heidelberg 1886, sowie bei Edm. O. v. Lippmann, Entstehung und Ausbreitung der Alchimie, Berlin 1919.

an sich trägt, aus ihm entfernt. Die Alchimie hat im Lauf ihrer Geschichte diese Addition und Subtraktion der Eigenschaften zu einem höchst kunstvollen und höchst verwickelten System gestaltet. Aber noch in diesen äußersten Verfeinerungen und Sublimierungen spürt man deutlich die mythische Wurzel des gesamten Verfahrens. Allen alchimistischen Operationen, wie immer sie im einzelnen geartet sein mögen, liegt der Urgedanke der Übertragbarkeit und der dinglichen Ablösbarkeit von Eigenschaften und Zuständen zugrunde – der gleiche Gedanke also, der sich in einem naiveren und primitiveren Stadium, z. B. in der Anschauung vom ,,Sündenbock" u. dgl. bekundet. (Vgl. oben S. 71 f.) Jede besondere Beschaffenheit, die die Materie besitzt, jede Form, die sie annehmen kann, jede Wirksamkeit, die sie auszuüben vermag, wird hier zu einer besonderen Substanz, zu einem Wesen für sich hypostasiert[1]. Die moderne Wissenschaft, und insbesondere die moderne Chemie in der Form, die sie durch Lavoisier erhalten hat, hat diesen halb-mythischen Eigenschaftsbegriff der Alchimie nur dadurch zu überwinden vermocht, daß sie an diesem Punkte die gesamte Fragestellung einer prinzipiellen Wandlung und Umkehr unterzog. Für sie ist jede ,,Eigenschaft" nichts Einfaches, sondern etwas höchst Zusammengesetztes; nichts Ursprüngliches und Elementares, sondern etwas Abgeleitetes; nicht Absolutes, sondern etwas durch und durch Relatives. Was die sinnliche Ansicht als ,Eigenschaft' der Dinge benennt und was sie als solche unmittelbar zu fassen und/zu verstehen glaubt, – das löst die kritische Analyse in eine bestimmte Wirkungsart, in eine spezifische ,,Reaktion" auf, die aber selbst nur unter ganz bestimmten Bedingungen eintritt. So besagt die Brennbarkeit eines Körpers nicht mehr die Anwesenheit einer bestimmten Substanz, des Phlogiston, in ihm, sondern sie bedeutet sein Verhalten gegen Sauerstoff, wie die Löslichkeit eines Körpers sein Verhalten gegen Wasser oder gegen irgendeine Säure besagt usf. Die einzelne Qualität erscheint jetzt nicht mehr als ein Dingartiges, sondern als ein durchaus Bedingtes; – als ein Etwas, das sich mit den Hilfsmitteln der kausalen Analyse in ein Gefüge von Beziehungen auflöst. Daraus aber ergibt sich zugleich das Umgekehrte: solange die Denkform dieser Analyse noch nicht entwickelt ist, ist auch die scharfe Trennung von ,Ding' und ,Eigenschaft' nicht streng vollziehbar, sondern die kategorialen Sphären beider Begriffe müssen sich gegeneinander verschieben und schließlich ineinander übergehen.

---

[1] Für die Einzelheiten vgl. außer der Darstellung Edm. O. v. Lippmanns (bes. S. 318 ff.), insbes. Berthelot, Les origines de l'Alchimie, Paris 1885.

Nicht minder als an der Kategorie des ‚Ganzen' und des ‚Teiles' und an der Kategorie der ‚Eigenschaft' läßt sich der typische Gegensatz zwischen Mythos und Erkenntnis an einer Kategorie wie der der „Ähnlichkeit" erweisen. Die Gliederung des Chaos der sinnlichen Eindrücke, indem aus ihm bestimmte Ähnlichkeitsgruppen herausgehoben und bestimmte Ähnlichkeitsreihen gebildet werden, ist wiederum dem logischen wie dem mythischen Denken gemeinsam – ohne sie vermöchte es der Mythos ebensowenig zu festen Gestalten, wie das logische Denken zu festen Begriffen zu bringen. Aber das Erfassen der ‚Ähnlichkeiten' der Dinge bewegt sich auch hier in verschiedenen Bahnen. Dem mythischen Denken genügt jede Ähnlichkeit in der sinnlichen Erscheinung, um die Gebilde, an denen sie auftritt, in ein einziges mythisches „Genus" zusammenzunehmen. Jedes beliebige noch so „äußerliche" Merkmal gilt hierfür gleichviel – es kann keine scharfe Scheidung des „Innen" und „Außen", des „Wesentlichen" und „Unwesentlichen", geben, weil eben jede wahrnehmbare Gleichheit oder Ähnlichkeit für den Mythos der unmittelbare Ausdruck einer Identität des Wesens ist. Die Gleichheit oder Ähnlichkeit ist daher hier niemals ein bloßer Relations- und Reflexionsbegriff, sondern sie ist eine reale Kraft, – ein schlechthin Wirkliches, weil sie ein schlechthin Wirksames ist. In jedem sogenannten „Analogiezauber" bekundet sich diese mythische Grundanschauung, die freilich durch den falschen Namen des Analogiezaubers mehr verhüllt als bezeichnet wird. Denn eben dort, wo wir eine bloße „Analogie",/d. h. ein bloßes Verhältnis sehen, hat es der Mythos nur mit unmittelbarem Dasein und mit unmittelbarer Gegenwart zu tun. Für ihn gibt es kein bloßes Zeichen, das auf ein Entferntes und Abwesendes ‚hindeutet', sondern für ihn steht das Ding mit einem Teil seiner selbst, d. h. aber gemäß der mythischen Ansicht das Ding als Ganzes, da, sobald irgendein ihm Ähnliches gegeben ist. In dem Rauch, der aus der Tabakspfeife aufsteigt, sieht das mythische Bewußtsein weder ein bloßes „Sinnbild", noch faßt es ihn als ein bloßes Mittel, um den Regen zu erzeugen – sondern in ihm hat es unmittelbar und zum Greifen deutlich das Bild der Wolke und in diesem die Sache selbst, den ersehnten Regen, vor sich. Überhaupt ist es ein allgemeines magisches Prinzip, daß man Dinge, auch ohne eine in unserem Sinne „zweckmäßige" Handlung vorzunehmen, lediglich durch ihre mimische Darstellung in seinen Besitz bringen kann[1] – weil es

---

[1] Belege finden sich in reicher Fülle bei Frazer, The Goulden Bough I und II: The Magic Art and the Evolution of kings; vgl. auch Preuß, Die geistige Kultur der Naturvölker, S. 29 und oben S. 48 ff.

etwas bloß Mimisches, etwas lediglich Signifikatives auf dem Standpunkt des mythischen Bewußtseins nicht gibt. Das Erkenntnisbewußtsein beweist auch in der Setzung von Ähnlichkeiten und in der Herstellung von Ähnlichkeitsreihen seinen eigentümlichen logischen Doppelcharakter: es verfährt auch hierin zugleich synthetisch und analytisch, zugleich verknüpfend und sondernd. Daher betont es an den ähnlichen Inhalten ebensowohl das Moment der Ungleichheit als das Moment der Gleichheit: ja es pflegt auf dieses erstere besonderen Nachdruck zu legen, sofern es ihm, bei der Aufstellung seiner Gattungen und Arten, nicht sowohl um die bloße Heraushebung des Gemeinschaftlichen, als um das Prinzip zu tun ist, auf welchem die Unterscheidung, die Abstufung innerhalb ein und derselben Gattung beruht. So läßt sich z. B. in der Struktur jedes mathematischen Klassen- und Gattungsbegriffs das Ineinander dieser beiden Tendenzen nachweisen. Wenn das mathematische Denken den Kreis und die Ellipse, die Hyperbel und die Parabel unter einen Begriff befaßt, so gründet sich diese Zusammenfassung nicht auf irgendeine unmittelbare Ähnlichkeit der Gestalten, die vielmehr, sinnlich genommen, so ungleichartig als nur möglich sind. Aber mitten in dieser Ungleichartigkeit erfaßt nun das Denken eine Einheit des Gesetzes – eine Einheit des Konstruktionsprinzips, indem es all diese Gebilde als ‚Kegelschnitte' bestimmt. Der Ausdruck dieses Gesetzes, die allgemeine „Formel" für die Kurven zweiter Ordnung, stellt eben/sowohl ihren Zusammenhang, wie ihre inneren Unterschiede vollständig dar: denn sie zeigt, wie durch die einfache Abwandlung bestimmter Größen die eine geometrische Form in die andere übergeht. Dieses Prinzip, das den Übergang bestimmt und regelt, ist für den Inhalt des Begriffs hier nicht minder notwendig und im strengen Sinne „konstitutiv", als es die Setzung des Gemeinsamen ist. Wenn man daher in der traditionellen Begriffslehre den logischen Klassen- und Gattungsbegriff gewöhnlich durch „Abstraktion" entstehen läßt und dabei unter Abstraktion nichts anderes versteht als die Heraushebung derjenigen Züge, in denen eine Mehrheit von Inhalten übereinstimmt – so ist dies ebenso einseitig, als wenn man die Funktion des kausalen Denkens lediglich in der Verknüpfung, in der „Assoziation" der Vorstellungen beschlossen sieht. In dem einen wie in dem andern Falle handelt es sich vielmehr darum, nicht bloß gegebene und fest gegeneinander abgegrenzte Inhalte nachträglich zu verbinden, sondern eben diesen Akt der Abgrenzung erst im Denken zu vollziehen. Und wieder zeigt hier der Mythos, daß ihm eben diese Abgrenzung, diese Scheidung des „Individuums", der „Art" und der „Gattung" im Sinne der logischen Über- und Unterordnung, der „Abstraktion" und „Determination", fremd ist. Wie in jedem Teil das Ganze, so hat er in jedem „Exemplar" der Gattung diese selbst unmittelbar und mit der Gesamtheit ihrer mythischen „Merkmale", d. h. ihrer mythischen Kräfte, vor sich. Während somit die logische Gattung immer zugleich trennt und eint, indem sie das Besondere aus der Einheit eines übergreifenden Prinzips hervorgehen zu lassen sucht, ballt auch hier der Mythos das Einzelne in die Einheit eines Bildes, einer mythischen Gestalt zusammen. Sobald einmal die ‚Teile', die ‚Exemplare', die ‚Arten' in dieser Weise ineinandergewachsen sind, gibt es für sie keine Trennung mehr, sondern nur noch eine völlige Indifferenz, vermöge deren sie ständig ineinander übergehen.

Aber freilich könnte es scheinen, als ob mit dieser Abgrenzung der mythischen und der logischen Denkform, wie sie bisher versucht wurde, für das Verständnis des Mythos als Ganzen, für den Einblick in die geistige Urschicht, aus der er stammt, so gut wie nichts gewonnen sei. Denn bedeutet es nicht schon eine *petitio principii*, läuft es nicht bereits auf eine falsche Rationalisierung des Mythos hinaus, wenn wir ihn aus seiner Denkform heraus zu verstehen suchen? Zugegeben selbst, daß eine solche Form besteht, – was bedeutet sie mehr als die äußere Schale, die den Kern des Mythischen umschließt/und in dieser Umschließung verbirgt? Besagt nicht der Mythos eine Einheit der Anschauung, eine intuitive Einheit, die allen Auseinanderlegungen, die sie im „diskursiven" Denken erfährt, voraus und zugrunde liegt? Und selbst diese Form der Anschauung bezeichnet noch nicht die letzte Schicht, aus der er stammt und aus der ihm ständig neues Leben zufließt. Denn nirgends handelt es sich im Mythischen um das passive Schauen, um die ruhige Betrachtung der Dinge; sondern alle Betrachtung geht hier von einem Akt der Stellungnahme, von einem Akt des Affekts und des Willens aus. Sofern der Mythos sich zu bleibenden Gebilden verdichtet, sofern er den festen Umriß einer „objektiven" Welt von Gestalten vor uns hinstellt – so wird doch die Bedeutung dieser Welt für uns erst faßbar, wenn wir hinter ihr noch die Dynamik des Lebensgefühls verspüren, aus der sie ursprünglich erwächst. Nur wo dieses Lebensgefühl von innen her erregt ist, wo es sich in Liebe und Haß, in Furcht und Hoffnung, in Freude und Trauer äußert, kommt es zu jener Erregung der mythischen Phantasie, die aus ihr eine bestimmte Vorstellungswelt erwachsen läßt. Daraus aber scheint sich zu ergeben, daß alle Charakteristik der mythischen Denkformen nur etwas Vermitteltes und Abgeleitetes trifft – daß sie solange halb und unzureichend bleibt, als es ihr nicht gelingt, von der bloßen Denkform des Mythos zu seiner Anschauungsform und zu seiner eigentümlichen Lebensform zurückzudringen. Gerade dies, daß diese Formen sich nirgends voneinander absondern, daß sie von den primitivsten Gebilden bis hinauf zu den höchsten und reinsten Gestalten des Mythischen ineinander verwoben bleiben, gibt der mythischen Welt ihre eigentümliche Geschlossenheit und ihr spezifisches Gepräge. Auch diese Welt gestaltet und gliedert sich nach den Grundformen der „reinen Anschauung": – auch sie legt sich in Einheit und Vielheit, in ein „Beisammen" von Gegenständen und in eine Folge von Ereignissen auseinander. Aber die mythische Anschauung des Raumes, der Zeit und der Zahl, die damit entsteht, bleibt von dem, was Raum, Zeit und Zahl im theoretischen Denken und im theoretischen Aufbau der Gegenstandswelt bedeuten, durch höchst charakteristische Grenzlinien geschieden. Diese Grenzlinien können nur deutlich und sichtbar werden, wenn es gelingt, die mittelbaren Teilungen, die uns im mythischen Denken wie im Denken der reinen Erkenntnis begegnen, auf eine Art Ur-Teilung zurückzuführen, aus der sie hervorgehen. Denn auch der Mythos setzt eine derartige geistige „Krisis" voraus – auch er bildet sich erst, indem im Ganzen des Bewußtseins eine Scheidung sich voll/zieht, durch die nun auch in die Anschauung des Weltganzen eine bestimmte Trennung eindringt, durch die eine Zerlegung dieses Ganzen in verschiedene Bedeutungsschichten bewirkt wird. Diese erste Trennung ist es, die alle späteren im Keime enthält und durch die sie bedingt und beherrscht bleiben – und wenn irgendwo, so wird sich in ihr nicht sowohl die Eigenart des mythischen Denkens, als die des mythischen Anschauens und des mythischen Lebensgefühls aufweisen lassen./

# ZWEITER ABSCHNITT
## DER MYTHOS ALS ANSCHAUUNGSFORM
### AUFBAU UND GLIEDERUNG DER RÄUMLICH-ZEITLICHEN WELT IM MYTHISCHEN BEWUSSTSEIN

# KAPITEL I
## DER GRUNDGEGENSATZ

Der theoretische Aufbau des Weltbildes hebt an dem Punkte an, an dem das Bewußtsein zuerst eine klare Scheidung zwischen ‚Schein' und ‚Wahrheit', zwischen bloß ‚Wahrgenommenem' oder ‚Vorgestelltem' und dem ‚wahrhaft Seienden', zwischen dem ‚Subjektiven' und dem ‚Objektiven' vollzieht. Als Kriterium der Wahrheit und Objektivität wird hierbei das Moment der Beharrlichkeit, der logischen Konstanz und der logischen Gesetzlichkeit gebraucht. Jeder Einzelinhalt des Bewußtseins wird auf diese Forderung der durchgängigen Gesetzlichkeit bezogen und an ihr gemessen. So legen sich die Kreise des Seins auseinander; so scheidet sich das relativ Flüchtige vom relativ Dauernden, das Zufällige und Einmalige vom Allgemeingültigen. Bestimmte Erfahrungselemente erweisen sich als notwendig und grundlegend, als das Gerüst, das den Bau des Ganzen trägt – andere erhalten nur ein unselbständiges und mittelbares Sein zugewiesen, sie ‚sind' nur, sofern die besonderen Bedingungen ihres Auftretens verwirklicht sind, kraft welcher Bedingungen sie auf einen bestimmten Umkreis, auf einen Ausschnitt des Seins eingeschränkt werden. So schreitet das theoretische Denken fort, indem es am unmittelbar Gegebenen fortwährend bestimmte Unterschiede der logischen Dignität, gewissermaßen der logischen „Wertigkeit" setzt. Der allgemeine Maßstab aber, dessen es sich hierbei bedient, ist der „Satz vom Grunde", der als oberstes Postulat, als erste Denkforderung von ihm festgehalten wird. In ihm drückt sich die ursprüngliche Wesensrichtung, die charakteristische „Modalität" der Erkenntnis selbst aus. ‚Erkennen' heißt den Fortgang von der Unmittelbarkeit der Empfindung und Wahrnehmung zur Mittelbarkeit des bloß gedachten ‚Grundes' vollziehen; – heißt das einfache Dasein der sinnlichen Eindrücke in Schichten von ‚Gründen' und ‚Folgen' auseinanderlegen. /

Eine solche Scheidung und Schichtung ist dem mythischen Bewußtsein, wie sich gezeigt hat, völlig fremd. Dieses Bewußtsein ist und lebt im unmittelbaren Eindruck, dem es sich überläßt, ohne ihn an einem anderen zu „messen". Der Eindruck ist ihm kein bloß Relatives, sondern ein Absolutes; er ist nicht ‚durch' etwas anderes und hängt nicht von einem andern, als seiner Bedingung, ab; sondern er bezeugt und bewährt sich durch die einfache Intensität seines Daseins; durch den unwiderstehlichen Zwang, mit dem er sich dem Bewußtsein aufdrängt. Wenn sich das Denken zu dem, was ihm als sein ‚Gegenstand' mit dem Anspruch der Objektivität und Notwendigkeit entgegentritt, forschend und fragend, zweifelnd und prüfend verhält, wenn es sich ihm mit eigenen Normen gegenüberstellt, so kennt das mythische Bewußtsein keine derartige Entgegensetzung. Es „hat" den Gegenstand nur, indem es von ihm überwältigt wird; es besitzt ihn nicht, indem es ihn fortschreitend für sich aufbaut, sondern es wird schlechthin von ihm besessen. Hier herrscht nicht der Wille, den Gegenstand zu begreifen, in dem Sinne, daß er denkend umfaßt und einem Komplex von Gründen und Folgen eingeordnet wird; sondern hier gibt es nur die schlichte Ergriffenheit durch ihn. Aber eben diese Intensität, diese unmittelbare Gewalt, mit der das mythische Objekt für das Bewußtsein da ist, hebt es nun aus der bloßen Reihe dessen, was immer gleichförmig ist und gleichartig wiederkehrt, heraus. Statt in das Schema einer Regel, eines notwendigen Gesetzes gebannt zu sein, erscheint jedes Objekt, sofern es das mythische Bewußtsein ergreift und erfüllt, wie etwas nur sich selbst Angehöriges, wie etwas Unvergleichliches und Eigenes. Es lebt gleichsam in einer individuellen Atmosphäre; es ist ein Einmaliges, das nur in dieser seiner Einzigkeit, in seinem unmittelbaren Hier und Jetzt erfaßt werden kann. Und doch gehen andererseits die Inhalte des mythischen Bewußtseins nicht in lauter unverbundene Einzelheiten auf; sondern es herrscht auch in ihnen ein Allgemeines, das freilich von ganz anderer Art und Herkunft als das Allgemeine des logischen Begriffs ist. Denn eben durch ihren Sondercharakter schließen sich alle Inhalte, die dem mythischen Bewußtsein angehören, wieder zu einem Ganzen zusammen. Sie bilden ein in sich geschlossenes Reich – sie besitzen gewissermaßen eine gemeinsame Tönung, vermöge deren sie sich aus der Reihe des Alltäglichen und Gewöhnlichen, des gemeinen empirischen Daseins herausheben. Dieser Zug der Absonderung, dieser Charakter des „Ungemeinen" ist jedem Inhalt des mythischen Bewußtseins als solchem wesentlich – er läßt sich von / den niedersten bis zu den höchsten Stufen, von der magischen Weltansicht, die den Zauber noch rein praktisch und somit halb-technisch versteht, bis hinauf zu den reinsten Ausprägungen der Religion verfolgen, in denen alles Wunder sich zuletzt in das eine Wunder des religiösen Geistes selbst auflöst.

Immer ist es dieser eigentümliche Zug zur „Transzendenz", der alle Inhalte des mythischen und des religiösen Bewußtseins miteinander verknüpft. Sie alle enthalten in ihrem bloßen Dasein und in ihrer unmittelbaren Beschaffenheit eine Offenbarung, die doch eben als solche noch die Art des Geheimnisses behält – und eben dieses Ineinander, diese Offenbarung, die zugleich Enthüllung und Verhüllung ist, prägt dem mythisch-religiösen Inhalt seinen Grundzug, prägt ihm den Charakter der „Heiligkeit" auf[1].

Was dieser Grundcharakter besagt und was er für den Aufbau der mythischen Welt bedeutet – das tritt vielleicht am schärfsten hervor, wenn wir ihn dort aufsuchen, wo er uns noch völlig unvermischt begegnet, wo er sich mit anderen geistigen Bedeutungs- und Wertnuancen, insbesondere mit ethischen Bestimmungen, noch nicht durchdrungen hat. Der Sinn und die Macht des „Heiligen" ist für das ursprüngliche mythische Gefühl auf keinen Sonderbezirk, auf keine einzelne Seinssphäre und auf keine einzelne Wertsphäre beschränkt. Vielmehr ist es die ganze Fülle, die unmittelbare Konkretion und die unmittelbare Totalität des Daseins und Geschehens, woran dieser Sinn sich ausprägt. Es gibt hier keine scharfe Grenze, die, gleichsam räumlich, die Welt in ein „Diesseits" und ein „Jenseits", in eine lediglich „empirische" und eine „transzendente" Sphäre teilt. Die Absonderung, die sich im Bewußtsein des Heiligen vollzieht, ist vielmehr rein qualitativ. Jeder noch so alltägliche Daseinsinhalt kann den auszeichnenden Charakter der Heiligkeit gewinnen, sobald er nur in die spezifische mythisch-religiöse Blickrichtung fällt; – sobald er, statt in den gewohnten Umkreis des Geschehens und Wirkens eingespannt zu bleiben, das mythische „Interesse" von irgendeiner Seite her ergreift und es in besonderer Stärke erregt. Das Merkmal der „Heiligkeit" ist daher keineswegs von Anfang an auf bestimmte Objekte und Objektgruppen eingeschränkt – sondern jeder noch so „gleichgültige" Inhalt kann plötzlich an diesem Merkmal Anteil gewinnen. Nicht eine bestimmte objektive Beschaffenheit, sondern eine bestimmte ideelle Bezogenheit/ist es, die durch dasselbe bezeichnet wird. Auch der Mythos beginnt damit, in das unterschiedslose „indifferente" Sein bestimmte Differenzen einzuführen, es in verschiedene Bedeutungskreise auseinanderzulegen. Auch er erweist sich als form- und sinngebend, indem er das Einerlei und die Gleichartigkeit der Bewußtseinsinhalte unterbricht – indem er in dieses Einerlei bestimmte

---
[1] Zum Begriff des Heiligen als einer religiösen Urkategorie vgl. bes. Rudolf Otto, Das Heilige. Über das Irrationale in der Idee des Göttlichen und sein Verhältnis zum Rationalen, Göttingen 1917.

Unterschiede der „Wertigkeit" hineinlegt. Indem alles Sein und Geschehen auf den einen Grundgegensatz des „Heiligen" und „Profanen" projiziert wird, gewinnt es in dieser Projektion selbst einen neuen Gehalt – einen Gehalt, den es nicht von Anfang an einfach „hat", sondern der ihm in dieser Form der Betrachtung, gewissermaßen in dieser mythischen „Beleuchtung", erst erwächst.

Tritt man mit diesen allgemeinen Erwägungen an das mythische Denken heran, so erhellen sich in ihm bestimmte Grundphänomene, bestimmte Scheidungen und Schichtungen, auf die sich gerade die rein empirische Mythenforschung und Mythenvergleichung in den letzten Jahrzehnten immer wieder und von verschiedenen Seiten her hingeführt gesehen hat. Seit Codrington in seinem bekannten Werke über die Melanesier auf den Begriff des „Mana" als einen Kernbegriff des primitiven mythischen Denkens hingewiesen hat, sind die Probleme, die sich um diesen Begriff gruppieren, mehr und mehr in den Mittelpunkt der ethnologischen, der völkerpsychologischen und der soziologischen Untersuchung gerückt. Rein inhaltlich betrachtet zeigte sich zunächst, daß die Vorstellung, die sich in dem „*mana*" der Melanesier und Polynesier ausspricht, ihr genaues Korrelat in anderen mythischen Begriffen besitzt, die in verschiedenen Abwandlungen über die ganze Erde verbreitet sind. Das *Manitu* der Algonkinstämme Nordamerikas; das *Orenda* der Irokesen, das *Wakanda* der Sioux weisen so durchgängige und schlagende Parallelen zu der Mana-Vorstellung auf, daß hier in der Tat ein echter mythischer „Elementargedanke" ergriffen zu sein schien[1]. Schon die bloße Phänomenologie des mythischen/ Denkens schien somit darauf hinzuweisen, daß in dieser Vorstellung nicht sowohl ein bloßer Inhalt des mythischen Bewußtseins, als vielmehr eine seiner typischen Formen, ja vielleicht seine ursprünglichste Form, sich darstellt. So sind verschiedene Forscher dazu übergegangen, die Mana-Vorstellung geradezu als eine Kategorie des mythisch-religiösen Denkens,

---

[1] Die sehr reichhaltige Literatur über den Mana-Begriff ist (bis zum Jahre 1920) sorgfältig zusammengestellt und kritisch diskutiert in der früher zitierten eingehenden Monographie von Fr. Rud. Lehmann (s. oben S. 76), zum Manitu der Algonkin vgl. Jones, The Algonkin Manitou, Journ. of Amer. Folklore, XVIII; zum Orenda der Irokesen vgl. bes. Hewitt, Orenda and a definition of Religion, Americ. Anthropologist, New Ser. IV (1902), S. 33 ff.; zum *Wakanda* s. Mc. Gee, The Siouan Indians, XV Ann. Report of the Bureau of Ethnol. Washington, 1898. Siehe auch Beth, Religion und Magie bei den Naturvölkern, Ein religionsgeschichtl. Beitrag zu den Anfängen der Religion, Leipzig 1914, S. 211 ff.

ja als „die" religiöse Urkategorie zu behandeln[1]. Verband man diese Vorstellung mit der nahe verwandten, ihr in negativer Richtung entsprechenden Vorstellung des „Tabu" — so schien mit diesen beiden polaren Begriffen gewissermaßen eine Urschicht des mythisch-religiösen Bewußtseins bloßgelegt zu sein. Die Mana-Tabu-Formel wurde als die „Minimum-Definition der Religion", als eine ihrer primären konstitutiven Bedingungen angesehen[2]. Aber je weiter sich damit der Rahmen der Mana-Vorstellung spannte, um so schwieriger erwies sich zugleich ihre scharfe und klare Bestimmung. Die Versuche, ihren Sinn dadurch zu fassen, daß man sie den verschiedenen Hypothesen über den „Ursprung" des mythischen Denkens einordnete, zeigten sich immer deutlicher als unzureichend. Codrington faßte das Mana im wesentlichen als eine „geistige Kraft" (spiritual power), die weiterhin als eine magisch-übernatürliche Kraft (supernatural power) charakterisiert wurde. Aber dieser Versuch, den Mana-Begriff letzten Endes auf den Seelenbegriff zurückzuführen und ihn somit von den Voraussetzungen des Animismus aus zu deuten und zu erhellen, hielt nicht stand. Je schärfer die Bedeutung des Mana-Wortes bestimmt und je genauer der Inhalt der Vorstellung umgrenzt wurde, um so mehr zeigte beides sich einer anderen Schicht, einer „präanimistischen" Richtung des mythischen Denkens angehörig. Gerade dort, wo von einem ausgebildeten Seelen- und Persönlichkeitsbegriff noch keine Rede sein kann oder zum mindesten keinerlei scharfe Grenzscheidung zwischen physischem und psychischem, zwischen geistig-persönlichem und unpersönlichem Sein besteht, scheint der Gebrauch des Mana-Wortes seine eigentliche Stätte zu haben[3]. Auch gegenüber / anderen Gegensätzen des ausgebildeten logischen oder mythischen

---

[1] Als Grundkategorie des mythischen Denkens wird der Mana-Begriff z. B. behandelt von Hubert und Mauß, Esquisse d'une théorie générale de la magie. Année Sociologique 1902/03.

[2] Vgl. bes. Marett, The Taboo-mana Formula as a Minimum Definition of Religion. Arch. für Religionswiss., Bd. 12, 1909 und The Threshold of religion, London 1914, S. 99 ff.

[3] So kann z. B. einem beliebigen physischen Ding, auch ohne daß es als Sitz eines „Geistes" oder Dämons angesehen wird, *mana* zugeschrieben werden, sobald es nur durch irgendein besonderes Merkmal, etwa durch seine Größe, aus dem Kreis des Gewöhnlichen und „Gemeinen" sich heraushebt. Auf der anderen Seite gilt keineswegs alles Seelische als solches als mit „mana" begabt. Die Seelen Verstorbener haben gewöhnlich kein mana, sondern nur die Seelen derjenigen, die schon bei Lebzeiten mit mana begabt, - die durch besondere Kräfte ausgezeichnet waren, um derentwillen sie auch nach dem Tode gesucht oder gefürchtet werden. Näheres bei Codrington, The Melanesians (1891), S. 253.

Denkens verharrt dieser Gebrauch in einer eigentümlichen Indifferenz. So ist in ihm insbesondere zwischen der Vorstellung des Stoffes und der der Kraft nirgends eine scharfe Grenze gezogen. Weder die „substantielle" Theorie, die das Mana einfach als Zaubersubstanz faßt, noch die „dynamistische" Theorie, die den Nachdruck auf den Begriff der Macht, auf das Können und Bewirken legt, scheint daher die eigentliche Bedeutung des Mana-Begriffs zu treffen und zu erschöpfen. Diese liegt vielmehr eben in seiner eigenartigen „Fluidität" – in dem In-einander-fließen und In-einander-übergehen von Bestimmungen, die sich für unsere Auffassung deutlich scheiden. Auch wo hier dem Anschein nach von ‚geistigem' Sein und von ‚geistigen' Kräften gesprochen wird, ist beides mit stofflichen Vorstellungen noch ganz durchsetzt. Die ‚Geister' dieser Stufe sind, wie man gesagt hat, „von einem gewissen unbestimmten Schlage, ohne Unterschied zwischen Natürlichem und Übernatürlichem, Realem und Idealen, zwischen Personen und anderen Existenzen und Wesenheiten[1]". Als der einzige einigermaßen feste Kern der Mana-Vorstellung scheint daher zuletzt nichts anderes übrig zu bleiben als der Eindruck des Außerordentlichen, des Ungewöhnlichen, des „Ungemeinen" überhaupt. Nicht was diese Bestimmung trägt, ist hier das Wesentliche, sondern eben diese Bestimmung, dieser Charakter des Ungemeinen selbst. Die Mana-Vorstellung, wie die ihr negativ entsprechende Vorstellung des Tabu, stellt der Schicht des alltäglichen Daseins und des in gewohnten Bahnen verlaufenden Geschehens eine andere Schicht gegenüber, die sich von ihr deutlich abhebt. Hier gelten andere Maße; hier herrschen andere Möglichkeiten, andere Kräfte und Wirkungsweisen, als sie im gewöhnlichen Verlauf der Dinge sich bekunden. Aber zugleich ist dieses Reich mit ständigen Drohungen, mit unbekannten Gefahren erfüllt, die den Menschen von allen Seiten her umlauern. Man begreift von hier aus, daß der Inhalt der Mana- wie der Tabu-Vorstellung von seiten der rein gegenständlichen / Betrachtung aus niemals voll zu erfassen ist. Beide dienen nicht der Bezeichnung bestimmter Klassen von Gegenständen, sondern in ihnen stellt sich gewissermaßen nur der eigentümliche Akzent dar, den das magisch-mythische Bewußtsein auf die Gegenstände legt. Durch diesen Akzent wird die Gesamtheit des Seins und Geschehens in eine mythisch-bedeutsame und eine mythisch-irrelevante Sphäre, in das, was das mythische Interesse erregt und fesselt,

---

[1] Crawley, The idea of the soul (1909); zit. nach Edvard Lehmann, Die Anfänge der Religion und die Religion der primitiven Völker (Kultur der Gegenwart, T. 1, Abt. III, 1, 2. Aufl., Leipzig 1913, S. 15).

und in das, was dieses Interesse relativ gleichgültig läßt, zerlegt. Als der „Grund" des Mythos und der Religion läßt sich daher die Tabu-Mana-Formel mit demselben Recht und Unrecht bezeichnen, als man etwa die Interjektion als den Grund der Sprache betrachten kann. In beiden Begriffen handelt es sich in der Tat sozusagen um primäre Interjektionen des mythischen Bewußtseins. Sie haben noch keine selbständige Bedeutungs- und Darstellungsfunktion, sondern sie gleichen einfachen Erregungslauten des mythischen Affekts[1]. Sie bezeichnen jenes Staunen, jenes θαυμάζειν, mit dem ebensowohl der Mythos wie die wissenschaftliche Erkenntnis und die „Philosophie" anhebt. Indem der bloße tierische Schrecken zum Staunen wird, das sich in doppelter Richtung bewegt, das aus entgegengesetzten Zügen, aus Furcht und Hoffnung, aus Scheu und Bewunderung gemischt ist, indem auf diese Weise die sinnliche Erregung zum erstenmal einen Ausweg und einen Ausdruck sucht, steht der Mensch damit an der Schwelle einer neuen Geistigkeit. Diese seine eigene Geistigkeit ist es, die sich ihm nun im Gedanken des ‚Heiligen' gewissermaßen reflektiert darstellt. Denn das Heilige erscheint immer zugleich als das Ferne und Nahe, als das Vertraute und Schützende wie als das schlechthin Unzugängliche, als das „mysterium tremendum" und das „mysterium fascinosum"[2]. Dieser Doppelcharakter bewirkt, daß es das empirische, das „profane" Dasein, indem es sich von ihm bestimmt absondert, in dieser Absonderung nicht/schlechthin ausstößt, sondern daß es dasselbe fortschreitend durchdringt; daß es eben in seiner Entgegensetzung noch die Fähigkeit zur Gestaltung des ihm selbst Entgegengesetzten bewahrt. Der allgemeine Begriff des „Tabu" und die konkrete Fülle der einzelnen Tabu-Vorschriften bezeichnen die ersten Schritte auf dem Wege zu dieser Gestaltung. Sie stellen rein negativ die erste Beschränkung dar, die sich der Wille und der unmittelbar sinnliche Trieb auferlegt; aber diese negative Schranke ent-

---

[1] So wird insbesondere von dem *Manitu* der Algonkin berichtet, daß der Ausdruck überall angewandt wird, wo die Vorstellung und die Einbildungskraft durch irgend etwas Neues, Außergewöhnliches erregt wird: wird etwa beim Fischen zum erstenmal eine bisher unbekannte Fischart gefangen, so stellt sich für sie alsbald der Ausdruck des „*Manitu*" ein. (S. Marett, The threshold of religion[3], S. 21; vgl. auch Söderblom, Das Werden des Gottesglaubens. Untersuchungen über die Anfänge der Religion. Leipzig 1916, S. 95 f.) Die Ausdrücke des „*wakan*" und *wakanda* bei den Sioux scheinen auch etymologisch auf Interjektionen des Erstaunens zurückzugehen, s. Brinton, Religions of primitive peoples, S. 61.
[2] Dieser Doppelcharakter des „Heiligen" ist mit besonderer Schärfe von Rudolf Otto betont worden. (Vgl. oben S. 95 Anm. 1.)

hält schon den Keim und die erste Vorbedingung zur positiven Grenzsetzung, zur positiven Formgebung in sich. Dabei bleibt die Richtung, in welcher diese primäre mythische Formgebung sich bewegt, von anderen Grundrichtungen des geistigen Bewußtseins scharf getrennt. Es gibt eigene Unterschiede der mythischen „Valenz", wie es derartige ursprüngliche Differenzen der logischen oder der ethischen Wertigkeit gibt. Der ursprüngliche mythische Begriff der „Heiligkeit" deckt sich so wenig mit dem der ethischen „Reinheit", daß beide vielmehr in einen merkwürdigen Gegensatz, in eine eigentümliche Spannung gegeneinander geraten können. Das im mythischen und religiösen Sinne Geheiligte ist ja eben dadurch zu einem Verbotenen, zu einem Gegenstand der Scheu, also zu einem „Unreinen" geworden. Noch im lateinischen „*sacer*" oder im griechischen ἅγιος, ἄζεσθαι spricht sich dieser Doppelsinn, diese eigentümliche „Ambivalenz" der Bedeutungen aus – indem beide sowohl das Heilige, wie das Verfluchte, Verbotene, in jedem Falle aber das in irgendeiner Weise „Geweihte" und Herausgehobene bezeichnen[1]. –

Nun aber gilt es zu verfolgen, wie diese Grundrichtung des mythischen Bewußtseins, wie gewissermaßen die Ur-Teilung, die sich in ihm zwischen dem Heiligen und Profanen, dem Geweihten und Ungeweihten vollzieht, keineswegs auf einzelne, im besonderen Maße „primitive" Bildungen beschränkt bleibt, sondern wie sie sich bis in seine höchsten Gestalten hinein behauptet und bewährt. Es ist als würde alles, was der Mythos ergreift, in diese Scheidung einbezogen – als durchdringe und imprägniere sie gleichsam das Ganze der Welt, soweit es sich als mythisch geformtes Ganze darstellt. Alle abgeleiteten und mittelbaren Formen der mythischen Weltauffassung bleiben, so vielfältig sie sich gestalten und zu welcher geistigen Höhe sie auch/erwachsen mögen, durch diese primäre Teilung irgendwie mitbedingt. Der gesamte Reichtum und die gesamte Dynamik der mythischen Lebensformen beruht darauf, daß die ‚Akzentuierung' des Daseins, die sich im Begriff des Heiligen ausspricht, sich voll auswirkt und daß sie fortschreitend immer neue Gebiete und Inhalte des Bewußtseins ergreift. Geht man diesem Fortgang nach, so zeigt sich, daß zwischen dem Aufbau der mythischen Objektwelt und dem Aufbau der empirischen Objektwelt eine unverkennbare Analogie besteht. In beiden handelt es sich darum,

---

[1] Näheres hierüber bei Söderblom in Artikel „Holiness" in Hastings Encyclopedia of Religions and Ethics (Bd. VI, 376 ff.); für das griech. ἅγιος vgl. bes. Ed. Williger, Hagios, Untersuchungen zur Terminologie des Heiligen in den hellenisch-hellenistischen Religionen, Gießen 1922.

die Isolierung des unmittelbar Gegebenen zu überwinden; – zu begreifen, wie alles Einzelne und Besondere sich „zum Ganzen webt". Und als die konkreten Ausdrücke dieser „Ganzheit", als ihre anschaulichen Schemata, erweisen sich in beiden Fällen die Grundformen des Raumes und der Zeit, denen sich als dritte die Form der Zahl zugesellt, in der die Momente, die in Raum und Zeit gesondert auftreten, das Moment des „Beisammen" und das des „Nacheinander", sich wechselseitig durchdringen. Aller Zusammenhang, den die Inhalte des mythischen wie die des empirischen Bewußtseins allmählich gewinnen, ist nur in diesen Formen von Raum, Zeit und Zahl und vermöge des Durchgangs durch sie erreichbar. Aber in der Art dieser Zusammenfassung erweist sich nun von neuem der Grundunterschied der logischen und der mythischen „Synthesis". Innerhalb der empirischen Erkenntnis ist der anschauliche Aufbau der Erfahrungswirklichkeit mittelbar bestimmt und geleitet durch das allgemeine Ziel, das sie sich steckt, – durch ihren theoretischen Wahrheits- und Wirklichkeitsbegriff. Die Gestaltung des Raumbegriffs, des Zeitbegriffs und des Zahlbegriffs vollzieht sich hier gemäß dem allgemeinen logischen Ideal, auf das die reine Erkenntnis immer bestimmter und immer bewußter hinzielt. Raum, Zeit und Zahl stellen sich als die gedanklichen Medien dar, vermöge deren das bloße „Aggregat" der Wahrnehmungen sich allmählich zum „System" der Erfahrung formt. Die Vorstellung der Ordnung im Beisammen, der Ordnung im Nacheinander und einer festen numerischen Maß- und Größenordnung aller empirischen Inhalte bildet die Voraussetzung dafür, daß alle diese Inhalte sich zuletzt zu einer Gesetzlichkeit, zu einer kausalen Weltordnung zusammenfassen lassen. In dieser Hinsicht sind somit Raum, Zeit und Zahl für die theoretische Erkenntnis nichts anderes als die Vehikel des „Satzes vom Grunde". Sie bilden die Grundkonstanten, auf die alles Veränderliche bezogen wird; sie sind die universellen Stellensysteme, denen alles Einzelne sich in irgendeiner Weise einfügt und innerhalb welcher es seinen festen „Platz" zugewiesen und damit seine eindeutige Bestimmtheit verbürgt erhält. So / treten im Fortgang der theoretischen Erkenntnis die rein anschaulichen Züge von Raum, Zeit und Zahl mehr und mehr zurück. Sie erscheinen selbst nicht sowohl als konkrete Inhalte des Bewußtseins, denn als seine universellen Ordnungsformen. Leibniz, der Logiker und Philosoph des „Satzes vom Grunde", spricht dies Verhältnis als erster in voller Klarheit aus, indem er den Raum als die ideelle Bedingung der „Ordnung im Beisammen", die Zeit als die ideelle Bedingung der „Ordnung im Nacheinander" bestimmt und beide, kraft dieses ihren rein idealen Charakters, nicht als Seinsinhalte, sondern als „ewige Wahrheiten" faßt. Und auch bei Kant besteht die eigentliche Begründung, die „transzendentale Deduktion" von Raum, Zeit und Zahl darin, daß sie als reine Prinzipien der mathematischen und damit mittelbar auch aller empirischen Erkenntnis erwiesen werden. Sie sind als Bedingungen der Möglichkeit der Erfahrung zugleich Bedingungen der Möglichkeit der Gegenstände der Erfahrung. Der Raum der reinen Geometrie, die Zahl der reinen Arithmetik, die Zeit der reinen Mechanik: sie sind gewissermaßen Urgestalten des theoretischen Bewußtseins; sie bilden die gedanklichen „Schemata" kraft deren sich die Vermittlung zwischen dem sinnlich-Einzelnen und der allgemeinen Gesetzlichkeit des Denkens, des reinen Verstandes herstellt.

Auch das mythische Denken zeigt uns den gleichen Prozeß der „Schematisierung"; – auch in ihm macht sich, je mehr es fortschreitet, um so mehr das Bestreben geltend, alles Dasein einer gemeinsamen Raumordnung, alles Geschehen einer gemeinsamen Zeit- und Schicksalsordnung einzufügen. Dieses Bestreben hat seine Vollendung, hat die höchste Erfüllung, die im Umkreis des Mythos überhaupt möglich ist, im Aufbau des Weltbildes der Astrologie gefunden; aber seine eigentliche Wurzel reicht tiefer, reicht bis in die letzte Grund- und Urschicht des mythischen Bewußtseins hinab. Schon im Fortschritt der sprachlichen Begriffsbildung trat deutlich hervor, wie hier die scharfe und klare Herausarbeitung räumlicher Bestimmungen überall die Vorbedingung für die Bezeichnung allgemein-gedanklicher Bestimmungen bildete. Es zeigte sich, wie die einfachsten Raumworte der Sprache, die Bezeichnungen für das Hier und Dort, für das Ferne und Nahe, einen fruchtbaren Keim in sich schließen, der sich im Fortgang der Sprache zu einem überraschenden Reichtum sprachlich-intellektueller Bildungen entfaltet. Durch die Vermittlung der Raumworte erschienen gewissermaßen die beiden Enden aller Sprachbildung erst/wahrhaft aneinander geknüpft – schien im Sinnlichen des Sprachausdruckes ein rein geistiges Moment, wie im Geistigen des Sprachausdruckes ein sinnliches Moment aufgewiesen zu sein[1]. Als ein solches Medium der Vergeistigung erweist sich der Raum, und weiterhin die Zeit, auch im mythischen Vorstellungskreis. Die ersten deutlichen und klaren Gliederungen, die dieser Vorstellungskreis in sich selbst erfährt, knüpfen an räumlich-zeitliche Unterschiede an. Aber hier handelt es sich nicht, wie im theoretischen Bewußtsein, darum, bestimmte konstante Urmaße zu gewinnen, kraft deren

---

[1] Näheres s. Bd. I, S. 149 ff.

sich das veränderliche Geschehen erklären und in denen es sich begründen läßt. An Stelle dieser Unterscheidung tritt vielmehr die andere, die durch die eigentümliche „Blickrichtung" des Mythischen bedingt und gefordert ist. Zu einer Gliederung des Raumes und der Zeit gelangt das mythische Bewußtsein, nicht indem es das Schwankende und Schwebende der sinnlichen Erscheinungen in dauernden Gedanken befestigt, sondern indem es auch an das räumliche und zeitliche Sein seinen spezifischen Gegensatz: den Gegensatz des „Heiligen" und des „Profanen" heranbringt. Dieser Grund- und Urakzent des mythischen Bewußtseins beherrscht auch alle besonderen Scheidungen und Verknüpfungen im Ganzen des Raumes und im Ganzen der Zeit. Auf primitiven Stufen des mythischen Bewußtseins erscheint die „Macht" und die „Heiligkeit" noch selbst als eine Art Ding: als ein sinnlich-physisches Etwas, das an einer bestimmten Person oder Sache als ihrem Träger haftet. Aber im weiteren Fortgang geht dieser Charakter der Heiligkeit mehr und mehr von den einzelnen Personen oder Sachen auf andere, in unserem Sinne rein ideelle Bestimmungen über. Jetzt sind es die heiligen Orte und Stätten, die heiligen Termini und Zeiten und schließlich die heiligen Zahlen, an denen dieser Charakter vor allem erscheint. Und damit erst ist der Gegensatz des Heiligen und Profanen nicht mehr als ein partikularer, sondern als ein wahrhaft universeller Gegensatz gefaßt. Weil alles Dasein in die Form des Raumes, alles Geschehen in die Rhythmik und Periodik der Zeit eingespannt ist, so überträgt sich jede Bestimmung, die an einer gewissen räumlich-zeitlichen Stelle haftet, alsbald auf den Inhalt, der in ihr gegeben ist; – wie umgekehrt der besondere Charakter des Inhalts auch der Stelle, an der er sich befindet, einen auszeichnenden Charakter gibt. Kraft dieser Wechselbestimmung wird allmählich alles Sein und Geschehen in ein Netzwerk / der feinsten mythischen Beziehungen eingesponnen. Wie Raum, Zeit und Zahl sich vom Standpunkt der theoretischen Erkenntnis als Grundmittel und als Stufen des Prozesses der Objektivierung erweisen lassen – so stellen sie auch drei wesentliche Hauptphasen im Prozeß der mythischen „Apperzeption" dar. Hier eröffnet sich der Ausblick auf eine spezielle Formenlehre des Mythos, die die Betrachtungen über die allgemeine Denkform, die ihm zugrunde liegt, ergänzt und die sie erst wahrhaft mit konkretem Gehalt erfüllt./

## KAPITEL II
## GRUNDZÜGE EINER FORMENLEHRE DES MYTHOS
## RAUM, ZEIT UND ZAHL

### 1.

Um die Eigenart der mythischen Raumanschauung vorläufig und in allgemeinen Umrissen zu bezeichnen, kann man davon ausgehen, daß der mythische Raum eine eigenartige Mittelstellung zwischen dem sinnlichen Wahrnehmungsraum und dem Raum der reinen Erkenntnis, dem Raum der geometrischen Anschauung einnimmt. Es ist bekannt, daß der Wahrnehmungsraum, daß der Seh- und Tastraum, mit dem Raum der reinen Mathematik nicht nur nicht zusammenfällt, sondern daß zwischen beiden vielmehr eine durchgehende Divergenz besteht. Die Bestimmungen des letzteren lassen sich aus denen des ersteren nicht einfach ablesen oder auch nur in einer stetigen Abfolge des Denkens ableiten; es bedarf vielmehr einer eigentümlichen Umkehr der Blickrichtung, einer Aufhebung dessen, was in der sinnlichen Anschauung unmittelbar gegeben erscheint, um zu dem „Gedankenraum" der reinen Mathematik vorzudringen. So zeigt insbesondere ein Vergleich zwischen dem „physiologischen" Raum und jenem „metrischen" Raum, den die Euklidische Geometrie ihren Konstruktionen zugrunde legt, durchgängig dieses gegensätzliche Verhältnis. Was in dem einen gesetzt ist, das erscheint im anderen negiert und umgekehrt. Der Euklidische Raum ist durch die drei Grundmerkmale der Stetigkeit, der Unendlichkeit und der durchgängigen Gleichförmigkeit bezeichnet. Aber alle diese Momente widersprechen dem Charakter der sinnlichen Wahrnehmung. Die Wahrnehmung kennt den Begriff des Unendlichen nicht; sie ist vielmehr von vornherein an bestimmte Grenzen der Wahrnehmungsfähigkeit und somit an ein bestimmt abgegrenztes Gebiet des Räumlichen gebunden. Und so wenig wie von einer Unendlichkeit des Wahrnehmungsraumes läßt sich von seiner Homo/geneität sprechen. Die Homogeneität des geometrischen Raumes beruht letzten Endes darauf, daß alle seine Elemente, daß die „Punkte", die sich in ihm zusammenschließen, nichts als einfache Lagebestimmungen sind, die aber außerhalb dieser Relation, dieser „Lage", in welcher sie sich zueinander befinden, nicht noch einen eigenen selbständigen Inhalt besitzen. Ihr Sein geht in ihrem wechselseitigen Verhältnis auf: es ist ein rein funktionales, kein substantielles Sein. Weil diese Punkte im Grunde überhaupt von allem Inhalt leer, weil sie zu bloßen Ausdrücken ideeller Beziehungen geworden sind, – darum kommt für sie auch keinerlei Verschiedenheit des Inhalts in Frage. Ihre Homogeneität besagt nichts anderes, als jene Gleichartigkeit ihrer Struktur, die in der Gemeinsamkeit ihrer logischen Aufgabe, ihrer ideellen Bestimmung und Bedeutung gegründet ist. Der homogene Raum ist daher niemals der gegebene, sondern der konstruktiv-erzeugte Raum – wie denn der geometrische Begriff der Homogeneität geradezu durch das Postulat ausgedrückt werden kann, daß von jedem Raumpunkte aus nach allen Orten und nach allen Richtungen gleiche Konstruktionen vollzogen werden können[1]. Im Raum der unmittelbaren Wahrnehmung ist dieses Postulat nirgends erfüllbar. Hier gibt es keine strenge Gleichartigkeit der Orte und Richtungen, sondern jeder Ort hat seine eigene Art und seinen eigenen Wert. Der Gesichtsraum wie der Tastraum kommen darin überein, daß sie im Gegensatz zum metrischen Raum der Euklidischen Geometrie „anisotrop" und „inhomogen" sind: „die Hauptrichtungen der Organisation: vorn–hinten, oben–unten, rechts–links sind in beiden physiologischen Räumen übereinstimmend ungleichwertig[2]."

Geht man von diesem Maßstab der Vergleichung aus, so scheint es nicht den mindesten Zweifel zu leiden, daß der mythische Raum dem Wahrnehmungsraum ebenso nahe verwandt ist, wie er auf der anderen Seite dem Denkraum der Geometrie strikt entgegengesetzt ist. Beide: der mythische Raum wie der Wahrnehmungsraum sind durchaus konkrete Bewußtseinsgebilde. Die Scheidung von „Stelle" und „Inhalt", die der Konstruktion des „reinen" Raumes der Geometrie zugrunde liegt, ist hier noch nicht vollzogen und nicht vollziehbar. Die Stelle ist nichts, was sich vom Inhalt ablösen, was sich ihm als ein Element von eigener Bedeutung gegenüberstellen ließe, sondern sie/„ist" nur, sofern sie von einem bestimmten, individuell-sinnlichen oder anschaulichen Inhalt erfüllt ist. Daher ist im sinnlichen wie im mythischen Raum jedes „Hier" und „Dort" kein bloßes Hier und Dort, kein bloßer Terminus einer allgemeinen Beziehung, die

---

[1] Vgl. hierzu Hermann Graßmann, Ausdehnungslehre von 1844, § 22 (Ges. mathem. u. physikal. Werke, Leipzig 1894, I, S. 65).
[2] S. Mach, Erkenntnis und Irrtum, Leipzig 1905, S. 354.

gleichartig an den verschiedensten Inhalten wiederkehren kann; sondern jeder Punkt, jedes Element besitzt hier gleichsam eine eigene „Tönung". Es haftet an ihm ein besonderer auszeichnender Charakter, der sich nicht mehr allgemein begrifflich beschreiben läßt, der aber als solcher unmittelbar erlebt wird. Und wie den einzelnen Orten im Raume, so haftet auch den einzelnen räumlichen Richtungen diese charakteristische Differenz an. Wie der „physiologische" Raum sich vom „metrischen" dadurch unterscheidet, daß in ihm das Rechts und Links, das Vorn und Hinten, das Oben und Unten nicht vertauschbar ist, weil bei der Bewegung in jeder dieser Richtungen ganz spezifische Organempfindungen auftreten – so sind mit jeder dieser Richtungen auch gewissermaßen spezifische mythische Gefühlswerte verknüpft. Im Gegensatz zu der Homogeneität, die im geometrischen Begriffsraum waltet, ist somit im mythischen Anschauungsraum jeder Ort und jede Richtung gleichsam mit einem besonderen Akzent versehen – und dieser geht überall auf den eigentlichen mythischen Grundakzent, auf die Scheidung des Profanen und des Heiligen zurück. Die Grenzen, die das mythische Bewußtsein setzt und durch die sich ihm die Welt räumlich und geistig gliedert, beruhen nicht darauf, daß, wie in der Geometrie, gegenüber den fließenden sinnlichen Eindrücken ein Reich fester Gestalten entdeckt wird, sondern darauf, daß der Mensch, in seiner unmittelbaren Stellung zur Wirklichkeit, als Wollender und Handelnder, sich begrenzt – daß er dieser Wirklichkeit gegenüber für sich bestimmte Schranken aufrichtet, an die sein Gefühl und sein Wille sich bindet. Der primäre räumliche Unterschied, der sich in den komplexeren mythischen Bildungen nur immer aufs neue wiederholt und immer mehr sublimiert, ist dieser Unterschied zweier Bezirke des Seins: eines gewöhnlichen, allgemein-zugänglichen und eines anderen, der, als heiliger Bezirk, aus seiner Umgebung herausgehoben, von ihr abgetrennt, gegen sie umhegt und beschützt erscheint.

Aber so sehr die mythische Raumanschauung sich durch diesen individuell-gefühlsmäßigen Grund, auf welchem sie ruht und von dem sie unablösbar scheint, von dem „abstrakten" Raum der reinen Erkenntnis unterscheidet, so tritt doch selbst in ihr noch eine allgemeine Tendenz und eine allgemeine Funktion heraus. Im Ganzen der mythischen Welt/ansicht vollzieht der Raum eine zwar keineswegs dem Inhalte nach identische, wohl aber eine der Form nach analoge Leistung, wie sie dem geometrischen Raum im Aufbau der empirischen, der gegenständlichen „Natur" zukommt. Auch er wirkt als ein Schema, durch dessen Anwendung und Vermittlung die verschiedenartigsten, auf den ersten Blick völlig unvergleichbaren Elemente aufeinander bezogen werden können. Wie der Fortschritt der „objektiven" Erkenntnis wesentlich darauf beruht, daß alle bloß sinnlichen Unterschiede, die die unmittelbare Empfindung darbietet, zuletzt auf reine Größen- und Raumunterschiede zurückgeführt und in diesen vollständig dargestellt werden, – so kennt auch die mythische Weltansicht eine derartige Darstellung, eine „Abbildung" des an sich Unräumlichen am Raume. Jede qualitative Differenz besitzt hier gewissermaßen eine Seite, nach der sie zugleich als räumliche erscheint, – wie jede räumliche Differenz immer auch qualitative Differenz ist und bleibt. Es findet zwischen den beiden Gebieten eine Art Austausch, ein ständiger Übergang von dem einen ins andere statt. Schon die Betrachtung der Sprache hat uns die Form dieses Übergangs kennen gelehrt: sie zeigte uns, daß eine Fülle von Beziehungen der verschiedensten Art, insbesondere von qualitativen und modalen Beziehungen, für die Sprache nur dadurch faßbar und ausdrückbar wurde, daß sie sich zu ihrem Ausdruck des Umwegs über den Raum bediente. Die einfachen Raumworte wurden hierdurch zu einer Art von geistigen Urworten. Die objektive Welt wurde für die Sprache in dem Maße verständlich und durchsichtig, als diese ihre Rückwendung in den Raum, ihre Übersetzung gleichsam ins Räumliche gelang. (S. Bd. I, S. 149 ff.) Und eine ebensolche Übersetzung, eine Übertragung wahrgenommener und gefühlter Qualitäten in räumliche Bilder und Anschauungen findet nun auch im mythischen Denken fort und fort statt. Auch hier wirkt sich jener eigentümliche „Schematismus" des Raumes aus, vermöge dessen er imstande ist, sich auch das Ungleichartigste noch anzugleichen und es dadurch unter sich vergleichbar und in irgendeiner Weise „ähnlich" zu machen.

Dieses Verhältnis scheint um so deutlicher zu werden, je weiter wir in der Reihe der spezifisch-mythischen Gestaltungen zurückgehen und je mehr wir uns den eigentlichen mythischen Urgestaltungen und Urgliederungen nähern. Eine solche Urgliederung, eine erste primitive Sonderung und Teilung alles Daseins in fest bestimmte Klassen und Gruppen, sehen wir im totemistischen Anschauungskreis voll/zogen. Hier sind es nicht nur die menschlichen Individuen und Gruppen, die durch ihre Zugehörigkeit zu einem bestimmten Totem gegeneinander scharf abgegrenzt erscheinen, sondern diese Form der Einteilung erfaßt und durchdringt das Ganze der Welt. Jedes Ding, jeder Vorgang wird dadurch „verstanden", daß er dem System der totemistischen Klassen eingereiht, daß er mit irgendeinem charakteristischen totemistischen „Abzeichen" versehen wird. Und dieses ist, wie überall im mythischen Denken, keineswegs bloßes Zeichen, sondern der Ausdruck für Zusammenhänge, die als durchaus reale gemeint und empfunden werden. Aber die ganze ungeheure Komplexion, die sich hieraus ergibt, die Verflechtung alles individuellen und sozialen, alles geistigen und alles physisch-kosmischen Seins in die mannigfachsten totemistischen Verwandtschaftsbeziehungen wird relativ leicht übersehbar, sobald das mythische Denken dazu übergeht, ihr einen räumlichen Ausdruck zu geben. Jetzt legt sich diese ganze verwickelte Klassenteilung gewissermaßen nach den großen Haupt- und Richtlinien des Raumes auseinander und gewinnt dadurch anschauliche Klarheit. In dem „mythosoziologischen Weltbild" der Zuñi z. B., das Cushing eingehend geschildert hat, stellt sich die Form der totemistischen Siebengliederung, die durch die ganze Welt hindurchgeht, vor allem in der Auffassung des Raumes dar. Der Gesamtraum ist in sieben Gebiete, den Norden und Süden, den Westen und Osten, in die obere und untere Welt und schließlich in die Mitte, das Zentrum der Welt, abgeteilt, und jedes Sein besitzt nun innerhalb dieser Gesamteinteilung seine eindeutige Stelle, nimmt in ihr einen fest vorgeschriebenen Platz ein. Nach den Gesichtspunkten dieser Teilung sondern sich die Elemente der Natur, die körperlichen Stoffe, wie die einzelnen Phasen des Geschehens. Dem Norden gehört die Luft, dem Süden das Feuer, dem Osten die Erde, dem Westen das Wasser an; der Norden ist die Heimat des Winters, der Süden des Sommers, der Osten die Heimat des Herbstes, der Westen die des Frühlings usf. Nicht minder gehen die einzelnen menschlichen Stände, Berufe und Verrichtungen in das gleiche Grundschema ein: der Krieg und der Krieger gehört dem Norden, die Jagd und der Jäger dem Westen, die Medizin und Agrikultur dem Süden, die Magie und Religion dem Osten zu. So befremdlich und „absonderlich" diese Gliederungen vielleicht auf den ersten Blick erscheinen mögen, so ist doch unverkennbar, daß sie nicht von ungefähr entstanden, sondern der Ausdruck einer ganz bestimmten typischen Grundanschauung sind. Bei den Joruba, die gleich/den Zuñi totemistisch gegliedert sind, drückt sich diese Gliederung ebenfalls in der Auffassung des Raumes charakteristisch aus. Auch hier ist jeder Raumgegend eine bestimmte Farbe, ein bestimmter Tag ihrer fünfgliedrigen Woche, ein bestimmtes Element zugeordnet; auch hier geht die Reihenfolge der Gebete, die Art und Abwandlung des Kultgeräts, die Aufeinanderfolge der Jahreszeitenopfer, also der gesamte sakrale Turnus, auf bestimmte räumliche Grundunterscheidungen, insbesondere auf einen Grundunterschied des „Rechts" und „Links" zurück. Ebenso ist der Aufbau ihrer Stadt und deren Abgrenzung in einzelne Bezirke gewissermaßen nichts anderes als eine räumliche Projektion ihrer totemistischen Gesamtansicht[1]. Wieder in anderer Form, und in der feinsten und genauesten Durchbildung, tritt uns die Anschauung, daß alle qualitativen Differenzen und Gegensätze irgendwelche räumliche „Entsprechung" besitzen, im chinesischen Denken entgegen. Auch hier verteilt sich alles Sein und Geschehen in irgendeiner Weise auf die verschiedenen Himmelsrichtungen. Jede derselben hat eine bestimmte Farbe, ein bestimmtes Element, eine bestimmte Jahreszeit, ein bestimmtes Tierbild, ein bestimmtes Organ des menschlichen Leibes, einen bestimmten seelischen Grundaffekt usf., die ihr spezifisch an- und zugehören, – und durch diese gemeinsame Beziehung auf eine bestimmte Raumstelle tritt auch das Heterogenste miteinander gewissermaßen in Berührung. Da alle Arten und Gattungen des Seins irgendwo im Raume ihre „Heimat" haben, hebt sich dadurch auch ihre gegenseitige absolute Fremdheit auf: die örtliche „Vermittlung" führt zur geistigen Vermittlung zwischen ihnen, zu einem Zusammenschluß aller Differenzen in einem großen Ganzen, in einem mythischen Grundplan der Welt[2]./

So wird auch hier die Universalität der Raumanschauung zum Vehikel für den „Universismus" der Weltansicht. Aber wiederum unterscheidet sich hierbei der Mythos von der Erkenntnis durch die Form des „Ganzen", zu dem er hinstrebt. Das Ganze des wissenschaftlichen Kosmos ist ein Ganzes von Gesetzen, d. h. von Beziehungen und Funktionen. Auch „der" Raum und „die" Zeit werden, wenngleich sie zunächst noch als Substanzen, als für sich seiende Dinge genommen werden, doch mit dem Fortschritt des wissenschaftlichen Denkens mehr und mehr als ideelle In-

---

[1] Näheres hierüber s. bei Leo Frobenius, Und Afrika sprach, bes. S. 198 ff. u. 280 ff. – Wenn Frobenius aus dem 4 × 4-gliedrigen „System", das der Religion der Joruba zugrunde liegt, auf eine Art Urverwandtschaft zwischen ihnen und den Etruskern schließen will, bei denen dies System zuerst ausgebildet worden sei, so zeigen die vorstehenden Betrachtungen freilich, wie problematisch ein solcher Schluß ist. Vielmehr beweist schon die Tatsache, daß ähnliche „Systeme" über die ganze Erde verbreitet sind, daß wir es hier nicht mit einem einzelnen Sproß und Trieb des mythischen Denkens, sondern mit einer seiner typischen Grundanschauungen, nicht mit einem bloßen Inhalt desselben, sondern mit einem seiner richtunggebenden Faktoren, zu tun haben.

[2] Vgl. hierzu die eingehendere Darstellung in meiner Studie über „die Begriffsform im mythischen Denken", wo auch die genaueren Belege aus der ethnologischen Literatur gegeben sind; s. bes. S. 16 ff. u. 54 ff.

begriffe, als Systeme von Beziehungen erkannt. Ihr „objektives" Sein bedeutet nichts anderes, als daß sie die empirische Anschauung erst ermöglichen, daß sie ihr als Prinzipien „zugrunde liegen". Und alles Sein, alle Erscheinungsweisen von Raum und Zeit sind schließlich auf diese Funktion der Grundlegung bezogen. Auch die Anschauung des reinen geometrischen Raumes steht hier daher unter dem beherrschenden Gesetz, das der „Satz vom Grunde" aufstellt. Sie dient als Instrument und als Organ der Welterklärung, die eben in nichts anderem besteht als darin, daß ein bloß sinnlicher Inhalt in eine räumliche Form gegossen, in sie gewissermaßen umgeprägt und durch sie gemäß den allgemeingültigen Gesetzen der Geometrie begriffen wird. So fügt sich der Raum hier als ein einzelner ideeller Faktor der gemeinsamen Aufgabe der Erkenntnis ein – und diese seine systematische Stellung bestimmt auch seinen eigenen Charakter. Die Beziehung des räumlichen Ganzen zum räumlichen Teil wird im Raum der reinen Erkenntnis nicht dinglich, sondern im Grunde ebenfalls rein funktionell gedacht: das Ganze des Raumes setzt sich nicht aus den Elementen „zusammen", sondern es baut sich aus ihnen, als konstitutiven Bedingungen, auf. Die Linie wird aus dem Punkt, die Fläche aus der Linie, der Körper aus der Fläche „erzeugt", indem das Denken das eine Gebilde aus dem anderen nach einem bestimmten Gesetz hervorgehen läßt. Die komplexen räumlichen Gestalten werden begriffen in ihrer „genetischen Definition", die die Art und Regel dieses Hervorgehens ausdrückt. Demnach bedarf hier das Verständnis des räumlichen Ganzen des Rückgangs in die erzeugenden Elemente, in Punkte und Punktbewegungen. Im Gegensatz zu diesem Funktionsraum der reinen Mathematik erweist sich der Raum des Mythos durchaus als Strukturraum. Hier entsteht, hier „wird" das Ganze nicht aus den Elementen, indem es aus ihnen genetisch, nach einer bestimmten Regel, erwächst, sondern es besteht ein rein statisches Verhältnis des Inneseins und Inne/wohnens. So weit wir auch die Teilung fortsetzen mögen, so finden wir doch in jedem Teile die Form, die Struktur des Ganzen wieder. Diese Form wird also nicht, wie in der mathematischen Analysis des Raumes, in homogene und somit gestaltlose Elemente zerschlagen, sondern sie beharrt, unbeschadet jeder Teilung und unberührt von ihr, in sich selbst. Die gesamte Raumwelt und mit ihr der Kosmos überhaupt, erscheint nach einem bestimmten Modell gebaut, das sich uns bald in vergrößertem, bald in verkleinertem Maßstabe darstellen kann, das aber stets im Größten wie im Kleinsten dasselbe bleibt. Aller Zusammenhang im mythischen Raum beruht zuletzt auf dieser ursprünglichen Identität; er geht nicht auf eine Gleichartigkeit des Wirkens, auf ein dynamisches Gesetz, sondern auf eine ursprüngliche Gleichheit des Wesens zurück. Ihren klassischen Ausdruck hat diese Grundansicht im Weltbild der Astrologie gefunden. Für die Astrologie ist alles Geschehen in der Welt, alle Neubildung und Neuentstehung, im Grunde nur Schein: – was sich in diesem Geschehen ausdrückt, was hinter ihm liegt, das ist ein im voraus bestimmtes Fatum, eine gleichförmige Seinsbestimmtheit also, die sich durch die einzelnen Zeitmomente hindurch mit sich selbst identisch behauptet. So ist im Anfang des Lebens eines Menschen, in der Konstellation seiner Geburtsstunde, schon das Ganze dieses Lebens enthalten und beschlossen; wie überhaupt alles Werden sich nicht sowohl als eine Entstehung, denn als ein einfacher Bestand und als Explikation dieses Bestandes darstellt. Die Form des Daseins und Lebens erzeugt sich nicht aus den verschiedenartigsten Elementen, aus dem Ineinanderwirken der mannigfaltigsten kausalen Bedingungen, sondern sie ist von Anbeginn an als geprägte Form gegeben, die sich nur noch zu explizieren braucht, die für uns, die Zuschauer, gewissermaßen in der Zeit abrollt. Und dieses Gesetz des Ganzen wiederholt sich in jedem seiner Teile. Die Prädetermination des Seins gilt für das Individuum, wie sie für das Universum gilt. Die Formeln der Astrologie sprechen dieses Verhältnis nicht selten in unzweideutiger Weise aus, indem sie die Wirksamkeit der Planeten, die das Grundprinzip der astrologischen Betrachtung bildet, derart ausdrücken, daß diese Wirksamkeit dadurch vielmehr in eine Art substantiellen Innewohnens verwandelt wird. In jedem von uns ist ein bestimmter Planet: ἔστι δ'ἐν ἡμῖν Μήνη Ζεύς, Ἄρης Παφίη Κρόνος Ἥλιος Ἑρμῆς.[1] Man erkennt hierin, wie die astrologische Anschauung des Wirkens ihren letzten Grund in jener mythischen/Raumansicht hat, die die Astrologie zu ihrer höchsten, geradezu „systematischen" Konsequenz weitergebildet hat. Das „Beisammen" im Raume vermag die Astrologie gemäß dem Grundprinzip, das das gesamte mythische Denken beherrscht, nicht anders denn als ein durchaus konkretes Beisammen, als eine bestimmte Stellung und Lage der Körper im Raume zu deuten. Es gibt hier keine losgelöste, keine bloß abstrakte Raumform – sondern alle Anschauung der Form ist eingeschmolzen in die Anschauung des Inhalts, in die Aspekte der Planetenwelt. Diese aber sind selbst kein Einmaliges und Einzigartiges, kein bloß-Individuelles; sondern es tritt in ihnen, in anschaulicher Klarheit und Bestimmtheit das Strukturgesetz des Ganzen, die Form des Universum her-

---

[1] Vgl. Boll, Die Lebensalter, Leipzig 1913, S. 37 ff.

aus. Und wie weit wir nunmehr auch ins einzelne fortschreiten, wie sehr wir diese Form zerspalten mögen, so bleibt doch ihr eigentliches Wesen hiervon unberührt, so beharrt sie doch stets als unzerlegbare Einheit. Wie der Raum in sich selbst eine bestimmte Struktur besitzt, die in all seinen einzelnen Gebilden wiederkehrt, so kann auch kein einzelnes Sein und Geschehen aus der Bestimmtheit, aus der Fatalität des Ganzen heraustreten und von ihr gleichsam abfallen. Wir mögen die Ordnung der natürlichen Elemente oder die Ordnung der Zeiten, die Mischungen in den Körpern oder die typischen Beschaffenheiten, die „Temperamente" der Menschen betrachten – stets finden wir in ihnen ein und dasselbe Urschema der Gliederung, ein und dieselbe „Artikulation" wieder, kraft deren allem Besonderen das Siegel des Ganzen aufgeprägt wird[1].

Freilich bildet jene Anschauung des räumlich-physischen Kosmos, wie sie die Astrologie in großartiger Vollendung und Geschlossenheit vor uns hinstellt, nicht den Anfang des mythischen Denkens, sondern ist erst eine späte geistige Errungenschaft desselben. Auch die mythische Weltansicht geht vom engsten Umkreis des sinnlich-räumlichen Daseins aus, der nur ganz allmählich und schrittweise erweitert wird. In der Betrachtung der Sprache hat sich gezeigt, daß die Ausdrücke der räumlichen „Orientierung", die Worte für das „Vorn" und „Hinten", das „Oben" und „Unten" der Anschauung des eigenen Körpers entnommen zu werden pflegen: der Leib des Menschen und seine Gliedmaßen ist das Bezugssystem, auf welches mittelbar alle übrigen räumlichen Unterscheidungen übertragen werden (s. Bd. I, 160 ff.). Der Mythos geht hier denselben Weg, indem auch er, wo immer er ein organisch-gegliedertes Ganze erfassen und mit seinen Denkmitteln „begreifen"/will, dieses Ganze im Bilde des menschlichen Körpers und seiner Organisation anzuschauen pflegt. Die objektive Welt wird ihm erst durchsichtig und teilt sich ihm in bestimmte Bezirke des Daseins ab, indem er sie in dieser Weise analogisch auf die Verhältnisse des eigenen Leibes „abbildet" Oft ist es die Form dieser Abbildung, die geradezu die Antwort auf die mythische Ursprungsfrage enthalten soll und die daher die gesamte mythische Kosmographie und Kosmologie beherrscht. Weil die Welt aus den Teilen eines sei es menschlichen, sei es übermenschlichen Wesens gebildet ist, – darum verbleibt ihr, so sehr sie auch in lauter Einzelwesen auseinanderzufallen scheint, doch der Charakter einer mythisch-organischen Einheit. In einer Hymne des Rigveda wird geschildert, wie die

---

[1] Näheres über diese Form der Astrologie s. in m. Studie über die Begriffsform im mythischen Denken, S. 25 ff.

Welt aus dem Leibe des Menschen, des Purusha, hervorgegangen ist. Die Welt ist der Purusha, denn sie entstand dadurch, daß die Götter ihn als Opfer darbrachten und aus seinen, gemäß der Technik des Opfers zerlegten Gliedern die einzelnen Kreaturen hervorbrachten. So sind die Teile der Welt nichts anderes als die Organe des menschlichen Leibes. „Der Brahmana war sein Mund, seine Arme wurden zum Krieger, seine Schenkel zum Vaisya, aus seinen Füßen ging der Sudra hervor. Der Mond entstand aus seinem Geiste, aus dem Auge entstand die Sonne, aus dem Mund Indra und Agni; aus dem Hauch ging Vayu hervor. Aus dem Nabel entstand der Luftraum, aus dem Haupt ward der Himmel, aus den Füßen die Erde, aus dem Ohr entstanden die Himmelsrichtungen; in dieser Weise bildeten sie die Welten[1]." So erscheint hier, in der Frühzeit des mythischen Denkens, die Einheit von Mikrokosmos und Makrokosmos derart gefaßt, daß nicht sowohl der Mensch aus den Teilen der Welt, als die Welt aus den Teilen des Menschen gebildet ist. Dieselbe Betrachtungsweise, jedoch in umgekehrter Richtung, stellt sich uns dar, wenn wir z. B. im christlich-germanischen Anschauungskreis der Auffassung begegnen, daß Adams Leib aus acht Teilen geformt wurde, so daß sein Fleisch der Erde, seine Knochen dem Gestein, sein Blut dem Meer, sein Haar den Pflanzen, seine Gedanken den Wolken gleichen[2]. In beiden Fällen geht der Mythos von einer räumlich-physischen Entsprechung zwischen der Welt und dem Menschen aus, um sodann von dieser Entsprechung auf die Einheit des Ursprungs zu schließen. Und diese Umsetzung be/schränkt sich nicht auf dieses, bei all seiner Bedeutung dennoch besondere Verhältnis von Welt und Mensch, sondern sie kehrt ganz allgemein in der Anwendung auf die verschiedensten Daseinskreise wieder. Wie es dem mythischen Denken überhaupt eigen ist, daß es bloß ideelle „Ähnlichkeiten" nicht kennt, sondern wie jede Art von Ähnlichkeit ihm als Zeugnis einer ursprünglichen Gemeinschaft, einer Wesensidentität gilt[3] – so gilt dies vor allem für die Ähnlichkeit, für die Analogie der räumlichen Struktur. Die bloße Möglichkeit, bestimmte räumliche Ganze Glied für Glied einander zuzuordnen, wird für die mythische Anschauung zum unmittelbaren Anlaß, sie miteinander verschmelzen zu lassen. Sie sind fortan nur verschiedene Ausdrucks-

---

[1] Rigveda X, 90 – nach der Übersetzung von Alfr. Hillebrandt, Lieder des Rigveda, Göttingen 1913, S. 130 ff.; vgl. auch Deußen, Allgem. Gesch. d. Philosophie I, 1, 150 ff.
[2] S. Walter Golther, Handbuch der germanischen Mythologie, S. 518.
[3] Vgl. oben S. 87 ff.

formen ein und derselben Wesenheit, die in ganz verschiedenen Dimensionen erscheinen kann. Kraft dieses eigentümlichen Prinzips des mythischen Denkens wird die räumliche Ferne von ihm gewissermaßen ständig negiert und aufgehoben. Das Fernste rückt mit dem Nächsten zusammen, sofern es sich in ihm irgendwie „abbilden" läßt. Wie tief dieser Zug wurzelt, zeigt sich u. a. darin, daß er durch alle Fortschritte der reinen Erkenntnis und der „exakten" Raumansicht niemals völlig zurückgedrängt worden ist. Noch im 18. Jahrhundert hat Swedenborg in den „Arcana coelestia" gemäß dieser Kategorie der universellen Entsprechung sein „System" der intelligiblen Welt aufzubauen versucht[1]. Hier fällt zuletzt jegliche räumliche Schranke – denn wie der Mensch in der Welt, so ist überhaupt alles Kleinste im Größten, alles Fernste im Nächsten abbildbar und somit mit ihm wesensgleich. Es gibt demnach, wie es eine eigene „magische Anatomie" gibt, in der bestimmte Teile des menschlichen Körpers bestimmten Teilen der Welt gleichgesetzt werden, so auch eine mythische Geographie und Kosmographie, in welcher der Bau der Erde gemäß der gleichen Grundanschauung beschrieben und bestimmt wird. Oft wächst beides, die magische Anatomie wie die mythische Geographie in eins zusammen. In der siebenteiligen Weltkarte, die sich in der hippokratischen Schrift von der Siebenzahl findet, wird die Erde als menschlicher Leib dargestellt: als Kopf hat sie den Peloponnes, der Isthmos entspricht dem Rückenmark, während Ionien als das Zwerchfell, d. h. als das/eigentliche Innere, als der „Nabel der Welt" erscheint. Auch alle geistigen und sittlichen Eigenschaften der Völker, die diese Gegenden bewohnen, werden in irgendeiner Weise von dieser Form der „Lokalisierung" abhängig gedacht[2]. Hier begegnet uns, an der Schwelle der klassischen griechischen Philosophie, eine Anschauung, die sich nicht anders als aus ihren allverbreiteten mythischen Parallelen verstehen läßt. Man braucht nur das Schema der Erde und des Raumes überhaupt, wie es hier entworfen wird, dem universellen räumlichen Schematismus der Zuñi gegenüberstellen, um die geistige Grund-

---

[1] Daß selbst im modernen und modernsten Denken diese Denkweise ihren Reiz und ihre Bedeutung nicht verloren hat, zeigt übrigens das in dieser Hinsicht äußerst lehrreiche und merkwürdige Buch von Wilh. Müller-Walbaum, Die Welt als Schuld und Gleichnis, Gedanken zu einem System universeller Entsprechungen, Wien u. Lpz. 1920.

[2] Näheres hierzu s. bei Roscher, Die Hippokratische Schrift von der Siebenzahl, Abh. der Kgl. Sächs. Ges. der Wissensch., XXVIII, Nr. 5, Leipzig 1911, S. 5 ff., 107 ff.

verwandtschaft zwischen beiden alsbald gewahr zu werden[1]. Für das mythische Denken besteht eben zwischen dem, was ein Ding „ist" und der Stelle, in der es sich befindet, niemals ein bloß „äußerliches" und zufälliges Verhältnis; sondern die Stelle ist selbst ein Teil seines Seins, durch die es mit ganz bestimmten inneren **Bindungen** behaftet erscheint. Im totemistischen Vorstellungskreis z. B. stehen die Mitglieder eines bestimmten Clans nicht nur zueinander, sondern meist auch mit gewissen Gegenden des Raumes in einem derartigen Verhältnis der Bindung, der Urverwandtschaft. Jedem Clan gehört vor allem eine oft aufs genaueste bestimmte und spezifizierte **Richtung** im Raume und ein bestimmter Sektor, ein Ausschnitt aus dem Gesamtraume zu[2]. Stirbt ein Angehöriger eines Clans, so wird sorgfältig darauf gesehen, den Leichnam derart zu bestatten, daß er diejenige Lage und Richtung im Raume erhält, die seinem Clan eigentümlich und wesentlich ist[3]. In alledem zeigen sich die beiden Grundzüge des mythischen Raumgefühls – die durchgängige Qualifizierung und Partikularisierung, von der es ausgeht, und die Systematisierung, zu der es nichtsdestoweniger hinstrebt. Der letztere Zug hat seinen deutlichsten Ausdruck in derjenigen Form der „mythischen Geographie" gefunden, die aus der Astrologie hervorgewachsen ist. Schon in altbabylonischer Zeit wird/die irdische Welt gemäß ihrer Zugehörigkeit zum Himmel in vier verschiedene Bereiche abgeteilt: über Akkad, d. h. Babylonien im Süden herrscht und wacht Jupiter, über Amurru, das Westland, herrscht Mars, während Subartu und Elam im Norden und Osten der Herrschaft der Plejaden und des Perseus unterstehen[4]. Später ist es dann das siebengliedrige planetarische Schema gewesen, das zu einer ebenfalls siebenfältigen Gliederung der ganzen Welt geführt zu haben scheint, wie sie uns, ebenso wie in Babylonien, auch in Indien und Persien begegnet. Hier scheinen wir von jenen primitiven Teilungen, die alles Sein auf den menschlichen Körper

---

[1] Über den räumlichen Schematismus der Zuñi s. die eingehende Darstellung bei Cushing, Outlines of Zuñi Creation Myths (13 th Ann. Rep. of the Bureau of Americ. Ethnology, Washington 1891/92) S. 367 ff.

[2] Vgl. hierfür vor allem die charakteristischen Belege und Beispiele, die Howitt aus dem Anschauungskreis der australischen Eingeborenenstämme gegeben hat: Further Notes on the Australian Class System, Journ. of the Anthropol. Instit., 1889, XVIII, 62 ff. (Abgedruckt als Beilage II in m. Schrift über die Begriffsform im mythischen Denken, S. 54 ff.)

[3] Howitt, a. a. O. S. 62.

[4] Näheres bei M. Jastrow jr., Aspects of religious belief and practice in Babylonia and Assyria, New York und London 1916, S. 217 ff., 234 ff.

projizierten und in ihnen abbildeten, am weitesten entfernt; hier scheint die eng sinnliche Ansicht durch eine wahrhaft universelle und kosmische überwunden; aber das Prinzip der Zuordnung ist das gleiche geblieben. Das mythische Denken ergreift eine ganz bestimmte, konkret-räumliche Struktur, um nach ihr das Ganze der „Orientierung" der Welt zu vollziehen. Kant hat in einem kurzen, aber für seine Denkweise höchst bezeichnenden Aufsatz: „Was heißt: sich im Denken orientieren?" den Ursprung des Begriffs der „Orientierung" zu bestimmen und seine weitere Entwicklung zu verfolgen gesucht. „Wir mögen unsere Begriffe noch so hoch anlegen und dabei noch so sehr von der Sinnlichkeit abstrahieren, so hängen ihnen doch noch immer bildliche Vorstellungen an ... Denn wie wollten wir auch unseren Begriffen Sinn und Bedeutung verschaffen, wenn ihnen nicht irgendeine Anschauung ... untergelegt würde?" Von hier aus zeigt Kant, wie alle Orientierung mit einem sinnlich gefühlten Unterschied, nämlich mit dem Gefühl des Unterschieds der rechten und linken Hand beginnt, – wie sie sich sodann in die Sphäre der reinen, der mathematischen Anschauung erhebt, um zuletzt zur Orientierung im Denken überhaupt, in der reinen Vernunft aufzusteigen. Betrachten wir die Eigenart des mythischen Raumes und stellen wir sie der des sinnlichen Anschauungsraumes, wie der des mathematischen „Denkraumes" gegenüber, so läßt sich dieser Stufengang der Orientierung in eine noch tiefere geistige Schicht zurückverfolgen – so läßt sich deutlich der Punkt des Übergangs bezeichnen, an dem ein Gegensatz, der an und für sich rein im mythisch-religiösen Gefühl wurzelt, sich zu gestalten, sich eine „objektive" Form zu geben beginnt, durch welche nunmehr dem Gesamtprozeß der Objektivation, der anschaulich-gegenständlichen Erfassung und Deutung der Welt der sinnlichen Eindrücke, eine neue Richtung gewiesen wird./

2.

Die Anschauung des Raumes erwies sich insofern als ein Grundmoment des mythischen Denkens, als dieses sich von der Tendenz beherrscht zeigte, alle Unterschiede, die es setzt und ergreift, in räumliche Unterschiede zu verwandeln und sie sich in dieser Form unmittelbar zu vergegenwärtigen. Die letzteren selbst wurden hierbei in der bisherigen Betrachtung im wesentlichen noch als direkt gegebene Unterschiede angesehen: d. h. es wurde angenommen, daß die Scheidungen und Trennungen der räumlichen Gegenden und der räumlichen Richtungen, die Scheidung des Rechts vom Links, des Oben vom Unten usf. schon im primären Sinneseindruck vollzogen sei, ohne daß es hierzu einer besonderen geistigen Arbeit, einer spezifischen „Energie" des Bewußtseins bedürfe. Aber eben diese Voraussetzung ist es, die nunmehr einer Berichtigung bedarf – denn sie widerspricht, näher betrachtet, dem, was wir als einen Grundzug des Prozesses der symbolischen Formung erkannt haben. Wir sahen, daß die wesentliche und eigentümliche Leistung jeder symbolischen Form – der Sprachform wie der mythischen Form oder der reinen Erkenntnisform – nicht darin besteht, ein gegebenes Material von Eindrücken, das in sich schon eine feste Bestimmtheit, eine gegebene Qualität und Struktur besitzt, einfach aufzunehmen, um ihm sodann eine andere, aus der eigenen Energie des Bewußtseins stammende Form gleichsam von außen her aufzupfropfen, sondern daß die charakteristische Leistung des Geistes schon weit früher einsetzt. Auch das scheinbar „Gegebene" erweist sich bei schärferer Analyse als bereits hindurchgegangen durch bestimmte Akte, sei es der sprachlichen, sei es der mythischen oder der logisch-theoretischen „Apperzeption". Es „ist" nur das, wozu es in diesen Akten gemacht wird; es zeigt sich schon in seinem scheinbar einfachen und unmittelbaren Bestand durch irgendeine primäre bedeutungsgebende Funktion bedingt und bestimmt. In dieser primären, nicht in jener sekundären Formung liegt dasjenige, was das eigentliche Geheimnis jeder symbolischen Form ausmacht und was immer von neuem das philosophische Staunen wachrufen muß.

Auch hier besteht somit das philosophische Fundamentalproblem nicht darin, zu begreifen, kraft welches geistigen Mechanismus das mythische Denken dazu gelangt, rein qualitative Unterschiede auf räumliche zu beziehen und sie gleichsam in räumliche umzusetzen – sondern es entsteht die Frage nach dem Grundmotiv, durch welches / es sich in der ursprünglichen Setzung eben dieser räumlichen Unterschiede geleitet zeigt. Wie kommt es im Ganzen des mythischen Raumes überhaupt zur Heraushebung einzelner „Gegenden" und einzelner Richtungen – wie kommt es, daß die eine Gegend und Richtung der andern entgegengesetzt, ihr gegenüber „betont" und mit einem besonderen Merkzeichen versehen wird? Daß dies keine müßige Frage ist: – dies wird sofort deutlich, wenn man erwägt, daß das mythische Denken in dieser Absonderung nach durchaus anderen Merkmalen und Kriterien verfährt als denen, die das theoretisch-wissenschaftliche Denken bei der Bewältigung der gleichen Aufgabe anwendet. Das letztere gelangt zur Fixierung einer bestimmten räumlichen Ordnung, indem es die sinnliche Mannigfaltigkeit der Eindrücke auf ein System rein gedachter, rein ideeller Gebilde bezieht. Im „Hinblick" auf die ideelle Welt der rein geometrischen Gestalten, im Hinblick auf die Gerade „an sich", den Kreis „an sich", die Kugel „an sich", wie der Platonische Ausdruck lautet, wird die empirische Gerade, der empirische Kreis und die empirische Kugel bestimmt und begriffen. Es wird ein Inbegriff geometrischer Beziehungen und Gesetze aufgestellt, die für alle Auffassung und Deutung des empirisch-Räumlichen die Norm und die feste Richtschnur abgeben. Auch die theoretische Ansicht des physikalischen Raumes zeigt sich von dem gleichen Denkmotiv beherrscht. Hier scheint freilich nicht nur die sinnliche Anschauung, sondern auch die unmittelbare sinnliche Empfindung überall mitzusprechen – hier scheinen einzelne „Gegenden" des Raumes und einzelne Richtungen in ihm erst unterscheidbar zu werden, indem wir sie an irgendwelche materielle Unterschiede unserer körperlichen Organisation, unseres physischen Leibes anknüpfen. Aber wenn die physikalische Raumansicht dieser Anlehnung nicht entraten kann, so strebt sie doch mehr und mehr danach, sich von ihr zu befreien. Aller Fortschritt der „exakten", der im strengen Sinne wissenschaftlichen Physik ist auf die Ausmerzung der bloß „anthropomorphen" Bestandteile des physikalischen Weltbildes gerichtet. So verliert insbesondere im kosmischen Raume der Physik der sinnliche Gegensatz des „Oben" und „Unten" seine Bedeutung. „Oben" und „Unten" sind keine absoluten Gegensätze mehr, sondern sie gelten nur in Beziehung auf das empirische Phänomen der Schwere und auf die empirische Gesetzlichkeit dieses Phänomens. Allgemein ist der physikalische Raum als Kraftraum gekennzeichnet: der Begriff der Kraft aber geht, in seiner rein mathematischen Fassung, auf den des Gesetzes, also auf den der Funktion,/zurück. Eine völlig andere Linienführung aber ist es, die wir im Strukturraum des Mythos vor uns sehen. Hier scheidet sich nicht kraft des Grundbegriffs des Gesetzes das Allgemeingültige vom Besonderen und Zufälligen, das Konstante vom Veränderlichen ab, sondern hier gilt nur der eine mythische Wertakzent, der sich im Gegensatz des Heiligen und Profanen ausspricht. Es gibt hier niemals bloß geometrische oder bloß geographische, bloß ideell gedachte oder bloß empirisch wahrgenommene Unterschiede; sondern alles Denken wie alles sinnliche Anschauen und Wahrnehmen ruht auf einem ursprünglichen Gefühlsgrund. In ihm bleibt der mythische Raum, wieweit auch die Besonderung und Verfeinerung seiner Struktur fortschreiten mag, als Ganzes nach wie vor eingebettet und gleichsam versenkt. Zu der Setzung bestimmter Abgrenzungen und Unterscheidungen in diesem Raume gelangen wir demgemäß hier nicht auf dem Wege der fortschreitenden gedanklichen Bestimmung, auf dem Wege der intellektuellen Analyse und Synthese, sondern die Differenzierungen des Raumes gehen zuletzt auf Differenzierungen zurück, die sich in eben diesem Gefühlsgrund vollziehen. Die Orte und Richtungen im Raume treten auseinander, weil und sofern mit ihnen ein verschiedener Bedeutungsakzent sich verknüpft, weil und sofern sie mythisch in verschiedenem und entgegengesetztem Sinne gewertet werden.

In dieser Wertung vollzieht sich ein spontaner Akt des mythisch-religiösen Bewußtseins; aber zugleich knüpft sie, objektiv betrachtet, an eine bestimmte physische Grundtatsache an. Die Entfaltung des mythischen Raumgefühls geht überall von dem Gegensatz von Tag und Nacht, von Licht und Dunkel aus. Die beherrschende Macht, die dieser Gegensatz über das mythisch-religiöse Bewußtsein ausübt, läßt sich bis in die höchstentwickelten Kulturreligionen verfolgen. Einzelne dieser Religionen, wie insbesondere die iranische, lassen sich geradezu als vollständige Entwicklungen, als durchgehende Systematisierungen dieses einen Gegensatzes bezeichnen. Aber auch dort, wo der Unterschied und Widerstreit sich nicht in dieser scharfen gedanklichen Bestimmung, in dieser fast dialektischen Zuspitzung darstellt, läßt er sich als eines der latenten Motive für den religiösen Aufbau des Kosmos erkennen. Was die Religion der „Primitiven" betrifft, so ist z. B. die Religion der Cora-Indianer, die Preuß eingehend geschildert hat, von diesem Gegensatz von Licht und Dunkel völlig beherrscht und durchsetzt. Um ihn rankt sich, an ihm entfaltet sich das mythische Gefühl und die gesamte mythische Weltauffassung, die den Cora eigen/tümlich ist[1]. Aber auch sonst verschmilzt in den Schöpfungslegenden fast aller Völker und fast aller Religionen der Prozeß der Schöpfung unmittelbar mit dem der Lichtwerdung. Die babylonische Schöpfungslegende läßt die Welt aus dem Kampfe hervorgehen, den Marduk, der Gott der Morgensonne und der Frühjahrssonne, gegen das Chaos und das Dunkel führt, das in dem Ungeheuer Tiamat dargestellt ist. Der Sieg des Lichts wird zum Ursprung der Welt und der Weltordnung. Auch die ägyptische Schöpfungsgeschichte hat man als Nachbildung der Erscheinung des täglichen Sonnenaufgangs gedeutet. Der erste Schöpfungsakt beginnt hier mit der Bildung eines Eies, das aus dem Urwasser emportaucht: aus diesem Ei geht der Lichtgott Ra hervor, dessen Entstehung in den verschiedenartig-

---

[1] Vgl. die näheren Nachweisungen bei Preuß, Die Nayarit-Expedition, Bd. I: Die Religion der Cora-Indianer, S. XXIII ff.

sten Wendungen geschildert wird, die aber alle auf das eine Urphänomen
– auf das Hervorbrechen des Lichts aus der Nacht zurückgehen[1]. Und wie
die lebendige Anschauung dieses Urphänomens auch im mosaischen Schöpfungsbericht wirksam ist, wie sie es ist, die ihm erst seinen vollen konkreten „Sinn" verleiht – das bedarf, seit Herder zuerst auf diesen Zusammenhang hingewiesen und seitdem er ihn mit der feinsten Nachempfindung und mit hinreißender sprachlicher Kraft dargestellt hat, keiner besonderen Darlegung mehr. Herders Gabe, alles Geistige nicht als bloßes
Gebilde zu sehen, sondern sich unmittelbar in den zeugenden Prozeß des
Bildens zu versetzen, aus dem es hervorquillt, zeigt sich vielleicht nirgends
stärker und glänzender als in dieser Interpretation des ersten Kapitels der
mosaischen Genesis. Die Darstellung der Weltschöpfung ist ihm nichts
anderes als die Erzählung von der Geburt des Lichts, – so wie der mythische Geist sie im Werden jedes neuen Tages, im Anbruch jeder Morgenröte immer von neuem erfährt. Dieses Werden ist für die mythische Anschauung kein bloßes Geschehen, sondern eine echte Urzeugung – kein
periodisch wiederkehrender, nach einer bestimmten Regel ablaufender
Naturprozeß, sondern ein schlechthin Individuelles, Einzigartiges. Heraklits Wort: „die Sonne ist neu an jedem Tag" ist in echt mythischem Geiste
gesprochen. Und wie wir hier gleichsam den ersten charakteristischen Einsatz des mythischen Denkens vor uns sehen, so erweist sich auch in seinem Fortgang der Gegensatz von Helle/und Dunkelheit, von Tag und Nacht
als ein lebendig-fortwirkendes Motiv. Troels-Lund hat in einer feinen
und fesselnden Schrift das Werden und Wachsen dieses Motivs von den
ersten primitiven Anfängen an bis zu jener universellen Durchbildung, die
es in der astrologischen Denkweise erfährt, verfolgt. „Wir gehen davon
aus" – so bezeichnet er sein Problem –, „daß die Empfänglichkeit für Lichteindrücke und das Ortsgefühl die beiden ursprünglichsten und tiefstliegenden Äußerungsformen der menschlichen Intelligenz sind. Auf diesen beiden Wegen geht die wesentlichste geistige Entwicklung des Einzelnen und
des Geschlechtes vor sich. Von hier aus sind jederzeit die drei großen Fragen
beantwortet worden, welche das Dasein selbst jedem von uns stellt: Wo bist
du? Was bist du? Was sollst du tun?... Für jeden Bewohner der nicht
selbst leuchtenden Kugel, der Erde ist das Wechselspiel zwischen Licht und
Dunkel, Tag und Nacht der früheste Impuls und das letzte Ziel seines Denk-

---

[1] Näheres s. z. B. bei Brugsch, Religion und Mythologie der alten Ägypter,
S. 102 und bei Lukas, Die Grundbegriffe in den Kosmogonien der alten Völker,
Leipzig 1883, S. 48 ff.

vermögens. Nicht nur unsere Erde, sondern wir selbst, unser eigenes geistiges Ich, von unserem ersten Blinzeln vor dem Lichte an bis zu unseren höchsten religiösen und moralischen Gefühlen, sind sonnengeboren und sonnengenährt ... Die fortschreitende Auffassung des Unterschiedes von Tag und Nacht, Licht und Dunkel ist der innerste Nerv aller menschlichen Kulturentwicklung[1]."

Und eben dieser Unterschied ist es denn auch, an den sich alle Sonderung der einzelnen Raumgebiete und mit ihr jegliche Art der Gliederung im Ganzen des mythischen Raumes anknüpft. Der charakteristische mythische Akzent des „Heiligen" und des „Unheiligen" verteilt sich auf die einzelnen Richtungen und Gegenden in verschiedener Weise und verleiht damit jeder von ihnen selbst eine bestimmte mythisch-religiöse Prägung. Ost und West, Nord und Süd: das sind hier keine Unterschiede, die in wesentlich gleichartiger Weise der Orientierung innerhalb der empirischen Wahrnehmungswelt dienen, sondern ihnen allen wohnt je ein eigenes spezifisches Sein und eine eigene spezifische Bedeutung, ein inneres mythisches Leben inne. Wie sehr hier jede besondere Richtung nicht als ein abstrakt-idelles Verhältnis, sondern als ein selbständiges, mit eigenem Leben begabtes „Gebilde" genommen wird – das geht u. a. daraus hervor, daß sie nicht selten den höchsten Grad konkreter Gestaltung und konkreter Verselbständigung erfährt, dessen der Mythos überhaupt fähig ist, – daß sie zum besonderen Gotte erhoben wird. Schon auf relativ nie/deren Stufen des mythischen Denkens begegnen uns eigene Richtungsgötter: Götter des Ostens und Nordens, des Westens und Südens, der „unteren" und der „oberen" Welt[2]. Und es gibt vielleicht keine noch so „primitive" Kosmologie, in der nicht in irgendeiner Weise der Gegensatz der vier Hauptrichtungen des Himmels als der Kardinalpunkt der Weltauffassung und Welterklärung hervortritt[3]. Für das mythische Denken gilt somit im eigentlichsten Wortsinne das Goethische Wort: „Gottes ist der Orient, Gottes ist der Okzident, nord- und südliches Gelände ruhn im Frieden seiner Hände". Aber ehe es zu dieser Einheit eines universellen Raumgefühls und eines universellen Gottesgefühls kommt, in welcher alle besonderen Gegensätze aufgelöst erscheinen, muß das mythische Denken eben diese Gegen-

---

[1] Troels-Lund, Himmelsbild und Weltanschauung im Wandel der Zeiten, deutsche Ausgabe[3], Leipzig 1908, S. 5.
[2] Solche Richtungsgötter finden sich z. B. bei den Cora – näheres hierüber s. bei Preuß, Die Nayarit-Expedition I, S. LXXIV ff.
[3] Vgl. hierzu z. B. Brinton, Religions of primitive peoples, S. 118 ff.

sätze selbst erst durchschreiten und sie als solche bestimmt gegeneinander abheben. Jede einzelne Raumbestimmung erhält je einen bestimmten göttlichen oder dämonischen, freundlichen oder feindlichen, heiligen oder unheiligen ,,Charakter". Der Osten ist als Ursprung des Lichts auch der Quell und Ursprung alles Lebens – der Westen ist, als der Ort der sinkenden Sonne, von allen Schauern des Todes umweht. Wo immer der Gedanke eines eigenen Totenreichs entsteht, das in räumlicher Trennung und Absonderung dem Reich der Lebenden gegenübersteht, da wird ihm sein Sitz im Westen der Welt zugewiesen. Und dieser Gegensatz von Tag und Nacht, von Licht und Dunkel, von Geburt und Grab stellt sich nun weiterhin in den mannigfachsten Vermittlungen und in den verschiedenartigsten Brechungen in der mythischen Auffassung einzelner konkreter Lebensverhältnisse dar. Sie alle empfangen gleichsam eine verschiedene Beleuchtung, je nach dem Verhältnis, in welches sie zu dem Phänomen der aufgehenden oder niedergehenden Sonne gesetzt werden. ,,In das ganze menschliche Dasein" – so heißt es in Useners ,,Götternamen" – ,,ist die Verehrung des Lichts verwebt. Die Grundzüge derselben sind allen Gliedern der indoeuropäischen Völkerfamilie gemeinsam, ja sie reichen viel weiter; bis heute sind wir, vielfach unbewußt, davon beherrscht. Aus dem Halbtod des Schlafes erweckt uns das Licht des Tages zum Leben; ,das Licht schauen', ,das Licht der Sonne sehen', ,im Lichte sein' heißt leben, ,ans Licht kommen' geboren werden, ,das Licht verlassen' sterben ... Schon im homerischen Epos ist Licht Heil und Rettung ... ,Rein' nennt Euripides/das Licht des Tages: der wolkenlose blaue Himmel mit dem ungehindert entströmenden Licht ist das göttliche Urbild der Reinheit, wie er anderseits die Unterlage geworden ist für die Vorstellungen vom Götterland und dem Aufenthalt der Seligen ... Tiefer greift die unmittelbare Umsetzung der Anschauung in die höchsten sittlichen Begriffe, Wahrheit und Gerechtigkeit ... Aus der Grundanschauung folgt, daß jede heilige Handlung, alles, wozu Götter des Himmels als Beistände oder Zeugen angerufen werden, nur unter freiem Tageshimmel vollzogen werden konnte ... Der Eid, dessen Heiligkeit darauf beruht, daß die alles schauenden, wissenden, strafenden Götter zu Zeugen angerufen werden, konnte ursprünglich nur unter freiem Himmel abgelegt werden. Das echte Ding, das die freien hausgesessenen Männer einer Gemeinschaft zu Rat und Gericht vereinigte, fand ,im heiligen Ring' unter offenem Himmel statt ... Das sind lauter einfache, unwillkürliche Vorstellungen; sie entstehen unter der unwiderstehlichen Gewalt sinnlicher Eindrücke, für die auch wir noch nicht abgestumpft sind, und reihen sich von selbst zu einem geschlossenen Kreise. In ihnen quillt ein ursprünglicher unversieglicher Born der Religiosität und Sittlichkeit[1]."

In all diesen Übergängen werden wir wieder unmittelbar jene Dynamik gewahr, die zum Wesen jeder echten geistigen Ausdrucksform gehört. Es ist die entscheidende Leistung jeder derartigen Form, daß in ihr die starre Grenze zwischen dem ‚Innen' und ‚Außen', dem ‚Subjektiven' und ‚Objektiven' nicht als solche bestehen bleibt, sondern daß sie gleichsam flüssig zu werden beginnt. Das Innere steht nicht neben dem Äußeren, das Äußere neben dem Innern, als je ein eigener abgesonderter Bezirk, sondern beide reflektieren sich ineinander und erschließen erst in dieser wechselseitigen Spiegelung ihren eigenen Gehalt. So prägt sich in der Raumform, die das mythische Denken entwirft, die gesamte mythische Lebensform aus und kann von ihr in gewissem Sinne abgelesen werden. Seinen klassischen Ausdruck hat dieses Wechselverhältnis in der römischen Sakralordnung gefunden, die geradezu durch diese ständige Umsetzung charakterisiert erscheint. Nissen hat in einem grundlegenden Werke den Prozeß dieser Umsetzung nach allen Seiten hin erleuchtet. Er zeigt, wie das mythischreligiöse Grundgefühl des Heiligen seine erste Objektivierung darin gefunden hat, daß es sich nach außen wandte, daß es sich in der An/schauung räumlicher Verhältnisse darstellte. Die Heiligung beginnt damit, daß aus dem Ganzen des Raumes ein bestimmtes Gebiet herausgelöst, von anderen Gebieten unterschieden und gewissermaßen religiös umfriedet und umhegt wird. Dieser Begriff der religiösen Heiligung, die sich zugleich als räumliche Abgrenzung darstellt, hat seinen sprachlichen Niederschlag im Ausdruck des *templum* erhalten. Denn templum (griech. τέμενος) geht auf die Wurzel τεμ ‚schneiden' zurück; bedeutet also nichts anderes als das Ausgeschnittene, Begrenzte. In diesem Sinne bezeichnet es zunächst den heiligen, den dem Gott gehörigen und geweihten Bezirk, um dann in weiterer Anwendung auf jedes abgegrenzte Stück Land, auf einen Acker oder eine Baumpflanzung überzugehen, mag sie nun einem Gott oder einem König und Helden gehören. Aber auch der Himmelsraum als Ganzes erscheint nun nach uralter religiöser Grundanschauung als ein solches in sich geschlossenes und geweihtes Gebiet; als ein Templum, das von einem göttlichen Sein bewohnt und von einem göttlichen Willen beherrscht wird. Und an dieser Einheit setzt nun die sakrale Gliederung ein. Das Ganze des Himmels sondert sich in vier Teile, die durch die Weltgegenden bestimmt werden: einen vorderen im Süden, einen

---
[1] Usener, Götternamen, S. 178 ff.

hinteren im Norden, einen linken im Osten, einen rechten im Westen. Aus dieser ursprünglichen, rein örtlichen Teilung entfaltet sich das gesamte System der römischen „Theologie". Wenn der Augur den Himmel beobachtete, um von ihm die Wahrzeichen für das irdische Tun abzulesen, so begann jede solche Beobachtung damit, daß er ihn in bestimmte Abschnitte einteilte. Die Ost-West-Linie, die durch den Lauf der Sonne bezeichnet und festgestellt wird, wurde durch eine andere zu ihr senkrechte Linie, die Nord-Süd-Linie geschnitten. Mit dieser Schneidung und Kreuzung der beiden Linien, des *decumanus* und des *cardo*, wie sie in der priesterlichen Sprache heißen, schafft sich das religiöse Denken sein erstes grundlegendes Koordinatenschema. Nissen hat im einzelnen gezeigt, wie dieses Schema sich vom Gebiet des religiösen Lebens auf alle Teile des rechtlichen, des sozialen, des staatlichen Lebens überträgt und wie es sich in dieser Übertragung immer feiner präzisiert und differenziert. Auf ihm beruht die Entwicklung des Begriffs des Eigentums und der Symbolik, durch die das Eigentum als solches bezeichnet und beschützt wird. Denn der Akt der Grenzsetzung, der Grundakt der „Limitation", durch den erst im rechtlich-religiösen Sinne ein festes Eigentum geschaffen wird, knüpft überall an die sakrale Raumordnung an. In den Schriften der römischen Agrimen/soren wird die Einführung der Limitation dem Jupiter zugeschrieben und unmittelbar an den Akt der Weltschöpfung angeschlossen. Es ist, als werde durch sie die feste im Universum herrschende Begrenzung auf die Erde und auf alle irdischen Einzelverhältnisse übertragen. Auch die Limitation geht von den Weltgegenden, von der Scheidung der Welt, die durch *decumanus* und *cardo*, durch die Ost-West-Linie und durch die Nord-Süd-Linie bezeichnet wird, aus. Sie beginnt mit der einfachsten natürlichen Teilung, mit der Teilung in eine Tag- und Nachtseite, der als zweite die Teilung nach dem zu- oder abnehmenden Tage in eine Morgen- und Abendseite folgt. Mit dieser Form der Limitation hängt aufs engste das römische Staatsrecht zusammen; auf ihr beruht die Scheidung des *ager publicus* und des *ager divisus et adsignatus*, des öffentlichen und des privaten Besitzes. Denn nur das Land, das von festen Grenzen, von unverrückbaren mathematischen Linien eingeschlossen, das limitiert und assigniert ist, gilt als Privatbesitz. Wie zuvor der Gott, so eignet sich jetzt der Staat, die Gemeinde, der Einzelne, kraft der Vermittlung der Idee des „Templum", einen bestimmten Raum zu und macht sich in ihm heimisch. „Es ist nicht gleichgültig, wie der Augur den Himmel limitiert; denn zwar reicht der Wille Jupiters durch den ganzen Umfang desselben, gleichwie der *pater-*

*familias* das ganze Haus beherrscht, aber in den verschiedenen Regionen wohnen andere Götter, und je nachdem man den Willen dieses oder jenes erkunden will, werden die Linien gezogen. Die Konstituierung hat sofort zur Folge, daß der also eingehegte Raum von einem Geist in Besitz genommen wird ... Nicht bloß die Stadt, sondern auch das Compitum und Haus, nicht bloß die Feldflur, sondern jeder Acker und Weinberg, nicht nur das Haus als Ganzes, sondern jeder Raum innerhalb desselben hat seinen eigenen Gott. Die Gottheit wird erkannt an ihren Wirkungen und ihrer Umgebung. Deshalb gewinnt jeder Geist, der in einen Raum gebannt ist, eine Individualität und einen bestimmten Namen, bei dem der Mensch ihn anrufen kann[1]." An diesem System, das weiterhin den Bau der italischen Städte, die Gruppierung und Ordnung innerhalb des römischen Lagers, den Grundriß und die innere Einrichtung des römischen Hauses beherrscht, wird unmittelbar deutlich, wie die fortschreitende räumliche Begrenzung, wie jeder neue Markstein, den das mythische Denken und das mythisch-religiöse /Gefühl im Raume setzt, zugleich zu einem Markstein der gesamten geistigen und sittlichen Kultur wird. Ja bis in die Anfänge der theoretischen Wissenschaft läßt sich dieser Zusammenhang verfolgen. Wie die Anfänge der wissenschaftlichen Mathematik in Rom auf die Schriften der römischen Agrimensoren und auf das von ihnen verwandte Grundsystem der räumlichen Orientierung zurückgehen, hat Moritz Cantor in einer eigenen Schrift gezeigt[2]. Und auch in der klassischen Begründung der Mathematik bei den Griechen erkennt man überall noch den Nachklang uralter mythischer Grundvorstellungen, spürt man noch den Hauch jener Ehrfurcht, die die räumliche „Grenze" von Anfang an umgibt. An dem Gedanken der räumlichen Begrenzung entwickelt sich die Form der logisch-mathematischen Bestimmung. Grenze und Unbegrenztes, πέρας und ἄπειρον stehen sich bei den Pythagoreern und bei Platon wie Bestimmendes und Bestimmungsloses, wie Form und Unform, wie Gutes und Böses gegenüber. So wächst aus der anfänglichen mythisch-räumlichen Orientierung die rein gedankliche Orientierung über den Kosmos heraus. Die Sprache hat die Spuren dieses Zusammenhangs noch vielfach lebendig bewahrt – wie denn der lateinische Ausdruck für das reine

---

[1] Nissen, Das Templum. Antiquarische Untersuchungen, Berlin 1869, S. 8; zum Ganzen vgl. insbes. Nissens Schrift: Orientation, Studien zur Geschichte der Religion, Erstes Heft, Berlin 1906.

[2] Cantor, Die römischen Agrimensoren, Leipzig 1875; vgl. auch Cantors Vorles. über Geschichte der Mathematik, Bd. I, 2. Aufl., Leipzig 1894, S. 496 ff.

theoretische Betrachten und Schauen, der Ausdruck des *contemplari* etymologisch und sachlich auf die Idee des „Templum", des abgesteckten Raumes, in dem der Augur seine Himmelsbeobachtung vollzieht, zurückgeht[1]. Und von der antiken Welt ist die gleiche theoretische wie religiöse „Orientierung" auch in das Christentum und in das System der christlich-mittelalterlichen Glaubenslehre eingedrungen. Der Grundriß und Bau des mittelalterlichen Kirchengebäudes weist die charakteristischen Züge eben jener Symbolik der Himmelsrichtungen auf, die dem mythischen Raumgefühl wesentlich ist. Sonne und Licht sind jetzt nicht mehr die Gottheit selbst; aber sie dienen immer noch als die nächsten und unmittelbaren Wahrzeichen des Göttlichen, des göttlichen Erlöserwillens und der göttlichen Erlöserkraft. Die geschichtliche Wirksamkeit und der geschichtliche Sieg des Christentums war geradezu daran gebunden, daß es die Grundanschauungen der heidnischen Sonnen- und Lichtverehrung in sich aufzunehmen und in sich zu verwandeln vermochte. An die Stelle des Kults des *Sol invictus* trat jetzt der Glaube an Christus als die „Sonne der Gerechtigkeit"[2]. Auch im frühen Christentum wird demgemäß an der Orientierung des Gotteshauses und des Altars nach Osten festgehalten, während der Süden als Symbol des heiligen Geistes und der Norden umgekehrt als Bild der Abkehr von Gott, der Abirrung vom Licht und vom Glauben erscheint. Der Täufling wird nach Westen gestellt, um dem Teufel und seinen Werken abzusagen und dann nach Osten, der Gegend des Paradieses gewendet, um den Glauben an Christus zu bekennen. Auch die vier Kreuzesenden werden mit den vier Himmels- und Weltgegenden identifiziert. Auf diesem einfachen Grundplan baut sich sodann auch hier eine immer mehr verfeinerte und vertiefte Symbolik auf, in welcher sich der gesamte innere Glaubensgehalt gleichsam nach außen wendet und sich in elementaren räumlichen Grundverhältnissen objektiviert[3].

Überblickt man jetzt noch einmal all diese Beispiele, so erkennt man, daß sich in ihnen, die rein inhaltlich den verschiedensten Kulturen und den verschiedenartigsten Entwicklungsstufen des mythisch-religiösen Denkens angehören, dieselbe Eigenart und Grundrichtung des mythischen

---

[1] Näheres hierüber in dem schönen Vortrag von Franz Boll, Vita contemplativa, Sitzungsber. d. Heidelb. Akad. d. Wiss., Philos.-hist. Klasse, 1920.

[2] Näheres bei Usener, Götternamen, S. 184; vgl. insbes. Franz Cumont, La théologie solaire dans le paganisme romain, Mém. de l'Acad. des Inscriptions XII (1909), S. 449 ff.

[3] Vgl. hierzu bes. Joseph Sauer, Symbolik des Kirchengebäudes und seiner Ausstattung in der Auffassung des Mittelalters, Freiburg i. B., 1902.

Raumbewußtseins offenbart. Dieses Bewußtsein läßt sich einem feinen Äther vergleichen, der die mannigfachsten Äußerungsweisen des mythischen Geistes durchdringt und sie miteinander verknüpft. Wenn Cushing von den Zuñi sagt, daß, dank der siebenfältigen Gliederung ihres Raumes, auch ihr ganzes Weltbild und all ihr Leben und Treiben vollständig systematisiert sei, so daß z. B., wenn sie einen gemeinsamen Lagerplatz beziehen, innerhalb desselben die Stellung der einzelnen Gruppen und Verbände im voraus bestimmt und festgelegt sei – so bietet die Struktur und Ordnung des römischen Lagers hierzu ein vollkommenes Analogon. Denn der Plan des Lagers war auch hier nach dem der Stadt gestaltet, wobei die Stadt wiederum in ihrem Bau dem allgemeinen Plan der Welt und den verschiedenen räumlichen Gegenden der Welt entsprach. So sagt Polybios, daß, wenn das römische Heer den zum Lager ausersehenen Platz betrat, es nicht anders gewesen sei, als ob Bürger, in ihre Vaterstadt zurückkehrend, jeder sein eigenes Haus aufsuchten[1]. In beiden Fällen gilt die örtliche/Gruppierung der einzelnen Verbände nicht als etwas bloß Äußerliches und Zufälliges, sondern sie ist durch ganz bestimmte sakrale Grundanschauungen gefordert und vorgezeichnet. Und solche sakrale Anschauungen sind es, die sich überall mit der Gesamtauffassung des Raumes und mit der Auffassung bestimmter Grenzen in ihm verbinden. Ein eigenes mythisch-religiöses Urgefühl knüpft sich an die Tatsache der räumlichen „Schwelle". Geheimnisvolle Bräuche sind es, in denen sich, fast allenthalben in gleichartiger oder ähnlicher Weise, die Verehrung der Schwelle und die Scheu vor ihrer Heiligkeit ausspricht. Noch bei den Römern erscheint Terminus als ein eigener Gott und am Fest der Terminalien war es der Grenzstein selbst, den man verehrte, indem man ihn bekränzte und mit dem Blut eines Opfertiers besprengte[2]. Aus der Verehrung der Tempelschwelle, die den Raum des Gotteshauses gegen die profane Welt draußen absondert, scheint sich, in ganz verschiedenen Lebens- und Kulturkreisen, übereinstimmend der Begriff des Eigentums, als ein religiös-rechtlicher Grundbegriff, entwickelt zu haben. Die Heiligkeit der Schwelle ist es, die, wie sie ursprünglich die Behausung des Gottes schützt, dann auch in der Form der Land- und Feldgemarkung das Land, das Feld, das Haus vor jedem feindlichen Übergriff oder Angriff bewahrt[3]. Oft gehen auch die Bezeich-

---

[1] Polybios cap. 41, 9 vgl. Nissen, Das Templum, S. 49 ff.

[2] Ovid, Fast. II, 641 ff.; vgl. Wissowa, Religion und Kultus der Römer[2] S. 136 ff,

[3] Vgl. hierzu das reichhaltige Material, das Trumbull in seiner Monographie über den „Schwellenzauber" gesammelt hat: The Threshold Covenant or the beginning of religious rites, Edinburgh 1896.

nungen, die die Sprache für den Ausdruck der religiösen Scheu und Verehrung prägt, in ihrem Ursprung auf eine sinnlich-räumliche Grundvorstellung, auf die Vorstellung des Zurückweichens vor einem bestimmten räumlichen Bezirk zurück[1]. Ja diese Raumsymbolik greift auf die Anschauung und den Ausdruck solcher Lebensverhältnisse über, die zum Raum in keiner oder nur noch in einer höchst mittelbaren Beziehung stehen. Wo immer das mythische Denken und das mythisch-religiöse Gefühl einem Inhalt einen besonderen Wertakzent verleiht, wo immer es ihn gegen andere auszeichnet und ihm eine eigentümliche Bedeutung beilegt, da pflegt sich ihm diese qualitative Auszeichnung im Bilde der räumlichen Sonderung darzustellen. Jeder mythisch/bedeutsame Inhalt, jedes aus der Sphäre des Gleichgültigen und Alltäglichen herausgehobene Lebensverhältnis, bildet gleichsam einen eigenen Ring des Daseins, ein umhegtes und umfriedetes Seinsgebiet, das sich durch feste Schranken gegen seine Umgebung abscheidet, und das in dieser Abscheidung erst zu einer eigenen, individuellreligiösen Gestalt gelangt. Für den Eintritt in diesen Ring, wie für den Austritt aus ihm gelten ganz bestimmte sakrale Vorschriften. Der Übergang von einem mythisch-religiösen Bezirk in den andern ist stets an sorgfältig zu beobachtende Übergangsriten gebunden. Sie sind es, die nicht nur den Übertritt von einer Stadt in die andere, von einem Land ins andere, sondern auch den Eintritt in jede neue Lebensphase, den Übergang von der Kindheit zur Mannbarkeit, von der Ehelosigkeit zur Ehe, den Übergang zur Mutterschaft usf. regeln[2]. Auch hierin bewährt sich aufs neue jene allgemeine Norm, die in der Entwicklung aller geistigen Ausdrucksformen erkennbar ist. Wenn das rein Innerliche sich objektivieren, sich in ein Äußeres verwandeln muß, so bleibt doch andererseits auch alle Anschauung des Äußeren dauernd mit innerlichen Bestimmungen durchsetzt und verwoben. Selbst dort, wo die Betrachtung sich ganz im Kreise des „Äußeren" zu bewegen scheint, ist daher in ihr immer noch der Pulsschlag eines inneren Lebens fühlbar. Die Schranken, die der Mensch im Grundgefühl des Heiligen sich selbst setzt, – sie werden zum ersten Ausgangspunkt, von dem auch die Grenzsetzung im Raume anhebt, und von dem aus sie sich in fortschreitender Organisation und Gliederung über das Ganze des physischen Kosmos verbreitet.

[1] So wird das griech. σέβεσδαι etymologisch auf eine Wurzel zurückgeleitet, die sich im Sanskrit als tyaj (,verlassen', ,zurückstoßen') darstellt; cf. Williger, Hagios, S. 10.

[2] Eine Zusammenfassung dieser „Übergangsriten" findet sich in van Genneps Schrift Les rites de passage, Paris 1909.

3.

So bedeutsam sich indes die Grundform des Raumes für den Aufbau der mythischen Gegenstandswelt erweist – so scheint es doch, als seien wir, solange wir bei ihr stehen bleiben, in das eigentliche Sein, in das wahrhaft „Innere" dieser Welt, noch gar nicht eingetreten. Schon der sprachliche Ausdruck, den wir zur Bezeichnung dieser Welt verwenden, kann uns hierauf hinweisen: denn der „Mythos" als solcher schließt seiner Grundbedeutung nach keine räumliche, sondern eine rein zeitliche Ansicht in sich; er bezeichnet einen bestimmten zeitlichen „Aspekt", unter den die Gesamtheit der Welt gerückt wird. Der echte Mythos beginnt erst dort, wo nicht nur die Anschauung des Uni/versums und seiner einzelnen Teile und Kräfte sich zu bestimmten Bildern, zu den Gestalten von Dämonen und Göttern formt, sondern wo diesen Gestalten ein Hervorgehen, ein Werden, ein Leben in der Zeit zugesprochen wird. Erst dort, wo es nicht bei der ruhenden Betrachtung des Göttlichen bleibt, sondern wo das Göttliche sein Dasein und seine Natur in der Zeit expliziert, wo von der Göttergestalt zur Göttergeschichte und zur Göttererzählung fortgeschritten wird, haben wir es mit „Mythen" in der engeren und spezifischen Bedeutung des Wortes zu tun. Und hierbei liegt, wenn man den Begriff der „Göttergeschichte" selbst in seine Momente zerlegt, der Nachdruck nicht auf dem ersten, sondern auf dem zweiten Bestandteil. Die Anschauung des Zeitlichen beweist ihren Primat dadurch, daß sie sich geradezu als eine der Bedingungen für die volle Ausbildung des Begriffs des Göttlichen erweist. Durch seine Geschichte erst wird der Gott konstituiert – wird er aus der Fülle der unpersönlichen Naturgewalten herausgehoben und ihnen als ein eigenes Wesen gegenübergestellt. Erst indem die Welt des Mythischen gewissermaßen in Fluß gerät, indem sie sich als eine Welt nicht des bloßen Seins, sondern des Geschehens erweist, gelingt es, in ihr bestimmte Einzelgestaltungen von selbständiger und individueller Prägung zu unterscheiden. Die Besonderheit des Werdens, des Tuns und Leidens, schafft hier erst die Grundlage der Abgrenzung und Bestimmung. Der erste Schritt, der hierbei vorausgesetzt wird, besteht freilich darin, daß sich die Sonderung, auf der alles mythisch-religiöse Bewußtsein überhaupt beruht, daß sich der Gegensatz einer Welt des „Heiligen" gegen die des „Profanen" in seiner Allgemeinheit herausgebildet hat. Aber innerhalb dieser Allgemeinheit, die ihren Ausdruck schon in rein räumlichen Trennungen und Grenzsetzungen findet, kommt es nun zu einer wahrhaften Besonderung, zu einer eigentlichen Gliederung der mythischen Welt erst dadurch, daß sich mit der Form der Zeit sozusagen die Tiefendimension dieser Welt erschließt. Der wahre Charakter des mythischen Seins enthüllt sich erst dort, wo es als Sein des Ursprungs auftritt. Alle Heiligkeit des mythischen Seins geht zuletzt in die des Ursprungs zurück. Sie haftet nicht unmittelbar am Inhalt des Gegebenen, sondern an seiner Herkunft; nicht an seiner Qualität und Beschaffenheit, sondern an seinem Gewordensein. Erst dadurch, daß ein bestimmter Inhalt in zeitliche Ferne gerückt, daß er in die Tiefe der Vergangenheit zurückverlegt wird, erscheint er damit nicht nur als ein heiliger, als ein mythisch und religiös bedeutsamer gesetzt, sondern auch als solcher gerechtfertigt. Die Zeit ist die erste Urform dieser geistigen Recht/fertigung. Nicht nur das spezifisch-menschliche Dasein, nicht nur die Gebräuche, die Sitten, die sozialen Normen und Bindungen erfahren diese Heiligung, indem sie auf Satzungen der mythischen Vor- und Urzeit zurückgeleitet werden – auch das Dasein selbst, auch die „Natur" der Dinge wird unter diesem Gesichtspunkt dem mythischen Gefühl und dem mythischen Denken erst wahrhaft verständlich. Irgendein hervorstechender Zug im Bilde der Natur, irgendein bestimmter Dingcharakter oder Artcharakter gilt als „erklärt", sobald er an ein einmaliges Geschehnis der Vergangenheit angeknüpft und damit seine mythische Entstehung aufgezeigt wird. Die Mythenmärchen aller Zeiten und Völker sind reich an konkreten Beispielen für diese Erklärungsart[1]. Hier ist eine Stufe erreicht, auf welcher der Gedanke sich bei der bloßen Gegebenheit, sei es der Dinge, sei es der Gebräuche und Vorschriften, bei ihrem einfachen Dasein und ihrer einfachen Gegenwart nicht mehr beruhigt, während er andererseits alsbald stille steht, sowie es ihm gelungen ist, diese Gegenwart auf irgendeine Weise in die Form der Vergangenheit umzusetzen. Die Vergangenheit selbst hat kein „Warum" mehr: sie ist das Warum der Dinge. Das eben unterscheidet die Zeitbetrachtung des Mythos von der

---

[1] Beispiele für diese Form des „explikativen" Mythenmärchens, das sich besonders auf den Ursprung bestimmter Pflanzen- und Tiergattungen und ihrer Eigentümlichkeiten bezieht, s. etwa bei Graebner, Das Weltbild der Primitiven, S. 21: „Rote Flecken im Gefieder des schwarzen Kakadu und eines Habichtes rühren von einem großen Feuer her, das Spritzloch des Walfisches von einem Speerstich, den er einmal – übrigens noch als Mensch – in das Hinterhaupt erhalten hat. Der Strandläufer hat sich seinen eigentümlichen Gang – bei dem er immer abwechselnd ein Stückchen läuft und ein Weilchen still steht – angewöhnt, als er dem Hüter des Wassers unbemerkt folgen wollte und dabei jedesmal, wenn dieser sich umdrehte, unbeweglich stillstehen mußte."

der Geschichte, daß für sie eine absolute Vergangenheit besteht, die als solche der weitergehenden Erklärung weder fähig noch bedürftig ist. Wenn die Geschichte das Sein in die stetige Reihe des Werdens auflöst, innerhalb dessen es keinen ausgezeichneten Punkt gibt, in dem vielmehr jeder Punkt auf einen weiter zurückliegenden hinweist, so daß der Regreß in die Vergangenheit zu einem *regressus in infinitum* wird – so vollzieht der Mythos zwar den Schnitt zwischen Sein und Gewordensein, zwischen Gegenwart und Vergangenheit, aber er ruht in der letzteren, sobald sie einmal erreicht ist, als einem in sich Beharrenden und Fraglosen aus. Die Zeit nimmt für ihn nicht die Form einer bloßen Relation an, in der die Momente des Gegenwärtigen, des Vergangenen und des Zukünftigen sich ständig verschieben und ineinander/umsetzen, sondern eine feste Schranke trennt die empirische Gegenwart von dem mythischen Ursprung und gibt beiden je einen eigenen unvertauschbaren „Charakter". In diesem Sinne ist es verständlich, wenn man das mythische Bewußtsein – trotz der fundamentalen und wahrhaft konstitutiven Bedeutung, die die allgemeine Anschauung der Zeit für dasselbe besitzt – bisweilen geradezu als ein „zeitloses" Bewußtsein bezeichnet hat. Denn verglichen mit der objektiv-kosmischen und der objektiv-historischen Zeit besteht hier in der Tat eine solche Zeitlosigkeit. Gegenüber dem Unterschied der relativen Zeitstufen verharrt das mythische Bewußtsein in seinen frühen Phasen noch in der gleichen Undifferenziertheit, wie sie für bestimmte Phasen des sprachlichen Bewußtseins charakteristisch ist[1]. Es herrscht in ihm – mit Schelling zu reden – noch eine „schlechthin vorgeschichtliche Zeit", eine „ihrer Natur nach unteilbare, absolut identische Zeit, die daher, welche Dauer man ihr zuschreibe, doch nur als Moment zu betrachten ist, d. h. als Zeit, in der das Ende wie der Anfang und der Anfang wie das Ende ist, eine Art von Ewigkeit, weil sie selbst nicht eine Folge von Zeiten, sondern nur Eine Zeit ist, die nicht in sich eine wirkliche Zeit, d. h. eine Folge von Zeiten ist, sondern nur relativ gegen die ihr folgende zur Zeit (nämlich zur Vergangenheit) wird[2]".

Suchen wir nunmehr weiter zu verfolgen, wie diese mythische „Urzeit" allmählich in die „eigentliche" Zeit: in das Bewußtsein der Folge übergeht, so bestätigt sich hierin jenes Grundverhältnis, auf das bereits die Betrachtung der Sprache uns hingewiesen hat. Auch hier entwickelt sich der Ausdruck der einzelnen Zeitverhältnisse erst an dem der Raumverhält-

---
[1] Vgl. hierzu Bd. I, S. 176 ff.
[2] Schelling, Einleit. in die Philos. der Mythologie, S. W., 2. Abteil., I, 182.

nisse. Zwischen beiden besteht zunächst keine scharfe Absonderung. Alle Orientierung in der Zeit setzt die Orientierung im Raume voraus – und erst in dem Maße, als diese letztere gelingt und als sie sich bestimmte geistige Ausdrucksmittel schafft, scheiden sich auch für das unmittelbare Gefühl und für das denkende Bewußtsein die einzelnen Bestimmungen der Zeit gegeneinander ab. Es ist ein und dieselbe konkrete Grundanschauung, es ist der Wechsel von Licht und Dunkel, von Tag und Nacht, worauf die primäre Anschauung des Raumes wie die primäre Gliederung der Zeit beruht. Und ebenso beherrscht das gleiche Schema der Orientation, der gleiche, zunächst rein gefühlte Unterschied der Himmelsgegenden und Himmelsrichtungen, die Teilung des Raumes wie die der Zeit in bestimmte einzelne Ab/schnitte. Wie die einfachsten Raumverhältnisse, wie links und rechts, vorwärts und rückwärts sich dadurch sondern, daß durch den Lauf des Tagesgestirns eine Grundlinie, die Ost-West-Linie bestimmt und diese sodann senkrecht durch eine zweite, durch die Nord-Süd-Linie geschnitten wird, so geht auch alle Auffassung zeitlicher Abschnitte auf diese Schneidung und Kreuzung zurück. Bei den Völkern, die dieses System zur höchsten Deutlichkeit und zur geistigen Vollendung gebracht haben, klingt oft auch in dem allgemeinsten sprachlichen Ausdruck, den sie für die Zeit prägen, diese Beziehung an. Das lateinische *tempus*, dem griech. τέμενος und *τέμπος (erhalten im Plural: τεμπεα) entspricht, ist aus der Idee und der Bezeichnung des „Templum" entstanden. „Die Grundworte τέμενος *(tempus) templum* bedeuteten nichts anderes als Schneidung, Kreuzung: zwei sich kreuzende Dachsparren oder Balken bilden noch im Mund der späteren Zimmerleute ein *templum;* in natürlichem Fortschritt hat sich daraus die Bedeutung des auf solche Weise geteilten Raums entwickelt, in *tempus* ist der Himmelsabschnitt (z. B. Osten) in die Tageszeit (z. B. Morgen) und dann allgemein in die Zeit übergegangen[1]." Der Scheidung des Raumes in einzelne Richtungen und Gegenden geht die Scheidung der Zeit in einzelne Phasen parallel – beide stellen nur je zwei verschiedene Momente in jenem Prozeß der allmählichen Lichtwerdung des Geistes dar, der von der Anschauung des physischen Urphänomens des Lichtes seinen Ausgang nimmt.

Und kraft dieses Zusammenhangs kommt auch hier der Zeit als Ganzem und jedem Zeitabschnitt im besonderen ein eigener mythisch-religiöser „Charakter", ein besonderer Akzent der „Heiligkeit" zu. Wie sich gezeigt hat, daß für das mythische Gefühl der Ort im Raume und die Rich-

---

[1] Usener, Götternamen, S. 192.

tung im Raume nicht der Ausdruck einer bloßen Beziehung, sondern ein eigenes Wesen, ein Gott oder Dämon, ist, so gilt das Gleiche auch für die Zeit und ihre einzelnen Unterteile. Selbst hochentwickelte Kulturreligionen haben diese Grundanschauung und diesen Glauben bewahrt. In der persischen Religion hat sich aus der allgemeinen Lichtverehrung der Kult der Zeit und der einzelnen Zeitabschnitte, der Jahrhunderte und Jahre, der vier Jahreszeiten, der zwölf Monate, wie der einzelnen Tage und Stunden entwickelt. Insbesondere in der Entwicklung der Mithra-Religion ist dieser Kult zu großer Bedeutung gelangt[1]. Überhaupt ist die mythische Zeitanschauung, gleich der mythi/schen Raumanschauung, durchaus qualitativ und konkret, nicht quantitativ und abstrakt gefaßt. Für den Mythos gibt es keine Zeit, keine gleichmäßige Dauer und keine regelmäßige Wiederkehr oder Sukzession „an sich", sondern es gibt immer nur bestimmte inhaltliche Gestaltungen, die ihrerseits bestimmte „Zeitgestalten", ein Kommen und Gehen, ein rhythmisches Dasein und Werden offenbaren[2]. Hierdurch wird das Ganze der Zeit durch gewisse Grenzpunkte und gleichsam durch bestimmte Taktstriche in sich abgeteilt; aber diese Abschnitte sind zunächst lediglich als unmittelbar empfundene, nicht als gemessene oder gezählte vorhanden. Insbesondere alles religiöse Tun des Menschen zeigt eine derartige rhythmische Gliederung. Das Ritual ist sorgfältig darauf bedacht, bestimmte sakrale Akte bestimmten Zeiten und Zeitabschnitten zuzuweisen – außerhalb dieser Abschnitte vollzogen würden sie jegliche sakrale Kraft verlieren. Nach ganz bestimmten Epochen, z. B. nach Perioden von sieben oder neun Tagen, Wochen und Monaten gliedert sich alles religiöse Verhalten. Die „heiligen Zeiten", die Zeiten der Feste, unterbrechen den gleichförmigen Ablauf des Geschehens und führen in ihn bestimmte Trennungslinien ein. Es ist insbesondere der Mondwechsel, der eine Reihe solcher „kritischer Daten" bestimmt. Ariovist vertagt nach dem Bericht bei Cäsar die Aufnahme der Feindseligkeiten bis zum Neumond; die Lakedämonier warten den Vollmond ab, um ins Feld zu rücken. Bei alledem liegt, ganz analog wie beim Raume, die Anschauung zugrunde, daß es sich in der Setzung der zeitlichen Grenz- und Trennungsstriche keineswegs um bloß konventionelle Merkzeichen des Denkens handelt, son-

---

[1] Vgl. hierzu Cumont, Textes et monuments figurés relatifs aux Mystères de Mithra, Bruxelles 1896 ff., I, 18 ff., 78 ff, 294 ff.; Astrology and Religion among the Greeks and Romans, New York und London 1912, S. 110.
[2] Zu diesem Begriff der „Zeitgestalt" vgl. die entsprechenden Darlegungen für die Sprache s. Bd. I, S. 177 ff.

dern daß die einzelnen Zeitabschnitte in sich selber eine qualitative Form und Eigenart, ein eigenes Wesen und eine eigene Wirksamkeit besitzen. Sie bilden keine einfache und gleichförmige rein extensive Reihe, sondern jedem von ihnen kommt eine intensive Erfüllung zu, kraft deren sie einander ähnlich oder unähnlich, entsprechend oder gegensätzlich, freundlich oder feindlich sind[1].

In der Tat scheint, lange bevor im Bewußtsein des Menschen die ersten festen Begriffe über die objektiven Grundunterscheidungen/der Zahl, der Zeit und des Raumes sich bilden, diesem Bewußtsein die feinste Empfindlichkeit für jene eigenartige Periodik und Rhythmik innezuwohnen, die im Leben des Menschen waltet. Wir finden schon auf den niedersten Kulturstufen, bei Naturvölkern, die es kaum bis zu den ersten Anfängen des Zählens gebracht haben und bei denen daher von irgendeiner quantitativ-exakten Auffassung der Zeitverhältnisse keine Rede sein kann, dieses subjektive Gefühl für die lebendige Dynamik des zeitlichen Geschehens oft in überraschender Schärfe und Feinheit durchgebildet. Es ist gewissermaßen ein eigenes mythisch-religiöses „Phasengefühl", das sich für sie an alle Vorgänge des Lebens, insbesondere an alle großen Lebensepochen, an alle entscheidenden Wandlungen und Übergänge knüpft. Schon auf den niedersten Stufen pflegen diese Übergänge, pflegen die wichtigsten Einschnitte im Leben der Gattung, wie in dem der Einzelnen, kultisch irgendwie ausgezeichnet und aus dem gleichförmigen Ablauf des Geschehens herausgehoben zu werden. Eine Fülle sorgfältig beobachteter Riten beschützt ihren Anfang wie ihr Ende. Durch diese Riten wird die fließend immer gleiche Reihe des Daseins, wird der bloße „Verlauf" der Zeit gewissermaßen religiös abgeteilt; durch sie erhält jede besondere Lebensphase ihren besonderen religiösen Einschlag und durch ihn einen eigenen spezifischen Sinn. Geburt und Tod, Schwangerschaft und Mutterschaft, der Eintritt ins mannbare Alter, wie der Eingang der Ehe – sie alle sind durch eigene Übergangs- und Initiationsriten bezeichnet[2]. Die religiöse Sonderung der einzelnen Lebensabschnitte, die durch diese Riten bewirkt wird, ist oft so

---

[1] Vgl. hierzu Hubert u. Mauss, Etude sommaire de la représentation du temps dans la religion et la magie (Mélanges d'histoire des religions, Paris 1909, S. 189 ff.).

[2] Über diese „Initationsriten" vgl. bes. das reichhaltige Material, das Spencer und Gillen für die australischen Eingeborenenstämme bieten: The native tribes of Central Australia, z. B. S. 212 ff., The northern tribes of Central Australia, S. 382 ff.; vgl. auch van Gennep, Les rites de passage u. Brinton, Religions of primitive peoples, S. 191 ff. Für die Südseevölker vgl. bes. Skeat, Malay Magic, London 1900, S. 320 ff.

scharf, daß durch sie geradezu die Kontinuität des Lebens aufgehoben wird.
Es ist eine weitverbreitete, in verschiedenen Formen immer wiederkehrende
Vorstellung, daß der Mensch, indem er von dem einen Lebenskreis in einen
anderen übergeht, in jedem von ihnen als ein anderes Ich erscheint, –
daß z. B. beim Eintritt der Pubertät das Kind stirbt, um als Jüngling und
Mann wiedergeboren zu werden. Allgemein liegt zwischen je zwei bedeutsamen Lebensepochen immer eine „kritische Phase" von kürzerer oder längerer Dauer, die schon äußerlich durch eine Fülle positiver Vor/schriften
und negativer Enthaltungen und Tabus gekennzeichnet zu sein pflegt[1]. Man
ersieht hieraus, daß es für die mythische Weltansicht und für das mythische
Gefühl, bevor sich ihm die Anschauung einer eigentlich-kosmischen
Zeit ausbildet, gewissermaßen eine biologische Zeit, ein rhythmisch abgeteiltes Auf und Ab des Lebens selbst gibt. Ja die kosmische Zeit selbst
wird, so sie zuerst vom Mythos erfaßt wird, von ihm nicht anders als in
dieser eigentümlichen biologischen Gestaltung und Umformung erlebt.
Denn auch die Regelmäßigkeit des Naturgeschehens, auch die Periodizität
im Umlauf der Gestirne und im Wechsel der Jahreszeiten, erscheint dem
Mythos durchaus als Lebensvorgang. Den Wandel des Tages in die Nacht,
das Erblühen und Vergehen der Pflanzenwelt, die zyklische Folge der
Jahreszeiten: dies alles begreift das mythische Bewußtsein zunächst nur dadurch, daß es alle diese Erscheinungen auf das Dasein des Menschen projiziert und in ihm wie im Spiegel erblickt. In dieser wechselseitigen Bezogenheit entsteht ein mythisches Zeitgefühl, das zwischen der subjektiven
Lebensform und der objektiven Anschauung der Natur die Brücke schlägt.
Schon auf der Stufe der magischen Weltansicht erweisen sich beide Formen als unmittelbar ineinander verwoben und aneinander gebunden. Aus
dieser Gebundenheit erklärt sich erst die magische Bestimmbarkeit des
objektiven Geschehens. Der Gang der Sonne, der Lauf der Jahreszeiten:
dies ist hier nicht durch ein unverrückbares Gesetz geregelt, sondern dämonischen Einflüssen unterworfen und magischen Einwirkungen zugänglich. Die mannigfachsten Formen des „Analogiezaubers" dienen dazu, die
Kräfte, die hierbei am Werke sind, zu beeinflussen, sie zu unterstützen oder
zu bezwingen. Die Volksgebräuche, die sich noch heute an die entscheidenden Wendepunkte im Auf- und Abstieg des Jahres, insbesondere an die
Sonnenwende im Winter und Sommer knüpfen, lassen diese ursprüngliche
Auffassung noch wie unter einer leichten Hülle erkennen. In den nachahmenden Spielen und Riten, die mit den einzelnen Festfeiern verbun-

---
[1] Vgl. hierüber z. B. Marett, The threshold of religion³, S. 194 ff.

den sind, im Maienreiten, in den verschiedenen Kranzgebräuchen, in den Mai- und Weihnachts-, den Oster- und Sonnwendfeuern liegt überall die Anschauung zugrunde, daß die belebende Macht der Sonne und der vegetativen Kräfte der Natur durch das Tun des Menschen gefördert und gegen feindliche Gewalten geschützt werden muß. Die allgemeine Verbreitung dieser Gebräuche – dem umfassenden Ma/terial, das Wilhelm Mannhardt für die griechische und römische, für die slavische und germanische Welt gesammelt hat, hat Hillebrandt insbesondere die Bräuche bei den altindischen Sonnwendfeiern an die Seite gestellt[1] – beweist, daß wir es hier mit Anschauungen zu tun haben, die auf eine Grundform des mythischen Bewußtseins zurückgehen. Das primäre mythische „Phasengefühl" kann die Zeit nicht anders als im Bilde des Lebens erfassen – und es muß daher auch all das, was sich in der Zeit bewegt, was in ihr nach einem bestimmten Rhythmus entsteht und vergeht, unmittelbar in die Form des Lebens verwandeln und aufgehen lassen.

Von jener Art der „Objektivität", wie sie sich im mathematisch-physikalischen Begriff ausdrückt, von jener „absoluten Zeit" Newtons, die „an und für sich und ohne Rücksicht auf irgendeinen äußeren Gegenstand verfließt", weiß somit der Mythos nichts. Er kennt so wenig diese mathematisch-physikalische, wie eine im strengen Sinne „historische" Zeit. Denn auch das geschichtliche Zeitbewußtsein trägt ganz bestimmte „objektive" Momente in sich. Es gründet sich auf eine feste „Chronologie", auf eine strenge Unterscheidung des Früher und Später und auf die Innehaltung einer fest bestimmten, eindeutigen Ordnung in der Abfolge der einzelnen Zeitmomente. Eine derartige Scheidung der einzelnen Zeitstufen und eine Aufnahme derselben in ein einziges festgefügtes System, in dem jedem Geschehen eine und nur eine Stelle zukommt, ist dem Mythos fremd. Wie es zum Wesen der mythischen Denkform überhaupt gehört, daß sie überall, wo sie eine Beziehung setzt, die Glieder dieser Beziehung ineinanderfließen und ineinander übergehen läßt, so waltet diese Regel der „Konkreszenz", des Zusammenwachsens der Beziehungsglieder[2], auch in der Art des mythischen Zeitbewußtseins. Auch hier hält die Scheidung der Zeit in scharf gesonderte Stufen, in Vergangenheit, Gegenwart und Zu-

---

[1] Mannhardt, Wald- und Feldkulte, 2 Bde., Berlin 1875 ff., für die indischen Sonnwendbräuche s. Hillebrandt, Die Sonnwendfeste in Alt-Indien (Roman. Forschungen, Bd. V). Eine Zusammenstellung dieser Bräuche für das Ganze der arischen Welt gibt L. v. Schroeder, Arische Religion, Bd. II, Leipzig 1916.

[2] Zur mythischen „Konkreszenz der Relationsglieder" vgl. oben S. 81 ff.

kunft gewissermaßen nicht stand; sondern immer wieder unterliegt das Bewußtsein der Tendenz und der Lockung, die Unterschiede zu nivellieren, ja sie zuletzt in reine Identität umschlagen zu lassen. So ist insbesondere die Magie dadurch gekennzeichnet, daß sie ihr allgemeines Prinzip, das Prinzip des „*pars pro toto*", vom Raume auch auf die Zeit/überträgt. Wie im physisch-räumlichen Sinne nicht nur jeder Teil das Ganze vertritt, sondern wie er, magisch betrachtet, das Ganze ist, so greift der magische Wirkungszusammenhang auch über alle zeitlichen Differenzen und Trennungsstriche hinweg. Das magische „Jetzt" ist keineswegs bloßes Jetzt, ist kein einfacher und abgesonderter Gegenwartspunkt, sondern es ist, um den Leibnizischen Ausdruck zu gebrauchen, *chargé du passé et gros de l'avenir* – es enthält das Vergangene in sich und geht mit der Zukunft schwanger. In diesem Sinne gehört insbesondere die Mantik, in der sich eben dieses eigenartige qualitative „Ineinander" aller Zeitmomente am deutlichsten darstellt, zum integrierenden Bestand des mythischen Bewußtseins.

Aber auf eine neue Stufe erhebt sich dieses Bewußtsein, sobald es nicht mehr, wie in der Magie, auf die Erzielung einer einzelnen Wirkung gespannt bleibt und sich in ihr befriedigt und abschließt, sondern sich statt dessen auf das Ganze des Seins und Geschehens richtet und sich immer mehr mit der Anschauung dieses Ganzen erfüllt. Von der unmittelbaren Gebundenheit im sinnlichen Eindruck und im momentanen sinnlichen Affekt ringt es sich jetzt allmählich los. Statt im einzelnen Gegenwartspunkt oder in einer bloßen Folge solcher Gegenwartspunkte, im einfachen Ablauf einzelner Phasen des Geschehens zu leben, wendet es sich nun mehr und mehr der Betrachtung des ewigen Kreislaufs des Geschehens zu. Noch wird dieser Kreislauf nicht sowohl gedacht als er unmittelbar gefühlt wird; aber schon in diesem Gefühl geht dem mythischen Bewußtsein die Gewißheit eines Allgemeinen, einer universellen Weltordnung auf. Jetzt wird nicht mehr, wie es sonst in der mythischen Naturbeseelung geschieht, ein einzelnes Ding, ein besonderes physisches Dasein mit bestimmten seelischen Inhalten, mit individuell-persönlichen Kräften erfüllt, sondern es ist ein überall wiederkehrendes Gleichmaß, das im Ganzen des Weltgeschehens empfunden wird. Je stärker diese Empfindung sich herausbildet, um so mehr ruft sie auch das mythische Denken wach und stellt dieses Denken vor ein neues Problem. Denn jetzt gilt die Betrachtung nicht mehr dem bloßen Inhalt des Geschehens, sondern seiner reinen Form. Auch hier wirkt das Zeitmotiv als Vermittlung: denn wenngleich die Zeit für den Mythos nicht anders als konkret, als an einem bestimmten physischen Vorgang, insbesondere am Wechsel der Gestirne, zu erfassen ist, so trägt sie doch andererseits ein Moment in sich, das bereits einer anderen, rein ideellen „Dimension" angehört. Es ist etwas anderes, ob die einzel/nen Naturmächte in ihrer Besonderung zum Gegenstand mythischer Deutung und religiöser Verehrung gemacht werden, oder ob sie gleichsam nur als Träger einer allgemeinen Zeitordnung erscheinen. In dem ersteren Fall stehen wir noch ganz im Umkreis der substantiellen Ansicht: Sonne, Mond und Gestirne sind beseelte göttliche Wesen, aber sie sind nichtsdestoweniger individuelle Einzeldinge, die mit ganz bestimmten individuellen Kräften ausgestattet sind. In dieser Hinsicht sind diese Götterwesen von den untergeordneten dämonischen Kräften, die in der Natur walten, zwar dem Grade, aber nicht der Art nach unterschieden. Aber eine andere Auffassung, ein neuer Sinn des Göttlichen reift heran, wenn das mythischreligiöse Gefühl nicht mehr lediglich auf das unmittelbare Dasein der einzelnen Naturobjekte und auf das unmittelbare Wirken der einzelnen Naturkräfte gerichtet ist, sondern wenn dies beides gewissermaßen neben seiner direkten Seinsbedeutung noch eine charakteristische Ausdrucksbedeutung gewinnt: wenn es zum Medium wird, an welchem nunmehr die Idee einer das Universum beherrschenden und durchwaltenden Gesetzesordnung erfaßt wird. Jetzt ist das Bewußtsein nicht mehr irgendeiner Einzelerscheinung der Natur – und wäre sie die mächtigste und gewaltigste – zugewandt, sondern jegliches Naturphänomen dient nur als Zeichen für ein Anderes, Umfassenderes, das sich an ihm und in ihm offenbart. Wo Sonne und Mond nicht lediglich ihrem physischen Sein und ihren physischen Wirkungen nach betrachtet, wo sie nicht nur um ihres Glanzes willen oder als Erzeuger von Licht und Wärme, von Feuchtigkeit und Regen, verehrt, sondern statt dessen als die beständigen Maße der Zeit genommen werden, an denen der Lauf und die Regel des Gesamtgeschehens abgelesen wird – da stehen wir an der Schwelle einer prinzipiell veränderten und vertieften geistigen Ansicht. Von der Rhythmik und Periodik, die schon in allem unmittelbaren Dasein und Leben fühlbar ist, erhebt sich jetzt der Gedanke zur Idee der Zeitordnung als einer universellen, alles Sein und Werden beherrschenden Schicksalsordnung. Erst in dieser Fassung als Schicksal wird die mythische Zeit zu einer wahrhaft kosmischen Potenz – zu einer Macht, die nicht nur den Menschen, sondern die auch die Dämonen und Götter bindet, weil nur in ihr und kraft ihrer unverbrüchlichen Maße und Normen alles Leben und Wirken der Menschen und selbst der Götter möglich ist. –

Die Vorstellung einer solchen Bindung kann sich auf niederen Stufen noch in ganz naive sinnliche Bilder und Ausdrücke kleiden. Die /Maori auf Neu-Seeland haben eine mythische Erzählung, in der berichtet wird, wie Maui, ihr Stammvater und Kulturheros, einst die Sonne in einer Falle gefangen habe und sie, die bisher ihren Lauf über den Himmel ohne feste Regel genommen, zu einem regelmäßigen Gange gezwungen habe[1]. Aber je weiter die Entwicklung fortschreitet und je schärfer die Trennung der eigentlich religiösen von der magischen Weltansicht sich vollzieht, einen um so reineren **geistigen** Ausdruck erhält auch dieses Grundverhältnis. Mit besonderer Deutlichkeit läßt sich diese Wendung vom Sinnlich-Einzelnen ins Allgemeine, von der Vergötterung einzelner Naturmächte in eine universelle Zeitmythologie in dem Heimat- und Ursprungsland aller „astralen" Religion, in Babylon und Assyrien, verfolgen. Auch die Anfänge der babylonisch-assyrischen Religion weisen in den Kreis eines primitiven Animismus zurück. Die Grundschicht bildet auch hier der Dämonenglaube, der Glaube an freundliche und feindliche Mächte, die nach Laune und Willkür in das Geschehen eingreifen. Himmels- und Sturmdämonen, Flur- und Felddämonen, Berg- und Brunnendämonen stehen hier neben Mischwesen, die noch die Spuren der Tierverehrung und älterer totemistischer Anschauungen an sich tragen. Aber in dem Maße als das babylonische Denken sich mehr und mehr auf die Betrachtung der Sternenwelt konzentriert, ändert sich nun die Gesamtform dieses Denkens. Die primitive Dämonenmythologie wird nicht ausgeschaltet; aber sie gehört nur noch einer niederen Schicht des populären Glaubens an. Die Religion der Wissenden, der Priester dagegen ist die Religion der „heiligen Zeiten" und der „heiligen Zahlen". In der Bestimmtheit des astronomischen Geschehens, in der zeitlichen Regel, die über dem Lauf der Sonne, des Mondes und der Planeten waltet, stellt sich nun das eigentliche Grundphänomen des Göttlichen dar. Es ist nicht sowohl das einzelne Gestirn, das in seiner unmittelbaren Körperlichkeit als Gottheit gedacht und verehrt wird, sondern in ihm wird eine Teiloffenbarung der universellen göttlichen Macht erfaßt, die im ganzen wie im einzelnen, im größten und im kleinsten Kreis des Geschehens nach gleichbleibenden Normen wirkt. Vom Himmel, wo sie uns in ihrer klarsten Ausprägung erscheint, läßt sich diese göttliche Verfassung in steten Abstufungen bis herab in die Ordnung des irdischen, des spezifisch-menschlichen, des staatlichen und sozialen Seins verfolgen – als ein und dieselbe

---

[1] Waitz, Anthropologie der Naturvölker, VI, 259; Gill, Myths and Songs of the South Pacific, S. 70.

Grundform, die sich in den verschieden/sten Daseinskreisen verwirklicht[1]. So drückt sich in den Gestirnbewegungen als dem sichtbaren Bild der Zeit jene neue Einheit des Sinnes aus, der dem mythisch-religiösen Denken jetzt über die Gesamtheit des Seins und Geschehens aufzugehen beginnt. Der Schöpfungsmythos der Babylonier stellt das Hervorgehen der Weltordnung aus dem gestaltlosen Urgrund im Bilde des Kampfes dar, der von dem Sonnengott Marduk gegen das Ungeheuer Tiamat geführt wird. Nach seinem Siege setzt Marduk die Gestirne als Standorte der großen Götter fest und bestimmt ihren Lauf; er setzt die Tierkreiszeichen, das Jahr und die zwölf Monate ein; er richtet feste Schranken auf, damit keiner der Tage abweiche oder sich verirre. So entwickelt sich alle Bewegung und mit ihr alles Leben dadurch, daß in das schlechthin formlose Dasein die Lichtgestalt der Zeit und ihre Unterscheidung und Abhebung in einzelne Phasen eindringt. Und mit dieser Beständigkeit des äußeren Geschehens verknüpft sich hier, gemäß der Verwobenheit beider Momente im mythischen Gefühl und Denken, unmittelbar die des inneren, verknüpft sich der Gedanke einer unerschütterlichen Regel und Norm, die über das Tun des Menschen gesetzt ist. „Marduks Wort ist beständig, sein Befehl wird nicht verändert, was aus seinem Munde hervorgeht, verwandelt kein Gott." So wird er zum obersten Schützer und Hüter des Rechts, „der ins Innerste blickt, der den Übeltäter nicht entrinnen läßt, der die Unbotmäßigen beugt und das Recht gelingen läßt[2]".

Der gleiche Zusammenhang zwischen der universellen Zeitordnung, die über allem Geschehen waltet, und der ewigen Rechtsordnung, unter der dieses Geschehen steht, die gleiche Verknüpfung zwischen dem astronomischen und dem ethischen Kosmos findet sich in fast allen großen Kulturreligionen wieder. Im ägyptischen Pantheon ist es der Mondgott Thoth, der als der Messende, der Teiler der Zeit, zugleich der Herr über alles richtige Maß wird. Die heilige Elle, die bei den Plänen der Tempel und bei Vermessung des Landes gebraucht wird, ist ihm geweiht. Er ist der Schreiber der Götter und/der Richter der Himmel, der Sprache und Schrift gegeben hat und durch die Kunst des Zählens und Rechnens Göt-

---

[1] Vgl. hierzu M. Jastrow, Die Religion Babyloniens und Assyriens, Gießen 1905, I/II; Carl Bezold, Himmelsschau und Astrallehre bei den Babyloniern. Sitzungsbericht der Heidelberger Akad. der Wiss., 1911; Hugo Winckler, Himmels- und Weltenbild der Babylonier[2], Leipzig 1903.

[2] Zur babylonischen Schöpfungslegende vgl. Jensen, Die Kosmologie der Babylonier, Stuttgart 1890, S. 279 ff.; sowie die Übersetzung bei Gunkel, Schöpfung und Chaos in Urzeit und Endzeit, Göttingen 1895, S. 401 ff.

ter und Menschen wissen läßt, was ihnen zusteht. Der Name für das vollkommen genaue und unveränderliche Maß (maāt) wird auch hier der Name für die ewige unabänderliche Ordnung, die in der Natur wie im Sittlichen herrscht. Man hat diesen Begriff des „Maßes" in seiner doppelten Bedeutung geradezu als die Grundlage des ganzen ägyptischen Religionssystems bezeichnet[1]. Nicht minder wurzelt die Religion Chinas in jenem Grundzug des Denkens und Fühlens, den de Groot als „Universismus" bezeichnet hat: in der Überzeugung, daß alle Normen des menschlichen Tuns in dem ursprünglichen Gesetz der Welt und des Himmels gegründet und von ihm unmittelbar abzulesen sind. Nur wer den Lauf des Himmels kennt, wer den Lauf der Zeit versteht und ihm gemäß sein Wirken einrichtet; wer es an feste Daten, an bestimmte Monate und Tage zu knüpfen weiß – nur der kann seinen menschlichen Wandel richtig vollenden. „Was der Himmel bestimmt, das ist des Menschen Natur; der menschlichen Natur folgen, das ist das Tao des Menschen. Pflege dieses Tao, das heißt Unterweisung." So geht auch hier die ethische Bindung des Tuns in seine zeitliche, ja geradezu in seine kalendarische Gebundenheit über, wie denn auch die einzelnen Zeitabschnitte, das Größte Jahr, das Jahr, die Jahreszeiten und die Monate göttlich verehrt werden. Die Pflicht, die Tugend des Menschen besteht in nichts anderem und in nichts höherem als darin, den „Weg" zu kennen und innezuhalten, welchen der Makrokosmos den Mikrokosmos wandeln läßt[2].

Auch im religiösen Anschauungskreis der indogermanischen Völker läßt sich der gleiche charakteristische Übergang verfolgen: auch hier tritt allmählich an Stelle der Besonderung und Vereinzelung des Göttlichen, wie sie in der polytheistischen Naturreligion herrscht, der Gedanke einer universellen Naturordnung, die zugleich als geistig-ethische Ordnung erscheint. Und wieder ist es die Anschauung der Zeit, die zwischen diese beiden Grundbedeutungen tritt und die zuletzt ihren Zusammenschluß herbeiführt. Dieser religiöse Entwicklungsprozeß stellt sich in den Veden im Begriff des Rita, im Avesta in dem inhaltlich und etymologisch entsprechenden Begriff des Asha dar. Beide sind /Ausdrücke des regelmäßigen „Ganges", der festverordneten Fügung des Geschehens, die gleich sehr unter dem Gesichtspunkt des Seins, wie unter dem des Sollens erfaßt wird – die

---

[1] Vgl. Le Page Renouf, Vorlesungen über Ursprung und Entwicklung der Religion, 1881, S. 233; Moret, Mystères Égyptiens, Paris 1913, S. 132 ff.

[2] S. hrz. de Groot, Universismus, Berlin 1918 u. Legge, The Texts of Taoism (Sacr. Books of the East, vol. XXXIX u. XL, Oxford 1891).

als Geschehensordnung zugleich Rechtsordnung ist. „Nach dem Rita strömen die Flüsse" – so heißt es in einem Liede des Rigveda –, „nach ihm leuchtet die Morgenröte auf: den Pfad der Ordnung wandelt sie richtig nach; wie eine Kundige verfehlt sie nicht die Richtungen des Himmels[1]." Und die gleiche Ordnung wacht und waltet über den Fortgang des Jahres. Um den Himmel läuft das zwölfspeichige Rad des Rita, das nie alt wird: das Jahr. In einem bekannten Liede des Atharvaveda ist es die Zeit selbst, der Kala, der als Roß mit vielen Zügeln daherfährt: „Seine Räder sind alle Wesen. Mit sieben Rädern fährt Kala, sieben Naben hat er, das Unsterbliche ist seine Achse. Er bringt alle Dinge zur Erscheinung, er fährt dahin als erster Gott. Die Zeit kommt allen Wesen entgegen, die Zeit thront im höchsten Himmel. Sie brachte alle Dinge zustande, sie überholte alle Dinge, als ihr Vater ward der Kala zugleich auch ihr Sohn, darum gibt es keine höhere Macht als diesen[2]." In dieser Anschauung der Zeit läßt sich ein Kampf zwischen zwei religiösen Urmotiven: zwischen dem Schicksalsmotiv und dem Schöpfungsmotiv, erkennen. Es besteht ein eigentümlicher dialektischer Gegensatz zwischen dem Schicksal, das eine zwar zeitlich erscheinende, aber seinem Wesen nach überzeitliche Macht ist, und der Schöpfung, die immer als ein einzelner Akt in der Zeit gedacht werden muß. In der jüngeren vedischen Literatur ist der Gedanke Prajapatis als des Weltenschöpfers, des Schöpfers der Götter und Menschen konzipiert; aber sein Verhältnis zur Zeit ist ein doppelseitiges und zwiespältiges. Auf der einen Seite wird Prajapati, aus dem alle Dinge hervorgegangen sind, mit dem Jahr, also allgemein mit der Zeit identifiziert; er ist das Jahr, denn als ein Ebenbild seiner selbst hat er es erschaffen[3]. An anderen Stellen aber kehrt sich, wie in dem eben erwähnten Liede des Atharvaveda, das Verhältnis um. Nicht die Zeit ist von Prajapati geschaffen, sondern sie schuf selbst den Prajapati. Sie ist der Götter erster, der sämtliche Wesen hervorgebracht hat und der sie sämtlich überdauern wird. Man erkennt, wie die Zeit hier als göttliche Macht zugleich im gewissen Sinne übergöttlich, weil überpersönlich,/zu werden beginnt. Es ist wie im Goetheschen Prometheus: wo einmal die allmächtige Zeit und das ewige Schicksal auf den Plan treten, da werden durch sie die polytheistischen Einzelgötter, ja

---

[1] Rigveda I, 124, 3 (Hillebrandt, Lieder des Rigveda, S. 1).

[2] Atharvaveda 19, 53 (übersetzt von Geldner bei Bertholet, Religionsgeschichtl. Lesebuch, S. 164.)

[3] Eine Gesamtübersicht über die Stellen, in denen diese Gleichsetzung sich vollzieht, findet sich bei Deussen, Allg. Gesch. d. Philosophie I, 1, Lpz. 1894, S. 208.

selbst der höchste Schöpfergott entthront. Sofern sie bestehen bleiben, werden sie nun nicht mehr schlechthin um ihrer selbst willen, sondern als Hüter und Verwalter der universellen Schicksalsordnung, der sie selbst eingefügt und untergeordnet sind, verehrt. Die Götter sind nicht mehr die unbedingten Gesetzgeber der physischen wie der sittlichen Welt, sondern sie haben in ihrem Tun und Wirken ein höheres Gesetz über sich. So steht der Homerische Zeus unter der unpersönlichen Macht der Moira; so erscheint auch im Kreise der germanischen Mythologie die Schicksalsmacht des Werdens *(Wurd)* zugleich als Gewebe der Nornen, der Schicksalsfrauen und als Urgesetz *(urlagu,* ahd. *urlag,* altsächs. *orlag).* Sie ist auch hier die messende Macht – wie in der nordischen Schöpfungslehre die Weltesche Yggdrasil als der Baum mit dem rechten Maße, als Baum, der das Maß gibt, dargestellt wird[1]. Im Avesta, in dem das reine Schöpfungsmotiv zur schärfsten Durchführung gelangt, in dem Ahura Mazda, der höchste Herrscher, als Urheber aller Dinge und als ihr Herr verehrt wird, wird doch auch er zugleich als Vollzieher einer überpersönlichen Ordnung des Asha, gedacht, die zugleich Naturordnung und sittliche Ordnung ist. Das Asha erscheint, wenngleich es von Ahura Mazda geschaffen ist, wie eine selbständige Urmacht, die dem Gott des Lichts in seinem Kampf gegen die Gewalten der Finsternis und der Lüge beisteht und die mit ihm gemeinsam diesen Kampf entscheidet. Als Helfer in seinem Streit gegen Ahriman hat sich der Gott des Guten die sechs Erzengel, die *Amesha Spenta* erzeugt, an deren Spitze neben der „guten Gesinnung" *(Vohu Manah)* die „beste Redlichkeit", das *Asha Vahishta* steht. In der Setzung und Bezeichnung dieser geistigen Potenzen – die in der griechischen Übersetzung bei Plutarch als εὔνοια und ἀλήθεια wiedergegeben werden – stehen wir bereits innerhalb eines religiösen Gedankenkreises, der über die Grenzen der bloßen Bildwelt des Mythischen hinausdrängt, ja der schon mit echt dialektischen und spekulativen Motiven durchsetzt ist. Und wieder stellt sich die Auswirkung dieser Motive am deutlichsten in der Fassung und Bestimmung des Zeitbegriffs dar. Hier wird die Spannung zwischen dem Gedanken der Ewig/keit und dem Gedanken der Schöpfung am stärksten – so daß sie allmählich das gesamte religiöse System von innen her umzubilden und ihm einen veränderten Charakter aufzuprägen scheint. Schon das Avesta unterscheidet zwei Grundformen der Zeit: die grenzenlose Zeit oder Ewigkeit und die „herrschende Zeit der langen Periode", die Ahura Mazda als

---

[1] Vgl. Mogk in Paul-Braunes Grundriß d. german. Philologie² I, 281 ff.; Golther, Handb. der german. Mythologie, S. 104 ff., 529.

Zeitabschnitt für die Geschichte der Welt, als Epoche seines Kampfes gegen den Geist der Finsternis bestimmt hat. Diese Epoche der „langen, eigenem Gesetz unterstehenden Zeit" gliedert sich selbst wieder in vier Hauptabschnitte. Mit der Schöpfung beginnt der erste Abschnitt von drei Jahrtausenden – eine „Vorzeit", in der die Welt zwar lichthaft, aber noch nicht wahrnehmbar, sondern erst geistig existierte; dann folgt eine „Urzeit", in der die Welt auf Grund ihrer schon vorhandenen Formen in sinnlich wahrnehmbare Gestalt umgeschaffen wird; eine „Kampfzeit", in der Ahriman und seine Genossen in die reine Schöpfung des Ormazd einbrechen und in der die Geschichte der Menschheit auf Erden ihren Anfang nimmt – bis schließlich in der „Endzeit" die Macht des bösen Geistes gebrochen wird und damit die „herrschende Zeit der langen Periode" wieder in die unendliche Zeit, die Weltzeit wieder in die Ewigkeit aufgeht. Im System des Zruvanismus, das literarisch erst in relativ später Zeit bezeugt ist, das aber nur bestimmte Urmotive iranischen Glaubens, die durch die Reform Zarathustras zeitweilig zurückgedrängt waren, wiederaufzunehmen scheint, wird sodann ausdrücklich die unendliche Zeit *(Zruvan akarano)* als letztes und höchstes Prinzip aufgestellt: als der Urgrund, aus dem alle Dinge und aus dem auch die beiden gegensätzlichen Potenzen des Guten und Bösen hervorgegangen sind. Die unendliche Zeit ist es, die sich in sich selber entzweit und die nunmehr als ihre beiden Söhne, als Zwillingsbrüder, die zueinander gehören und die einander doch fortdauernd bekämpfen müssen, die gute und die böse Macht erzeugt. So zeigt sich auch in diesem System, in dem ‚Zeit' und ‚Schicksal' ausdrücklich gleichgestellt sind – die griechischen Berichte geben den Begriff des *Zruvan* mit τύχη wieder – der eigentümliche Doppelcharakter einer Begriffsbildung, die sich an einzelnen Stellen bis zu den schwierigsten und subtilsten Abstraktionen erhebt, und die doch andererseits noch durchaus die Farbe des spezifisch-mythischen Zeitgefühls an sich trägt. Die Zeit als Welt- und Schicksalszeit ist hier nirgend das, was sie für die theoretische, insbesondere für die mathematische Erkenntnis ist: eine rein ideelle Ordnungsform, ein Bezugs- und Stellensystem, sondern sie ist die Grundmacht des /Werdens selber, die mit göttlichen und dämonischen, mit schöpferischen und zerstörenden Kräften begabt ist[1]. Ihre Ordnung wird zwar in ihrer Allgemeinheit und Unverbrüchlichkeit erfaßt, aber sie erscheint andererseits selbst wie ein Verordnetes –

---

[1] Über den Zeitbegriff der iranischen Religion und das System des „Zurvanismus", s. jetzt bes. den Vortrag von Heinrich Junker, Über iranische Quellen der hellenistischen Aion-Vorstellung (Vorträge der Bibliothek Warburg, Bd. I (1921–22),

das Gesetz der Zeit, dem alles Geschehen unterliegt, erscheint als ein durch eine halb persönliche, halb unpersönliche Macht Gesetztes. Über diese letzte Schranke vermag der Mythos kraft der Bedingtheit seiner Form und seiner geistigen Ausdrucksmittel nicht hinauszugehen; aber innerhalb dieser Form ist nun insofern eine weitergehende Differenzierung des Zeitbegriffs und des Zeitgefühls möglich, als die mythisch-religiöse Anschauung die einzelnen Momente der Zeit verschieden betonen, sie mit ganz verschiedenen Werten versehen und hierdurch dem Ganzen der Zeit eine verschiedene „Gestalt" aufprägen kann.

4.

Für den Gang, den die theoretische Erkenntnis, den die Mathematik und die mathematische Physik nimmt, ist es bezeichnend, daß in ihm der Gedanke der Homogeneität der Zeit sich immer schärfer durchbildet und herausarbeitet. Kraft dieses Gedankens kann erst das Ziel der mathematisch-physikalischen Betrachtung, kann erst die fortschreitende Quantifizierung der Zeit erreicht werden. Die Zeit wird nicht nur in all ihren Einzelbestimmungen auf den Begriff der reinen Zahl bezogen, sondern sie scheint zuletzt ganz in ihm aufzugehen. In der modernen Entwicklung des mathematisch-physikalischen Denkens, in der Ausbildung der allgemeinen Relativitätstheorie, drückt sich dies darin aus, daß hier die Zeit in der Tat all ihre spezifische Besonderung abgestreift hat. Jeder Weltpunkt ist durch seine Raum-Zeitkoordinaten $x_1$, $x_2$, $x_3$, $x_4$ bestimmt; aber diese bedeuten hierbei einfach numerische Werte, die sich durch keine Sondercharaktere mehr voneinander unterscheiden, und die demgemäß auch miteinander vertauschbar sind. Für die mythisch-religiöse Weltansicht aber wird die Zeit niemals zu einem derartigen gleichförmigen Quantum, sondern ihr ist sie, so universell sich schließlich ihr Begriff gestalten mag, nach wie vor als ein eigentümliches „*Quale*" gegeben. Und eben diese Qualifizierung der Zeit ist es, in der die ver/schiedenen Epochen und Kulturen sowie die verschiedenen Grundrichtungen der religiösen Entwicklung sich in höchst charakteristischer Weise voneinander absondern. Was sich für den mythischen Raum ergab, das gilt auch für die mythische Zeit – ihre Form hängt von der eigentümlichen, mythisch-religiösen Akzentuierung, von der Art der Verteilung der Akzente des „Heiligen" und des „Unheiligen" ab. Die

Leipzig 1923, S. 125 ff.). Vgl. auch Darmesteter, Ormazd et Ahriman, Paris 1877, S. 316 ff. und Cumont, Textes et monum. figurés rel. aux mystères de Mithra I, 18 ff., 78 ff., 294 ff.

Zeit ist, religiös betrachtet, niemals ein einfacher und einförmiger Ablauf des Geschehens, sondern sie empfängt ihren Sinn erst durch die Abhebung und Unterscheidung ihrer einzelnen Phasen. Je nachdem hier das religiöse Bewußtsein Licht und Schatten verschieden verteilt, je nachdem es bei der einen oder anderen zeitlichen Bestimmung verweilt, sich in sie versenkt und sie mit einem besonderen Wertzeichen versieht, gewinnt das Ganze der Zeit eine verschiedene Gestalt. Gegenwart, Vergangenheit und Zukunft gehen freilich als Grundzüge in jedes Bild der Zeit ein – aber die Art und die Beleuchtung des Bildes wechselt je nach der Energie, mit der sich das Bewußtsein bald dem einen, bald dem andern Moment zuwendet. Denn für die mythisch-religiöse Auffassung handelt es sich nicht um eine rein logische Synthese, um die Zusammenfassung des „Jetzt" mit dem „Früher" und „Später" in der „transzendentalen Einheit der Apperzeption", sondern hier hängt alles davon ab, welche Richtung des zeitlichen Bewußtseins über alle andern das Übergewicht und die Vorherrschaft gewinnt. Im konkreten mythisch-religiösen Zeitbewußtsein lebt immer eine bestimmte Dynamik des Gefühls – eine verschiedene Intensität, mit der das Ich sich der Gegenwart, der Vergangenheit oder Zukunft hingibt und sie, im Akt dieser Hingebung und durch ihn, zueinander in ein bestimmtes Zugehörigkeits- oder Abhängigkeitsverhältnis rückt.

Es wäre eine reizvolle Aufgabe, diese Verschiedenheiten und Wandlungen des Zeitgefühls durch das Ganze der Religionsgeschichte hindurch zu verfolgen und zu zeigen, wie eben dieser wechselnde Aspekt der Zeit, die Auffassung ihres Bestandes, ihrer Dauer und ihres Wandels, eine der tiefsten Differenzen im Charakter der einzelnen Religionen ausmacht. Hier soll dieser Unterschied nicht im einzelnen verfolgt, sondern nur an einigen großen typischen Beispielen aufgewiesen werden. Das Hervortreten des Gedankens des reinen Monotheismus bildet auch für die Gestaltung und Auffassung des Zeitproblems im religiösen Denken eine wichtige Grenzscheide. Denn im Monotheismus erfolgt die eigentliche Uroffenbarung des Göttlichen nicht in jener Form der Zeit, wie sie die Natur im Wandel und in der periodischen Wiederkehr ihrer Gestalten vor uns hinstellt. Diese Form des Werdens kann kein Bild für das unvergängliche Sein Gottes abgeben. Daher vollzieht sich, insbesondere im religiösen Bewußtsein der Propheten, eine schroffe Abwendung von der Natur und von den zeitlichen Ordnungen des Naturgeschehens. Wenn die Psalmen Gott als den Schöpfer der Natur preisen, als den, dem Tag und Nacht gehört, der macht, daß Sonne und Gestirne ihren gewissen Lauf haben, der den Mond gemacht hat, das Jahr danach zu teilen, so weist die prophetische Anschauung, wenngleich auch in ihr diese großen Bilder wiederkehren, im ganzen doch einen durchaus anderen Weg. Der göttliche Wille hat sich in der Natur kein Zeichen geschaffen, so daß diese für das rein ethisch-religiöse Pathos der Propheten indifferent wird. Der Glaube an Gott wird Aberglaube, wenn er sich, in Hoffnung oder Furcht, an die Natur klammert. ,,Ihr sollt nicht der Heiden Weise lernen" – so verkündet Jeremia – ,,und sollt Gott nicht fürchten vor den Zeichen des Himmels, wie die Heiden sich fürchten" (Jerem. 31, 35; 10, 2). Und mit der Natur versinkt für das prophetische Bewußtsein nun gleichsam auch das Ganze der kosmischen, der astronomischen Zeit – und an ihrer Stelle erhebt sich eine neue Zeitanschauung, die sich rein auf die Geschichte der Menschheit bezieht. Aber auch diese wird nicht als Vergangenheitsgeschichte, sondern als religiöse Zukunftsgeschichte gefaßt. Man hat darauf hingewiesen, wie z. B. die Patriarchensage durch das neue prophetische Selbstbewußtsein und Gottesbewußtsein aus dem Mittelpunkt des religiösen Interesses völlig verdrängt wird[1]. Alles echte Zeitbewußtsein geht jetzt durchaus im Zukunftsbewußtsein auf. ,,Gedenket nicht an das Alte und achtet nicht auf das Vorige" – so wird nun ausdrücklich geboten[2]. ,,Die Zeit" – so sagt Hermann Cohen, der von allen modernen Denkern diesen Grund- und Urgedanken der prophetischen Religion am tiefsten gefühlt und am reinsten wieder erneuert hat – ,,die Zeit wird Zukunft und nur Zukunft. Vergangenheit und Gegenwart versinken in dieser Zeit der Zukunft. Dieser Rückgang in die Zeit ist die reinste Idealisierung. Alles Dasein verschwindet vor diesem Standpunkt der Idee. Das Dasein des Menschen hebt sich auf in dieses Sein der Zukunft ... Was der griechische Intellektualismus nicht hervorbringen konnte, das ist dem prophetischen Monotheismus gelungen. Historie ist im griechischen Bewußtsein gleichbedeutend mit Wissen schlechthin. So ist und bleibt/den Griechen die Geschichte lediglich auf die Vergangenheit gerichtet. Der Prophet dagegen ist der Seher, nicht der Gelehrte ... Die Propheten sind die Idealisten der Geschichte. Ihr Sehertum hat den Begriff der Geschichte erzeugt, als des Seins der Zukunft[3]." Aus diesem Zukunftsgedanken heraus muß alle Gegenwart, die des Menschen wie der Dinge, umgeschaffen, muß sie erst wieder neu geboren werden. Die Natur, wie sie ist und be-

---

[1] Vgl. Goldziher, Der Mythos bei den Hebräern, S. 370 f.
[2] Jesaj. 43, 18.
[3] Hermann Cohen, Die Religion der Vernunft aus den Quellen des Judentums, S. 293 ff., 308.

steht, kann dem prophetischen Bewußtsein keinen Halt mehr bieten. Wie von dem Menschen ein neues Herz gefordert wird, so bedarf es auch eines „neuen Himmels und einer neuen Erde" – gleichsam als natürlichen Substrats des neuen Geistes, in welchem hier die Zeit und das Geschehen als Ganzes gesehen wird. Die Theogonie wie die Kosmogonie des Mythos und der bloßen Naturreligionen ist damit durch ein geistiges Prinzip von ganz anderer Form und Herkunft überwunden. Auch der eigentliche Schöpfungsgedanke tritt, zum mindesten bei den vorexilischen Propheten, fast völlig zurück[1]. Ihr Gott steht nicht sowohl am Anfang der Zeiten als an deren Ende; er ist nicht sowohl der Ursprung alles Geschehens als vielmehr seine ethisch-religiöse Vollendung.

Auch das Zeitbewußtsein der persischen Religion steht im Zeichen dieser reinen religiösen Zukunftsidee. Der Dualismus, der Gegensatz zwischen der Macht des Guten und des Bösen bildet hier das große ethisch-religiöse Grundthema: aber dieser Dualismus ist insofern kein endgültiger, als er ausdrücklich auf eine bestimmte Zeitspanne, auf die „herrschende Zeit der langen Periode" beschränkt wird. Am Ende dieser Epoche ist die Macht Ahrimans gebrochen und der Geist des Guten behält den alleinigen Sieg. So wurzelt auch hier das religiöse Gefühl nicht in der Anschauung des Gegebenen, sondern es ist durchweg auf die Heraufführung eines neuen Seins und einer neuen Zeit gerichtet. Aber gegenüber dem prophetischen Gedanken vom „Ende der Zeiten" erscheint der Zukunftswille der persischen Religion zunächst begrenzter, irdisch-gebundener. Es ist der Wille zur Kultur und ein optimistisches Kulturbewußtsein, die hier ihre volle religiöse Sanktion erhalten haben. Wer das Feld bestellt und bewässert, wer einen Baum pflanzt, wer schädliche Tiere vernichtet und für die Erhaltung und Förderung nützlicher Tiere sorgt – der vollzieht damit den Willen Gottes. Diese „guten Taten des Landmanns" sind es, die im/Avesta immer wieder gepriesen werden[2]. Der Mann des Rechts, der Erhalter und Förderer der Asha ist, wer die Feldfrucht, die Quelle des Lebens, aus der Erde hervorgehen läßt: – wer das Getreide pflegt, pflegt das Gesetz Ahura Mazdas. Es ist jene Religion, wie sie Goethe im West-östlichen Divan im „Vermächtnis altpersischen Glaubens" dargestellt hat: „Schwerer Dienste tägliche Bewahrung, sonst bedarf es keiner Offenbarung". Denn die Menschheit als Ganzes und der Mensch als Einzelner stehen hier nicht abseits des großen Weltenkampfes, empfinden und erleben ihn nicht als bloß äußeres

---

[1] Vgl. hierzu Gunkel, Schöpfung und Chaos, S. 160.
[2] Siehe Yasna 12, Yasna 51 u. ö.

Schicksal, sondern sie sind dazu bestimmt, selbsttätig in ihn einzugreifen. Nur durch ihre ständige Mitwirkung kann das Asha, kann die Ordnung des Guten und des Rechts zum Siege geführt werden. Erst kraft der Gemeinschaft mit dem Willen und Tun der Rechtdenkenden, der Männer des Asha, gelingt Ormazd zuletzt sein Befreiungs- und Erlösungswerk. Jede gute Tat, jeder gute Gedanke des Menschen vermehrt die Kraft des guten Geistes, wie jeder böse Gedanke das Reich des Bösen vermehrt. So ist es bei aller Richtung auf die äußere Kulturgestaltung zuletzt doch das ,,Universum im Innern", aus dem hier der Gottesgedanke seine eigentliche Kraft zieht. Der Akzent des religiösen Gefühls ruht auf dem Ziel des Handelns – auf seinem Telos, in dem sich aller bloße Zeitverlauf dadurch aufhebt, daß er sich in eine einzige höchste Spitze zusammendrängt. Wieder fällt alles Licht auf den Schlußakt des großen Weltendramas: auf das Ende der Zeiten, in dem der Geist des Lichts den der Finsternis überwunden haben wird. Dann ist die Erlösung nicht allein durch den Gott, sondern durch den Menschen und mit Hilfe des Menschen vollbracht. Alle Menschen werden einstimmig und zollen dem Ormazd lauten Preis. ,,Die Erneuerung findet in den Welten statt nach seinem Willen und die Welt wird unsterblich für immer und ewig[1]."

Vergleicht man dieser Grundansicht das Bild der Zeit und des Werdens, wie es in der indischen philosophischen und religiösen Spekulation heraustritt, so wird der Gegensatz alsbald fühlbar. Auch hier wird eine Aufhebung der Zeit und des Werdens gesucht – aber nicht die Energie des Wollens, die alles bedingte Tun zuletzt in ein einziges und höchstes Endziel zusammendrängt, sondern die Klarheit und Tiefe des Denkens ist es, von der diese Aufhebung erwartet wird. Nachdem einmal die erste naturwüchsige Form der frühen vedischen Religion überwunden/ist, nimmt die Religion mehr und mehr die Farbe des Gedankens an. Wenn die Reflexion hinter den Schein der Vielheit der Dinge zurückdringt, wenn sie die Gewißheit des absolut-Einen jenseits aller Vielheit gewinnt, dann ist für sie mit der Form der Welt auch die der Zeit versunken. Man kann sich den Gegensatz, der hier zwischen der indischen und der iranischen Grundanschauung herrscht, vielleicht am besten an einem charakteristischen Einzelzug, an der religiösen Stellung und Wertung des Schlafs, vergegenwärtigen. Im Awesta erscheint der Schlaf als ein böser Dämon, weil er die Tätigkeit des Menschen lähmt. Wie Licht und Finsternis, wie Gut und Böse,

---

[1] Bundahish 30, 23 u. 32 (übersetzt von Geldner bei Bertholet S. 358).

so stehen sich hier Wachen und Schlaf gegenüber[1]. Das indische Denken dagegen fühlt sich, schon in den älteren Upanishaden, wie durch einen geheimnisvollen Zauber zu der Vorstellung des tiefen traumlosen Schlafes hingezogen und gestaltet sie mehr und mehr zum religiösen Ideal um. Hier, wo alle bestimmten Grenzen des Seins ineinander verfließen, sind alle Qualen des Herzens überwunden. Hier wird das Sterbliche unsterblich, hier gelangt es zum Brahman hin. „So wie einer, von dem geliebten Weibe ganz umschlungen, nicht mehr weiß, was außen oder innen ist, so weiß jener Menschengeist, vom geistigen Atman ganz umschlungen, nicht mehr, was außen oder innen ist. Das ist fürwahr seine Form, wo sein Wünschen erreicht ist, wo er frei von Wunsch und der Schmerz ihm etwas Fremdes ist[2]." Hier liegt der Keim jenes charakteristischen Zeitgefühls, das sodann in voller Klarheit und in höchster Intensität in den buddhistischen Quellen hervortritt. Die Lehre Buddhas hält von der Anschauung der Zeit lediglich das Moment des Entstehens und Vergehens fest: alles Entstehen und Vergehen aber ist ihr vor allem und wesentlich Schmerz. Die Entstehung des Leidens ist der dreifache Durst: der Durst nach Lust, der Durst nach dem Werden und nach der Vergänglichkeit. Hier ist es somit die Endlosigkeit des Werdens, wie sie in der Zeitform alles empirischen Geschehens unmittelbar beschlossen liegt, welche mit einem Schlage auch seine ganze Sinn- und Trostlosigkeit enthüllt. Im Werden selbst kann es keinen Abschluß, kann es somit kein Ziel, kein Telos geben. Solange wir noch auf dieses Rad des Werdens geflochten sind, solange wälzt es uns unablässig und unerbittlich, rastlos und zwecklos mit sich herum. In den „Fragen des Milinda" verlangt König Milinda von dem Heiligen Nâga/sena ein Gleichnis für die Seelenwanderung: da zeichnet Nâgasena einen Kreis auf den Boden und fragt: „Hat dieser Kreis ein Ende, großer König?" – „Das hat er nicht, o Herr." – „So bewegt sich auch der Kreislauf der Geburten." – „Gibt es also ein Ende dieser Verkettung?" „Das gibt es nicht, o Herr[3]." Man kann es geradezu als die für den Buddhismus wesentliche religiöse und gedankliche Methodik bezeichnen, daß er überall dort, wo die gewöhnliche empirische Weltansicht ein Sein, ein Beharren, einen Bestand zu erblicken glaubt, an diesem scheinbaren Sein das Moment des Entstehens und Vergehens aufweist, und daß er schon diese bloße Form der

---

[1] Vgl. Yasna 44, 5; näheres über den Dämon des Schlafes (Bušyansta), siehe bei Jackson, Die iranische Religion im „Grundriß der iranischen Philologie" II, 660.
[2] Brhadaranyaka Upan. 4, 3, 21 ff. (deutsch von Geldner, a. a. O., S. 196).
[3] Vgl. Oldenberg, Aus Indien und Iran, Berlin 1899, S. 91.

Sukzession als solche, unabhängig von dem Inhalt, der sich in ihr bewegt und gestaltet, unmittelbar als Leiden empfindet. Alles Wissen wie alle Unwissenheit wurzelt für ihn in diesem einen Punkt. „Da weiß" – so belehrt Buddha einen Mönch – „ein unwissender gemeiner Mann von der dem Entstehen unterworfenen Form nicht der Wahrheit gemäß, daß sie dem Entstehen unterworfen ist; er weiß von der dem Vergehen unterworfenen Form nicht der Wahrheit gemäß, daß sie dem Vergehen unterworfen ist ... Er weiß von der dem Entstehen unterworfenen Empfindung, von der Vorstellung, von den Betätigungen nicht der Wahrheit gemäß, daß sie dem Entstehen und Vergehen unterworfen sind ... Das ist es, o Mönch, was man Unwissenheit nennt und insofern ist man in Unwissenheit befangen[1]." So sind es im schärfsten Gegensatz zu dem aktiven Zeit- und Zukunftsgefühl der prophetischen Religionen die Betätigungen, die Sankhara, so ist es unser Tun selbst, das als Grund und Wurzel des Leidens erscheint. Unsere Taten selbst so gut wie unsere Leiden hemmen den Gang des wahrhaften, des innerlichen Lebens, weil sie dieses Leben in die Zeitform hinabziehen und in sie verstricken. Dadurch, daß sich alles Tun in ihr bewegt und daß es keine andere Realität, als in ihr und durch sie besitzt, wird sein Unterschied vom Leiden nivelliert und aufgehoben. Die Erlösung von beidem tritt ein, wenn es gelingt, diesen zeitlichen Untergrund, dieses Substrat alles Leidens und Tuns aufzuheben, indem wir es als wesenlos durchschauen. Die Überwindung des Leidens wie die des Tuns erfolgt durch die Zerstörung der Zeitform, nach welcher der Geist in die wahrhafte Ewigkeit des Nirwana eingeht. Hier liegt das /Ziel nicht, wie bei Zarathustra oder bei den israelitischen Propheten, am „Ende der Zeiten", sondern darin, daß die Zeit als Ganzes samt allem, was in ihr ist und was in ihr „Gestalt und Namen" empfängt, für den religiösen Blickpunkt verschwindet. Die Flamme des Lebens erlischt vor dem reinen Blick der Erkenntnis. „Das Rad ist gebrochen, der ausgetrocknete Strom der Zeit fließt nicht mehr, das gebrochene Rad rollt nicht mehr: – das ist das Ende des Leidens.[2]"

Und wieder ein völlig anderer, an sich nicht minder bedeutsamer Typus der Zeitbetrachtung zeigt sich uns, wenn wir auf die Gestaltung der chinesischen Religion hinüberblicken. So vielfältig die Fäden sein mögen,

---

[1] Samyutta-Nikāya XXII, 12 (deutsch von Winternitz, bei Bertholet S. 229), vgl. K. E. Neumann, Buddhist. Anthologie, Leiden 1892, S. 197 ff.; zur Lehre von den Sankhara vgl. bes. Oldenberg, Buddha[4], S. 279 ff.

[2] Udana VII, 1; VIII, 3.

die sich zwischen Indien und China knüpfen, so nahe sich insbesondere einzelne Formen der indischen Mystik mit denen der chinesischen Mystik berühren, so scheinen doch beide eben in ihrem charakteristischen Zeitgefühl und in der intellektuellen und affektiven Stellungnahme gegenüber dem zeitlichen Dasein voneinander geschieden zu sein. Auch die Ethik des Taoismus gipfelt in der Lehre von der Regungslosigkeit und vom Nichtstun: denn Regungslosigkeit und Stille sind die großen Grundeigenschaften des Tao selbst. Der Mensch muß, wenn er sich dem Táo, dem festen Gang und der beständigen Ordnung des Himmels angliedern will, vor allem die „Leere" des Tao in sich erzeugen. Das Tao läßt alle Wesen entstehen und entsagt doch ihrem Besitz; es macht sie und doch verzichtet es auf sie. Das ist seine geheimnisvolle Tugend: ein Schaffen unter Entsagen, unter Verzicht. So wird das Nichtstun zum Prinzip der chinesischen Mystik: „übe die Regungslosigkeit, beschäftige Dich mit Nichtstun", so lautet ihre oberste Regel. Aber sobald man näher in den Sinn und Kern dieser Mystik eindringt, so ergibt sich, daß sie der religiösen Tendenz, die im Buddhismus waltet, unmittelbar entgegengesetzt ist. Es ist bezeichnend, daß, wenn in der Lehre Buddhas die Erlösung vom Leben, vom endlosen Kreislauf der Geburten das eigentliche Ziel bildet, in der taoistischen Mystik die Verlängerung des Lebens gesucht und verheißen wird. „Die Verfeinerung, welche der Besitz des höchsten Tao verleiht" – so wird in einem taoistischen Text der Kaiser Huang von einem Asketen belehrt –, „ist einsamste Einsamkeit und dunkelste Finsternis. Nichts ist da zu sehen, nichts zu hören; sie· hüllt die Seele in Schweigen, und der stoffliche Körper wird dadurch von selbst in den richtigen Zustand versetzt. Sei also still und schweigsam und werde dadurch rein; strenge deinen Körper nicht an und bewege also deine Verfeinerung nicht – / denn das ist das Mittel, wodurch sich dein Leben verlängern kann[1]." So ist das buddhistische Nichts, das Nirwana, auf das Erlöschen der Zeit, das Nichtstun der taoistischen Mystik dagegen auf ihre Erhaltung, auf die endlose Dauer nicht nur des Seins überhaupt, sondern zuletzt selbst des Körpers und seiner individuellen Form gerichtet. „Wenn dann deine Augen nichts mehr sehen, deine Ohren nichts mehr hören, dein Herz nichts mehr fühlt, dann wird deine Seele deinen Körper bewahren und dein Körper wird dann ewig leben." Was hier negiert, was überwunden werden soll, – das ist also, wie man sieht, nicht die Zeit als solche, sondern es ist vielmehr die Veränderung in der Zeit. Gerade indem diese Veränderung aufgehoben wird, soll damit die reine Dauer, das

---

[1] Siehe de Groot, Universismus S. 104; vgl. bes. S. 43 ff. u. 128 f.

gleiche endlose Fortbestehen, die unbegrenzte Wiederholung des Selbigen erreicht und sichergestellt werden. Das Sein wird als einfacher und unwandelbarer Fortbestand in der Zeit gefaßt: aber eben dieser Fortbestand ist es, der, im schärfsten Gegensatz zur Grundanschauung des indischen Denkens, für die chinesische Spekulation zum Ziel des religiösen Wunsches und zum Ausdruck eines positiven religiösen Wertes wird. „Die Zeit, in der aller Wechsel der Erscheinungen gedacht werden soll" – so sagt Kant einmal – „bleibt und wechselt nicht; weil sie dasjenige ist, in welchem das Nacheinander und Zugleichsein nur als Bestimmungen derselben vorgestellt werden können." Diese nichtwechselnde Zeit, die das Substrat alles Wechsels bildet, wird vom chinesischen Denken erfaßt und im Bilde des Himmels und seiner immer wiederkehrenden Gestalten konkret angeschaut. Der Himmel herrscht, ohne zu wirken – er bestimmt alles Sein, ohne dabei aus sich selbst, aus seiner immer gleichen Form und Regel herauszugehen. Dem soll auch alle irdische Herrschaft und Regierung sich nachbilden. „Das Tao des Himmels war immer ohne Regung, und nichts ist, was es nicht schuf. Wenn Fürsten und Könige die Regungslosigkeit wahren können, dann vollzieht sich die Entwicklung der zehntausend Wesen von selbst[1]." So ist es statt des Moments der Variabilität, statt des Entstehens und Vergehens, vielmehr das Moment der reinen Substantialität, was hier der Zeit und dem Himmel zugesprochen und was zugleich zur obersten sittlich-religiösen Norm erhoben wird. Das reine gleichartige Verharren im Sein ist die Regel, die Zeit und Himmel für den Menschen aufstellen. Wie der Himmel und die Zeit nicht geschaffen sind, sondern von aller Ewigkeit her waren und in alle Ewigkeit sein und bleiben werden, so soll auch das Handeln des Menschen auf die Illusion der Wirkung und Schöpfung Verzicht leisten und sich statt dessen auf die Bewahrung und Erhaltung des Bestehenden richten.

Wie sich in dieser religiösen Gestaltung des Zeitbegriffs wiederum ein ganz bestimmtes und spezifisches Kulturgefühl ausspricht, bedarf kaum der besonderen Darlegung. Auch die Ethik des Konfuzius ist von diesem Gefühl aufs stärkste durchdrungen, sofern auch sie vor allem die „Unerschütterlichkeit" des himmlischen und des menschlichen Tao betont. So wird die Sittenlehre zur Lehre von den vier unveränderlichen Eigenschaften des Menschen, die denen des Himmels gleich und ewig und unwandelbar wie er selbst sind. Aus dieser Grundvoraussetzung begreift sich der strenge

---

[1] de Groot, a. a. O. S. 49; vgl. Grube, Religion und Kultus der Chinesen, S. 86 ff.

Traditionalismus, der dieser Ethik aufgeprägt ist. Konfuzius hat von sich selbst gesagt, daß er ein Überlieferer, kein Schöpfer sei, daß er ans Altertum glaube und es liebe – ganz ebenso wie es im Tao Te' King heißt, daß man, indem man sich an das Tao des Altertums halte, das Sein der Gegenwart beherrsche. „Imstande sein, des Altertums Anfänge zu erkennen, das nennt man die Fäden des Tao sondern[1]." Hier gibt es somit keine Forderung eines „neuen Himmels" und einer „neuen Erde". Die Zukunft hat ihr religiöses Recht nur, sofern sie sich als einfache Fortsetzung, als genaues und getreues Abbild des Vergangenen zu legitimieren vermag. Wenn in den Upanishaden und im Buddhismus das spekulative Denken nach einem Sein jenseits aller Vielheit, aller Veränderung und aller Zeitform sucht, – wenn in den messianischen Religionen der reine Zukunftswille die Form des Glaubens bestimmt, so wird hier die gegebene Ordnung der Dinge, so wie sie ist, perenniert und heilig gesprochen. Selbst auf die Einzelheiten der räumlichen Anordnung und Gliederung der Dinge erstreckt sich diese Heiligsprechung[2]. In der Anschauung der/Einen unbewegten Ordnung des All gelangt der Geist zur Stille, gelangt die Zeit selbst gleichsam zum Stehen: denn nun erscheint auch die fernste Zukunft mit unzerreißbaren Fäden an die Vergangenheit geknüpft. Ahnenkult und Pietät bilden demgemäß die Grundforderungen der chinesischen Sittlichkeit und das Fundament der chinesischen Religion. „Während der Stamm durch Kindergeburt immer neuen Zuwachs bekommt," so schildert de Groot das Wesen der chinesischen Ahnenverehrung, „stirbt er oben allmählich ab. Jedoch die Toten trennen sich nicht von ihm. Auch im Jenseits fahren sie fort, ihre Herrschaft auszuüben und ihren segnenden Willen walten zu lassen ... Ihre Seelen, durch Holztafeln mit ihren Namen darauf vergegenwärtigt, finden auf dem Hausaltar und im Ahnentempel ihren Platz und werden daselbst getreu verehrt, zu Rate gezogen und durch

---

[1] Tao Te' King XIV (deutsch von Grube, bei Bertholet, S. 65).

[2] Vgl. z. B. die Darstellung des Fung Šui-Systems bei de Groot, The religious system of China, Vol. III, (Leiden 1897), S. 1041: „The repairing of a house, the building of a wall or dwelling, ... the planting of a pole or cutting down of a tree, in short, any change in the ordinary position of objects may disturb the Fung-shui of the houses and temples in the vicinity and of the whole quarter, and cause the people to be visited by disasters, misery and death. Should any one suddenly fall ill or die, his kindred are immediately ready to impute the cause to somebody, who has ventured to make a change in the established order of things, or has made an improvement in his own property ... Instances are by no means rare of their having stormed his house, demolished his furniture, assailed his person."

Speisenopfer ehrfurchtsvoll ernährt. Und so bilden Lebende und Tote zusammen einen größeren Stamm . . . Gleichwie zu ihren Lebzeiten sind die Ahnen die natürlichen Schutzherren ihrer Nachkommen, von denen sie die schädlichen Einflüsse böser Geister fernhalten und denen sie dadurch Glück, Wohlfahrt und Kinderreichtum sichern[1]. In dieser Form des Ahnenglaubens und des Ahnenkults haben wir wieder das deutliche Beispiel eines Zeitgefühls vor uns, in dem der religiös-ethische Akzent weder auf die Zukunft, noch auf die Gegenwart in ihrer reinen Unmittelbarkeit, sondern vor allem auf die Vergangenheit gelegt wird, und in welchem damit das Nacheinander der einzelnen Zeitmomente gewissermaßen in ihr beständiges Beieinander und Ineinander-Sein umgeformt wird.

Wieder anders stellt sich dieser religiöse Zug zur Beharrung im Dasein in den Grundanschauungen dar, durch welche die Form der ägyptischen Religion bestimmt wird. Auch hier hält sich das religiöse Gefühl und der religiöse Gedanke an die Welt mit klammernden Organen; auch hier wird nicht über das Gegebene in seinen metaphysischen Urgrund zurückgegangen, noch jenseits desselben eine andere ethische Ordnung gedacht, der es sich ständig annähern und durch die es eine neue Gestalt gewinnen soll. Was gesucht und ersehnt wird, ist vielmehr die einfache Fortdauer – eine Fortdauer, die sich vor allem auf das individuelle Sein und die individuelle Form des Menschen bezieht. Die Erhaltung dieser Form, die Unsterblichkeit, erscheint durchaus daran gebunden, daß das physische Substrat des Lebens, daß der menschliche Leib in all seiner Besonderheit sich erhält. Es ist, als ob/der reine Gedanke der Zukunft sich nicht anders denn an der unmittelbaren Gegenwart dieses Substrats behaupten, als ob er sich nur an der steten konkreten Anschauung desselben durchsetzen könnte. Demgemäß muß die größte Sorgfalt darauf verwendet werden, nicht nur den Leib als Ganzes vor Zerstörung zu schützen, sondern die gleiche Sorge erstreckt sich auch auf die Bewahrung jedes einzelnen Gliedes. Jeder Teil des Körpers, jedes Organ muß durch bestimmte materielle Methoden der Einbalsamierung wie durch gewisse magische Zeremonien aus seinem vergänglichen Sein in den Zustand der Unvergänglichkeit und Unzerstörbarkeit übergeführt werden: denn nur dies verbürgt die Ewigkeit der Fortdauer der Seele[2]. Und so ist hier überhaupt alle Vorstellung des „Lebens nach dem Tode" nichts anderes als die Vorstellung einer einfachen Ver-

---

[1] de Groot, Universismus, S. 128 ff.

[2] Näheres über diese Methoden s. z. B. bei Budge, Egyptian Magic, [2] London 1901, S. 190 ff.

längerung des empirischen Daseins, das in all seinen Einzelzügen, in unmittelbar-physischer Konkretion, bewahrt werden soll. Auch im Ethischen herrscht der Gedanke einer Ordnung, zu deren Hütern nicht die Götter allein bestellt sind, sondern an der auch der Mensch beständig mitzuarbeiten hat. Aber hier handelt es sich nicht, wie in der iranischen Religion, um die Heraufführung eines neuen Seins der Zukunft, sondern gleichfalls nur um die Aufrechterhaltung, um die einfache Fortsetzung des Bestehenden. Der Geist des Bösen wird niemals endgültig besiegt; vielmehr besteht seit Beginn der Welt dasselbe Gleichgewicht der Kräfte und dasselbe periodische Auf und Ab in den einzelnen Phasen des Kampfes[1]. Durch diese Grundanschauung wird alle zeitliche Dynamik zuletzt in eine Art von räumlicher Statik aufgehoben. Ihren klarsten Ausdruck hat diese Aufhebung in der ägyptischen Kunst erhalten, in der dieser Zug zur Stabilisierung sich am großartigsten und konsequentesten darstellt, – in der alles Sein, alles Leben und alle Bewegung wie in ewige geometrische Formen gebannt erscheint. Was in Indien auf dem Wege des spekulativen Denkens, was in China auf dem Wege einer staatlich-religiösen Lebensordnung gesucht wird, die Austilgung des bloß-Zeitlichen: das ist hier mittels der künstlerischen Gestaltung, durch die Versenkung in die rein anschauliche, in die plastische und architektonische Form der Dinge erreicht. Diese Form erringt in ihrer Klarheit, Bestimmtheit und Ewigkeit den Sieg über alles bloße Sukzessive, über das stete Verfließen und/Vergehen aller zeitlichen Gestaltungen. Die ägyptische Pyramide ist das sichtbare Zeichen dieses Sieges und damit das Symbol der ästhetischen wie der religiösen Grundanschauung der ägyptischen Kultur.

Aber wenn in all den typischen Ausprägungen des Zeitbegriffs, die wir bisher betrachtet haben, das reine Denken, wie das Gefühl und die Anschauung, der Zeit nur dadurch Herr werden, daß sie von ihr abstrahieren oder sie sonst in irgendeiner Form negieren, so bleibt zuletzt noch ein anderer Weg übrig, der sich außerhalb dieser bloßen Abstraktion und Negation hält. Von einer wahrhaften Überwindung von Zeit und Schicksal kann im Grunde nur dort die Rede sein, wo von den charakteristischen Grundmomenten des Zeitlichen nicht bloß abgesehen oder über sie hinweggesehen wird, sondern wo eben diese Momente festgehalten, wo sie gesetzt und positiv bejaht werden. In dieser Bejahung erst wird ihre eigentliche, nicht sowohl äußere als innere, nicht sowohl transzendente als viel-

---

[1] Vgl. hierzu die Bemerkungen von Foucart, Histoire des religions et méthode comparative, S. 363 ff.

mehr immanente Überwindung möglich. Sobald einmal dieser Weg beschritten wird, tritt damit die Entwicklung des Zeitbewußtseins und des Zeitgefühls in eine neue Phase ein. Jetzt beginnt die Loslösung der Anschauung der Zeit und des Schicksals von ihrem mythischen Urgrund: der Zeitbegriff geht in eine neue Form, in die Form des philosophischen Denkens ein. Auch für diese große Wandlung – vielleicht eine der bedeutsamsten und folgenschwersten, die die Geschichte des menschlichen Geistes kennt – hat erst die Philosophie der Griechen den Boden bereitet und die grundlegenden Voraussetzungen geschaffen. Das griechische Denken zeigt sich in seinen Anfängen mit den spekulativ-religiösen Zeitlehren des Orients noch aufs engste verknüpft. Gleichviel ob sich zwischen der zurvanitischen Spekulation und den orphischen Kosmogonien und Kosmologien ein direkter geschichtlicher Zusammenhang nachweisen läßt[1], die sachliche Ähnlichkeit einzelner Grundmotive ist in jedem Falle unverkennbar. In der Theogonie des Pherekydes von Syros, die jetzt etwa der Mitte des 6. Jahrhunderts v. Chr. zugerechnet wird und die also unmittelbar an der Schwelle der großen gedanklichen Schöpfungen der griechischen Philosophie/steht, erscheint die Zeit neben Zeus und der Chtoniē als Urgottheit, aus der sich alles Sein ableitet: Ζὰς μὲν καὶ χρόνος ἦσαν ἀεὶ καὶ χθονίη – ὁ δὲ χρόνος ἐποίησε ἐκ τοῦ γόνου ἑαυτοῦ πῦρ καὶ πνεῦμα καὶ ὕδωρ[2]. So wird auch hier die Schöpfung samt allem, was in ihr enthalten, zu einer Ausgeburt der Zeit, wie in anderen orphischen Gedichten die Nacht und das Chaos als ihr Ursprung erscheinen. Und noch spät, noch auf einzelnen Höhepunkten griechischer Spekulation, fühlt man den Nachklang derartiger mythischer Grundgedanken und Grundstimmungen. In der Seelenwanderungs- und Erlösungslehre des Empedokles erscheinen Zeit und Schicksal, erscheinen χρόνος und ἀνάγκη wieder unmittelbar in eins gefaßt. „Es gibt einen Spruch des Schicksals, einen uralten, urewigen Götterbeschluß, der mit breiten Schwüren versiegelt ist: wenn einer seine Hände mit Mordblut befleckt in Sündenverstrickung, wer ferner im Gefolge des Streites einen Meineid schwört aus der Zahl der Dämonen, die ein ewig langes Leben erlost haben, die müssen dreimal zehntausend Jahre fernab von den Se-

---
[1] Ein solcher direkter Zusammenhang wird insbesondere von Robert Eisler angenommen, der im Zurvanismus das gemeinsame Vorbild der indischen Kâla-Lehre, wie der orphischen Lehren vom Χρόνος ἀγήρατος sieht; s. Weltenmantel u. Himmelszelt, München 1910, II, 411 ff., 499 ff., 742 ff.; vgl. jetzt bes. den oben (S. 144) zitierten Vortrag von H. Junker, Über iranische Quellen der hellenistischen Aion-Vorstellung.

[2] Pherekydes fragm. 1 (Diels); vgl. Damasc. 124 b (Diels 71 A 8).

ligen schweifen und des Lebens mühselige Pfade wechseln, um im Laufe der Zeit unter allen möglichen Geschöpfen geboren zu werden" (fr. 115, Diels). Ebenso steht hier das objektive Werden und die Gegensätze, wie sie sich innerhalb der einen Weltordnung, innerhalb des Sphairos entfalten, unter unverbrüchlichen Zeitgesetzen und Zeitmaßen, so daß jedem von ihnen seine bestimmte „Epoche" zugewiesen ist, in der er sich vollendet. Wenn die Zeit sich erfüllt hat (τελειομένοιο χρόνοιο), dann muß ein Gegensatz dem anderen, dann muß die Liebe dem Streit oder der Streit der Liebe weichen (fr. 30 Diels). Und doch klingt bei Empedokles dieser alte Zeit- und Schicksalsbegriff nur noch wie aus einer fernen Welt herüber, die für das philosophische Denken bereits versunken ist. Denn wo Empedokles nicht als Seher und als Sühnepriester, sondern als Philosoph und Forscher spricht, da gründet sich seine Lehre auf der des Parmenides. In dieser aber hat sich das griechische Denken eine völlig neue Stellung zum Problem der Zeit erobert. Es ist die große Leistung des Parmenides, daß bei ihm zum ersten Male das Denken, daß der Logos zum Maßstab für das Sein erhoben wird, daß von ihm die endgültige Entscheidung, die κρίσις über Sein- und Nicht-Sein erwartet wird. Und für ihn löst sich nun die Macht der Zeit und des Werdens in ein bloßes Trugbild auf. Nur für den Mythos gibt es einen zeitlichen Ur/sprung, eine „Genesis" des Seins – während für den Logos selbst die bloße Frage nach einem solchen Ursprung ihren Sinn verliert. „Es bleibt nur noch Kunde von einem Wege: daß es ein Sein gibt. Darauf stehen gar viele Merkpfähle: weil ungeboren, ist es auch unvergänglich, ganz, eingeboren, unerschütterlich und ohne zeitliches Ende. Es war nie und wird nicht sein, weil es allzusammen nur im Jetzt vorhanden ist, eins und unteilbar. Denn was für einen Ursprung willst Du für das Seiende ausfindig machen? Wie und woher sein Wachstum?... Welche Verpflichtung hätte es denn auch antreiben sollen, früher oder später aus dem Nichts heraus zu beginnen und zu wachsen? So muß es notwendigerweise schlechthin sein oder nichtsein. Drum hat die Gerechtigkeit Werden und Vergehen nicht aus ihren Banden freigegeben, sondern sie hält es fest" (τοῦ εἵνεκεν οὔτε γενέσθαι οὔτ' ὄλλυσθαι ἀνῆκε δίκη χαλάσασα πέδησιν, ἀλλ' ἔχει) (fr. 8, Diels). So erscheint in der mythischen Sprache, die das Lehrgedicht des Parmenides noch durchweg spricht, der Bestand des Seins wiederum an das Gebot und die Ordnung des Schicksals, der Δίκη, geknüpft. Aber dieses Schicksal, das nicht mehr der Ausdruck einer fremden Macht, sondern vielmehr der Ausdruck der Notwendigkeit des Gedankens selbst ist, ist nunmehr zeitlos geworden –

zeitlos wie die Wahrheit, in deren Namen Parmenides sein Verdikt über die Welt des Werdens als eine Welt des Scheins ausspricht. In diesem Ausschluß aller Zeitbestimmungen geht erst der mythische Begriff des Schicksals in den logischen der Notwendigkeit über; in ihm erst wird die Δίκη zur ἀνάγκη. Die Gemessenheit und Starrheit des archaischen Stils, in dem das Lehrgedicht des Parmenides verfaßt ist, hält jeden Ausdruck eines subjektiven, eines persönlichen Affekts hintan – dennoch ist es, als hörte man in den Versen dieses Gedichts bisweilen noch den Triumph heraus, den jetzt der Logos über die mythischen Schicksalsmächte, den der reine Gedanke und sein unangreifbarer ewiger Bestand über die zeitliche Erscheinungswelt davongetragen hat. „So ist Entstehen verlöscht und Vergehen verschollen ... Unbeweglich liegt das Sein in den Schranken gewaltiger Bande, ohne Anfang und Ende; denn Entstehen und Vergehen ist weit in die Ferne verschlagen, wohin sie die wahre Überzeugung verstieß. Als Selbiges im Selbigen verharrend, ruht es in sich selbst und verharrt so standhaft alldort; denn die starke Notwendigkeit hält es in den Banden der Schranke, die es rings umzirkt ... Drum ist alles leerer Schall, was die Sterblichen in ihrer Sprache festgelegt haben, überzeugt, es sei wahr: Werden sowohl als Vergehen, Sein/sowohl als Nicht-Sein, Veränderung des Ortes und Wechsel der leuchtenden Farbe" (fr. 8, V. 21 ff.). Hier ist es unmittelbar ausgesprochen, daß die Kraft des philosophischen Gedankens, die Kraft der wahren Überzeugung, das Werden als mythische Urmacht wie in seiner empirisch-sinnlichen Form von sich ausstößt. (ἐπεὶ γένεσις καὶ ὄλεθρος τῆλε μαλ' ἐπλάχθησαν, ἀπῶσε δὲ πίστις ἀληθής). Die Macht der Zeit wird gebrochen, sofern die Zeit, vom Standpunkt des philosophischen Gedankens betrachtet, sich selbst dialektisch auflöst, sofern sie ihren eigenen inneren Widerspruch offenbart. Wenn das religiöse Gefühl, besonders in Indien, in der Zeit vor allem die Last des Leidens empfindet, so geht sie für das philosophische Denken, hier wo es zuerst in voller Selbständigkeit und Bewußtheit hervortritt, an der Last des Widerspruchs zugrunde.

Und dieser Grundgedanke bewährt sich im Fortgang der griechischen Philosophie, so mannigfache Umgestaltungen er erfährt, als dauernd fortwirkende Kraft. Demokrit wie Platon gehen beide den Weg, den Parmenides als den einzigen Weg der „wahren Überzeugung" gewiesen hatte – den Weg des Logos, der auch ihnen zur höchsten Instanz in der Entscheidung über Sein und Nicht-Sein wird. Aber wenn Parmenides das Werden gedanklich vernichtet zu haben glaubte, so fordern sie seine gedankliche

Durchdringung – so verlangen sie eine „Theorie" des Werdens selbst. Die Welt der Veränderung wird nicht geleugnet, sondern sie soll vielmehr „gerettet" werden; aber diese Rettung kann nur erfolgen, indem der sinnlichen Erscheinungswelt ein festes gedankliches Substrat unterbreitet wird. Aus dieser Forderung heraus wird bei Demokrit die Welt der Atome, bei Platon die Welt der Ideen konzipiert. So tritt dem zeitlichen Entstehen und Vergehen auf der einen Seite der Bestand unwandelbarer Naturgesetze, die alles körperliche Geschehen beherrschen, auf der anderen Seite ein Reich reiner zeitloser Formen gegenüber, an denen alles zeitliche Dasein teilhat. Demokrit ist der erste, der den Begriff des Naturgesetzes in wahrhafter Schärfe und Allgemeinheit denkt und der kraft des neuen Maßstabs, den er damit aufstellt, alles mythische Denken zu einem bloß subjektiven und anthropomorphen Denken herabsetzt. „Die Menschen haben sich ein Trugbild des Zufalls, der Tyche gemacht – zur Beschönigung ihrer eigenen Ratlosigkeit" (fr. 119 Diels). Diesem menschlichen Idol steht die ewige Notwendigkeit des Logos gegenüber, die keinen Zufall, kein Herausfallen aus der allgemeinen Regel des Weltgeschehens kennt: οὐδὲν χρῆμα μάτην γίνεται ἀλλὰ πάντα ἐκ λόγου τε καὶ ὑπ' ἀνάγκης. Und neben diesem neuen logischen Begriff der Ananke ersteht im griechischen Denken immer klarer und bewußter auch ein neuer ethischer Begriff von ihr. Wenn dieser sich vor allem in der griechischen Dichtung entfaltet, wenn die Tragödie es ist, in der zuerst gegenüber der Allgewalt des Schicksals ein neuer Sinn und eine neue Kraft des Ich, des sittlichen Selbst entdeckt wird, – so begleitet doch das griechische Denken nicht nur diesen Prozeß, diese allmähliche Loslösung von den mythisch-religiösen Urgründen, in denen auch das Drama ursprünglich wurzelt, sondern es gibt ihm erst seinen eigentlichen Halt. Wie die orientalischen Religionen, so faßt auch die griechische Philosophie in ihren Anfängen die Zeitordnung als zugleich physische und sittliche Ordnung auf. Sie gilt ihr als der Vollzug und als die Vollstreckung einer ethischen Rechtsordnung. „Denn dahin, woher die Dinge entstanden sind" – so heißt es bei Anaximander – „müssen sie nach der Notwendigkeit auch wieder zurückgehen: denn sie zahlen einander Strafe und Buße für die Ungerechtigkeit." Theophrast, der diese Sätze überliefert hat, hat ihren mythisch-poetischen Klang gefühlt und hervorgehoben[1].

---

[1] cf. Theophrast Phys. Opin., fr. 2 D. 476 (Diels 2, 9) ἐξ ὧν δὲ ἡ γένεσίς ἐστι τοῖς οὖσι, καὶ τὴν φθορὰν εἰς ταῦτα γίνεσθαι κατὰ τὸ χρεών διδόναι γὰρ αὐτὰ δίκην καὶ τίσιν ἀλλήλοις τῆς ἀδικίας κατὰ τὴν τοῦ χρόνου τάξιν, ποιητικωτέροις οὕτως ὀνόμασιν αὐτὰ λέγων.

Aber mehr und mehr erfährt nun auch nach der ethischen Seite hin der mythische Begriff der Zeit, der zugleich Schicksal ist, eine neue geistige Vertiefung und Verinnerlichung. Bei Heraklit bereits steht das tiefe Wort, daß des Menschen Charakter sein Schicksal und sein Dämon sei: ἦθος ἀνθρώπῳ δαίμων (fr. 119). Und bei Platon vollendet sich dieser Gedanke in jener Darstellung des Totengerichts, die, vielleicht auf Motive des iranischen Toten- und Seelenglaubens zurückgehend, eben diesen Motiven doch eine neue Bedeutung und Wendung gibt. Im zehnten Buch des Staates steht das Bild von der „Spindel der Notwendigkeit" ('Ἀνάγκης ἄτρακτον), vermittels deren alle Sphären in Umschwung gesetzt werden. „Die weiß bekleideten, am Haupte bekränzten Töchter der Notwendigkeit, die Moiren Lachesis, Klotho und Atropos singen zu der Harmonie der Sirenen, und zwar Lachesis das Geschehene, Klotho das Gegenwärtige, Atropos aber das Bevorstehende ... Die Seelen nun, als sie angekommen, hätten sogleich zur Lachesis gehen müssen; ein Prophet aber habe sie zuerst der Ordnung nach auseinander gestellt, dann aber aus der Lachesis Schoß Lose genommen und Vor/bilder von Lebensweisen, sodann aber sei er auf eine hohe Bühne gestiegen und habe gesagt: „Dies ist der Tochter der Notwendigkeit, der jungfräulichen Lachesis Rede. Eintägige Seelen! Ein neuer todbringender Umlauf beginnt für das sterbliche Geschlecht. Nicht euch wird der Dämon erlosen, sondern ihr werdet den Dämon wählen ... Die Tugend ist herrenlos; von ihr wird jeglicher, je nachdem er sie ehrt oder geringschätzt, mehr oder weniger haben. Die Schuld ist des Wählenden, Gott ist schuldlos" (Republ. 616 C ff.). In dieser großartigen Vision, in der sich noch einmal die ganze Kraft mythischer Gestaltung zusammenfaßt, die dem Griechentum und die vor allem Platon eignet, stehen wir dennoch nicht mehr auf dem Boden des Mythos. Denn gegen den Gedanken der mythischen Schuld und des mythischen Verhängnisses erhebt sich hier der Sokratische Grundgedanke, der Gedanke der ethischen Selbstverantwortung. Der Sinn und Kern des Lebens des Menschen und das, was sein eigentliches Schicksal ausmacht, wird in sein eigenes Innere verlegt: – wie bei Parmenides das reine Denken, so hat hier der sittliche Wille Zeit und Schicksal überwunden.

Aus diesem inneren geistigen Befreiungsprozeß erklärt sich nun auch das charakteristische Zeitgefühl, das erst im Griechentum zur wahrhaften Reife gelangt. Man könnte sagen, daß hier zuerst Gedanke und Gefühl sich zum reinen und vollen Bewußtsein der zeitlichen Gegenwart befreien. „Gegenwärtig" soll und kann allein das Sein des Parmenides gedacht werden: es war nie und wird nicht sein, weil es allzusammen nur im Jetzt vorhanden ist, eins und unteilbar (οὐδέ ποτ' ἦν οὐδ' ἔσται, ἐπεὶ νῦν ἔστιν ὁμοῦ πᾶν ἕν, συνεχές). Reine Gegenwart ist der Charakter der Platonischen Idee – denn nur als ein immer Seiendes, niemals Werdendes hält sie dem Denken und seiner Forderung der Identität, der stets sich selbst gleichen Bestimmtheit Stand. Und der Philosoph ist für Platon derjenige, der vermöge der Kraft der Schlußfolgerung diesem immer Seienden ständig obliegt[1]. Ja selbst derjenige Denker, den man als den eigentlichen „Philosophen des Werdens" anzusehen pflegt, fällt nur scheinbar aus diesem Grundcharakter griechischen Philosophierens heraus. Denn man verkennt und mißversteht die Lehre Heraklits, wenn man seine These vom „Fluß der Dinge" lediglich in negativer Bedeutung nimmt[2]. Er hat freilich in unvergeßlichen Bildern die Anschauung vom „Strom der/Zeit" ausgeprägt – von jenem Strom, der alles Seiende unwiderstehlich mit sich fortreißt und in den Niemand zum zweiten Male hineinzusteigen vermag. Aber auch sein Blick ist keineswegs auf dieses bloße Faktum des Fließens und Verfließens gerichtet, sondern auf die ewigen Maße, die er in ihm erfaßt. Diese Maße sind der wahrhaft eine und der wahrhaft unveränderliche Logos der Welt. „Diese Weltordnung" – so verkündet demnach auch er – „dieselbige für alle Wesen, hat keiner der Götter und Menschen geschaffen, sondern sie war immer und ist und wird sein ein ewig lebendiges Feuer, nach Maßen sich entzündend und nach Maßen verlöschend" (fr. 30, Diels). Und wieder ist es die Gestalt der Dike, des richtenden Verhängnisses, in der sich dieser Gedanke des allem Geschehen notwendigen immanenten Maßes mythisch personifiziert. „Die Sonne wird ihre Maße nicht überschreiten – ansonst werden sie die Erinyen, der Dike Schergen, ausfindig zu machen wissen" (fr. 94). Auf dieser Gewißheit eines Metron, eines sicheren und notwendigen Rhythmus, der in allem Wandel sich erhält, beruht die Gewißheit einer „unsichtbaren Harmonie, die besser ist als die sichtbare". Nur um sich dieser verborgenen Harmonie immer wieder zu versichern, kehrt Heraklit fort und fort zur Anschauung des Werdens zurück. Was ihn ergreift und fesselt, ist somit nicht die nackte Tatsächlichkeit dieses Werdens, sondern sein Sinn. „Eines ist Weisheit, den Sinn zu begreifen, der durch alles und jegliches hindurchwaltet." In die-

---

[1] Platon, Sophistes 254 A.

[2] In dieser Auffassung stimme ich vor allem mit Karl Reinhardt, Parmenides und die Geschichte der griechischen Philosophie, Bonn 1916 (bes. S. 206 ff.) überein, auf dessen Beweisführung ich verweise.

ser doppelten Stellung: in diesem Haften an der zeitlichen Anschauung und und in der Überwindung derselben durch den Gedanken eines einheitlichen Gesetzes, das mitten in ihr lebendig und unmittelbar an ihr erfaßbar ist, drückt sich wiederum Heraklits Eigenart als griechischer Denker aufs schärfste aus. Oldenberg hat auf eine Fülle von Parallelen hingewiesen, die sich zwischen der Heraklitischen Lehre vom Werden und von der Seele und den buddhistischen Lehren über den gleichen Gegenstand aufweisen lassen. „Die Schöpfungen des Westens und die des Ostens" – so sagt er – „sind nach manchen Seiten hin in einer Gleichartigkeit einander entsprechend, die wohl unser Staunen erregen mag – in Hauptsachen wie in Nebensachen, bis zur Ausprägung der Schlagworte, an die das religiöse Bewußtsein sich zu halten liebt, oder der Vergleiche, welche die großen Ordnungen des Geschehens der Phantasie nahebringen sollen ... Es ist offenbar kein Zufall, daß sich eben an dem Punkte der Entwicklung, von welchem wir hier sprechen, die Übereinstimmungen zwischen den Ideen zweier äußerlich wie innerlich weit voneinander getrennter Völker in mancher Hinsicht stärker akzentuieren als in der voranliegenden Periode. Die mythenbildende Phantasie, die in jener Zeit das Szepter führt, geht ihre Wege planlos und ziellos; der Zufall treibt sie; er verknüpft nach seinen Launen das weit Entlegene; er schüttet spielend immer neue Gestalten, sinnreiche und barocke, aus seinem Füllhorn hervor. Sobald aber ein Sinnen, das sich schnell in forschendes Denken verwandeln wird, immer zielbewußter die Probleme der Welt und des Menschendaseins ergreift, verengert sich der Spielraum der Möglichkeiten. Was dem aufmerksamen, wenn auch in der Kunst des Sehens noch wenig erfahrenen Auge jener Zeiten nahezu unvermeidlich als Wirklichkeit erscheinen muß, bannt den Strom der Vorstellungen in ein fest gewiesenes Bett und prägt dadurch den analogen Gedankengängen, wie sie griechische und wie sie indische Geister beschäftigt haben, die mannigfaltigsten Züge frappierender Ähnlichkeit auf[1]." Und doch tritt, gerade wenn man diese Ähnlichkeiten verfolgt, auf der andern Seite der typische Gegensatz der Denkweisen und der intellektuellen Gesamtstimmung um so deutlicher und prägnanter hervor. Im Buddhismus muß, damit der religiöse Sinn des Geschehens sich enthüllt, vor allem die endliche Form, an die alles Dasein gebunden ist, gesprengt – muß die Illusion der in sich begrenzten Gestalt aufgehoben werden. Die Form *(rupa)* ist das erste der fünf Daseinselemente, die den Quell und Grund alles Leidens in sich tragen. „Ich will euch, ihr Mönche", – so heißt

---
[1] Oldenberg, Aus Indien und Iran, S. 75 f.

es in einer Predigt des Buddha – „die Last erklären, den Lastträger, das Aufheben der Last und das Niederlegen. Was, ihr Mönche, ist die Last? Darauf ist zu antworten: die fünf Daseinselemente. Welche fünf? Die folgenden: Das Daseinselement Form, das Daseinselement Empfindung, das Daseinselement Vorstellung, das Daseinselement der Betätigungen und das Daseinselement Bewußtsein." „Denn" – so wird an einer anderen Stelle gefragt – „ist die Form ewig oder vergänglich? Vergänglich, Freund. Was aber vergänglich ist, ist das Leiden oder ist das Freude? Leiden, Freund[1]." Niemand hat die Wandelbarkeit des/sen, was die gemeine Anschauung die „Form" der Dinge nennt, schärfer betont als Heraklit; aber er zieht aus ihr die genau entgegengesetzte Folgerung, als sie in der Predigt des Buddha gezogen ist. Denn sie führt ihn statt zu einer Verwerfung des Daseins vielmehr zu seiner leidenschaftlichen Bejahung. Wenn in der buddhistischen Legende der Königssohn Siddhattha vor dem ersten Anblick des Alters, der Krankheit und des Todes, der sich ihm darbietet, entflieht, um zum Asketen und Büßer zu werden, so sucht Heraklit dies alles und verweilt bei ihm, weil er es als Mittel braucht, um das Geheimnis des Logos zu fassen, der nur dadurch ist, daß er beständig in Gegensätze auseinandergeht. Wenn der Mystiker im zeitlichen Werden nur die Qual des Unbestandes empfindet, so schwelgt Heraklit in der Intuition des großen Einen, das sich in sich selbst entzweien muß, um sich in sich selbst wiederzufinden. „Das Auseinanderstrebende vereinigt sich, und aus den Gegensätzen entsteht die schönste Harmonie: eine gegenstrebige Vereinigung, wie beim Bogen und bei der Leier" (fr. 8; 51). In dieser Anschauung der „gegenstrebigen Harmonie" ist für Heraklit das Rätsel der Form gelöst und damit auch die Last des Werdens von uns genommen. Jetzt erscheint das Zeitliche nicht mehr schlechthin als Mangel, als Beschränkung und als Leid, sondern in ihm erschließt sich das innerste Leben des Göttlichen selbst. Es gibt keine Ruhe und Seligkeit im Erlöschen des Werdens, in der gegensatzlosen Vollendung, sondern „Krankheit macht die Gesundheit angenehm, Übel das Gute, Hunger den Überfluß, Mühe die Ruhe". Selbst der Gegensatz von Leben und Tod relativiert sich jetzt. „Es ist immer ein und dasselbe, was in uns wohnt, Lebendes und Totes, Wachen und Schlaf, Jung und Alt. Wenn es umschlägt, ist dieses jenes und

---

[1] Samyutta-Nikāya XXII, 22 u. 85 (übersetzt von Winternitz, a. a. O., S. 232 u. 244); vgl. bes. Die Reden Gotamo Buddhos aus der mittleren Sammlung, übers. von Karl Eug. Neumann[2], München 1921, vierzehnter Teil, siebente Rede (Bd. III, S. 384 ff.).

jenes wiederum dieses" (fr. 88). Wie Buddha, so verwendet Heraklit, um den Inhalt dieser seiner Lehre auszudrücken, mit Vorliebe das Bild des Kreises. Beim Kreisumfang – so lautet ein Fragment – ist Anfang und Ende gemeinsam (fr. 103). Aber wenn bei jenem der Kreis als Sinnbild der Endlosigkeit und damit der Ziel- und Sinnlosigkeit des Werdens dient, so dient er ihm als Sinnbild der Vollendung. Die in sich zurückkehrende Linie deutet auf die Geschlossenheit der Form, auf die Gestalt als bestimmendes Grundgesetz des Universums – wie auch Platon und Aristoteles mittels der Kreisgestalt ihr intellektuelles Bild des Kosmos gerundet und geformt haben.

Wenn daher das indische Denken wesentlich auf die Vergänglichkeit des Zeitlichen hinblickt, wenn das chinesische Denken auf die Anschauung seines Bestandes gerichtet ist – wenn jenes das Moment/des Wandels, dieses das Moment der Dauer einseitig betont, so sind hier beide Momente in ein reines inneres Gleichgewicht gesetzt. Der Gedanke der Variabilität und der der Substantialität schließen sich miteinander in eins zusammen. Und aus diesem Zusammenschluß entspringt ein neues Gefühl, das man das rein spekulative Zeit- und Gegenwartsgefühl nennen könnte. In ihm wird nicht mehr wie im Mythos auf den zeitlichen Anfang der Dinge zurückgegangen, noch wie im prophetischen, im religiös-ethischen Affekt auf ihr Endziel, ihr Telos hingedeutet, sondern das Denken verweilt in der reinen Betrachtung des ewig sich selbst gleichen Grundgesetzes des Alls. In diesem Gegenwartsgefühl ist das Ich dem Augenblick hingegeben, ohne doch an ihn verhaftet zu sein: es schwebt gleichsam frei in ihm, ohne von seinem unmittelbaren Inhalt berührt, ohne von seiner Lust gefangengenommen oder von seinem Leid beschwert zu werden. Daher heben sich in diesem spekulativen „Jetzt" die Unterschiede der empirischen Zeitform auf. Durch Seneca ist ein Ausspruch Heraklits erhalten, der besagt, daß jeder Tag dem andern gleiche: *unus dies par omni est* (fr. 106). Das bedeutet nicht irgendeine Gleichheit des Inhalts des Geschehens, das vielmehr nicht nur von Tag zu Tag, sondern auch von Stunde zu Stunde, von Augenblick zu Augenblick wechselt, sondern es geht auf die mit sich immer identische Form des Weltprozesses, die gleich bestimmt im Kleinsten wie im Größten, im einfachsten Gegenwartspunkt wie in der unendlichen Dauer der Zeit heraustritt. Unter den Modernen ist es Goethe gewesen, der dieses Herakliteische, dieses echt griechische Zeit- und Lebensgefühl am tiefsten empfunden und am intensivsten in sich erneuert hat: „Heut ist heute, morgen morgen – und was folgt und was vergangen, reißt nicht hin und bleibt nicht hangen." In der Tat trägt die spekulative Grundansicht der Zeit einen Zug in sich, der sie der künstlerischen nahe verwandt erscheinen läßt. Denn in beiden wird die Last des Werdens, die in der Lehre Buddhas einen so erschütternden Ausdruck findet, von uns genommen. Wer in der Anschauung der Zeit nicht mehr am Inhalt des Geschehens haftet, sondern seine reine Form erfaßt – dem hebt sich zuletzt dieser Inhalt in die Form, dem hebt sich der Stoff des Seins und Geschehens in reines Spiel auf. So vielleicht läßt sich das seltsam-tiefe Wort Heraklits verstehen: αἰὼν παῖς ἐστι παίζων, πεττεύων. παιδὸς ἡ βασιληίη – „die Zeit ist ein Knabe, der spielt, der hin und her die Brettsteine setzt, eines Kindes ist die Herrschaft" (fr. 52). /

Es kann an dieser Stelle nicht weiter verfolgt werden, wie die spekulative Auffassung der Zeit, zu der hier der Grund gelegt ist, sich weiter entfaltet und wie sie schließlich auch in die Sphäre der empirisch-wissenschaftlichen Erkenntnis entscheidend eingegriffen hat. Auch hier bildet die Philosophie der Griechen, insbesondere die Platonische Philosophie, das Mittel- und Bindeglied. Denn auch Platons Lehre bleibt, so scharf sie die Grenze zwischen dem reinen Sein der Idee und der Welt des Werdens zieht, bei einer bloß negativen Abschätzung der Zeit und des Werdens nicht stehen. In Platons Alterswerken dringt der Begriff der „Bewegung" in die Darstellung des reinen Ideenreichs selbst ein – es gibt eine Bewegung der reinen Formen selbst, eine κίνησις τῶν εἰδῶν. Und noch bestimmter und klarer tritt die neue Bedeutung, die der Zeitbegriff jetzt für den Gesamtaufbau der Platonischen Lehre erhält, in der Gestaltung seiner Naturphilosophie zutage. Im Timäos ist es die Zeit, die zum Vermittler zwischen der Welt des Sichtbaren und des Unsichtbaren wird – die es erklärt, daß das Sichtbare an der Ewigkeit der reinen Formen Anteil gewinnen kann. Mit ihrer Erschaffung hebt die physisch-körperliche Welt an. Der Weltbildner, der auf das Immer-Seiende, auf die Ideen als die ewigen Musterbilder hinblickte, wollte auch die Sinnenwelt diesen nach Möglichkeit ähnlich machen. Aber die Natur der ewigen Urbilder auf das Gewordene vollständig zu übertragen, war nicht möglich – und so beschloß er, ein bewegtes Abbild der Ewigkeit herzustellen. Dieses bewegte Abbild der in Einheit beharrenden Ewigkeit ist es, was wir „Zeit" nennen – und so traten nun Tage und Nächte, Monate und Jahre im Verein mit dem Bau des Ganzen kraft des Willens des Demiurgen hervor. Die Zeit ist daher, indem sie sich gemäß der Zahl im Kreise bewegt, die erste und vollkommene Nachahmung des Ewigen, soweit das Gewordene eine solche Nachahmung in sich zu fassen vermag[1]. Damit aber ist sie, die bisher, als Ausdruck des bloß Werdenden und niemals Seienden, eine prinzipielle Schranke des Denkens zu bezeichnen schien, zu einem Grundbegriff der Erkenntnis des Kosmos geworden. Der Mittelbegriff der Zeitordnung ist es, der im System der Platonischen Philosophie gleichsam die Kosmodicee vollzieht, der die Beseelung des Kosmos und seine Erhebung zu einem geistigen Ganzen gewährleistet[2]. Platon spricht hier noch bewußt die Sprache des My/thos; aber zugleich hat er einen Weg gewiesen, der in strenger geschichtlicher Kontinuität zur Begründung des modernen wissenschaftlichen Weltbildes hingeführt hat. Kepler zeigt sich von den Grundgedanken des Timäos ganz erfüllt: sie haben ihn von seinem ersten Werk, dem „*Mysterium Cosmographicum*" bis zur reifen Darstellung der „*Harmonia mundi*" unablässig geleitet. Und hier tritt nun zum ersten Male in voller Klarheit ein neuer Zeitbegriff: der Zeitbegriff der mathematischen Naturwissenschaft heraus. In der Formulierung der drei Keplerschen Gesetze erscheint die Zeit als die Urvariable, – als jene gleichförmig sich verändernde Größe, auf welche alle ungleichförmige Veränderung und Bewegung bezogen, und an der das Maß dieser Veränderung bestimmt und abgelesen wird. Das ist fortan ihre ideelle, ihre rein-gedankliche Bedeutung, wie sie, im Hinblick auf die neue Gestalt der mathematischen Physik, unmittelbar darauf von Leibniz in allgemeinen philosophischen Begriffen festgestellt wird[3]. Indem sich der Zeitbegriff mit dem Funktionsbegriff erfüllt, indem er als eine der wichtigsten Anwendungen und Ausprägungen des funktionalen Denkens erscheint, ist er damit in eine ganz neue Bedeutungsschicht erhoben. Der Platonische Begriff der Zeit hat sich jetzt bewährt: durch ihre Einordnung

---

[1] Timäos 37 D ff.
[2] Näheres hierüber in meiner Darstellung der Platonischen Philosophie im Lehrbuch der Philosophie, hg. von M. Dessoir, I, S. 111 ff.
[3] „Une suite de perceptions réveille en nous l'idée de la durée, mais elle ne la fait point. Nos perceptions n'ont jamais une suite assez constante et régulière pour répondre à celle du temps qui est un continu uniforme et simple, comme une ligne droite. Le changement des perceptions nous donne occasion de penser au temps, et on le mesure par des changements uniformes: mais quand il n'y' auroit rien d'uniforme dans la nature, le temps ne laisseroit pas d'être déterminé, comme le lieu ne laisseroit pas d'être déterminé, aussi quand il n'y auroit aucun corps fixe ou immobile. C'est que connoissant les règles des mouvements difformes on peut toujours les rapporter à des mouvements uniformes intelligibles et prévoir par ce moyen ce qui arrivera par des différents mouvements joints ensemble. Et dans ce sens le temps est la mesure du mouvement, c'est à dire le mouvement uniforme est la mesure du mouvement difforme." Leibniz, Nouveaux Essais Liv. II, chap. XIV, § 16.

in das Kontinuum der Zeit, durch ihre Beziehung auf dieses „bewegliche Abbild des Ewigen" sind die Phänomene für das Wissen erst reif geworden, haben sie ihren Anteil an der Idee gewonnen.

Daß aber diese Einsicht am Problem der Planetenbewegung erreicht wird – das weist uns gleichfalls auf einen geistesgeschichtlichen Zusammenhang von typischer Bedeutung hin. Die Planeten, die „Wandel- und Irrsterne", haben von jeher das mythische und religiöse Interesse auf sich gelenkt. Sie werden neben Sonne und Mond/als Gottheiten verehrt. In der babylonischen Astralreligion ist es insbesondere die Venus, der Morgen- und Abendstern, der diese Verehrung zuteil wird und die sich im Bilde der Göttin Ischtar zu einer Hauptgestalt des babylonischen Pantheon entwickelt. Auch in anderen weit entlegenen Kulturkreisen, wie z. B. bei den alten Mexikanern, ist dieser Kult der Planeten bezeugt. Im Fortgang der religiösen Entwicklung, insbesondere im Übergang zur monotheistischen Grundanschauung, bleibt sodann der Glaube an diese alten Göttergestalten noch lange lebendig – aber jetzt erscheinen sie zu Dämonen degradiert, die feindlich und störend in die Ordnung und Gesetzlichkeit des All eingreifen. So werden in der iranischen Religion die Planeten als böse Mächte betrachtet, die der Weltordnung des Guten, dem Asha widerstreben. Als Diener Ahrimans stürzen sie sich in die himmlische Sphäre und stören in der Ungebundenheit ihres Laufs deren regelmäßige Verfassung[1]. Später kehrt diese Dämonisierung der Planeten besonders in der Gnosis wieder: die dämonischen Planetenmächte sind die eigentlichen Feinde des Gnostikers, in ihnen verkörpert sich die Macht des Schicksals, die Macht der εἱμαρμένη, von der er Erlösung sucht[2]. Und bis in die neuere Philosophie, bis in die naturphilosophischen Spekulationen der Renaissance, wirkt diese Vorstellung von der Regellosigkeit des Planetenlaufs nach. Im Altertum hatte schon Eudoxos von Knidos, der Mathematiker und Astronom der Platonischen Akademie, eine streng mathematische Theorie der Planetenbewegung aufgestellt, durch die der Nachweis erbracht war, daß die Planeten keine Irrsterne seien, sondern nach festen Gesetzen wandeln. Aber noch Kepler hat sich mit dem Einwurf des Patrizzi auseinanderzusetzen, daß alles Bestreben der mathematischen Astronomie, den Lauf der Planeten durch ineinandergreifende Kreisbahnen, durch Zyklen und Epi-

---

[1] Bundahish 2, 25; vgl. Jackson im Grundriß der iranischen Philologie II, 666 u. 672 und Darmesteter, Ormazd et Ahriman, S. 277.

[2] Vgl. hierzu die näheren Nachweise bei Bousset, Hauptprobleme der Gnosis, Göttingen 1907, bes. S. 38 ff. und bei Bousset, Kyrios Christos², S. 185 ff.

zyklen zu bestimmen, vergeblich sei – weil in Wahrheit die Planeten nichts anderes als beseelte, mit Vernunft begabte Wesen seien, die im flüssigen Äther mit wechselnder Geschwindigkeit die verschiedensten, seltsam gewundenen Bahnen, ganz so wie es der Augenschein uns darbietet, durchlaufen. Es ist bezeichnend für Keplers Geistesart, daß er dieser Auffassung vor allem ein methodisches Argument – ein Argument, das er selbst als ein „philosophisches" bezeichnet, entgegensetzt. Jede/scheinbare Unordnung in Ordnung aufzulösen, in jeder scheinbaren Regellosigkeit die verborgene Regel aufzuspüren: das eben – so betont er gegen Patrizzi – sei das Grundprinzip aller „philosophischen Astronomie". „Unter den Anhängern einer gesunden Philosophie gibt es keinen, der nicht dieser Ansicht ist und der nicht sich und der Astronomie aufs höchste Glück wünscht, wenn es ihm gelingt, die Ursachen der Täuschung aufzudecken, von den wahren Bewegungen der Planeten ihre zufälligen, nur auf dem Sinnenschein beruhenden Bahnen zu sondern, und auf diese Weise die Einfachheit und geordnete Regelmäßigkeit ihres Umlaufs zu erweisen[1]." In diesen schlichten und tiefen Worten aus Keplers Verteidigungsschrift für Tycho de Brahe und in der konkreten Bewährung, die sie kurz darauf durch Keplers Schrift über die Marsbewegung erfuhren, sind die Planeten als die alten Zeit- und Schicksalsgötter entthront – ist die Gesamtanschauung der Zeit und des zeitlichen Geschehens aus der Bildwelt der mythisch-religiösen Phantasie in die exakte Begriffswelt der wissenschaftlichen Erkenntnis übergetreten.

5.

Als das dritte große Formmotiv, das den Aufbau der mythischen Welt beherrscht, stellt sich uns neben Raum und Zeit das Motiv der Zahl dar. Und auch hier gilt es, wenn man die mythische Funktion der Zahl als solche verstehen will, sie von ihrer theoretischen Bedeutung und Leistung scharf zu sondern. Im System der theoretischen Erkenntnis bedeutet die Zahl das große Bindemittel, das auch die ungleichartigsten Inhalte zu umfassen vermag, um sie zur Einheit des Begriffs umzubilden. Kraft dieser Auflösung aller Mannigfaltigkeit und aller Verschiedenheit in die Einheit des Wissens, erscheint die Zahl hier als der Ausdruck des theoretischen Haupt- und Grundziels der Erkenntnis selbst, erscheint sie als Ausdruck der „Wahrheit" schlechthin. Seit ihrer ersten philosophisch-wissenschaftlichen Bestimmung wird ihr dieser Grundcharakter zugesprochen. „Die Natur der Zahl" – so heißt es in den Fragmenten des Philolaos – „ist kenntnisspendend,

---
[1] Kepler, Apologia Tychonis contra Ursum, Opera ed. Frisch, I, 247.

führend und lehrend für Jeglichen in jeglichem Dinge, das ihm zweifelhaft oder unbekannt ist. Denn nichts von den Dingen wäre irgendwem klar, weder in ihrem Verhältnisse zu sich noch zu andern, wenn die Zahl nicht wäre und/ihr Wesen. So aber bringt sie alle Dinge mit der Sinneswahrnehmung in Einklang innerhalb der Seele und macht sie dadurch kenntlich und einander entsprechend, indem sie ihnen Körperlichkeit verleiht und die Verhältnisse der begrenzenden und unbegrenzten Dinge jegliches für sich scheidet[1]." In dieser Verknüpfung und Scheidung, in dieser Setzung fester Grenzen und fester Beziehungen liegt die eigentlich-logische Kraft der Zahl beschlossen. Das Sinnliche selbst, der „Stoff" der Wahrnehmung wird durch sie mehr und mehr seiner spezifischen Natur entkleidet und in eine allgemeine intellektuelle Grundform umgegossen. Die unmittelbare sinnliche Beschaffenheit des Eindrucks, seine Sichtbarkeit, Hörbarkeit, Tastbarkeit usw. erscheint, an der „wahren" Natur des Wirklichen gemessen, nur noch als eine „sekundäre Eigenschaft", deren eigentliche Quelle, deren primärer Grund in reinen Größenbestimmungen, also zuletzt in reinen Zahlverhältnissen zu suchen ist. Die Entwicklung der modernen theoretischen Naturerkenntnis hat dieses Wissensideal seiner Vollendung entgegengeführt, indem sie nicht nur die spezifische Beschaffenheit der Sinneswahrnehmung, sondern nicht minder die spezifische Natur der reinen Anschauungsformen, die Natur des Raumes und der Zeit, in die der reinen Zahl aufgehen läßt[2]. Und wie die Zahl hier als das eigentliche gedankliche Mittel zur Herstellung der „Homogeneität" der Bewußtseinsinhalte dient, so entwickelt sie sich auch selbst mehr und mehr zu einem schlechthin Homogenen und Gleichförmigen. Die einzelnen Zahlindividuen weisen gegeneinander keine anderen Unterschiede auf, als diejenigen, die aus ihrer Stellung im Gesamtsystem entspringen. Sie haben kein anderes Sein, keine andere Beschaffenheit und Natur als diejenige, die ihnen durch diese ihre Stellung, also durch die Beziehungen innerhalb eines ideellen Inbegriffs, zukommt. Demgemäß können hier auch bestimmte Zahlen „definiert", d. h. konstruktiv erzeugt werden, die, ohne daß ihnen irgendein angebbares sinnliches oder anschauliches Substrat unmittelbar entspricht, durch diese Beziehungen eindeutig charakterisiert sind, wie z. B. in der bekannten Erklärung der Irrationalzahlen, die seit Dedekind herrschend geworden ist, die irrationalen Zahlen als „Schnitte" innerhalb

---

[1] Philolas, fragm. 11 (Diels 32, B 11).

[2] Näheres hierüber in m. Schrift „Zur Einsteinschen Relativitätstheorie", Berlin 1921, S. 119 ff.

des Systems der Rationalzahlen (d. h. als vollständige, durch eine bestimmte begriffliche Vorschrift vollzogene Einteilungen dieses Systems in zwei Klassen) erscheinen. Das reine Den/ken derMathematik vermag irgendwelche „einzelne" Zahlen, irgendwelche Zahlindividuen im Grunde immer nur in dieser Form zu erfassen: sie sind ihm nichts anderes als der Ausdruck begrifflicher Relationen, die erst in ihrer Gesamtheit das in sich geschlossene und einheitliche Gefüge „der" Zahl und des Zahlenreichs überhaupt darstellen.

Aber ein ganz anderer Charakter der Zahl zeigt sich uns, sobald wir die „Modalität" des Denkens und der reinen theoretischen Erkenntnis verlassen, um die Gestaltung zu betrachten, die sie in anderen Gebieten geistiger Formung erfährt. Schon die Betrachtung der Sprache hat gelehrt, daß es eine Phase der Zahlbildung gibt, in der jede besondere Zahl, statt lediglich Glied eines Systems zu bedeuten, noch eine durchaus individuelle Prägung besitzt; in der die Zahlvorstellung nicht abstrakte Allgemeingültigkeit besitzt, sondern stets in irgendeiner konkreten Einzelanschauung, von der sie sich nicht loslösen läßt, fundiert ist. Hier gibt es noch keine Zahlen als allgemeine, auf jeden beliebigen Inhalt anwendbare Bestimmungen, keine Zahlen „an sich", sondern die Auffassung und Benennung der Zahl geht von einem einzelnen Zählbaren aus und bleibt in der Anschauung desselben gebunden. Und so erscheinen hier, kraft der inhaltlichen Verschiedenheit des Zählbaren, kraft des besonderen anschaulichen Gehalts und des besonderen Gefühlstons, der bestimmten Mengen anhaftet, auch die verschiedenen Zahlen nicht als schlechthin gleichförmige Gebilde, sondern als vielfältig differenziert und gewissermaßen in sich abgetönt[1]. Diese eigentümliche gefühlsmäßige Tönung der Zahl und ihr Gegensatz zur rein begrifflichen, zur abstrakt-logischen Bestimmung tritt noch klarer und schärfer heraus, sobald wir uns dem Gebiet des mythischen Vorstellens zuwenden. Wie der Mythos überhaupt nichts bloß Ideelles kennt, wie ihm alle Gleichheit oder Ähnlichkeit von Inhalten nicht als eine bloße Beziehung zwischen ihnen erscheint, sondern als ein reales Band, das sie verknüpft und aneinander fesselt, – so gilt dies insbesondere von der Bestimmung der zahlenmäßigen Gleichheit. Wo immer zwei Mengen als „gleichzahlig" erscheinen, d. h. wo sich zeigt, daß sie einander Glied für Glied eindeutig zugeordnet werden können – da „erklärt" er diese Möglichkeit der Zuordnung, die in der Erkenntnis als ein rein ideelles Verhältnis erscheint, aus einer sachlichen Gemeinschaft ihrer mythischen „Natur". Was

---
[1] Siehe hierzu Bd. I, S. 192 ff.

dieselbe Zahl an sich trägt, das wird, so verschieden es immer seinem/sinnlichen Ansehen sein mag, mythisch „dasselbe": es ist ein Wesen, das sich nur unter verschiedenartigen Erscheinungsformen verhüllt und versteckt. In dieser Erhebung der Zahl zu einem unabhängigen Dasein und einer unabhängigen Kraft drückt sich nur die Grundform der mythischen „Hypostasierung" in einem besonders wichtigen und besonders charakteristischen Einzelfall aus[1]. Und hieraus ergibt sich weiter, wie die mythische Auffassung der Zahl – gleich der des Raumes und der Zeit – zugleich ein Moment der Allgemeinheit und ein Moment der durchgängigen Besonderung in sich birgt. Die Zahl ist hier niemals bloße Ordnungszahl, bloße Bezeichnung der Stelle innerhalb eines umfassenden Gesamtsystems, sondern jede Zahl hat ihr eigenes Wesen, ihre eigene individuelle Natur und Kraft[2]. Aber eben diese ihre individuelle Natur ist nun insofern ein Allgemeines, als sie die verschiedenartigsten, für die bloß empirische Wahrnehmung heterogensten Seinsbestände zu durchdringen vermag und kraft dieser Durchdringung aneinander Anteil gewinnen läßt. So dient die Zahl auch im mythischen Denken als eine primäre und grundlegende Beziehungsform – nur daß hier eben diese Beziehung niemals bloß als solche genommen wird, sondern selbst in der Art eines unmittelbar-Wirklichen und unmittelbar-Wirksamen, als ein mythischer Gegenstand mit eigenen Attributen und Kräften erscheint. Wenn für das logische Denken die Zahl eine universelle Funktion, eine allgemeingültige Bedeutung besitzt, so erscheint sie dem mythischen durchaus als eine ursprüngliche „Entität", die ihr Wesen und ihre Kraft all dem mitteilt, was unter ihr befaßt ist. –

Damit aber ist zugleich gegeben, daß die Entwicklung, die der Zahlbegriff in den beiden verschiedenen Sphären des theoretischen und des mythischen Denkens erfährt, sich nicht im gleichen Sinne vollzieht. In beiden läßt sich freilich verfolgen, wie der Begriff der Zahl sich allmählich über immer weitere Kreise des Empfindens, des Anschauens und Denkens ausdehnt und wie er schließlich fast das gesamte Gebiet des Bewußtseins in seinen Bannkreis zieht. Aber es sind zwei ganz verschiedene Ziele und zwei ganz verschiedene geistige Grundeinstellungen, die uns hierbei entgegentreten. Im System der reinen Erkenntnis dient die Zahl – ähnlich wie der Raum oder die Zeit – vornehmlich und wesentlich dem Zweck, von der

---

[1] Vgl. hierzu oben S. 69 ff.

[2] Vgl. hierzu insbesondere die Beispiele, die Levy Bruhl (Das Denken der Naturvölker, S. 178 ff.) für diese „individuelle Physiognomie", die den einzelnen Zahlen im mythischen Denken zukommt, gegeben hat.

konkreten Mannigfaltigkeit der Erscheinungen zur abstrakt-ideellen Einheit ihrer „Gründe" zurückzuführen. Die Einheit der Zahl ist es, durch welche das Sinnliche sich erst zum Intellektuellen formt; durch die es sich zu einem in sich geschlossenen Kosmos, zu der Einheit einer rein gedanklichen Verfassung zusammenfaßt. Alles erscheinende Sein wird auf Zahlen bezogen und in ihnen zum Ausdruck gebracht, weil diese Beziehung und diese Reduktion sich als der einzige Weg erweist, um eine durchgängige und eindeutige Gesetzlichkeit zwischen den Erscheinungen herzustellen. So baut sich zuletzt alles, was die Erkenntnis, was die Wissenschaft unter dem Namen der „Natur" begreift, aus rein zahlenmäßigen Elementen und Bestimmungen auf, die hier als die eigentlichen Mittler dienen, um alles bloß zufällige Dasein in die Form des Denkens, in die Form der gesetzlichen Notwendigkeit umzuprägen. Auch im mythischen Denken tritt uns die Zahl als ein solches Medium der Vergeistigung entgegen – aber hier schreitet der Prozeß dieser Vergeistigung in einer anderen Richtung fort. Wenn im wissenschaftlichen Denken die Zahl als das große Instrument der Begründung erscheint, so erscheint sie im mythischen als ein Vehikel der spezifisch-religiösen Sinngebung. In dem einen Falle dient sie dazu, alles empirisch Existierende für die Aufnahme in eine Welt rein ideeller Zusammenhänge und rein ideeller Gesetze vorzubereiten und reif zu machen; in dem andern ist sie es, die alles Daseiende, alles unmittelbar Gegebene, alles bloß „Profane" in den mythisch-religiösen Prozeß der „Heiligung" hineinzieht. Denn was in irgendeiner Weise an der Zahl teil hat, was an sich die Gestalt und Kraft einer bestimmten Zahl offenbart: das führt für das mythisch-religiöse Bewußtsein schon kein bloßes irrelevantes Dasein mehr, sondern hat eben damit eine ganz neue Bedeutung gewonnen. Nicht nur die Zahl als Ganzes, sondern auch jede Einzelzahl ist hier gleichsam von einem eigenen Zauberhauch umwittert, der sich allem, auch dem scheinbar Gleichgültigsten mitteilt, was mit ihr in Verbindung steht. Bis in die unterste Sphäre des mythischen Denkens, bis in das Gebiet der magischen Weltansicht und der primitivsten magischen Praxis spürt man diesen Schauer des Heiligen, der die Zahl umgibt: denn alle Magie ist zu einem großen Teil Zahlen-Magie. Auch in der Entwicklung der theoretischen Wissenschaft hat sich der Übergang von der magischen zur mathematischen Auffassung der Zahl nur ganz allmählich vollzogen. Wie die Astronomie auf die Astrologie, wie die Chemie auf die Alchimie, so geht/in der Geschichte des menschlichen Denkens die Arithmetik und Algebra auf eine ältere magische Form der Zahlenlehre, auf eine

Wissenschaft der Almacabala zurück[1]. Und nicht nur die Begründer der eigentlichen theoretischen Mathematik, nicht nur die Pythagoreer, stehen zwischen beiden Ansichten der Zahl noch mitten inne, sondern auch im Übergang zur neueren Zeit, in der Epoche der Renaissance, begegnen wir noch durchweg den gleichen geistigen Misch- und Mittelformen. Neben Fermat und Descartes stehen hier Giordano Bruno und Reuchlin, die in eigenen Werken die magisch-mythische Wunderkraft der Zahl behandeln. Oft sind beide Züge in einem einzigen Individuum vereint: wie z. B. Cardanus in höchst eigentümlicher und geschichtlich höchst reizvoller Art diesen Doppeltypus des Denkens in sich repräsentiert. In allen diesen Fällen hätte es freilich zu einer derartigen historischen Mischung der Formen nicht kommen können, wenn sie nicht auch inhaltlich und systematisch wenigstens in einem charakteristischen Motiv, in einer geistigen Grundtendenz übereinstimmten. Schon die mythische Zahl steht an einem geistigen Wendepunkt – schon sie strebt aus der Enge und Gebundenheit der unmittelbaren, der sinnlich-dinglichen Weltansicht zu einer freieren, universellen Gesamtanschauung. Aber das neue Allgemeine, das hier ersteht, vermag der Geist nicht als seine eigene Schöpfung zu begreifen und zu durchschauen, sondern es steht ihm als eine fremde, als eine dämonische Macht gegenüber. So sucht noch Philolaos die „Natur der Zahl und ihre Kraft" nicht nur in allen menschlichen Werken und Worten, nicht nur in jeder Art bildnerischer Fähigkeit und in der Musik, sondern in allen „dämonischen und göttlichen Dingen[2]" – so daß sie hier, wie der Eros bei Platon, zu dem „großen Mittler" wird, durch den Irdisches und Göttliches, Sterbliches und Unsterbliches miteinander verkehrt und sich zur Einheit einer Weltordnung zusammenfaßt.

Diesen Prozeß der Vergöttlichung und Heiligsprechung der Zahl im besonderen verfolgen und seine intellektuellen und religiösen Motive im einzelnen aufdecken zu wollen – dies scheint freilich ein vergebliches Beginnen. Denn hier scheint auf den ersten Blick nur das freie Spiel der mythischen Phantasie zu walten, das jeder festen Regel spottet. Nach einem Prinzip der Auswahl, nach dem Grunde, dem die einzelnen Zahlen ihren besonderen Charakter der „Heiligkeit" ver/danken, läßt sich, wie es scheint, nicht weiter fragen: denn jede Zahl ohne Unterschied kann zum Gegenstand mythischer Auffassung und Verehrung werden. Durchläuft man die

---

[1] Vgl. hierzu z. B. die Bemerkungen von Mc Gee, Primitive numbers, 19th Annual Rep. of the Bur. of Ethnol., Washington 1900, S. 825 ff.

[2] Philolaos, fr. 11 (Diels 32 B, 11).

Reihe der elementaren Zahlen, so begegnet man auf Schritt und Tritt derartigen mythisch-religiösen Hypostasen. Für die Eins, die Zwei, die Drei liegen die Beispiele solcher Hypostasen nicht nur im Denken der Primitiven, sondern in allen großen Kulturreligionen zutage. Das Problem der Einheit, die aus sich heraustritt, die zu einem „Anderen" und Zweiten wird, um sich schließlich in einer dritten Natur wieder mit sich zusammenzuschließen – dieses Problem gehört zu dem eigentlichen geistigen Gemeinbesitz der Menschheit. Wenn es in dieser rein gedanklichen Fassung erst in der spekulativen Religionsphilosophie heraustritt, so zeigt doch die allgemeine Verbreitung der Idee des „dreieinigen Gottes", daß für diese Idee irgendwelche letzte konkrete Gefühlsgrundlagen bestehen müssen, auf die sie zurückweist und aus denen sie immer aufs neue erwächst[1]. Den drei ersten Zahlen reiht sich die Vier an, deren allgemeine religiös-kosmische Bedeutung vor allem in den Religionen Nordamerikas bezeugt ist[2]. Dieselbe Würde kommt in noch weit stärkerem Maße der Sieben zu, die von den ältesten Kultursitzen der Menschheit in Mesopotamien nach allen Richtungen ausstrahlt, die uns aber als spezifisch-„heilige" Zahl auch dort entgegentritt, wo keinerlei Einfluß durch die babylonisch-assyrische Religion und Kultur nachweisbar oder wahrscheinlich ist[3]. Noch in der griechischen Philosophie haftet ihr dieser mystisch-religiöse Grundcharakter an; in einem dem Philolaos zugeschriebenen Fragment wird sie der jungfräulichen und mutterlosen Athene verglichen als „Führerin und Herrscherin aller Dinge, als Gott, einig, ewig, beharrlich, unbeweglich, sich selbst gleich, von allem anderen verschieden[4]". Im christlichen Mittelalter wird sodann bei/den Kirchenvätern die Sieben als die Zahl der Fülle und Vollendung, als die eigentlich allgemeine und „absolute" Zahl gedacht: „septenarius numerus est perfectionis[5]." Aber schon von früh an wetteifert

---

[1] Daß die Idee der „Dreieinigkeit" sich auf ganz primitiven Stufen religiöser Entwicklung findet, wird von Brinton, Religions of primitive peoples, S. 118 ff. betont, der aber für diese Tatsache eine allzu abstrakte Erklärung sucht, sofern er sie auf rein logische Grundtatsachen, auf die Form und Eigenart der fundamentalen „Denkgesetze" zurückführen will. (Vgl. hierzu weiter unten S. 181 ff.)

[2] Vgl. weiter unten S. 177.

[3] Zur Bedeutung und Verbreitung der Sieben als „heiliger Zahl", vgl. bes. Franz Bolls Artikel Hebdomas in Pauly-Wissowas Reallexikon des klassischen Altertums, Bd. VII, Sp. 2547 ff. Siehe auch Ferd. v. Andrian, Die Siebenzahl im Geistesleben der Völker, Mitteilungen der Anthropol. Gesellschaft in Wien, Bd. XXXI, Wien 1901.

[4] Philolaos, fr. 20 (Diels 32 B 20).

[5] Belege hierfür bei Jos. Sauer, Symbolik des Kirchengebäudes, S. 76 und bei Boll, Die Lebensalter, Leipzig 1913, S. 24 f.

mit ihr in dieser Hinsicht die Neunzahl; neben den hebdomadischen Fristen erscheinen im Mythos und im Kult der Griechen, wie im Kreis germanischer Glaubensvorstellungen, vor allem enneadische Fristen und Wochen[1]. Erwägt man weiter, daß derselbe Grundcharakter, der den „einfachen" Zahlen eignet, sich von ihnen auch auf die zusammengesetzten überträgt, – daß also z. B. nicht nur der Drei, der Sieben, der Neun, der Zwölf, sondern auch den Produkten aus ihnen besondere mythisch-religiöse Kräfte zukommen, so zeigt sich, daß es zuletzt kaum irgendeine zahlenmäßige Bestimmung gibt, die nicht in diesen Anschauungskreis und in diesen Prozeß der „Heiligung" hineingezogen werden kann. Hier eröffnet sich dem mythischen Gestaltungstrieb ein unbegrenzter Spielraum, in dem er sich, ungebunden durch jede feste logische Norm und durch jede Rücksicht auf die Gesetze der „objektiven" Erfahrung, frei ergehen kann. Wenn die Zahl für die Wissenschaft zum Kriterium der Wahrheit, zur Bedingung und Vorbereitung aller streng „rationalen" Erkenntnis wird, so prägt sie hier allem, was in ihre Sphäre eintritt, was sich mit ihr berührt und durchdringt, den Charakter des Mysteriums auf – eines Mysteriums, in dessen Tiefe das Senkblei der Vernunft nicht mehr herabreicht.

Und doch läßt sich, wie in anderen Gebieten des mythischen Denkens, so auch in dem scheinbar undurchdringlichen Gewirr der mythisch-mystischen Zahlenlehren noch eine ganz bestimmte geistige Linienführung erkennen und bezeichnen. Auch hier sondern sich, so unbeschränkt der Trieb der bloßen „Assoziation" waltet, noch die Haupt- und Nebenwege der Gestaltung; auch hier heben sich allmählich gewisse typische Richtlinien heraus, durch die der Prozeß der Heiligung der Zahl und damit der Heiligung der Welt bestimmt wird. Für die Erkenntnis dieser Richtlinien besitzen wir bereits einen festen An/haltspunkt, wenn wir auf die Entwicklung zurückblicken, die der Begriff der Zahl im sprachlichen Denken erfährt. Wie sich hier gezeigt hat, daß alle geistige Erfassung und Benennung von Zahlverhältnissen immer auf eine konkret-anschauliche Grundlage zurückweist und wie sich als die Hauptkreise, an denen das Bewußtsein der Zahl und ihrer Bedeutung erwächst, die räumliche, die zeitliche und die „personale"

---

[1] Siehe W. H. Roscher, Die enneadischen und hebdomadischen Fristen und Wochen der ältesten Griechen u. Die Sieben- und Neunzahl im Kultus und Mythus der Griechen. (Abh. der Kgl. Sächs. Ges. der Wiss., Philol.-histor. Kl., XXI, 4 u. XXIV, 1.) Für die germanischen Religionen s. Karl Weinhold, Die mystische Neunzahl bei den Deutschen, Abh. der Berlin. Akad. d. Wiss. 1897. Über Siebener- und Neunerfristen in der Astrologie s. Bouché-Leclercq, L'astrologie grecque, Paris 1899, S. 458 ff., 476 ff.

Anschauung ergaben[1], so werden wir eine ähnliche Gliederung auch im Fortgang der mythischen Zahlenlehren vermuten dürfen. Verfolgt man den Gefühlswert, der sich an die einzelnen „heiligen Zahlen" knüpft, bis in seinen Ursprung zurück und sucht man seine eigentlichen Wurzeln bloßzulegen, so zeigt sich fast stets, daß er in der Eigenart des mythischen Raumgefühls, des mythischen Zeitgefühls und des mythischen Ichgefühls gegründet ist. Was den Raum anlangt, so sind für die mythische Auffassung nicht nur die einzelnen Gegenden und Richtungen als solche mit ganz bestimmten religiösen Wertakzenten versehen, sondern auch an die Gesamtheit dieser Richtungen, an das Ganze, in dem sie vereinigt gedacht werden, heftet sich ein derartiger Akzent. Wo als die „Kardinalpunkte" der Welt der Norden und Süden, der Osten und Westen unterschieden werden – da pflegt dieser spezifische Unterschied auch für alle sonstige Gliederung des Weltinhalts und des Weltgeschehens zum Modell und Vorbild zu werden. Die Vier wird jetzt zur eigentlichen „heiligen Zahl": denn in ihr drückt sich eben dieser Zusammenhang jedes besonderen Seins mit der Grundform des Universums aus. Was irgendeine tatsächliche vierfältige Gliederung aufweist – sei es, daß diese sich der sinnlichen Beobachtung als unmittelbar-gewisse „Wirklichkeit" aufdrängt, sei es, daß sie rein ideell durch eine bestimmte Weise der mythischen „Apperzeption" bedingt ist – das erscheint damit von selbst und wie durch innere magische Bindungen bestimmten Teilen des Raumes verhaftet. Für das Denken des Mythos findet hier nicht nur eine mittelbare Übertragung statt, sondern es erblickt mit anschaulicher Evidenz das eine im andern, – es ergreift in jeder partikularen Vierheit die universelle Form der kosmischen Vierheit. In dieser Funktion tritt uns die Vier nicht nur in den meisten nordamerikanischen Religionen[2], sondern auch im chinesischen Denken ent/gegen. Im chinesischen System entspricht je einer der vier Haupt-Himmelsrichtungen Westen, Süden, Osten und Norden, je eine bestimmte Jahreszeit, je eine bestimmte Farbe, je ein bestimmtes Element, eine bestimmte Tierart, ein bestimmtes Organ des menschlichen Körpers usf., so daß schließlich die gesamte Mannigfaltigkeit des Daseins kraft dieser Beziehung in irgendeiner Weise aufgeteilt und in einen bestimmten Bezirk der Anschauung gleich-

---

[1] Siehe hierzu Bd. I, S. 187 ff., 203 ff.
[2] Belege hierfür siehe bei Buckland, Four as a sacred number, Journ. of the Anthropol. Instit. of Great Britain, XXV, 96 ff. und bei Mc Gee, Primitive numbers, a. a. O., S. 854.

sam fixiert und angesiedelt erscheint[1]. Dieselbe Symbolik der Vierzahl begegnet uns bei den Tscherokesen, wo gleichfalls jedem der vier Kardinalpunkte der Welt eine besondere Farbe, eine besondere Verrichtung oder auch ein besonderer Glücksumstand, wie Sieg oder Niederlage, Krankheit oder Tod zugeordnet wird[2]. Und das mythische Denken kann sich seiner Eigenart gemäß nicht damit begnügen, all diese Beziehungen und Zuordnungen als solche zu erfassen und sie gewissermaßen *in abstracto* zu betrachten, sondern es muß sie, um sich ihrer wahrhaft zu versichern, zu einer anschaulichen Gestalt zusammennehmen und sie in dieser Form, sinnlich und bildhaft, vor sich hinstellen. So prägt sich die Verehrung der Vier in der Verehrung der Kreuzesform aus, die als eines der ältesten religiösen Symbole bezeugt ist. Von der frühesten Form des Viererkreuzes, von der Form der Swastika bis zu der mittelalterlichen Spekulation, die in die Anschauung des Kreuzes den gesamten Gehalt der christlichen Glaubenslehre hineinlegt, läßt sich hier eine gemeinsame Grundrichtung des religiösen Denkens verfolgen. Es ist ein Wiederaufleben bestimmter kosmisch-religiöser Urmotive, wenn im Mittelalter die vier Kreuzesenden mit den vier Himmels- oder Weltgegenden identifiziert, wenn der Osten, der Westen, der Norden und Süden mit bestimmten Phasen der christlichen Heilsgeschichte in eins gesetzt werden[3].

Aus dem Kult der Himmelsrichtungen kann sich sodann, ebenso wie die Verehrung der Vierzahl, auch die der Fünf- und Siebenzahl entwickeln: indem neben den vier Hauptrichtungen des Ostens, Westens,/Südens und Nordens die „Mitte" der Welt, als der Platz, in dem der Stamm oder das Volk seinen ihm zugewiesenen Sitz hat, mitgezählt wird, und ferner das Oben und Unten, der Zenith und Nadir, noch ihre besondere mythisch-religiöse Auszeichnung erfahren. Aus solcher räumlich-zahlenmäßigen Gliederung entsteht z. B. bei den Zuñi jene Form der „Septuarchie", die ihr gesamtes Weltbild theoretisch und praktisch, in intellektueller wie in

---

[1] Vgl. hierzu de Groot, Universismus, S. 119; The religious system of China I, 316 ff.; näheres in meiner Studie über die „Begriffsform im mythischen Denken", S. 26, 60 f.

[2] Vgl. Mooney, Sacred formula of the Cherokees, 7 th Ann. Rep. of the Bur. of Ethnology (Smithson. Inst.), S. 342.

[3] Näheres hierüber siehe in dem Abschnitt „Symbolik der Himmelsrichtungen" in Joseph Sauers Symbolik des Kirchengebäudes, S. 87 ff., (vgl. oben S. 126 f.). Über die Bedeutung und Ausbreitung der Swastika vgl. bes. Wilson, The Swastika, the earliest known symbol and its migrations, Washington 1906.

soziologischer Hinsicht bestimmt[1]. Auch sonst ist es vor allem die magisch-mythische Bedeutung der Siebenzahl, an welcher der Zusammenhang mit bestimmten kosmischen Grundphänomenen und Grundvorstellungen sich noch überall deutlich verfolgen läßt. Hier aber zeigt sich sogleich, wie untrennbar das mythische Raumgefühl mit dem mythischen Zeitgefühl verbunden ist, und wie beide gemeinsam den Ausgangspunkt der mythischen Auffassung der Zahl bilden. Es hat sich uns bereits als ein Grundcharakter des mythischen Zeitgefühls ergeben, daß in ihm die Momente des „Subjektiven" und „Objektiven" noch ungeschieden nebeneinander liegen und ineinander aufgehen. Hier besteht nur jenes eigentümliche „Phasengefühl", jene Empfindung für die Abteilung des Geschehens schlechthin, ohne daß dieses Geschehen sich in zwei verschiedene Hälften, in ein „Innen" und „Außen" spaltet. Die mythische Zeit wird daher immer zugleich als die Zeit der Naturvorgänge wie als die der menschlichen Lebensvorgänge gedacht: sie ist biologisch-kosmische Zeit[2]. Und diese Doppelheit teilt sich nun auch der mythischen Auffassung der Zahl mit. Jede mythische Zahl weist auf einen bestimmten Kreis gegenständlicher Anschauung zurück, in dem sie wurzelt und aus dem sie beständig neue Kraft zieht. Aber das Gegenständliche selbst ist hierbei niemals nur ein Sachlich-Dingliches, sondern es ist mit einem eigenen inneren Leben erfüllt, das sich in ganz bestimmten Rhythmen bewegt. Diese Rhythmik setzt sich in alles besondere Werden fort – in so verschiedenen Formen es auch verlaufen und an soweit voneinander abstehenden Punkten des mythischen Weltenraums es sich abspielen mag. Vor allem sind es die Mondphasen, in denen diese universelle Periode des kosmischen Geschehens sich darstellt. Der Mond erscheint – worauf schon seine Benennung in den meisten indogermanischen Sprachen und im Kreis der semitischen und hamitischen Sprachen hinweist[3] – überall als der eigentliche Teiler und/„Messer" der Zeit. Aber er ist noch mehr als dies: denn alles Werden in der Natur und im menschlichen Dasein ist ihm nicht nur in irgendeiner Weise zugeordnet, sondern es geht auf ihn als „Ursprung", als qualitativen Urgrund zurück. Es ist bekannt, wie sich diese uralte mythische Anschauung bis in moderne

---

[1] Siehe Cushing, Outlines of Zuñi Creation Myths, (vgl. oben S. 114).

[2] Vgl. oben S. 133 ff.

[3] Über die Bezeichnung des Mondes als „Messer" der Zeit in den indogermanischen Sprachen und im Ägyptischen, vgl. W. H. Roscher, Die ennead. u. hebdomadischen Fristen u. Wochen bei den ältesten Griechen, S. 5; für die semitischen Sprachen, siehe Joh. Hehn, Siebenzahl und Sabbat bei den Babyloniern u. im alten Testament, Leipzig 1907, S. 59 ff.

biologische Theorien erhalten und fortgesetzt hat, und wie damit auch die Siebenzahl wieder zu ihrer universellen Bedeutung, als Herrscherin über alles Leben, gelangt ist[1]. Die Verehrung der Siebenzahl erscheint erst in relativ später Zeit, in der Zeit der griechisch-römischen Astrologie, mit dem Kult der sieben Planeten verknüpft, während anfänglich die siebentägigen Fristen und Wochen keine derartige Beziehung aufweisen, sondern aus der natürlichen und sich der Anschauung gleichsam von selbst darbietenden Viertelung des achtundzwanzigtägigen Monats hervorgehen[2]. Hier ergibt sich also als Grundlage für die Heiligung der Siebenzahl und für ihre Auffassung als „Vollzahl", als Zahl der „Fülle und Gesamtheit" ein ganz bestimmter Anschauungskreis, der jedoch erst dadurch wirksam wird, daß er sich kraft der Form und Eigenart des mythischen, des „strukturalen" Denkens fortschreitend erweitert, bis er sich zuletzt über alles Sein und Geschehen ausdehnt. In diesem Sinne begegnet uns etwa in der Pseudo-Hippokratischen Schrift über die Siebenzahl die Sieben als die eigentliche kosmische Strukturzahl: sie wirkt und webt in den sieben Sphären des All, sie bestimmt die Zahl der Winde, der Jahreszeiten, der Lebensalter, sie ist es, auf der die natürliche Gliederung der Organe des menschlichen Körpers wie die Verteilung der Kräfte in der menschlichen Seele beruht[3]. Von der griechischen Medizin geht der Glaube an die „Lebenskraft" der Siebenzahl sodann auf die mittelalterliche/und neuzeitliche Heilkunde über: jedes siebente Jahr erscheint hier als ein „klimakterisches" Jahr, das eine entscheidende Wendung in der Mischung der Lebenssäfte, im Temperament des Körpers und der Seele mit sich bringt[4].

---

[1] Vgl. hrz. Wilhelm Fliess, Der Ablauf des Lebens, Wien 1906 u. Hermann Swoboda, Das Siebenjahr, Untersuchungen über die zeitliche Gesetzmäßigkeit des Menschenlebens, Wien u. Leipzig 1917.

[2] Das Material für die Entscheidung dieser Frage ist vollständig zusammengestellt in Bolls Artikel Hebdomas bei Pauly-Wissowa; siehe auch Roscher, Ennead. Fristen, S. 71 ff. u. Hehn, a. a. O., S. 44 ff.

[3] Näheres hierüber bei Roscher, Die Hippokrat. Schrift von der Siebenzahl, Abh. der Kgl. Sächs. Ges. d. Wissensch. XXVIII, 5, Leipzig 1911, bes. S. 43 ff.

[4] Über die Theorie der „klimakterischen Jahre" in der antiken Medizin und ihre Weiterbildung, s. Boll, Die Lebensalter, S. 29 ff.; vgl. auch Bouché-Leclercq, L'astrologie grecque, S. 526 ff. – Übrigens bleibt das eigentümliche mythische „Phasengefühl", das wir als einen Grundbestandteil der mythischen Zeitanschauung erkannt haben, bei solcher Gliederung des Lebens in charakteristische, scharf gegeneinander abgesonderte Abschnitte nicht stehen, sondern es verfolgt sie nicht selten bis in die Zeit vor der Geburt zurück. Schon im Werden des Foetus herrscht die gleiche rhythmische Regel, die den Menschen sodann, nachdem er zur Welt ge-

Aber wenn es in den bisher betrachteten Fällen stets ein bestimmter objektiver Anschauungskreis war, der sich als Ausgangspunkt und Grundlage für die Heiligung bestimmter Zahlen erwies, so werden wir schon durch die Erinnerung an den sprachlichen Ausdruck der Zahlverhältnisse daran gemahnt, daß dieses objektive Moment nicht alleinbestimmend ist. Nicht ausschließlich an der Wahrnehmung der äußeren Dinge oder an der Beobachtung des Ablaufs des äußeren Geschehens reift das Bewußtsein der Zahl heran – sondern eine seiner stärksten Wurzeln liegt in jenen Grundunterscheidungen, zu denen das subjektiv-persönliche Dasein, zu denen das Verhältnis des Ich, Du und Er hinführt. Die Sprache zeigt am Beispiel des Dual und Trial, sowie an den Formen des „inklusiven" und „exklusiven" Plurals, wie insbesondere die Zweizahl und Dreizahl sich auf diese Sphäre zurückbeziehen und in ihrem Ausdruck durch sie bestimmt sind (vgl. Bd. I, S. 203 ff.). Und ganz analoge Beobachtungen scheinen sich nun im Gebiet des mythischen Denkens zu ergeben. Usener hat in seiner Schrift über die Dreiheit, die den Grund zu einer mythologischen Zahlenlehre zu legen sucht, den Gedanken verfochten, daß es zwei Gruppen typischer Zahlen gebe, deren eine auf die Auffassung und Gliederung der Zeit zurückgehe, während die andere, zu der insbesondere die Zwei und/die Drei gehört, auf einen hiervon verschiedenen Ursprung zurückweise. Wenn er weiterhin die Heiligkeit der Drei und ihren spezifisch-mystischen Charakter darin gegründet sieht, daß die Drei in Zeiten primitiver Kultur den Abschluß der Zahlreihe bildete, und daß sie damit zum Ausdruck der Vollendung, der absoluten Totalität schlechthin wurde, so lassen sich freilich gegen diese Theorie, die zwischen dem Begriff der Dreiheit und dem der Unendlichkeit eine letzten Endes rein gedankliche und spekulative Verbindung annimmt, schon vom ethnologischen Standpunkt aus gewichtige Einwände erheben[1]. Aber die Scheidung zwischen zwei verschiedenen Grup-

kommen, durch das Ganze seines Daseins begleitet. Auf derartige Anschauungen über die Entwicklung des Foetus im Mutterleibe scheint z. B. die Verehrung zurückzugehen, die die Zahl 40, insbesondere im Kreise der semitischen Religionen, genießt. Die Bedeutung dieser Zahl beruht, wie Roscher wahrscheinlich gemacht hat, darauf, daß die Frist der Schwangerschaft, die auf 280 Tage festgesetzt wird, in sieben gleiche Abschnitte von je 40 Tagen zerlegt wird, deren jedem je eine besondere charakteristische Funktion im Gesamtprozeß des Werdens und Reifens der Frucht zugeschrieben wird. Vgl. Roscher, Die Zahl 40 im Glauben, Brauch u. Schrifttum der Semiten, Abh. der Kgl. Sächs. Ges. d. Wiss. XXVII, 4; Leipzig 1909, S. 100 ff.

[1] Siehe Usener, Dreiheit (zuerst im Rheinischen Museum N. F., Bd. LVII); zur ethnologischen Kritik von Useners Theorie s. z. B. Levy Bruhl, Das Denken der Naturvölker, S. 180 ff.

pen „heiliger" Zahlen und der Hinweis auf ihre verschiedenen geistig-religiösen Quellen bleibt nichtsdestoweniger bestehen. Was insbesondere die Drei betrifft, so deutet die Geschichte der religiösen Grundvorstellungen darauf hin, daß die rein „intelligible" Bedeutung, die sie in der entwikkelten religiösen Spekulation fast überall erlangt, erst ein spätes und mittelbares Ergebnis ist, das aus einem andersartigen gewissermaßen naiven Verhältnis herauswächst. Wenn die Religionsphilosophie sich in die Geheimnisse der göttlichen Drei-Einheit vertieft, wenn sie diese Einheit durch die Trias von Vater, Sohn und Geist bestimmt, so lehrt die Religionsgeschichte, daß diese Trias selbst ursprünglich ganz konkret gefaßt und gefühlt wird: – daß es ganz bestimmte „Naturformen des Menschenlebens" sind, die in ihr ihren Ausdruck finden. Wie unter einer leichten Hülle schimmert häufig unter der spekulativen Dreiheit von Vater, Sohn und Geist noch die natürliche Dreiheit von Vater, Mutter und Kind hindurch. Insbesondere in der Gestaltung der Götterdreiheit im Kreise der semitischen Religionen ist die Grundanschauung noch deutlich erkennbar[1]. In all diesen Beispielen bewährt sich jene eigentümliche Magie der Zahl, die sie als eine Grundmacht im Reich des Geistes und im Aufbau des Selbstbewußtseins der Menschheit erscheinen läßt. Sie beweist sich als das Bindemittel, durch das die verschiedenen Grundkräfte des Bewußtseins sich zu einem Ineinander fügen, durch das die Kreise der Empfindung,/der Anschauung und des Gefühls sich zu einer Einheit zusammenschließen. Der Zahl kommt hierbei die Funktion zu, die die Pythagoreer der Harmonie zusprechen. Sie ist „buntgemischter Dinge Einigung und verschieden gestimmter Zusammenstimmung" (πολυμιγέων ἕνωσις καὶ δίχα φρονεόντων συμφηρόνσις Philol. fr. 10); sie wirkt als das magische Band, das nicht sowohl die Dinge unter sich verknüpft, als sie vielmehr „innerhalb der Seele in Einklang bringt"./

---

[1] Die Belege hierfür sind jetzt gesammelt in der Monographie von Ditlef Nielsen, Der dreieinige Gott in religionshistorischer Beleuchtung, Bd. I: Die drei göttlichen Personen; Kopenhagen 1922.

DRITTER ABSCHNITT

# DER MYTHOS ALS LEBENSFORM

## ENTDECKUNG UND BESTIMMUNG DER SUBJEKTIVEN WIRKLICHKEIT IM MYTHISCHEN BEWUSSTSEIN

KAPITEL I

DAS ICH UND DIE SEELE

Von einer Entdeckung der subjektiven Wirklichkeit im Mythos ließe sich nicht sprechen, wenn die allgemein verbreitete Anschauung, nach der der Ichbegriff und der Seelenbegriff den Anfang alles mythischen Denkens bildet, zu Recht bestünde. Seit Tylor in seinem grundlegenden Werk diese Theorie des „animistischen" Ursprungs der Mythenbildung verfochten hat, scheint sie sich immer mehr als der sichere empirische Kern und als das empirische Regulativ der Mythenforschung bewährt zu haben. Auch Wundts völkerpsychologische Betrachtung ist ganz auf diese Anschauung gegründet; auch sie sieht alle mythischen Begriffe und Vorstellungen im Grunde nur als Varianten der Seelenvorstellung an, die somit nicht sowohl ein bestimmtes Ziel, als vielmehr die gegebene Voraussetzung der mythischen Weltauffassung bilden würde. Und selbst die Gegenbewegung gegen diese Ansicht, die durch die sog. „präanimistischen" Theorien eingeleitet worden ist, hat nur dem faktischen Bestand der Mythenwelt einige neue, in der animistischen Deutung unbeachtet gebliebene Züge hinzuzufügen versucht, ohne das Prinzip der Erklärung als solches anzutasten. Denn wenngleich hier für gewisse Urschichten des mythischen Denkens und Vorstellens, wie insbesondere für die primitivsten Zauberbräuche, der Seelen- und Persönlichkeitsbegriff nicht als notwendige Bedingung und nicht als eigentliches Konstituens angesehen wird, so bleibt doch die Bedeutung dieses Begriffs für alle Inhalte und Formen des mythischen Denkens, die sich über diese primitive Urschicht erheben, im allgemeinen anerkannt. Der Mythos bliebe demnach – auch wenn man die präanimistischen Abwandlungen der Tylorschen Theorie annimmt – seiner Gesamtstruktur und seiner Gesamtfunktion nach nichts anderes als der Versuch, die „objektive"/Welt des Geschehens gewissermaßen in die „subjektive" zurückzuschlingen und sie gemäß den Kategorien dieser letzteren zu deuten.

Aber gegen diese von seiten der Ethnologie und der Völkerpsychologie im wesentlichen noch immer unbestrittene Voraussetzung erhebt sich sofort ein gewichtiges Bedenken, sobald wir sie im Zusammenhang unseres allgemeinen Grundproblems betrachten. Denn ein Blick auf die Entwicklung der einzelnen symbolischen Formen zeigt uns überall, daß ihre wesentliche Leistung nicht darin besteht, die Welt des Äußeren in der des Inneren abzubilden oder eine fertige innere Welt einfach nach außen zu projizieren, sondern daß in ihnen und durch ihre Vermittlung die beiden Momente des „Innen" und „Außen", des „Ich" und der „Wirklichkeit" erst ihre Bestimmung und ihre gegenseitige Abgrenzung erhalten. Wenn jede dieser Formen eine geistige „Auseinandersetzung" des Ich mit der Wirklichkeit in sich schließt, so ist dies doch keineswegs in dem Sinne zu verstehen, daß beide, Ich und Wirklichkeit, hierbei schon als gegebene Größen anzusehen sind – als fertige, für sich bestehende „Hälften" des Seins, die nur nachträglich zu einem Ganzen zusammengenommen würden. Vielmehr liegt die entscheidende Leistung jeder symbolischen Form eben darin, daß sie die Grenze zwischen Ich und Wirklichkeit nicht als ein für allemal feststehende im voraus hat, sondern daß sie diese Grenze selbst erst setzt – und daß jede Grundform sie verschieden setzt. Schon aus diesen allgemeinen systematischen Erwägungen heraus werden wir auch für den Mythos vermuten dürfen, daß er so wenig mit einem fertigen Begriff vom Ich oder von der Seele, wie von einem fertigen Bild des objektiven Seins und Geschehens seinen Ausgang nimmt, sondern daß er beide erst zu gewinnen, erst aus sich heraus zu bilden hat[1]. Und die Phänomenologie des mythischen Bewußtseins liefert in der Tat für diese systematische Vermutung die durchgehende Bestätigung. Je weiter man den Rahmen dieser Phänomenologie spannt und je tiefer man in ihre Grund- und Urschichten einzudringen sucht – um so deutlicher tritt hervor, daß der Seelenbegriff für den Mythos keine fertige und feste Schablone ist, in die er alles, was er erfaßt, zwangsläufig einreiht, sondern daß er für ihn vielmehr ein flüssiges und bildsames, ein wandlungsfähiges und gestaltungsfähiges Element bedeutet, das sich ihm, indem er von ihm Gebrauch macht, gewissermaßen unter den Händen verändert. Wenn die Metaphysik, wenn die „rationale Psychologie" mit dem Begriff der Seele / wie mit einem gegebenen Besitz operiert, wenn sie sie als eine „Substanz" mit bestimmten unveränderlichen „Eigenschaften" nimmt, so zeigt das mythische Bewußtsein das gerade entgegengesetzte Verhalten. Keine der Eigenschaften und Eigenhei-

---

[1] Vgl. hierzu besonders Bd. I, S. 23 ff.

ten, die die Metaphysik als analytische Merkmale im Begriff der „Seele" anzusehen pflegt, ihre Einheit so wenig wie ihre Unteilbarkeit, ihre Immaterialität so wenig wie ihre Fortdauer, zeigt sich hier von Anfang an und notwendig mit ihr verknüpft; – alle bezeichnen nur bestimmte Momente, die erst ganz allmählich im Prozeß des mythischen Vorstellens und Denkens gewonnen werden müssen, und deren Gewinnung sehr verschiedene Phasen durchläuft. In diesem Sinne kann der Seelenbegriff mit kaum geringerem Rechte als das Ende wie als der Anfang des mythischen Denkens bezeichnet werden. Der Gehalt dieses Begriffs und seine geistige Spannungsweite liegt eben darin, daß er zugleich Anfang und Ende ist. Er führt uns in stetigem Fortgang, in einem ununterbrochenen Zusammenhang von Gestaltungen von einem Extrem des mythischen Bewußtseins zum andern: er erscheint zugleich als das Unmittelbarste und als das Vermitteltste. In den Anfängen des mythischen Denkens kann die „Seele" als ein Ding erscheinen, so bekannt, so zum Greifen nahe wie nur irgendein physisches Dasein. Aber an diesem Dinghaften vollzieht sich nun eine Umwendung, durch die ihm allmählich ein immer reicherer geistiger Bedeutungsgehalt zuwächst, bis zuletzt die Seele zu dem eigentümlichen „Prinzip" der Geistigkeit überhaupt wird. Nicht unmittelbar, sondern nur allmählich und auf mancherlei Umwegen wächst aus der mythischen Kategorie der „Seele" die neue Kategorie des Ich, der Gedanke der „Person" und der Persönlichkeit, heraus: aber gerade an den Widerständen, die dieser Gedanke zu bewältigen hat, wird sein eigentümlicher Gehalt erst völlig offenbar.

Freilich handelt es sich in diesem Prozeß nicht um einen bloßen Reflexionsprozeß – nicht um ein Ergebnis, das aus der reinen Betrachtung gewonnen wird. Nicht das bloße Betrachten, sondern das Tun bildet vielmehr den Mittelpunkt, von dem für den Menschen die geistige Organisation der Wirklichkeit ihren Ausgang nimmt. Hier zuerst beginnen sich die Kreise des Objektiven und Subjektiven, beginnt sich die Welt des Ich von der der Dinge zu scheiden. Je weiter das Bewußtsein des Tuns fortschreitet, um so schärfer prägt sich diese Scheidung aus, um so klarer treten die Grenzen zwischen „Ich" und „Nicht-Ich" hervor. Auch die mythische Vorstellungswelt erscheint demgemäß, gerade in ihren ersten und unmittelbarsten Formen, aufs engste mit/der Welt des Wirkens verknüpft. Hier liegt der Kern der magischen Weltansicht, die mit dieser Atmosphäre des Wirkens ganz gesättigt ist, ja die selbst nichts anderes als eine Übersetzung und Umsetzung der Welt der subjektiven Affekte und Triebe in ein sinnlich-objektives Dasein ist. Die erste Kraft, mit der der Mensch sich als ein Eigenes und Selbständiges den Dingen gegenübergestellt, ist die Kraft des Wunsches. In ihm nimmt er die Welt, nimmt er die Wirklichkeit der Dinge nicht einfach hin, sondern in ihm baut er sie für sich auf. Es ist das erste primitivste Bewußtsein der Fähigkeit zur Gestaltung des Seins, das sich im Wunsche regt. Und indem dieses Bewußtsein die gesamte „innere" wie „äußere" Anschauung durchdringt, erscheint nun alles Sein ihm schlechthin unterworfen. Es gibt kein Dasein und kein Geschehen, das sich nicht zuletzt der „Allmacht des Gedankens" und der Allmacht des Wunsches fügen müßte[1]. So übt in der magischen Weltansicht das Ich über die Wirklichkeit eine fast schrankenlose Herrschaft aus: es nimmt alle Wirklichkeit in sich selbst zurück. Aber eben diese unmittelbare In-Eins-Setzung schließt nun eine eigentümliche Dialektik in sich, in welcher sich das ursprüngliche Verhältnis umkehrt. Das gesteigerte Selbstgefühl, das sich in der magischen Weltansicht auszudrücken scheint, weist auf der anderen Seite eben darauf hin, daß es zu einem eigentlichen Selbst hier noch nicht gekommen ist. Das Ich sucht kraft der magischen Allgewalt des Willens die Dinge zu ergreifen und sie sich gefügig zu machen; aber eben in diesem Versuch zeigt es sich von ihnen noch völlig beherrscht, noch völlig „besessen". Auch sein vermeintliches Tun wird ihm jetzt zu einer Quelle des Leidens: auch all seine ideellen Kräfte, wie die Kraft des Wortes und der Sprache, werden hier in der Form dämonischer Wesen angeschaut, werden als ein dem Ich Fremdes nach außen projiziert. So bleibt auch der Ausdruck des Ich, der hier gewonnen wird, so bleibt auch der erste magisch-mythische Begriff der „Seele" noch durchaus in dieser Anschauung gebunden. Auch die Seele erscheint als eine dämonische, den Leib des Menschen – und somit ihn selbst in der Gesamtheit seiner Lebensfunktionen – äußerlich bestimmende und äußerlich besitzende Macht. Demnach wird gerade in der gesteigerten Intensität des Ichgefühls und in der Hypertrophie des Wirkens, die/sich hieraus ergibt, nur ein Scheinbild des Wirkens hervorgebracht. Denn jede wahrhafte Freiheit des Wirkens setzt eine innere Bindung, setzt eine Anerkennung bestimmter objektiver Grenzen des Wirkens voraus. Das Ich gelangt erst dadurch zu sich selbst, daß es diese Grenzen für sich setzt, daß es somit die unbedingte Kausalität, die es sich anfangs gegenüber der Welt der Dinge

---

[1] Dieser Terminus der „Allmacht des Gedankens" ist zur Charakteristik der magischen Weltansicht zuerst von Freud gebraucht worden, auf dessen Ausführungen ich hier verweise, s. Totem und Tabu, dritter Aufsatz: Animismus, Magie und Allmacht der Gedanken, 2. Aufl., Wien 1920, S. 100 ff.

zuschrieb, sukzessiv einschränkt. Indem der Affekt und der Wille den gewollten Gegenstand nicht mehr unmittelbar zu ergreifen und in ihren Kreis zu ziehen suchen, sondern indem sich zwischen den bloßen Wunsch und sein Ziel immer mehr und immer klarer erfaßte Mittelglieder einschieben, gewinnen damit die Objekte auf der einen, das Ich auf der anderen Seite erst einen selbständigen Eigenwert: die Bestimmtheit beider wird erst durch diese Form der Vermittlung erreicht.

Wo dagegen diese Vermittlung fehlt, da haftet der Vorstellung des Wirkens selbst noch eine eigentümliche Indifferenz an. Alles Sein und Geschehen erscheint im ganzen wie im einzelnen mit magisch-mythischen Wirkungen durchsetzt: aber in der Anschauung des Wirkens ist noch keine Scheidung prinzipiell-verschiedener Wirkensfaktoren, noch keine Sonderung zwischen „Stofflichem" und „Geistigem", zwischen „Physischem" und „Psychischem" vollzogen. Es gibt nur eine einzige ungeteilte Wirkungssphäre, innerhalb deren ein beständiger Übergang, ein steter Austausch zwischen den beiden Kreisen, die wir als die Welt der „Seele" und als die des „Stoffes" zu scheiden pflegen, stattfindet. Gerade dort, wo die Vorstellung des Wirkens zur allgemeinen allumspannenden Kategorie des Weltbegriffes und der „Welterklärung" wird, tritt diese Ungeschiedenheit innerhalb ihrer selbst am deutlichsten hervor. In dem *mana* der Polynesier, in dem *manitu* der Algonkinstämme Nordamerikas, im *orenda* der Irokesen usf. läßt sich als gemeinsamer Grundbestand nur der Begriff und die Anschauung der gesteigerten, über alle bloß „natürlichen" Grenzen hinausgehenden Wirksamkeit schlechthin herauslösen, ohne daß es innerhalb derselben zu irgendeiner scharfen Abgrenzung zwischen den einzelnen Potenzen des Wirkens, zwischen seinen Arten und Formen kommt. Das Mana wird ebensowohl bloßen Dingen wie bestimmten Personen, es wird „Spirituellem" und „Materiellem", „Belebtem" und „Unbelebtem" in gleicher Weise zugeschrieben. Wenn daher sowohl die Anhänger des reinen Animismus wie ihre Gegner, die „Prä-Animisten" sich zur Stütze ihrer Anschauung auf die Mana-Vorstellung berufen haben, so hat man dem mit Recht entgegengehalten, daß das Wort *mana* „an/sich weder ein präanimistischer noch ein animistischer Ausdruck, sondern gegenüber diesen Theorien ganz neutral" sei. Das Mana ist das Machtvolle, Wirksame, Produktive, ohne daß in diese Wirksamkeit die spezifische Bestimmung des Bewußten, des „Seelischen" oder Persönlichen im engeren Sinne eingeht[1].

---

[1] Vgl. hierzu die näheren Nachweisungen bei Fr. Rudolf Lehmann, Mana, S. 35, 54. 76 a. ö. (vgl. oben S. 75). Auch für das Orenda der Irokesen hat Hewitt aus-

Auch sonst zeigt sich durchweg, daß die Schärfe, die Klarheit und Bestimmtheit des subjektiv-persönlichen Daseins um so mehr abnimmt, in je „primitivere" Stufen des mythischen Denkens man zurückgeht. Das primitive Denken ist geradezu charakterisiert durch die eigentümliche Flüssigkeit und Flüchtigkeit, die die Anschauung und der Begriff des persönlichen Daseins in ihm noch besitzen. Hier gibt es demnach zunächst keine „Seele" als eine selbständige, vom Körperlichen abgelöste und einheitliche „Substanz", sondern die Seele ist nichts anderes als das Leben selbst, das dem Körper immanent und notwendig an ihn gebunden ist. Diese Immanenz weist, gemäß der Eigenart des „komplexen" mythischen Denkens, auch räumlich keine scharfe Bestimmung und Begrenzung auf. Wie das Leben als ungeteiltes Ganze im Ganzen des Leibes wohnt, so ist es auch in jedem seiner Teile gegenwärtig. Nicht nur sind es bestimmte lebenswichtige Organe, wie das Herz, das Zwerchfell, die Nieren, die in diesem Sinne als „Sitz" des Lebens angesehen werden, sondern jeder beliebige Bestandteil des Körpers, selbst wenn er mit der Gesamtheit des Leibes in keiner „organischen" Verbindung mehr steht, kann noch als Träger des ihm innewohnenden Lebens gedacht werden. Auch der Speichel eines Menschen, seine Exkremente, seine Nägel, seine abgeschnittenen Haare sind und bleiben in diesem Sinne Lebens- und Seelenträger[1]: jede Wirkung, die auf sie geübt wird, trifft und gefährdet unmittelbar die Gesamtheit des Lebens. Wieder zeigt sich hierin die Rückwendung, daß die „Seele", indem ihr scheinbar alle Gewalt über das physische Sein und Geschehen eingeräumt wird, in Wahrheit damit nur um so fester in den Kreis des stofflichen Seins gebannt und in sein Schicksal verflochten wird./Und auch das Phänomen des Todes löst diesen Zusammenhang nicht auf. Wie der Tod im ursprünglichen mythischen Denken gefaßt wird, bedeutet er keineswegs eine scharfe Scheidung, eine „Trennung" der Seele vom Leibe. Es hat sich bereits früher gezeigt, daß eine solche Grenzscheidung, daß eine bestimmte Entgegensetzung der Bedingungen, unter denen Leben und Tod stehen, der Denkart des Mythos widerspricht, daß für ihn die Grenze zwischen beiden eine durchaus fließende Grenze bleibt[2]. So ist ihm auch

drücklich gezeigt, daß es lediglich ein Ausdruck für die „Macht überhaupt" ist, ohne daß diese schon als „psychische" Kraft oder auch nur als „Lebenskraft" (as a synonym of some biotic or psychic faculty) bestimmt wäre, s. Orenda and a definition of religion, Americ. Anthropol., N. S. IV, 44 f.

[1] Näheres hierüber z. B. bei Preuß, Ursprung der Religion und Kunst, Globus 86, 355 ff. (Vgl. oben S. 69 ff.)

[2] S. oben S. 49 f.

der Tod nirgends eine Vernichtung des Daseins, sondern nur der Übergang in eine andere Daseinsform – und diese selbst kann, in den Grund- und Urschichten mythischen Denkens, wieder nur in durchgängiger sinnlicher Konkretion gedacht werden. Auch der Tote „ist" noch immer; und dieses Sein kann nicht anders als physisch gefaßt und physisch beschrieben werden. Wenn er, verglichen mit dem Lebenden, als kraftloser Schatten erscheint, so hat doch dieser Schatten selbst noch volle Wirklichkeit; so gleicht er ihm nicht nur an Gestalt und Zügen, sondern auch in seinen sinnlichen und physischen Bedürfnissen. Wie in der Ilias dem Achill der Schatten des Patroklos erscheint „ähnlich an Größ' und Gestalt und lieblichen Augen ihm selber, auch an Stimm' und wie jener, den Leib mit Gewanden umhüllet", – so wird in den ägyptischen Denkmälern der Ka des Menschen, der ihn bei seinem Tode überdauert, durchaus als sein physischer Doppelgänger, der ihm zum Verwechseln ähnlich ist, gebildet[1]. Wenn daher die Seele als „Bild", als εἴδωλον auf der einen Seite gewissermaßen das Grob-Materielle abgestreift zu haben, wenn sie aus einem feineren und zarteren Stoff als die Welt der materiellen Dinge gewoben scheint, – so ist doch andererseits das Bild selbst vom Standpunkt des mythischen Denkens niemals ein bloß-Ideelles, sondern mit einem bestimmten realen Sein und mit realen Kräften des Wirkens ausgestattet[2]. Auch dem „Schatten" eignet daher noch eine Art physischer Wirklichkeit und physischer Formung. Nach der Vorstellung der Huronen hat die Seele einen Kopf und einen Körper, hat sie Arme und Beine, kurz, sie ist in allem die genaue Nachahmung des „wirklichen" Leibes und seiner Gliederung. Oft erscheinen in ihr wie in einem Miniaturbild alle anschaulich-körper/lichen Verhältnisse erhalten und nur auf einen kleineren Raum zusammengedrängt. Wenn bei den Malayen die Seele in der Form eines kleinen Männchens gedacht wird, das im Innern des Leibes haust – so erhält sich diese sinnlich-naive Grundvorstellung bisweilen bis in eine Sphäre, in der sich schon der Übergang zu einer völlig anderen, rein geistigen Anschauung des „Ich" vollzogen hat. Mitten in den Spekulationen der Upanishaden über das reine Wesen des Selbst, des Atman, kehrt noch einmal die Bezeichnung der Seele als des Purusha, des daumengroßen Mannes wieder: „Zollhoch an Größe weilt mitten im Leibe hier der Purusha, Herr des Vergangenen

---

[1] Vgl. z. B. das Basrelief aus dem Tempel von Luxor, das bei Budge, Osiris and the Egyptian resurrection, London 1911, II, 119 wiedergegeben ist; s. auch Erman, Die ägyptische Religion[2], S. 102.

[2] Siehe oben S. 56 ff.

und des Künftigen; wer ihn kennt, ängstigt sich nicht mehr[1]". In alledem zeigt sich das gleiche Bestreben, die Seele als Bild und Schatten gleichsam in eine andere Dimension des Seins zu versetzen, während sie doch andererseits, eben weil sie Bild und Schatten bleibt, keine eigenen selbständigen Züge besitzt, sondern alles, was sie ist und hat, von den materiellen Bestimmungen des Körpers zu Lehen trägt. Auch die Form des Lebens, die ihr über das Dasein des Körpers hinaus zugeschrieben wird, bedeutet zunächst nichts anderes, als die einfache Fortsetzung ihrer sinnlich-irdischen Existenzweise. Die Seele bleibt mit ihrem gesamten Sein, mit ihren Trieben und mit ihren Bedürfnissen, der Welt des Stofflichen zugewandt und verhaftet. Sie bedarf für ihre Fortdauer und für ihr Wohlergehen ihres physischen Besitzes, der ihr in der Form von Speise und Trank, von Kleidern und Gerätschaften, von Hausrat und Schmuck mitgegeben wird. Wenn in späteren Formen des Seelenkultes solche Gaben oft als rein symbolische erscheinen[2], so sind sie doch ursprünglich zweifellos als reale gedacht und für den realen Gebrauch des Toten bestimmt worden. Auch in dieser Hinsicht erscheint somit die Welt des „Jenseits" zunächst als die bloße Verdoppelung, als das einfache sinnliche Duplikat der Welt des Diesseits. Und selbst wenn der Versuch unternommen wird, beide dadurch zu unterscheiden, daß ihre inhaltlichen Gegensätze scharf akzentuiert und breit ausgemalt werden – so zeigt doch eben diese Gestaltung durch den Kon/trast nicht minder deutlich als die durch die Ähnlichkeit, wie hier das „Diesseits" und das „Jenseits" eben nur als verschiedene Seiten ein und derselben in sich homogenen sinnlichen Existenzform gefaßt werden[3]. Auch

---

[1] Kathaka Upanishad IV, 12 (in der Übersetzung von Deussen, Geheimlehre des Veda, S. 162); zum ethnologischen Material, s. bes. Frazer, Goulden Bough[3] II, 27, 80 u. s.

[2] So werden z. B. in China bei der Feier der Totenopfer neben wirklichen Kleidern große Mengen von Kleidern aus Papier oder papierene Abbildungen von Kleidern verbrannt, um auf diese Weise dem Toten ins Jenseits nachgesandt zu werden, s. de Groot, The religious system of China II, 474 ff.

[3] Als charakteristischer Beleg hierfür kann etwa die Religion der Batak auf Sumatra und ihre Vorstellung vom Totenreich dienen. „Die Weise der *begu* (der Geister der Abgeschiedenen) - so schildert Warneck diese Vorstellung - ist umgekehrt wie die der Lebenden. Wenn sie die Treppe hinuntergehen, so klettern sie mit dem Kopfe voran. Wenn sie zu mehreren an einer Last tragen, schauen sie dabei nach vorn, gehen aber nach hinten. Sie halten auch Märkte ab, aber nur des Nachts. Auch ihre Ratsversammlungen und ihr gesamtes Treiben spielt sich des Nachts ab" usf. Warneck, Die Religion der Batak. Ein Paradigma für die animistischen Religionen des indischen Archipels, Göttingen 1909, S. 74.

die soziale Ordnung des Diesseits pflegt in der Ordnung des Totenreichs ihre einfache Fortsetzung zu finden: jeder nimmt im Reich der Geister den gleichen Rang ein und übt den gleichen Beruf und dieselbe Funktion aus, die ihm im irdischen Dasein zukam[1]. So hält sich der Mythos gerade dort, wo er die Welt der unmittelbar gegebenen sinnlich-empirischen Existenz zu überschreiten, wo er sie prinzipiell zu „transzendieren" scheint, an dieser Welt mit klammernden Organen fest. In den ägyptischen Texten erscheint die Erhaltung und Fortdauer der Seele daran gebunden, daß ihr durch die Anwendung magischer Mittel der Gebrauch ihrer einzelnen sinnlichen Funktionen und sinnlichen Organe wiedergegeben wird. Die Zeremonie der „Öffnung des Mundes", der Öffnung des Ohres, der Nase usf., durch die der Tote wieder in den Besitz der Empfindung, in den Besitz des Sehens und Hörens, des Riechens und Schmeckens kommen soll, findet sich hier bis ins einzelne beschrieben und / vorgeschrieben[2]. Man hat von diesen Vorschriften gesagt, daß es sich in ihnen nicht sowohl um die Ausbildung einer Vorstellung vom Totenreich, als vielmehr um den leidenschaftlichsten Protest gegen eben diese Vorstellung handele[3]. So wird denn auch in ägyptischen Grabinschriften der Dahingeschiedene immer wieder mit Nachdruck als „der Lebende" bezeichnet – wie auch in China

---

[1] In besonders scharfer Ausprägung scheint sich diese Vorstellung in China und in Ägypten zu finden; vgl. de Groot, Religious System of China I, 348 ff. und Breasted, Development of religion and thought in ancient Egypt, S. 49 ff. Nach den Texten des ägyptischen Totenbuchs behält der Verstorbene den Gebrauch seiner Glieder; er nährt sich von der Nahrung, die die Götter selbst ihm bereiten, er besitzt Ländereien und Felder, die er selbst bestellt. Aber auch Ovid beschreibt an einer bekannten Stelle die Schatten, wie sie blutlos, körperlos, knochenlos dahinwandern: einige versammeln sich auf dem Forum, andere gehen ihren Geschäften nach, ein jeglicher die frühere Form seines Lebens nachahmend. (Metamorph. IV, 443 ff.) Wie nahe im übrigen der römische Totenglaube nicht nur in solchen Einzelzügen, sondern gerade in der allgemeinen Anschauung, die ihm zugrunde liegt, dem Glauben der „Primitiven" noch steht, haben namentlich die neuen eindringenden Untersuchungen des Gegenstands erwiesen: vgl. Walter F. Otto, Die Manen, Berlin 1923 u. Cumont, After Life in Roman Paganism, New Haven 1922, S. 3 ff., 45 ff. u. ö.

[2] Vgl. hierüber Budge, Osiris and the Egyptian Resurrection, I, 74, 101 ff. u. ö.

[3] Vgl. Breasted (a. a. O. S. 91) über die ältesten Pyramidentexte: „The chief and dominant note throughout is insistent, even passionate, protest against death. They may be said to be the record of humanity's earliest supreme revolt against the great darkness and silence from which none returns. The word death never occurs in the Pyramid Texts except in the negative or applied to a foe. Over and over again we hear the indomitable assurance that the dead lives."

von den Särgen als „lebenden Särgen", von den Leibern der Toten als „lebendig eingesargten Leichnamen" gesprochen wird[1]. Auch das Ich des Menschen, auch die Einheit seines Selbstbewußtseins und seines Selbstgefühls wird daher auf dieser Stufe keineswegs durch die „Seele" als ein selbständiges, vom Körper getrenntes „Prinzip" konstituiert. Solange der Mensch lebt, solange er in konkreter Leiblichkeit und in sinnlicher Wirkungskraft da ist, ist sein Selbst, seine Persönlichkeit in der Ge samtheit dieses seines Daseins beschlossen. Seine materielle Existenz und seine „psychischen" Funktionen und Leistungen, sein Fühlen, sein Empfinden und Wollen bilden ein in sich ungetrenntes und undifferenziertes Ganze. Demgemäß bleibt, auch nachdem die Scheidung zwischen beiden sich sichtbar und augenscheinlich vollzogen zu haben scheint, nachdem das Leben, das Empfinden und Wahrnehmen aus dem Körper geflohen ist, das „Selbst" des Menschen noch gleichsam zwischen den beiden Elementen, die ehemals dieses Ganze ausmachten, geteilt. Bei Homer liegt, wenn die Psyche den Menschen verlassen hat, der Mensch selbst, d. h. sein Leichnam, den Hunden zum Fraße da; aber daneben begegnet bei ihm die andere Auffassung und der andere Sprachgebrauch, nach welchem es eben sein „Selbst" ist, das fortan als Schatten und Schemen im Hades weilt. Auch die vedischen Texte zeigen das gleiche charakteristische Schwanken: bald ist es der Leib des Toten, bald ist es seine Seele, die als das eigentliche „Er selbst", als der Träger seiner Persönlichkeit gedacht wird[2]. An verschiedene, aber gleich / reelle Daseinsformen gebunden, vermag dieses „Er" seine rein ideelle, seine funktionale Einheit noch nicht zu entfalten[3].

---

[1] Vgl. de Groot, a. a. O., III, 924 u. ö.

[2] Näheres hierüber bei Oldenberg, Religion des Veda[2], S. 585 f. und S. 530, Anm. 2; zu vergleichen mit Rohde, Psyche[2] I, 5 ff.

[3] An dieser Geteiltheit des „Selbst" des Menschen zwischen dem Leichnam und der Schattenseele nimmt das mythische Denken um so weniger Anstoß, als bei dem fließenden und unbestimmten Charakter des mythischen Persönlichkeitsbegriffs eine analoge Teilung auch während des Lebens bestehen kann. Auch hier kann ein und derselbe Mensch gleichzeitig in verschiedenen Leibern sein, die er als sich „zugehörig" betrachtet. So gilt z. B. in den totemistischen Systemen der australischen Eingeborenen die Anschauung, daß bestimmte Objekte aus Holz oder Stein, die sog. *tjurunga*, in welche die Leiber der Totem-Vorfahren sich verwandelt haben, für den Menschen, der dem entsprechenden Totem angehört, in einem solchen Verhältnis der „Zugehörigkeit" stehen. „Das Verhältnis zwischen Mensch und *tjurunga"* – so berichtet Strehlow – drückt der Satz aus: *nana unta mburka nama* dies [d. h. die tjurunga] du Körper bist. Jeder Mensch hat also zwei Körper, einen aus Fleisch und Blut und einen aus Stein oder Holz..." S. Strehlow-Leonhardi, Die Aranda-

Wenn daher in der theoretischen Ausbildung und Durchbildung des Seelenbegriffs die Einheit und Einfachheit der Seele geradezu zu ihrem wesentlichen, zu ihrem eigentlich-konstitutiven Merkmal wird, so gilt für den Mythos ursprünglich vielmehr das Gegenteil. Selbst in der Geschichte des spekulativen Denkens läßt sich verfolgen, wie diese Einheit und Einfachheit erst allmählich gewonnen und gesichert wird: selbst bei Platon hat das logisch-metaphysische Motiv der Einheit, das ἕν τι ψυχῆς sich noch gegen das Gegenmotiv der Vielheit der „Seelenteile" zu behaupten und durchzusetzen. Im Mythos aber pflegt, nicht nur in seinen elementaren Formen, sondern oft auch in relativ fortgeschrittenen Bildungen das Motiv der Seelenspaltung das der Seeleneinheit bei weitem zu überwiegen. Die Tschi-Neger nehmen nach Ellis zwei Seelen, die Westafrikaner nach Mary Kingsley deren vier, die Malayen nach Skeat sieben voneinander unabhängige Seelen an. Bei den Yoruba besitzt jedes Individuum drei Seelen, von denen die eine im Kopf, die andere im Magen, die dritte in der großen Zehe wohnt[1]. Aber auch in einer weit subtileren, in einer fast schon gedanklich-differenzierten und gedanklich-systematisierten Form kann die gleiche Vorstellung sich aussprechen. Am schärfsten scheint diese systematische Differenzierung der einzelnen „Seelen" und ihrer Funktio/nen in der ägyptischen Religion durchgebildet zu sein. Neben den Elementen, die den Körper, die das Fleisch, die Knochen, das Blut, die Muskeln bilden, werden hier andere feinere, aber gleichfalls noch stofflich gedachte Elemente angenommen, aus denen sich die verschiedenen Seelen des Menschen aufbauen. Neben dem Ka, der bei Lebzeiten des Menschen als geistiger Doppelgänger in seinem Leibe wohnt und der auch im Tode den Menschen nicht verläßt, sondern als eine Art Schutzgeist bei seinem Leichnam weilt. besteht, der Bedeutung und der Existenzform nach geschieden, eine zweite ‚Seele', der Ba, die dem Körper im Augenblick des Todes in Gestalt eines Vogels entfliegt, um fortan frei im Raume umherzuwandern und nur gelegentlich den Ka und den Leichnam im Grabe wieder aufzusuchen. Daneben aber sprechen die Texte noch von einer dritten ‚Seele', dem *Khu*, der als unveränderlich, als unzerstörlich und unsterblich geschil-

und Loritja-Stämme in Zentral-Australien, Veröffentl. des Städt. Völker-Mus. Frankfurt a. M., Frankfurt a. M. 1908, I, 2, S. 77 ff.

[1] Vgl. Ellis, The Yoruba-speaking Peoples, S. 124 ff.; Skeat, Malay Magic, London 1900, S. 50; weitere Nachweise z. B. bei Frazer, Golden Bough[2], I, 528, II, 27. Die gleiche Vorstellung einer Mehrheit von Seelen findet sich nach Spencer und Gillen (The native tribes of Central Australia S. 512 ff.; The northern tribes of Central Australia S. 448 ff.) auch bei den Eingeborenenstämmen Australiens.

dert wird und dessen Bedeutung sich daher am meisten unserem Begriff des „Geistes" zu nähern scheint[1]. Auf drei verschiedenen Wegen wird hier versucht, die Besonderheit des seelischen Seins gegenüber dem körperlichen zu bestimmen; aber eben diese Verschiedenheit des Ansatzes beweist, daß es zur Herausarbeitung eines eigenen spezifischen Prinzips der „Persönlichkeit" nicht gekommen ist[2]. Und es ist nicht lediglich ein negatives, sondern ein höchst wichtiges positives Moment, das die Entdeckung dieses Prinzips auf lange Zeit hintanhält. Hier liegt nicht nur ein intellektuelles Unvermögen des mythischen Bewußtseins vor, sondern es wirkt hierbei ein Motiv mit, das tief in der Eigenart des mythischen Lebensgefühls selbst gegründet ist. Wir sahen, wie dieses Lebensgefühl sich vor allem als „Phasengefühl" äußert – so daß es das Ganze des Lebens nicht als einen schlechthin einheitlichen/und stetigen Prozeß nimmt, sondern es durch ganz bestimmte Einschnitte, durch kritische Punkte und Zeiten unterbrochen sein läßt. Wie diese Unterbrechungen das Kontinuum des Lebens in scharf gegeneinander abgegrenzte Abschnitte teilen, so teilen sie in gleicher Weise auch die Einheit des Selbst. Die ideelle „Einheit des Selbstbewußtseins" wirkt hier nicht als abstraktes Prinzip, das sich über alle Mannigfaltigkeit der Inhalte hinwegsetzt und sich als die reine „Form" des Ich konstituiert – sondern diese formale Synthesis findet an den Inhalten selbst und an ihrer konkreten Beschaffenheit ganz bestimmte Schranken. Wo die Verschiedenheit der Inhalte eine derartige Spannung erreicht, daß sie in völlige Gegensätzlichkeit umschlägt, da wird durch diese Diskrepanz auch der Zusammenhang des Lebens und damit die Einheit des Selbst aufgehoben. Es ist ein neues Selbst, das mit jeder charakteristisch neuen Lebensphase seinen Anfang nimmt. Gerade in den primitiven Schichten des mythischen

[1] Für diese ägyptische Dreiteilung und für die Funktion und Bedeutung der einzelnen „Seelen" verweise ich vor allem auf die Darstellung von Budge, Osiris and the Egyptian Resurrection, Bd. II, Kap. 19, in der auch die ethnologischen Parallelen aus anderen afrikanischen Religionen eingehend berücksichtigt sind. Vgl. auch Georges Foucart in Hastings Encyclopaedia of Rel. and Ethics (s. v. Body [Egypt.]) und Erman, Ägypten und ägypt. Leben im Altertum, II, 414 ff.

[2] „It is necessary to remember" – so bemerkt Breasted in seiner Darstellung des ägyptischen Seelenglaubens – „in dealing with such terms as soul among so early a people that they had no clearly defined notion of the exact nature of such an element of personality. It is evident that the Egyptian never wholly dissociated a person from the body as an instrument or vehicle of sensation, and they resorted to elaborate devices to restore to the body its various channels of sensibility after the ba, which comprehended these very things, had detached itself from the body. (Development of religion and thought in ancient Egypt., S. 56.)

Bewußtseins begegnen wir immer wieder dieser Grundanschauung. So ist es eine weit verbreitete Vorstellung, daß der Übergang vom Knaben zum Mann, der durchweg als ein mythischer Vorgang von eigener Prägung gilt, und der durch besondere magisch-mythische Gebräuche aus dem Ganzen des Lebens herausgehoben wird, sich nicht in der Form der „Entwicklung", der Evolution vollzieht, sondern daß er die Gewinnung eines neuen Ich, einer neuen „Seele" bedeutet. Von einem Stamm im Hinterland von Liberia wird berichtet, daß bei ihm der Glaube herrscht, der Knabe werde, sobald er den heiligen Hain betritt, in dem die Initiationsweihe stattfindet, von einem Waldgeist getötet, um sodann zu neuem Leben erweckt und „neubeseelt" zu werden[1]. Bei den Kurnai in Südost-Australien wird der Knabe bei der Jugendweihe in eine Art von magischen, dem gewöhnlichen nicht gleichenden Schlaf versetzt, aus dem er als ein anderer, als ein Ebenbild und eine Reinkarnation des totemistischen Stamm- und Urvaters erwacht[2]. In beiden Fällen zeigt sich, daß das „Ich" als rein funktionelle Einheit hier noch nicht die Kraft besitzt, auch dasjenige zu umspannen und zusammenzuschließen, was durch irgendeinen entscheidenden „kritischen" Phasen- und Wendepunkt abgelöst und abgesondert erscheint. Es vollzieht sich hier ein Sieg des unmittelbaren/konkreten Lebensgefühls über das abstrakte Ich- und Selbstgefühl, wie er uns, außer im mythischen Vorstellen, auch bei rein intuitiven künstlerischen Naturen immer wieder begegnet. Nicht zufällig stellt Dante das Erlebnis der Liebe zu Beatrice, an dem er zum Jüngling und Mann wird, unter dem Bilde der „Vita nuova" dar – und auch in Goethes Leben ist es ein durchgehender Zug, daß er gerade die bedeutsamsten Phasen seiner inneren Entwicklung nach kurzem nur als „Häutungen vorübergehender und vorübergegangener Zustände", daß er seine eigenen Dichtungen nur wie eine „abgestreifte Schlangenhaut, die am Wege liegen geblieben", empfindet[3]. Für das mythische Denken vollzieht sich im Nacheinander derselbe Prozeß der Spaltung wie im Nebeneinander: wie in ein und demselben Menschen, in demselben empirischen Individuum mythisch ganz verschiedene „Seelen" miteinander zusammen bestehen und friedlich nebeneinander wohnen kön-

---
[1] S. Schurtz, Altersklassen und Männerbünde, S. 102 ff.; Boll, Die Lebensalter, S. 36 ff.

[2] S. Howitt, The native tribes of South East-Australia, London 1904; sowie P. W. Schmidt, Die geheime Jugendweihe eines australischen Urstamms, Paderborn 1923, S. 26 ff.

[3] S. Goethe zu Reimer, 23. Juni 1809; zu Eckermann, 12. Januar 1827 (Gespräche, hrsg. von Biedermann², II, 42; III, 316).

nen, so kann auch die empirische Folge der Lebensereignisse an ganz verschiedene „Subjekte" verteilt werden, deren jedes nicht nur in der Form eines besonderen Wesens mythisch gedacht, sondern als eine unmittelbar-lebendige dämonische Macht, die von dem Menschen Besitz nimmt, mythisch empfunden und angeschaut wird[1]. /

Soll die Anschauung des Ich sich aus dieser Gebundenheit lösen, soll das Ich sich in ideeller Freiheit und als ideelle Einheit erfassen, so kann dies nur auf einem anderen Wege geschehen. Die entscheidende Wendung tritt erst ein, wenn sich der Akzent des Seelenbegriffs verschiebt – wenn die Seele, statt als bloßer Träger oder als Ursache der Lebenserscheinungen gedacht zu werden, vielmehr als Subjekt des sittlichen Bewußtseins gefaßt wird. Indem der Blick sich über die Sphäre des Lebens in die des sittlichen Tuns, über die biologische in die ethische Sphäre erhebt, gewinnt damit erst die Einheit des Ich den Vorrang über die stoffliche oder halbstoffliche Seelenvorstellung. Schon innerhalb des Umkreises des mythischen Denkens selber läßt sich diese Wandlung verfolgen. Den ältesten geschichtlichen Beleg für diesen Übergang scheinen die ägyptischen Pyramiden-

[1] Auf den ersten Blick könnte es scheinen, als ob diese „Spaltung", die sich im mythischen Ichgefühl und im mythischen Seelenbegriff immer wieder vollzieht, demjenigen widerspräche, was früher als der „komplexe", nicht-analytische Charakter des mythischen Denkens bezeichnet wurde (vgl. oben S. 61 f.). Bei näherer Betrachtung zeigt es sich indes, daß es sich hier um zwei Momente handelt, die einander entsprechen und sich gegenseitig ergänzen. Während das theoretische Denken, je weiter es fortschreitet, immer schärfer die Form der „synthetischen Einheit", als einer „Einheit des Verschiedenen" ausbildet, während es also ein korrelatives Verhältnis des Einen und Vielen setzt, kennt das mythische zunächst zwischen beiden nur ein alternatives Verhältnis. Es muß also entweder die Unterschiede negieren, indem es die einzelnen Elemente, die es in eine örtliche, zeitliche oder ursächliche Beziehung zueinander setzt, miteinander identifiziert, sie in ein einziges Gebilde „konkreszieren" läßt (vgl. oben S. 81 ff.) – oder es muß, wo diese Negation nicht mehr vollziehbar ist, wo der bloße Unterschied bis zum „Gegensatz" anwächst und sich als solcher unmittelbar aufdrängt, die Besonderheit der Bestimmungen auf eine Mehrheit voneinander abgesonderter Wesen verteilen. Der Unterschied wird hier also entweder überhaupt nicht gesetzt oder er wird zugleich mit seiner Setzung hypostasiert. Die funktionelle Einheit des Bewußtseins, der das theoretische Denken zustrebt, setzt die Verschiedenheit, um sie zugleich zu überbrücken, um sie in der reinen Form des Denkens aufgehen zu lassen – die substantielle mythische Denkweise macht entweder das Viele zum Einen oder das Eine zum Vielen. Hier gibt es nur entweder Zusammenfallen oder Auseinanderfallen, aber nicht jenen eigentümlichen Zusammenschluß des Verschiedenen, der sich in den rein intellektuellen Synthesen des Bewußtseins und in seiner spezifischen logischen Einheitsform, in der „transzendentalen Einheit der Apperzeption" vollzieht.

texte darzubieten, an denen man noch deutlich verfolgen kann, wie die neue ethische Form des Selbst, die hier allmählich geprägt wird, zuvor durch eine Reihe von Vorstufen hindurchgeht, in denen das Selbst noch ganz sinnlich gefaßt ist. Es ist die erste und selbstverständliche Voraussetzung des ägyptischen Seelenglaubens, daß alles Weiterleben der Seele nach dem Tode der Fortdauer ihres materiellen Substrats bedarf. Alle Sorge um die „Seele" des Toten muß sich daher in erster Linie der Erhaltung der Mumie zuwenden. Aber wie die Seele selbst neben der Körperseele auch Bild- und Schattenseele ist, so drückt sich dieses Moment auch in der Form ihres Kultes aus. Von der materiellen konkreten Leiblichkeit, an der die Verehrung ursprünglich haftet, erhebt sich der religiöse Gedanke und die religiöse Anschauung mehr und mehr zur reinen Bildform. Indem in ihr, und in ihr vornehmlich, die Gewähr und die Bürgschaft für die Erhaltung des Selbst gesehen wird, tritt neben die Mumie, als gleich wirksames Instrument der Unsterblichkeit, die Statue. Aus dieser religiösen Grundanschauung wächst die bildende Kunst, wächst insbesondere die Plastik der Ägypter heraus. Die ägyptischen Königsgräber, die Pyramiden, werden zum gewaltigsten Symbol dieser geistigen Grundrichtung, die auf die zeitliche Ewigkeit, auf die unbeschränkte Dauer des Ich hinzielt, die aber dieses Bestreben nicht anders als in architektonischer und plastischer Verkörperung, in der anschaulichen Sichtbarkeit des Raumes, erreichen und verwirklichen / kann. Aber über diesen gesamten Kreis der Sichtbarkeit und der Sichtbarmachung gelangen wir nun noch weiter hinaus, indem im Totenglauben und Totenkult das ethische Motiv des „Selbst" sich immer schärfer ausprägt. Die Fortdauer und das Schicksal der Seele hängt jetzt nicht mehr ausschließlich von den materiellen Hilfsmitteln, die ihr mitgegeben werden, und von der Vollziehung bestimmter ritueller Vorschriften ab, durch die sie magisch unterstützt und gefördert wird, sondern sie ist an ihr sittliches Sein und an ihr sittliches Tun gebunden. Die Gunst des Osiris, des Totengottes, die in frühen ägyptischen Texten durch zauberische Gebräuche erzwungen wird, erscheint in späteren durch das Gericht des Osiris über Gute und Böse ersetzt. In der Schilderung, die das „Buch der Pforten" enthält, tritt der Tote vor Osiris hin, um vor ihm sein Sündenbekenntnis abzulegen und sich zu rechtfertigen. Erst nachdem sein Herz auf der Waage, die vor dem Gotte steht, gewogen und als schuldlos befunden ist, geht er ins Reich der Seligen ein. Nicht seine Macht und Vornehmheit auf Erden, nicht seine magische Kunst, sondern seine Gerechtigkeit und Schuldlosigkeit entscheidet jetzt darüber, ob er im Tode obsiegt. „Du erwachest schön am Tage" – so lautet einer der Texte – „alles Böse ist von Dir abgetan. Du durchwandelst die Ewigkeit in Fröhlichkeit mit dem Lobe des Gottes, der in Dir ist. Dein Herz hast Du bei Dir; es verläßt Dich nicht." Hier ist das Herz, das sittliche Selbst des Menschen, mit dem Gott, der in ihm ist, eins geworden: „Das Herz eines Menschen ist sein eigener Gott". Damit zeigt sich uns in typischer Klarheit der Fortgang vom mythischen zum ethischen Selbst. Indem der Mensch sich von der Stufe der Magie zu der der Religion, indem er sich von der Dämonenfurcht zum Götterglauben und zur Götterverehrung erhebt, wirkt diese Apotheose nicht sowohl nach außen als nach innen. Jetzt erfaßt er nicht allein die Welt, sondern vor allem sich selbst in einer neuen geistigen Gestalt. Im persischen Totenglauben verweilt die Seele, nachdem sie sich vom Leibe getrennt, noch drei Tage lang in der Nähe des Leichnams; am vierten Tage aber gelangt sie zum Ort des Gerichts, zur Brücke Tschinvat, die über die Hölle ausgespannt ist. Von hier steigt die Seele des Gerechten durch die Wohnungen der guten Gedanken, der guten Worte und der guten Taten zum Ort des Lichts empor, während die des Ungerechten durch die Stufen der schlechten Gedanken, der schlechten Worte und Taten in das „Haus der Lüge" hinabsinkt[1]. Das mythische Bild erscheint hier fast nur noch als eine leichte durchsichtige Hülle, hinter der bestimmte Grundformen des ethischen Selbstbewußtseins sich um so klarer und reiner abzeichnen.

So hat die Umwendung vom Mythos zum Ethos schon innerhalb der Phänomenologie des mythischen Bewußtseins selbst ihre Vorgeschichte. Auf der untersten Stufe primitiven Geister- und Seelenglaubens steht auch das seelische Sein dem Menschen wie eine bloße Sache gegenüber: es ist eine fremde äußere Macht, die sich in ihm kundgibt, eine dämonische Gewalt, der er unterliegt, sofern es ihm nicht gelingt, sie durch magische Schutzmittel von sich abzuwehren. Aber sobald die Seelen nicht nur als Naturgeister, sondern als Schutzgeister gefaßt werden, bahnt sich darin bereits ein neues Verhältnis an. Denn der Schutzgeist steht in einer näheren, gleichsam innerlicheren Beziehung zu der Person, der er zugesellt wird. Er beherrscht sie nicht nur, sondern er behütet und lenkt sie; er ist

---

[1] Zum persischen Toten- und Jenseitsglauben vgl. bes. Reitzenstein, Das iranische Erlösungsmysterium. Religionsgeschichtliche Untersuchungen, Bonn 1821; s. auch Jackson im Grundr. der iran. Philol. II, 684 f. – Für die ägyptischen Anschauungen vom Totengericht vgl. die Darstellung und die Texte bei Erman, Ägypt. Religion[2], S. 117 ff.; Wiedemann, Die Religion der alten Ägypter, S. 47 ff., 132 ff.; Budge, Osiris and the Egyptian resurrection, S. 305 ff., 331 ff.

nichts schlechthin Äußerliches und Fremdartiges mehr, sondern ein dem Individuum speziell Zugehöriges, ihm Vertrautes und Nahes. So unterscheiden sich im römischen Seelenglauben die „Laren" von den „Larven": – diese sind umherschweifende Phantome, die Schrecken und Übel verbreiten, jene freundliche Geister, die ein bestimmtes individuelles Gepräge tragen, die an eine einzelne Person oder an einen einzelnen Ort, an das Haus oder die Flur gebunden sind und sie vor schädlichen Einflüssen bewahren[1]. Die Vorstellung solcher persönlichen Schutzgeister scheint in der Mythologie fast aller Völker wiederzukehren: man hat sie ebenso wie bei den Griechen und Römern in den amerikanischen Eingeborenenreligionen, sowie bei den Finnen und den alten Kelten nachgewiesen[2]. Auch der Schutzgeist ist freilich zumeist durchaus nicht als das „Ich" des Menschen, als das „Subjekt" seines inneren Lebens gedacht; sondern als ein selbst noch Objektives, das ebenso, wie es „im" Menschen wohnt, also räumlich mit ihm verbunden ist, sich von ihm auch wieder räumlich abtrennen kann. Bei den Uitoto z. B. scheinen die Schutzgeister Seelen von irgendwelchen Objekten, wie etwa von Tieren, zu sein, deren man sich mit Gewalt bemächtigt hat, und sie weilen nicht nur bei dem, der sie besitzt, sondern können von ihm auch entsandt werden, um irgendeinen Auftrag auszuführen[3]. Und auch dort, wo zwischen dem Schutzgeist und dem Menschen, dem er innewohnt, die denkbar engste Verbindung besteht, wo der Schutzgeist das ganze Sein und das Geschick des Menschen bestimmt, erscheint er nichtsdestoweniger noch als ein für sich Bestehendes, als ein Abgesondertes und Absonderliches. So gründet sich etwa der Seelenglaube der Batak auf die Vorstellung, daß der Mensch vor seiner Geburt, vor seinem sinnlich-leiblichen Dasein, von seiner Seele, seinem *tondi* gewählt wurde, und daß alles, was den Menschen betrifft, all sein Glück und Unglück von dieser Wahl abhängt. Was immer dem Menschen begegnet, das geschieht ihm, weil es sein *tondi* so gewollt hat. Sein körperliches Befinden und sein seelisches Temperament, sein Ergehen und sein Charakter wird durchaus durch die Eigenart seines Schutzgeistes bestimmt. Dieser ist somit „eine Art Mensch im Menschen, deckt sich aber nicht mit seiner Persönlichkeit, steht mit seinem Ich vielmehr oft in Konflikt, ist ein besonderes Wesen

---

[1] Vgl. hierzu Cumont, After Life in Roman Paganism, S. 61 ff.; s. auch Wissowa, Die Anfänge des römischen Larenkultes, Archiv f. Religionswiss. VII (1904), S. 42 ff.
[2] Belege hierfür s. bei Brinton, Religions of primitive peoples, S. 192.
[3] S. Preuß, Religion und Mythologie der Uitoto, Göttingen 1921, S. 43 ff.

im Menschen, das eigenen Willen, eigene Wünsche hat und diese im Gegensatz zu dem Willen des Menschen in peinvoll empfundener Weise durchzusetzen weiß[1]." Das Motiv der Furcht vor dem eigenen Dämon überwiegt somit hier noch das der Vertrautheit, der innerlich-notwendigen Verbundenheit und Zugehörigkeit. Aber aus dieser ihrer ersten „dämonischen" Form beginnt allmählich die Seele in eine andere „geistigere" Bedeutung überzugehen. Usener hat diesen geistigen Bedeutungswandel an der Hand des sprachlichen Bedeutungswandels verfolgt, den im Griechischen und Lateinischen die Bezeichnung des δαίμων und die des *genius* allmählich erfährt. Der Dämon ist zunächst der typische Ausdruck für dasjenige, was von Usener als „Augenblicks- oder Sondergott" bezeichnet wird. Ein beliebiger Vorstellungsinhalt, ein beliebiger Gegenstand kann, sofern er in noch so flüchtiger Art das mythisch-religiöse Interesse erweckt und auf sich lenkt, zum Rang eines eigenen Gottes, eines Dämon erhoben werden[2]. Daneben aber verläuft eine andere Bewegung, die darauf ge/richtet ist, die äußeren Dämonen in innere, die Augenblicks- und Zufallsgötter in schicksalhafte Wesen und Gestalten umzuwandeln. Nicht was dem Menschen äußerlich zufällt, sondern was er ursprünglich ist, macht seinen Dämon aus. Er wird ihm von der Geburt an mitgegeben, um ihn fortan durchs Leben zu geleiten und seine Wünsche wie sein Tun zu lenken. In der schärferen Durchbildung, die diese Grundvorstellung in dem italischen Begriff des „*genius*" gefunden hat, erscheint der Genius, wie schon sein Name ausdrückt, als der eigentliche „Erzeuger" des Menschen, und zwar nicht nur als sein physischer, sondern auch als sein geistiger Erzeuger, als Ursprung und Ausdruck seiner persönlichen Eigenart. Und so hat alles, was in sich eine echte geistige „Form" besitzt, einen derartigen Genius. Nicht nur dem Einzelnen, sondern auch der Familie und dem Haus, dem Staat, dem Volk wie überhaupt jeder Form menschlicher Gemeinschaft wird er zugesprochen. Ähnlich besitzt im germanischen Vorstellungskreis ebensowohl das Individuum wie eine ganze Sippe oder ein ganzer Stamm seinen Schutzgeist: in der nordischen Sage stehen den Schutzgeistern der Einzelnen, den *mannsfylgja*, die Schützerinnen des Geschlechts, die *kynfylgja* gegenüber[3]. Es scheint, daß das mythisch-religiöse Denken diese Vorstel-

---

[1] Warneck, Die Religion der Batak, S. 8.

[2] Usener, Götternamen, S. 291 f.; zur Geschichte des Wortes δαίμων s. auch Dieterich, Nekyia², S. 59.

[3] S. Golther, Handbuch der german. Mythologie, S. 98 ff.; für den römischen Sprachgebrauch und Vorstellungskreis s. außer den Nachweisungen bei Usener

lung um so schärfer ausbildet und ihr eine um so bedeutsamere Rolle zuweist, je mehr es von der rein natürlichen Sphäre zur Anschauung eines geistigen „Reichs der Zwecke" durchdringt. So nehmen z. B. in einer Religion, die wie die persische ganz auf den einen Grundgegensatz des Guten und Bösen gestellt ist, die Schutzgeister der Guten, die Fravashi, in der hierarchischen Gliederung der Welt eine zentrale Stelle ein. Sie sind es, die dem höchsten Herrscher Ahura Mazda schon bei der Erschaffung der Welt beigestanden haben, und die zuletzt den Kampf, den er gegen den Geist der Finsternis und der Lüge führt, zu seinen Gunsten entscheiden werden. „Mit ihrer Macht und Herrlichkeit" – so verkündet Ahura Mazda dem Zarathustra – „gründete ich jenen Himmel, der dort oben glänzend, durchschimmernd diese Erde bedeckt und ringsum einschließt gerade wie ein Haus ... Durch ihre Macht und Herrlichkeit gründete ich die breite gottgeschaffene Erde, die große und ausgedehnte, die Trägerin vieles Schönen, welche das ganze leibliche Leben trägt, den/Lebenden und den Toten und die hohen Berge, die winde- und wasserreichen. Denn wenn mir keinen Beistand gebracht hätten die starken Schutzengel der Rechtgläubigen, so würden hier nicht Tier und Mensch sein, die die Besten ihrer Art sind. Die Lüge hätte die Macht, die Lüge die Herrschaft, der Lüge würde die leibliche Welt gehören[1]." So greift hier die Idee der Schutzbedürftigkeit auch auf den höchsten Herrscher, auf den eigentlichen Schöpfergott über; denn auch er ist nach der Grundanschauung, die der Mazda-Religion, als einer prophetisch-ethischen Religion, eignet, was er ist, nicht sowohl durch seine überragende physische Macht, als vielmehr vermöge der heiligen Ordnung, als deren Vollstrecker er gilt. Diese ewige Ordnung des Rechts und der Wahrheit verkörpert sich in den Fravashi und steigt durch ihre Vermittlung aus der Welt des Unsichtbaren in die des Sichtbaren herab. Nach einer Stelle des Bundahish hat Ormazd den Schutzgeistern, als sie noch körperlose reine Geister waren, die Wahl gelassen, entweder in diesem Zustand reiner Seligkeit zu verharren oder mit Körpern ausgestattet zu werden, um gemeinschaftlich mit ihm den Kampf gegen Ahriman zu führen. Sie wählten das letztere: – sie gingen in die materielle Welt ein, um sie von der Macht des feindlichen Prinzips, von der Macht des Bösen zu befreien. Das ist ein Gedanke, der in seiner Grundtendenz fast an die Höhepunkte des spekulativen religiösen Idealismus erinnert. Denn das

---
(a. a. O. S. 297) bes. Wissowa, Religion und Kultus der Römer[2], S. 175 ff. Vgl. auch Walter F. Otto, Artikel ‚Genius' bei Pauly-Wissowa.
[1] Yasht 13, 1; 13, 12 und 13 (deutsch von Geldner bei Bertholet, S. 341).

Sinnliche und Stoffliche erscheint hier als die Schranke des „Intelligiblen" – aber als eine Schranke, die nichtsdestoweniger notwendig ist, weil nur an ihr, an ihrer fortschreitenden Überwindung, die Macht des Geistigen sich bewähren und sich sichtbar offenbaren kann. Und so fällt hier denn auch die Sphäre des „Geistigen" mit der des „Guten" zusammen: das Böse hat keinen Fravashi. Man erkennt, wie in dieser Entwicklung der mythische Seelenbegriff sich ethisch zugespitzt und ethisch verengt hat, wie aber eben diese Verengung zugleich eine ganz neue Konzentration auf einen spezifisch-geistigen Gehalt in sich schließt. Denn die Seele als bloß biologisches, als bewegendes und belebendes Prinzip fällt mit dem geistigen Prinzip im Menschen jetzt nicht mehr zusammen. „Wenn der Begriff der Fravashi" – so urteilt ein Darsteller der persischen Religion –, „auch höchst wahrscheinlich aus dem bei den Indo-Europäern so lebhaften Ahnenkult hervorgegangen ist, so hat er doch eine wachsende Vergeistigung erfahren, durch die er sich schließlich vom Begriff der Manen merklich unterscheidet: – der/ Hindu oder der Römer verehrt die Seele seiner abgeschiedenen Väter, der Anhänger der Mazda-Religion huldigt seinem eigenen Fravashi und dem aller anderen Menschen, mögen sie tot oder lebendig sein oder selbst erst in Zukunft geboren werden[1]." In der Tat hängt das neue Persönlichkeitsgefühl, das hier zum Durchbruch kommt, mit dem neuen Zeitgefühl zusammen, das in der Religion Zarathustras herrscht. Aus den ethisch-prophetischen Gedanken der Zukunft heraus kommt es zu einer wahrhaften Entdeckung der Individualität, des persönlichen Selbst des Menschen, – einer Entdeckung, in der überall die primitiven mythischen Vorstellungen von der Seele als Grundlage dienen, in der aber zuletzt dieser Materie eine ganz neue Form aufgeprägt wird.

An dieser Stelle vollzieht sich daher im Kreise des mythischen Bewußtseins selbst eine Entwicklung, die dazu bestimmt ist, über seine Grenzen hinauszuführen. Die allmähliche Ablösung des spekulativen Gedankens des „Selbst" von seinem mythischen Mutterboden läßt sich in der Geschichte der griechischen Philosophie noch in all ihren Einzelphasen verfolgen. Die Pythagoreische Seelenlehre ist mit uraltem mythischem Erbgut noch ganz durchsetzt; Rohde hat von ihr gesagt, daß sie in ihren Hauptzügen nur die Phantasmen alter volkstümlicher Psychologie wiedergebe – in der Steigerung und umgestaltenden Ausführung, die sie durch

---

[1] Victor Henry, Le Parsisme, S. 53 f.; zur Lehre von der Fravashi vgl. bes. Söderblom, Les Fravashi, Paris 1899 und Darmesteter, Ormazd et Ahriman, S. 118, 130 ff.

die Theologen und Reinigungspriester und zuletzt durch die Orphiker erfahren hatte[1]. Und doch erschöpft sich in diesen Zügen nicht die wesentliche Eigenart der Pythagoreischen Psychologie: denn diese ist in dem gleichen Moment begründet, das auch dem Pythagoreischen Weltbegriff sein spezifisches Gepräge gibt. Die Seele ist weder selbst etwas Stoffartiges, noch ist sie, trotz aller Vorstellungen von der mythischen Wanderung der Seelen, bloße Hauch- und Schattenseele: sondern sie ist ihrem tiefsten Sein und ihrem letzten Grunde nach als Harmonie und Zahl bestimmt. Im Platonischen Phaedon wird diese Grundansicht von der Seele als der „Harmonie des Leibes" von Simmias und Kebes, den Schülern des Philolaos, entwickelt. Und damit erst gewinnt die Seele Anteil am Gedanken des Maßes, als des Ausdrucks der Grenze und der Form schlechthin, der logischen wie der ethischen Ordnung. So wird die Zahl zur Herrscherin nicht nur über alles kosmische Sein, sondern auch über/alle göttlichen und dämonischen Dinge[2]. Und diese theoretische Bewältigung der mythischdämonischen Welt, diese ihre Unterstellung unter ein bestimmtes Gesetz, das sich in der Zahl ausdrückt, findet nun ihre Ergänzung und Entsprechung durch die Entwicklung, die das Grundproblem der Ethik in der griechischen Philosophie erfährt. Von dem Satze Heraklits, daß des Menschen Sinn sein Dämon sei, schreitet diese Entwicklung zu Demokrit und Sokrates weiter[3]. Man kann vielleicht erst in diesem Zusammenhang ganz den besonderen Sinn und Klang nachempfinden, der dem Sokratischen Daimonion und dem Sokratischen Begriff der „Eudaimonie" anhaftet. Die Eudaimonie gründet sich auf die neue Form des Wissens, die Sokrates aufgegangen ist. Sie wird gewonnen, indem die Seele, aufhört bloße Naturpotenz zu sein, – indem sie sich als sittliches Subjekt begreift. Jetzt erst ist der Mensch der Furcht vor dem Unbekannten, der Dämonenfurcht ledig geworden, weil er sein Selbst, sein Inneres nicht mehr von einer dunklen mythischen Macht beherrscht fühlt, sondern weil er sich fähig weiß, es aus klarer Einsicht, aus einem Prinzip des Wissens und des Wollens heraus, zu gestalten. So erwacht hier dem Mythos gegenüber ein neues Bewußtsein der inneren Freiheit. In primitiven Stufen des Animismus findet sich noch heute die Ansicht, daß der Mensch von seinem Seelendämon erwählt

---

[1] Rohde, Psyche² II, 167.
[2] Philolaos, fr. 11, vgl. oben S. 174.
[3] Für Demokrit s. bes. fragm. 170, 171 (Diels): εὐδαιμονίη ψυχῆς καὶ κακοδαιμονίη – εἰ δαιμονίη οὐκ ἐν βοσκήμασιν οἰκεῖ οὐδὲ ἐν χρυσῶι. ψυχὴ οἰκητήριον δαίμονος.

wird, bis ins einzelne durchgebildet. Bei den Batak auf Sumatra werden der Seele vor ihrer Verkörperung von dem Urvater der Götter und Menschen verschiedene Lebenslose vorgelegt – und mit der Wahl, die sie trifft, ist das Schicksal des Menschen, in den sie eingehen wird, ist seine Eigenart und sein Wesen, wie der ganze Ablauf seines Lebens im voraus bestimmt[1]. Dieses mythische Grundmotiv der Seelenwahl hat Platon im zehnten Buch des Staates aufgenommen – aber er benutzt es nur, um aus ihm eine neue, der mythischen Denkart und der mythischen Gefühlswelt entgegengesetzte Konsequenz zu ziehen. ,,Nicht Euch wird der Dämon erlosen – so spricht Lachesis zu den Seelen – sondern Ihr werdet den Dämon wählen. Die Tugend ist herrenlos; von ihr wird jeder, je nachdem er sie ehrt oder gering schätzt, mehr oder weniger haben. Die Schuld ist des Wählenden, Gott ist schuldlos" (Republ. 617 D)./Auch dieser Spruch wird den Seelen im Namen der Notwendigkeit, im Namen der Ananke, als deren Tochter Lachesis erscheint, verkündet – aber indem an die Stelle der mythischen Notwendigkeit die ethische Notwendigkeit tritt, fällt ihr Gesetz mit dem der höchsten sittlichen Freiheit zusammen. Im Gedanken der Selbstverantwortung wird dem Menschen jetzt sein wahrhaftes Ich zuteil, wird es ihm erst erobert und gesichert. Aber freilich zeigt gerade die weitere Entwicklung des Seelenbegriffs in der griechischen Philosophie, wie schwer es selbst dem philosophischen Bewußtsein wird, den neuen Gehalt, den dieser Begriff nunmehr umschließt, in seiner spezifischen Eigenart zu bewahren. Verfolgt man den Weg von Platon zur Stoa und zum Neuplatonismus, so zeigt sich, wie hier allmählich wieder die alte mythische Grundanschauung vom Seelendämon das Übergewicht gewinnt: unter den Schriften Plotins findet sich eine Abhandlung, die ausdrücklich wieder ,,von dem Dämon, der uns erlost hat", handelt[2].

Aber noch in einer anderen, nicht sowohl ethischen als vielmehr rein theoretischen Hinsicht geht der Entdeckung der Subjektivität, wie sie sich im theoretisch-philosophischen Bewußtsein vollzieht, ihre Entdeckung im mythisch-religiösen Bewußtsein voraus. Schon dies letztere dringt zu dem Gedanken eines ,,Ich" vor, das selbst nicht mehr dingartig und durch keine Analogie des Dinglichen bestimmbar ist, sondern für welches viel-

---

[1] Vgl. hierzu die sehr charakteristischen Mythen, die Warneck, Die Religion der Batak, S. 46 ff., mitteilt.

[2] Ennead. III, 4; über die Stellung der ,,persönlichen Schutzdämonen" in der Stoa und im Neuplatonismus vgl. bes Hopfner, Griechisch-ägyptischer Offenbarungszauber, Leipzig 1921, § 35 ff. (S. 10 ff.), § 117 ff. (S. 27 ff.).

mehr alles Objektive, als bloße „Erscheinung", vorhanden ist. Das klassische Beispiel für eine derartige Fassung des Ichbegriffs, die sich auf der Grenze zwischen mythischer Anschauung und spekulativer Betrachtung hält, ist in der Entwicklung des indischen Denkens gegeben. In der Spekulation der Upanishaden heben sich die Einzelstadien des Weges, der hier zu durchmessen war, aufs klarste voneinander ab. Man sieht hier, wie der religiöse Gedanke nach immer neuen Bildern für das Selbst, für das Subjekt, als das Ungreifliche und Unbegreifliche, sucht – und wie er doch zuletzt eben dieses Selbst nur dadurch zu bestimmen vermag, daß er all diese bildlichen Ausdrücke, als unzulänglich und unangemessen, wieder fallen läßt. Das Ich ist das Kleinste und Größte: der Atman im Herzen ist kleiner als ein Reis- oder Hirsekorn und doch größer als der Luftraum, größer als der Himmel, als all diese Welten. Er ist weder an die Schranken des Raumes, an ein „Hier" und „Dort", noch an das/Gesetz der Zeitlichkeit, an ein Entstehen und Vergehen, an ein Tun und Leiden gebunden, sondern allumfassend und allbeherrschend. Denn allem was ist und allem was geschieht steht er als bloßer Zuschauer gegenüber, der in das, was er schaut, nicht selbst verstrickt ist. In diesem Akt des reinen Schauens unterscheidet er sich von allem, was objektive Form, was „Gestalt und Namen" hat. Für ihn bleibt nur die einfache Bestimmung des „Er ist" ohne jede nähere Besonderung und Qualifikation. So ist das Selbst allem Wißbaren entgegengesetzt und doch zugleich der Kern alles Wißbaren. Nur wer es nicht erkennt, kennt es – wer es weiß, der weiß es nicht. Es ist nicht-erkannt vom Erkennenden, erkannt vom Nicht-Erkennenden[1]. Alle Intensität des Wissenstriebes wendet sich ihm zu – aber zugleich ist alle Problematik des Wissens in ihm beschlossen. Nicht die Dinge sollen durch die Erkenntnis sichtbar gemacht werden, sondern das Selbst soll man sehen, hören, verstehen – wer es gesehen, gehört, verstanden und erkannt hat, von dem wird alle Welt gewußt. Und doch ist eben dieses All-Wissende selbst unwißbar. „Denn wo eine Zweiheit ist, da sieht einer den anderen, da riecht einer den anderen, da hört einer den anderen, da redet einer den anderen an, da versteht einer den anderen, da erkennt einer den anderen ... Durch welchen er aber all dies erkennt, wie sollte er den erkennen, wie sollte er doch den Erkenner erkennen[2]?" Schärfer kann es nicht ausgesprochen werden, daß sich hier dem Geiste eine neue Gewiß-

---

[1] S. Kena Upanishad 11; Kāthaka Up. VI, 12 (nach der Übersetz. von Deußen, Geheimlehre des Veda, S. 148, 166).
[2] Brihadaranyaka Upan. II, 4, 5 und 14 (übers. von Deußen, a. a. O., S. 30 ff.).

heit aufgeschlossen hat, die doch als Prinzip des Wissens mit keinem seiner Gegenstände oder Gebilde vergleichbar ist, und die demgemäß all jenen Erkenntnisweisen und Erkenntnismitteln, die eben für diese gegenständlichen Gebilde bestimmt sind, unzugänglich bleibt. Und doch wäre es voreilig, wenn man hieraus auf eine innere Verwandtschaft, ja auf eine Identität des Ichbegriffs der Upanishaden mit dem des modernen philosophischen Idealismus schließen wollte[1]. Denn die Methode, kraft deren die religiöse Mystik zur Erfassung der reinen Subjektivität und zur Bestimmung ihres Gehalts vordringt, ist von der der kritischen Analyse des Wissens und seines Bestandes klar geschieden. Die allgemeine / Richtung der Bewegung selbst, die Richtung vom „Objektiven" zum „Subjektiven" bleibt indes, trotz aller Unterschiede des Zieles, in dem diese Bewegung zuletzt ausmündet, als übereinstimmendes Moment bestehen. So groß die Kluft ist, die das Selbst des mythisch-religiösen Bewußtseins vom Ich der ‚transzendentalen Apperzeption" trennt – so besteht doch schon innerhalb des mythischen Bewußtseins selbst kein geringerer Abstand zwischen den ersten primitiven Vorstellungen des Seelendämons und der durchgebildeten Auffassung, in der das Ich in einer neuen Form der „Geistigkeit" als Subjekt des Wollens und Erkennens erfaßt wird. /

---

[1] Vgl. hierzu die kritischen Bemerkungen, die Oldenberg (Die Lehre der Upanishaden und die Anfänge des Buddhismus, S. 73 f., 196 ff.) gegen Deußens Auffassung und Darstellung richtet.

KAPITEL II

DIE HERAUSBILDUNG DES SELBSTGEFÜHLS AUS DEM
MYTHISCHEN EINHEITS- UND LEBENSGEFÜHL

1.

Die Entgegensetzung von „Subjekt" und „Objekt", die Unterscheidung des Ich von allem dinglich-Gegebenen und dinglich-Bestimmten, ist jedoch nicht die einzige Form, in der sich der Fortschritt von einem allgemeinen, noch undifferenzierten Lebensgefühl zum Begriff und zum Bewußtsein des „Selbst" vollzieht. Wenn in der Sphäre des reinen Wissens der Fortgang von allem darin besteht, daß das Prinzip des Wissens von seinem Inhalt, daß das Erkennende vom Erkannten geschieden wird, so birgt das mythische Bewußtsein und das religiöse Gefühl noch einen anderen, fundamentaleren Gegensatz in sich. Hier ist das Ich nicht unmittelbar auf die äußere Welt bezogen, sondern hier bezieht es sich vielmehr ursprünglich auf ein ihm gleichartiges persönliches Dasein und Leben. Die Subjektivität hat zu ihrem Korrelat nicht sowohl irgendein äußeres Ding, als vielmehr ein „Du" oder „Er", von dem sie sich auf der einen Seite unterscheidet, um sich auf der andern mit ihm zusammenzufassen. Dieses „Du" oder „Er" bildet den wahren Gegenpol, dessen das Ich bedarf, um an ihm sich selber zu finden und sich selbst zu bestimmen. Denn auch hier gilt, daß das individuelle Selbstgefühl und das individuelle Selbstbewußtsein nicht am Anfang, sondern am Ende der Entwicklung steht. In den ersten Stadien, bis zu denen wir die Entwicklung zurückverfolgen können, finden wir das Selbstgefühl überall noch unmittelbar verschmolzen mit einem bestimmten mythisch-religiösen Gemeinschaftsgefühl. Das Ich fühlt und weiß sich nur, sofern es sich als Glied einer Gemeinschaft faßt, sofern es sich mit anderen zur Einheit einer Sippe, eines Stammes, eines sozialen Verbandes zu/sammengeschlossen sieht. Nur in ihr und durch sie besitzt es sich selbst; sein eigenes persönliches Dasein und Leben ist in jeder seiner Äußerungen wie mit unsichtbaren magischen Banden an das Leben des umschließenden Ganzen gebunden. Nur ganz allmählich kann diese Bindung sich lockern und lösen, kann es zu einer Selbständigkeit des Ich gegenüber den es umfassenden Lebenskreisen kommen. Und auch hier be gleitet der Mythos nicht nur diesen Prozeß, sondern er vermittelt und bedingt ihn: er bildet eine seiner bedeutsamsten und wirksamsten Triebkräfte. Indem jede neue Stellung, die das Ich sich gegenüber der Gemeinschaft gibt, ihren Ausdruck im mythischen Bewußtsein findet, indem sie sich vor allem in der Form des Seelenglaubens mythisch objektiviert, wird die Entwicklung des Seelenbegriffs nicht nur zur Darstellung, sondern zu einem geistigen Werkzeug für den Akt der „Subjektivierung", für die Gewinnung und Erfassung des individuellen Selbst. –

Schon die Betrachtung der bloßen Inhalte des mythischen Bewußtseins weist uns darauf hin, daß diese Inhalte keineswegs ausschließlich oder vorzugsweise dem Kreise der unmittelbaren Naturanschauung entstammen. Auch wenn man den Ahnenglauben und Ahnenkult nicht, im Sinne der „manistischen" Theorie, wie sie vor allem durch Herbert Spencer vertreten und ausgebaut worden ist, als den eigentlichen Ursprung des mythischen Denkens ansieht, so scheint sich seine entscheidende Mitwirkung doch überall dort nachweisen zu lassen, wo es überhaupt zu einer klaren Durchbildung der Seelenvorstellung, zu einer bestimmten mythischen „Theorie" über die Heimat und Herkunft der Seelen gekommen ist. Von den großen Kulturreligionen ist es insbesondere die chinesische Religion, die im Ahnenglauben wurzelt und die dessen ursprüngliche Züge am reinsten bewahrt zu haben scheint. Wo dieser Glaube herrscht, da fühlt sich der Einzelne mit den Stammeseltern nicht nur durch den kontinuierlichen Prozeß der Zeugung verbunden, sondern er weiß sich mit ihnen identisch. Die Seelen der Voreltern sind nicht gestorben; sie bestehen und sind, um sich in den Enkeln wieder zu verkörpern, um sich in den neugeborenen Geschlechtern selbst ständig zu erneuern. Und auch wenn dieser primäre Kreis der mythisch-sozialen Anschauung sich weitet, wenn die Anschauung von der Familie zum Stamm, von diesem zur Nation fortgeht, zeigt es sich, daß jede einzelne Phase dieses Fortgangs gewissermaßen ihren mythischen „Exponenten" besitzt. Jeder Wandel des sozialen Bewußtseins prägt sich in der Form und Gestalt/der Götter aus. Bei den Griechen stehen über den Göttern der Familie, den ϑεοὶ πατρῷοι die Götter der Phratrie und des Stammes: die ϑεοὶ φράτριοι und φύλιοι, denen wieder die Götter der Stadtgemeinde und die allgemeinen nationalen Gottheiten übergeordnet sind. So wird der „Götterstaat" zum getreuen Abbild des Organismus des sozialen Lebens[1]. Gegen den Versuch, die Form und den Inhalt des mythologischen Bewußtseins aus den jeweiligen empirischen Verhältnissen der menschlichen Gesellschaft ableiten zu wollen und in diesem Sinne das soziale Sein zur Grundlage der Religion, die Soziologie zur Grundlage der Religionswissenschaft zu machen, – gegen diesen Versuch hat freilich schon Schelling im voraus einen entscheidenden Einwand erhoben. „Mir scheint", – so bemerkt er in seinen Vorlesungen über die Philosophie der Mythologie – „gerade dies, woran bis jetzt niemand Anstoß genommen, sei sehr der Untersuchung bedürftig, ob es nämlich überhaupt möglich sei, daß Mythologie aus oder unter einem Volke entstehe. Denn zuerst, was ist doch ein Volk, oder was macht es zum Volk? Unstreitig nicht die bloße räumliche Koexistenz einer größeren oder kleineren Anzahl physisch gleichartiger Individuen, sondern die Gemeinschaft des Bewußtseins zwischen ihnen. Diese hat in der gemeinschaftlichen Sprache nur ihren unmittelbaren Ausdruck; aber worin sollen wir diese Gemeinschaft selbst oder ihren Grund finden, wenn nicht in einer gemeinschaftlichen Weltansicht, und diese wieder, worin kann sie einem Volk ursprünglich enthalten und gegeben sein, wenn nicht in seiner Mythologie? Es scheint daher unmöglich, daß zu dem schon vorhandenen Volk eine Mythologie hinzukomme, sei es durch Erfindung einzelner unter ihm oder daß sie ihm durch eine gemeinschaftliche instinktartige Erzeugung entstehe. Als unmöglich erscheint auch dies, weil es undenkbar ist, daß ein Volk – sei ohne Mythologie. Man dächte vielleicht zu erwidern, ein Volk werde zusammengehalten durch den gemeinschaftlichen Betrieb irgendeines Geschäfts, z. B. des Ackerbaus, des Handels, durch gemeinschaftliche Sitten, Gesetzgebung, Obrigkeit usw. Gewiß, dies alles gehört zum Begriff eines Volkes, aber fast unnötig erscheint es, daran zu erinnern, wie innig bei allen Völkern obrigkeitliche Gewalt, Gesetzgebung, Sitten, selbst Beschäftigungen, mit Göttervorstellungen zusammenhängen. Die Frage ist eben, ob dies alles, was vorausgesetzt wird und was allerdings/mit einem Volk gegeben ist, ohne alle religiöse Vorstellungen gedacht werden könne, die nirgends ohne alle Mythologie sind[2]."

Diese Sätze Schellings bleiben methodisch auch dann in Kraft, wenn man an Stelle des „Volkes" irgendeine primitivere soziale Gemeinschaft setzt,

---

[1] Schon die Aristotelische „Politik" leitet den Gedanken des „Götterstaates" hierauf zurück: καὶ τοὺς θεοὺς διὰ τοῦτο πάντες φασί βασιλείεσθαι, ὅτι καὶ αὐτοὶ οἱ μὲν ἔτι καὶ νῦν οἱ δὲ τὸ ἀρχαῖον ἐβασιλεύοντο. (Polit. I, 2, 1252 b.)

[2] Schelling, a. a. O., S. W., 2. Abteil., I., 62 f.

um aus ihr, als realer Grundform, die ideelle Form des religiösen Bewußtseins abzuleiten. Denn auch hierbei ist man genötigt, die Betrachtung an einem bestimmten Punkte umzukehren: das mythisch-religiöse Bewußtsein folgt so wenig einfach aus dem faktischen Bestand der Gesellschaftsform, daß es vielmehr als eine der Bedingungen der gesellschaftlichen Struktur, als einer der wichtigsten Faktoren des Gemeinschaftsgefühls und des Gemeinschaftslebens erscheint. Der Mythos ist selbst eine jener geistigen Synthesen, durch die erst eine Verknüpfung zwischen „Ich" und „Du" ermöglicht wird, durch die eine bestimmte Einheit und ein bestimmter Gegensatz, ein Verhältnis der Zusammengehörigkeit und ein Verhältnis der Spannung, zwischen Individuum und Gemeinschaft hergestellt wird. Die mythische und religiöse Welt wird in der Tat nicht in ihrer eigentlichen Tiefe verstanden, sobald man in ihr nur den Ausdruck, d. h. den einfachen Abdruck irgendwelcher schon vorhandenen Scheidungen – sei es, daß sie dem natürlichen, sei es, daß sie dem sozialen Sein angehören – erblickt. Vielmehr müssen wir in ihr ein Mittel der „Krisis" selbst, ein Mittel des großen geistigen Sonderungsprozesses erkennen, kraft dessen aus dem Chaos des ersten unbestimmten Lebensgefühls erst bestimmte Urformen des sozialen und des individuellen Bewußtseins entstehen. In diesem Prozeß bilden die Elemente des sozialen Daseins wie die des physischen Daseins nur den Stoff, der seine eigentliche Gestaltung erst durch gewisse, in ihm selbst nicht gelegene und aus ihm nicht ableitbare, geistige Grundkategorien erhält. Für die Richtung des Mythos ist es hierbei vor allem charakteristisch, daß er die Abgrenzung zwischen dem „Innen" und „Außen" in einer ganz anderen Weise vollzieht, und daß er die Grenzlinien an eine andere Stelle verlegt, als dies etwa in der Form der empirisch-kausalen Erkenntnis geschieht. Indem hier die beiden Momente der objektiven Anschauung und des subjektiven Selbst- und Lebensgefühls ein ganz anderes Verhältnis zueinander eingehen, als es im Aufbau der theoretischen Erkenntnis der Fall ist, verändern sich kraft dieses geistigen Akzentwechsels auch alle Grundmaße des Seins und des Geschehens – die verschiedenen Kreise und Dimensionen des Wirklichen treten nach ganz anderen Gesichtspunkten/zusammen und auseinander, als sie für die rein empirische Ordnung und Gliederung der Wahrnehmungswelt, für den Aufbau der reinen Erfahrung und ihres Gegenstandes, gelten.

Es ist die Aufgabe der speziellen Religionssoziologie, die heute als besondere Wissenschaft mit eigenen Problemen und Methoden besteht, die Zusammenhänge zwischen Religionsform und Gesellschaftsform im einzelnen darzulegen. Für uns handelt es sich statt dessen nur um die Aufweisung jener allgemeinsten religiösen Kategorien, die sich nicht sowohl in dieser oder jener besonderen sozialen Organisationsform, als vielmehr in der Konstituierung der Grundformen des Gemeinschaftsbewußtseins überhaupt wirksam erweisen. Die „Apriorität" dieser Kategorien darf in keinem anderen Sinne behauptet werden als in dem, den der kritische Idealismus auch für die Grundformen der Erkenntnis annimmt und zuläßt. Auch hier kann es sich nicht darum handeln, einen festen Kreis religiöser Vorstellungen auszusondern, die immer und überall gleichartig wiederkehren und im Aufbau des Gemeinschaftsbewußtseins gleichartig wirken, – sondern es läßt sich nur eine bestimmte Richtung der Frage, eine Einheit des „Gesichtspunktes" feststellen, unter dem die mythisch-religiöse Anschauung wie die Gliederung der Welt, so auch die Gliederung der Gemeinschaft vollzieht. Seine nähere Bestimmung erhält dieser Gesichtspunkt immer erst durch die besonderen Lebensbedingungen, unter denen die einzelne konkrete Gemeinschaft steht und sich entwickelt; aber dies hindert nicht, daß man nicht auch hier gewisse allgemeine und durchgehende geistige Motive der Formung als wirksam erkennt. Die Entwicklung des Mythos zeigt zunächst das eine mit besonderer Deutlichkeit: daß auch die allgemeinste Form des menschlichen Gattungsbewußtseins, daß auch die Art, in der der Mensch sich gegenüber der Gesamtheit der Lebensformen absondert, um sich mit seinesgleichen zu einer eigenen natürlichen „Species" zusammenzuschließen, nicht von Anfang an als Ausgangspunkt der mythisch-religiösen Weltansicht gegeben, sondern nur als ein vermitteltes Ergebnis, als ein Resultat eben dieser Weltansicht zu verstehen ist. Die Grenzen des Species „Mensch" sind für das mythisch-religiöse Bewußtsein keineswegs starre, sondern durchaus fließende Grenzen. Nur durch eine fortschreitende Konzentration, durch eine allmähliche Verengerung jenes allgemeinen Lebensgefühls, von dem der Mythos seinen Ausgang nimmt, gelangt er allmählich zum spezifisch-menschlichen Gemeinschaftsgefühl. Für frühe Stufen der mythischen Weltauffassung besteht noch nirgend ein/scharfer Schnitt, der den Menschen von der Gesamtheit des Lebendigen, von der Tier- und Pflanzenwelt abscheidet. So ist insbesondere der Vorstellungskreis des Totemismus eben dadurch bezeichnet, daß hier die „Verwandtschaft" zwischen Mensch und Tier, und im einzelnen die Verwandtschaft zwischen einem bestimmten Clan und seinem Totemtier oder seiner Totempflanze, nicht etwa in irgendeinem übertragenen, sondern im strengen Wortsinne gilt. Auch in seinen Handlungen und Verrichtungen, in seiner gesamten Lebensform und Lebensweise fühlt sich der Mensch vom Tier in keiner Weise getrennt. Von den Buschmännern wird noch heute berichtet, daß sie auf Befragen keinen einzigen Unterschied zwischen Mensch und Tier anzugeben vermochten[1]. Bei den Malayen gilt der Glaube, daß die Tiger und Elefanten im Dschungel eine eigene Stadt haben, wo sie in Häusern wohnen und in jeder Hinsicht gleich menschlichen Wesen handeln[2]. Daß im primitiv-mythischen Bewußtsein, das sonst gerade durch die Schärfe charakterisiert ist, mit der es alle sinnlich-konkreten Unterschiede, alle Differenzen der wahrnehmbaren Gestalt erfaßt, eine solche Vermischung der „Arten" der Lebendigen und ein völliges Ineinanderfließen ihrer natürlichen und geistigen Grenzen möglich ist: dies muß – gleichviel welche spezielle Erklärung von der Bedeutung und von der Entstehung des Totemismus angenommen wird – in irgendeinem allgemeinen Zug der „Logik" des mythischen Denkens, in der Form und Richtung seiner Begriffs- und Klassenbildung überhaupt, begründet sein.

Die mythische Klassenbildung unterscheidet sich von derjenigen, die in unserem empirisch-theoretischen Weltbild zur Anwendung kommt, vor allem dadurch, daß ihr das eigentliche gedankliche Instrument, über das die letztere verfügt, und das sie ständig gebraucht, abgeht. Wenn die empirische und rationale Erkenntnis das Sein der Dinge in Arten und Klassen abteilt, so ist es hierbei die Form des kausalen Folgerns und Schließens, deren sie sich als Vehikel und als durchgängigen Leitfadens der Betrachtung bedient. Die Gegenstände werden in Gattungen und Arten zusammengefaßt, nicht sowohl auf Grund ihrer rein sinnlich faßbaren Ähnlichkeiten oder Unterschiede, als vielmehr auf Grund ihrer ursächlichen Abhängigkeit. Wir ordnen sie nicht nach dem, als was sie sich der äußeren oder inneren Wahrnehmung geben, sondern nach der Art, in welcher sie, gemäß den Regeln unseres kausalen / Denkens, „zusammengehören". So ist z. B. die ganze Gliederung unseres empirischen Wahrnehmungsraumes durch die Regeln dieses Denkens bestimmt: die Art, in der wir in diesem Raume die einzelnen Gestalten herausheben und sich gegeneinander absetzen lassen, die Art, in der wir ihre wechselseitige Lage und Entfernung bestimmen: – dies alles geht nicht auf die einfache Empfindung, auf den materialen Inhalt der Gesichts- und Tasteindrücke, sondern auf

---

[1] Bericht von Campbell, zit. bei Frobenius, Die Weltanschauung der Naturvölker, Weimar 1898, S. 394.
[2] Skeat, Malay Magic, S. 157.

die Form ihrer ursächlichen Zuordnung und Verknüpfung, auf Akte des kausalen Schließens zurück. Und auch unsere Einteilung und Abgrenzung der morphologischen Formen, der Gattungen und Arten des Lebendigen, folgt insofern dem gleichen Prinzip, als sie sich im wesentlichen auf die Kriterien stützt, die wir den Regeln der Abstammung, der Einsicht in die Folge und in den ursächlichen Zusammenhang der Zeugungen und Geburten, entnehmen. Wo wir von einem bestimmten „Genus" der Lebewesen sprechen, da liegt diese Vorstellung seiner Erzeugung nach bestimmten Naturgesetzen zugrunde: der Gedanke der Einheit des „Genus" stützt sich auf die Art, in der wir es durch eine kontinuierliche Reihe von Zeugungen sich fortpflanzen, sich stets aufs neue hervorbringen lassen. „Im Tierreiche", so sagt Kant in der Abhandlung ‚Von den verschiedenen Rassen der Menschen', „gründet sich die Natureinteilung in Gattungen und Arten auf das gemeinschaftliche Gesetz der Fortpflanzung, und die Einheit der Gattungen ist nichts anderes als die Einheit der zeugenden Kraft, welche für eine gewisse Mannigfaltigkeit von Tieren durchgängig geltend ist ... Die Schuleinteilung geht auf Klassen, welche nach Ähnlichkeiten, die Natureinteilung aber auf Stämme, welche die Tiere nach Verwandtschaften in Ansehung der Erzeugung einteilt. Jene verschafft ein Schulsystem für das Gedächtnis; diese ein Natursystem für den Verstand; die erstere hat nur zur Absicht, die Geschöpfe unter Titel, die zweite sie unter Gesetze zu bringen." Von einem solchen „Natursystem für den Verstand", von einer Reduktion der Arten auf die Stämme und auf das physiologische Gesetz der Zeugung weiß die mythische Denkart nichts. Denn für sie sind Zeugung und Geburt selbst nicht rein „natürliche", allgemeinen und feststehenden Regeln unterstehende Prozesse, sondern es sind wesentlich magische Vorgänge. Der Akt der Begattung und der Akt der Geburt verhalten sich zueinander nicht wie „Ursache" und „Wirkung", nicht wie zwei zeitlich-getrennte Stadien eines einheitlichen Kausalzusammenhanges[1]. Bei den australischen Eingeborenenstämmen, die / bestimmte Grundformen des Totemismus am reinsten bewahrt zu haben scheinen, herrscht der Glaube, daß die Empfängnis der Frau an bestimmte Orte, an gewisse

---

[1] Vgl. W. Foy im Archiv f. Religionswiss. VIII (1905) (zit. nach Dieterich, Mutter Erde, Leipzig 1905, S. 32). „Die Mutterschaft hat, in Übereinstimmung mit dem zentral-australischen Glauben, im ganzen Nordosten (Australiens) nichts mit geschlechtlichem Umgang zu tun ... Die menschlichen Embryonen werden von einem höheren Wesen fertig in den Mutterleib eingeführt." Vgl. bes. Strehlow-Leonhardi, Die Aranda- und Loritja-Stämme in Zentral-Australien, I, 2, S. 52 f.

totemistische Zentren, in denen die Ahnengeister hausen, gebunden ist – wenn die Frau an diesen Orten verweilt, dringt der Ahnengeist in ihren Leib ein, um von ihr wiedergeboren zu werden[1]. Frazer hat versucht, die Herkunft und den Inhalt des gesamten totemistischen Systems von dieser Grundvorstellung aus zu erklären[2]. Aber gleichviel, ob eine derartige Erklärung zulässig und zureichend ist – so wirft doch die Vorstellung als solche helles Licht auf die Form, in der sich die Bildung der mythischen Gattungs- und Artbegriffe überhaupt vollzieht. Im Sinne der mythischen Anschauung konstituiert sich die Art nicht dadurch, daß bestimmte Elemente auf Grund ihrer unmittelbaren sinnlichen „Ähnlichkeit" oder auf Grund ihrer mittelbaren kausalen „Zusammengehörigkeit" zu einer Einheit zusammengefaßt werden, sondern ihre Einheit ist von anderer, ist von ursprünglich-magischer Herkunft. Diejenigen Elemente, die als Glieder ein und demselben magischen Wirkungskreis angehören, die gemeinsam miteinander eine bestimmte magische Funktion erfüllen, zeigen durchweg die Tendenz, zu verschmelzen, zu bloßen Erscheinungsformen einer hinter ihnen liegenden mythischen Identität zu werden. Wir haben früher, bei der Analyse der mythischen Denkform, diese Verschmelzung aus dem Wesen dieser Denkform selbst zu begreifen gesucht. Wenn der theoretische Gedanke die Glieder, zwischen denen er eine bestimmte synthetische Verknüpfung vollzieht, in eben dieser Verknüpfung als selbständige Elemente bewahrt, wenn er sie, indem er sie aufeinander bezieht, zugleich sondert und auseinanderhält, so fließt im mythischen Denken das, was aufeinander bezogen, was wie durch ein magisches Band geeint gilt, in eine unterschiedslose Gestalt zusammen[3]. Hierdurch kann das vom Standpunkt/der unmittelbaren Wahrnehmung Unähnlichste oder vom Standpunkt unserer „rationalen" Begriffe Ungleichartigste als „ähnlich" oder „gleich" erscheinen, sofern es nur als Glied in ein und denselben magischen Gesamtkomplex eingeht[4]. Die Anwendung der Kategorie der Gleichheit erfolgt nicht

---

[1] Näheres bei Spencer und Gillen, The native tribes of Central-Australia, S. 265; The northern tribes of Central-Australia, S. 170; Strehlow-Leonhardi, a. a. O., I, 2, S. 51 ff.

[2] Zu Frazers Theorie vom „conceptional totemism" vgl. Totemism and Exogamy (1910); IV, S. 57 ff.

[3] Vgl. oben S. 81 ff.

[4] Auch zwischen der „Seele" und dem „Leib" besteht, für die totemistische Anschauung, kein „organisch-kausaler", sondern lediglich ein „magischer" Zusammenhang. Daher „hat" die Seele nicht nur einen einzigen Leib, der ihr zugehört und den sie belebt, sondern auch jedes „leblose" Ding wird als ihr Leib aufgefaßt, so-

auf Grund der Übereinstimmung in irgendwelchen sinnlichen Merkmalen oder abstrakt-begrifflichen Momenten, sondern sie ist bedingt durch das Gesetz des magischen Zusammenhangs, der magischen „Sympathie". Was immer durch diese Sympathie geeint ist, was sich magisch „entspricht", sich unterstützt und fördert: das geht zur Einheit einer mythischen Gattung zusammen[1].

Wendet man dieses Prinzip der mythischen „Begriffsbildung" auf das Verhältnis von Mensch und Tier an, so eröffnet sich ein Weg, auf dem sich zum Verständnis wenigstens der allgemeinen Grundform des Totemismus, wenn nicht ihrer speziellen Verzweigungen und Abzweigungen, vordringen läßt. Denn ein wesentliches Moment, eine Hauptbedingung der mythischen Einheitssetzung, finden wir in diesem Verhältnis von Anfang an erfüllt. Die ursprüngliche Beziehung,/die im primitiven Denken zwischen Mensch und Tier gilt, ist keine einseitig-praktische, noch eine empirisch-kausale, sondern sie ist eine rein magische Beziehung. Vor allen anderen Wesen erscheinen die Tiere für die Anschauung der „Primitiven" mit besonderen magischen Kräften ausgestattet. Von den Malayen wird berichtet, daß auch der Mohammedanismus nicht imstande gewesen sei, die tief eingewurzelte Scheu und Ehrfurcht vor dem Tier auszurotten: ins-

---

fern es die charakteristische totemistische Klassenzugehörigkeit besitzt. Die *tjurunga*, ein Gegenstand aus Holz oder Stein, in den ein Totem-Vorfahre sich verwandelt hat, gilt als der Körper des Individuums, das sich nach dem betreffenden Totem benennt. Der Großvater zeigt dem Enkel eine solche *tjurunga* mit den Worten: „Dies du Körper bist; dies du der Nämliche. Du Platz zum andern nicht nehmen sollst, du schmerzen", d. h.: Dies ist Dein Körper, dies ist Dein zweites Ich. Wenn Du diese tjurunga an einen andern Ort nimmst, wirst du Schmerzen empfinden." S. Strehlow-Leonhardi, Die Aranda- und Loritja-Stämme I, 2, S. 81 (vgl. auch oben S. 194, Anm. 3).

[1] Sehr charakteristische Belege für diesen Prozeß der magischen „Verschmelzung" enthält die Darstellung, die Lumholtz von dem „Symbolismus" der Huichol-Indianer gegeben hat. In diesem „Symbolismus", der aber offenbar mehr als bloße Symbolik in sich schließt, erscheint z. B. der Hirsch mit einer bestimmten Kaktusart, dem Peyote, als wesensgleich und zwar deshalb, weil beide dieselbe „magische Geschichte" haben und weil sie im magisch-praktischen Verhalten die gleiche Stelle einnehmen. Die „an sich", d. h. nach den Gesetzen unserer empirischen und rationalen Begriffsbildung durchaus verschiedenen Arten des Hirsches und des Peyote erscheinen hier als „dasselbe", weil sie im magisch-mythischen Ritual der Huichol, das ihre gesamte Weltbetrachtung beherrscht und bestimmt, einander entsprechen. Näheres hierüber bei Lumholtz, Symbolism of the Huichol Indians (Memoirs of the Amer. Mus. of Natural History, New York 1900, S. 17 ff.); vgl. auch Preuß, Die geistige Kultur der Naturvölker, S. 12 f.

besondere den größeren Tieren, dem Elefanten, dem Tiger, dem Rhinozeros wurden bei ihnen durchweg übernatürliche „dämonische" Kräfte zugeschrieben[1]. Es ist bekannt, daß für die primitive Anschauung die Tiere, die in einer bestimmten Jahreszeit erscheinen, zumeist als Erzeuger, als Bringer dieser Jahreszeit galten: im mythischen Denken ist es in der Tat die Schwalbe, die den Sommer „macht"[2]. Und wie die Wirkung, die das Tier auf die Natur und auf den Menschen ausübt, durchaus in diesem magischen Sinne verstanden wird, so gilt das Gleiche auch von jeder Form des aktiv-praktischen Verhaltens des Menschen gegen das Tier. Auch die Jagd ist keine bloße Technik, die zur Aufspürung und Erlegung des Wildes führt, und deren Erfolg rein an die Beobachtung bestimmter praktischer Regeln gebunden ist, sondern sie setzt eine magische Beziehung voraus, die der Mensch zwischen sich selbst und dem Jagdtier herstellt. Bei den nordamerikanischen Indianern ist durchweg beobachtet, daß dem „realen" Jagdzug seine magische Ausübung vorausgehen muß, die sich oft über Tage und Wochen erstreckt, und die an ganz bestimmte magische Sicherungsmaßnahmen, an eine Fülle von Tabu-Vorschriften gebunden ist. So geht z. B. der Bisonjagd der Bisontanz voraus, in dem bis ins einzelne die Gefangennahme und Tötung des Wildes mimisch dargestellt wird[3]. Und dieses mythische Ritual ist nicht nur Spiel und Maske, sondern ein integrierender Teil des „wirklichen" Jagdzuges, sofern von seiner genauen Beobachtung der Erfolg der Jagd wesentlich abhängig ist. Ein ähnliches, streng durchgearbeitetes Ritual, wie für die Auffindung und Erlegung der Beute, gilt für die Zubereitung und den/Genuß der Mahlzeit. In alledem zeigt sich, daß Tier und Mensch für die primitive Anschauung in einem durchgängigen magischen Zusammenhang stehen, daß ihre magische Wirksamkeit ständig ineinander übergeht und ineinander aufgeht[4]. Aber eben diese Einheit des

[1] Siehe Skeat, Malay Magic, S. 149 f.
[2] Vgl. oben S. 69.
[3] Siehe die Beschreibung dieses Tanzes bei Catlin, Illustrat. of the Manners, Customs and Condition of the North American Indians I, 128, 144 ff. Weiteres ethnologisches Material über die magischen Bräuche bei der Jagd oder beim Fischfang findet sich bei Levy Bruhl, Das Denken der Naturvölker, S. 200 ff., zusammengestellt.
[4] Es kann hier daran erinnert werden, daß überall dort, wo die Hemmungen fortfallen, die die bewußte Reflexion, die unser analytisch-kausales und analytisch-klassifikatorisches Denken schafft, die Anschauung dieser Wesensidentität zwischen Mensch und Tier sich wiedereinzustellen pflegt. Auch die psychiatrische Kasuistik ist, wie Schilder, Wahn und Erkenntnis, S. 109, hervorhebt, voll von Beispielen dieser Art.

Wirkens wäre, vom Standpunkt des mythischen Denkens aus, nicht möglich, wenn ihr nicht eine Einheit des Wesens zugrunde läge. Hier erfährt also das Verhältnis, das in unserer theoretischen Einteilung der Natur in bestimmte, gegeneinander geschiedene Lebensformen, in „Arten" und „Klassen" gilt, eine Umkehrung. Die Bestimmung der Art gründet sich nicht auf die empirisch-kausalen Regeln der Zeugung; die Vorstellung des „Genus" hängt nicht von dem empirischen Zusammenhang des *gignere* und *gigni* ab, sondern die Überzeugung der Identität des Genus, wie sie auf dem Grunde des wechselseitigen magischen Verhaltens von Mensch und Tier erwächst, ist das Primäre, woran sich die Vorstellung der gemeinsamen „Abstammung" erst mittelbar anschließt[1]. Die Identität ist hierbei eine keineswegs bloß „erschlossene", sondern eine mythisch-geglaubte, weil magisch-erlebte und gefühlte Identität[2]. Wo immer die totemistischen

---

[1] Gerade dort, wo die Vorstellung des „conceptional totemism" herrscht, tritt dies mit besonderer Deutlichkeit hervor: denn auch hier beruht die Einheit einer bestimmten totemistischen Gruppe nicht etwa auf der Art, in der die Angehörigen dieser Gruppe erzeugt sind, sondern der Prozeß der Zeugung setzt vielmehr diese Einheit der Gruppe schon voraus. Denn die Totemgeister gehen nur in solche Frauen ein, die sie sich selber als „wesensverwandt" erkannt haben. „Geht eine Frau an einem Platz vorbei, an dem der verwandelte Leib eines Vorfahren steht" – so schildert Strehlow (a. a. O. S. 53) den Vorgang – „so geht ein *ratapa*, der schon nach ihr ausgeschaut *und in ihr seine Klassenmutter erkannt hat*, durch ihre Hüfte in ihren Leib ein... Wird das Kind dann geboren, so gehört es dem Totem des betreffenden altjirangamitjina an."

[2] Es scheint, als ob sich diese rein gefühlsmäßige Grundlage der totemistischen „Systeme" auch dort noch nachweisen läßt, wo die vorstellungsmäßigen Bestandteile des Totemismus bereits verdrängt und nur noch in einzelnen Resten erkennbar sind. Sehr lehrreiches Material hierfür bietet jetzt eine soeben erschienene Abhandlung von Bruno Gutmann, Die Ehrerbietung der Dschagganeger gegen ihre Nutzpflanzen und Haustiere (Archiv für die gesamte Psychologie, Bd. 48 [1924], S. 123 ff.). Hier wird in höchst lebendiger und anschaulicher Weise gewissermaßen die „Lebensform" des Totemismus aufgezeigt, die seiner „Denkform" zugrunde liegt. Wir blicken in Gutmanns Darstellung in eine Schicht des Vorstellens, in der die „Identität" zwischen Mensch und Tier und zwischen Mensch und Pflanze nicht sowohl als Begriff gesetzt und logisch-reflexiv gedacht wird, sondern in der sie, unmittelbar mythisch, als schicksalsmäßige Einheit und Einerleiheit erfahren wird. „Die Urgewalt... ist das Gefühl um die Lebenseinheit mit Tier und Pflanze und der Wunsch, sie zu einer Gemeinschaft zu gestalten, die vom Menschen beherrscht wird, der sie zu einem Kreise rundet, in dem sich alles voll ergänzt und nach außen abschließt" (S. 124). So setzt noch heute der Dschagganeger „seine Lebensstufen in eins mit der Banane und macht sie zu ihren Abbildern... Bei den Burschenlehren und später wieder bei den Hochzeitslehren spielt die Bananenstaude eine führende

Vorstellungen noch/ihre eigentliche Intensität und Lebenskraft bewahrt haben, da findet sich noch heute der Glaube, daß die Angehörigen der verschiedenen Clans nicht nur von verschiedenen tierischen Voreltern abstammen, sondern daß sie diese Tierarten, daß sie bestimmte Wassertiere oder Jaguare oder rote Papageien wirklich sind[1].

Aber wenn aus der allgemeinen Richtung des mythischen Denkens eine der Grundvoraussetzungen des Totemismus verständlich wird, wenn sich begreifen läßt, daß die „Arten" des Lebendigen sich für dieses Denken ganz anders als für die empirische Wahrnehmung und die empirisch-kausale Betrachtung gegeneinander abgrenzen müssen, so ist doch damit das eigentliche Problem, vor das der Totemismus uns stellt, noch nicht gelöst. Denn die spezifische Eigenart der Erscheinungen, die wir unter dem Allgemeinbegriff des Totemismus zusammenzufassen pflegen, liegt nicht darin, daß hier zwischen dem Menschen überhaupt und bestimmten Tierarten gewisse Verknüpfungen angenommen, gewisse mythische Identitäten gesetzt werden, sondern darin, daß je eine besondere Gruppe ihr besonderes Totemtier besitzt, zu dem sie in einer speziellen Beziehung steht, dem sie im engeren Sinne „verwandt" und „zugehörig" erscheint. Erst diese Differenzierung nebst ihren sozialen Folge- und Begleiterscheinungen, unter denen das Prinzip der Exogamie, das Heiratsverbot zwischen Angehörigen derselben totemistischen Gruppe, an erster Stelle steht, macht die Grundform des Totemismus aus. Auch dem Verständnis eben dieser Differenzierung läßt sich jedoch, wie es/scheint, näherkommen, wenn man daran festhält, daß die Art, in der sich die Anschauung des objektiven Seins und die Gliederung dieses Seins in einzelne „Klassen" für den Menschen vollzieht, zuletzt auf Unterschiede in der Art und in der Richtung seines Wirkens zurückgeht. Wie dieses Prinzip den ganzen Aufbau der mythischen Anschauungswelt beherrscht, wie die Welt der mythischen Gegenstände sich fast überall als eine bloße objektive Projektion des menschlichen Tuns erweist: dies wird später noch im einzelnen zu betrachten sein[2]. Hier genügt es, sich zu vergegenwärtigen, wie schon auf den untersten Stufen des mythischen Denkens, wie schon innerhalb der „magischen"

---

Rolle... Wenn auch die Lehren in ihrer gegenwärtig durch den Ahnenkult bestimmten Gestalt viel verdecken und den Handlungen an der Banane einen rein sinnbildlichen Wesenszug geben, ganz haben sie doch den ursprünglichen unmittelbaren Lebenszusammenhang zwischen der Banane und dem neu zu setzenden Menschenleben nicht verdecken können" (S. 133 f.).

[1] Vgl. hierzu bes. K. v. d. Steinens Bericht über die Bororo (oben S. 84).
[2] Siehe weiter unten S. 238 ff.

Weltansicht, der erste Keim zu einer solchen Entwicklung gegeben ist, sofern die magischen Kräfte, von denen alles Geschehen abhängt, sich nicht gleichmäßig über alle Kreise des Seins erstrecken, sondern sich auf sie ganz verschieden verteilen können. Auch dort, wo die Anschauung des „subjektiven" Tuns sich noch so wenig individualisiert hat, daß die ganze Welt mit einer unbestimmten Zauberkraft erfüllt, daß die Atmosphäre gleichsam mit Geisterelektrizität geladen scheint, haben doch die einzelnen Subjekte an dieser allgemein verbreiteten, an sich unpersönlichen Kraft in ganz verschiedenem Maße Anteil. In manchen Individuen und in einzelnen Klassen und Ständen erscheint die magische Potenz, die das All durchdringt und beherrscht, in einer besonderen Steigerung, in intensiver und konzentrierter Form – die Macht schlechthin, das allgemeine Mana, geht in die besonderen Formen des Mana der Krieger, des Mana der Häuptlinge, der Priester, der Ärzte auseinander[1]. Aber neben diese quantitative Besonderung, in der die magische Kraft doch immer noch wie ein gemeinsamer und übertragbarer Besitz erscheint, der nur an einzelnen Stellen und in einzelnen Personen gewissermaßen aufgespeichert ist, kann und muß nun schon früh auch eine qualitative Besonderung treten. Denn keine noch so „primitive" Art der Gemeinschaft läßt sich schlechthin als bloßes Kollektivwesen denken, in welchem es über die Anschauung des Seins und des Wirkens des Ganzen hinaus zu keinerlei Bewußtsein des Wirkens der Teile käme. Vielmehr müssen sich schon von früh an wenigstens die ersten Ansätze zu einer, sei es individuellen, sei es sozialen Differenzierung ergeben, muß es zu einer mannigfachen Teilung und Schichtung der menschlichen Wirksamkeit kommen, die sich sodann/auch im mythischen Bewußtsein in irgendeiner Weise ausdrücken und widerspiegeln wird. Nicht jeder Einzelne, nicht jeder Verband und jede Gruppe vermag alles – sondern einem jeden ist ein besonderer Umkreis des Wirkens vorbehalten, in dem er sich zu erproben hat und jenseits dessen seine Macht zunichte wird. Aus diesen Grenzen des Könnens heraus bestimmen sich allmählich für die mythische Anschauung die Grenzen des Seins und seiner verschiedenen Klassen und Arten. Wenn es ein Wesenszug der reinen Erkenntnis, der reinen „Theorie" ist, daß für sie der Kreis des Schauens weiter als der des Wirkens ist, so geht die mythische Anschauung zunächst in dem Gebiet auf, dem sie magisch-praktisch zugewandt ist und das sie magisch-praktisch beherrscht. Für sie gilt das Wort des Goetheschen Prometheus: für sie ist nur der Kreis,

---

[1] Vgl. hierfür die Darstellung und die Belege bei Fr. Rud. Lehmann, Mana S. 8 ff., 12 ff., 27 ff.

den sie mit ihrer Wirksamkeit erfüllt, nichts drunter und nichts drüber. Daraus aber ergibt sich zugleich, daß hier je einer besonderen Art und Richtung des Wirkens je ein besonderer Aspekt des Seins und des Zusammenhangs der Seinselemente entsprechen muß. Der Mensch faßt sich mit alldem zu einer Einheit des Wesens zusammen, wovon er unmittelbare Wirkungen empfängt und auf das er unmittelbare Wirkungen ausübt. Auch seine Stellung zum Tier muß sich nach dieser Grundauffassung bestimmen und muß sich ihr gemäß besondern. Der Jäger, der Hirt, der Ackerbauer, – sie alle fühlen sich in ihrer unmittelbaren Tätigkeit mit dem Tier verknüpft, auf dasselbe angewiesen und somit gemäß der Grundregel, die alle mythische Begriffsbildung beherrscht, ihm „verwandt": aber diese Gemeinschaft erstreckt sich bei jedem von ihnen auf ganz verschiedene Lebenskreise, auf verschiedene tierische Gattungen und Species. Von hier aus läßt sich vielleicht begreifen, wie die ursprüngliche, an sich unbestimmte Einheit des Lebensgefühls, aus der heraus der Mensch sich mit allem Lebendigen gleichmäßig verbunden fühlt, allmählich in jene speziellere Beziehung übergeht, die je eine besondere Gruppe von Menschen mit bestimmten Tierklassen verbindet. Gerade diejenigen totemistischen Systeme, die am genauesten beobachtet und studiert worden sind, bieten in der Tat mancherlei Anzeichen dafür, daß die Wahl des Totemtieres ursprünglich keineswegs etwas rein Äußerliches und Zufälliges ist, daß sie keine bloße „Heraldik" bedeutet, sondern daß sich in ihr vielmehr je eine spezifische Lebens- und Geisteshaltung darstellt und objektiviert. Auch die heutigen Verhältnisse, die zweifellos nicht als „primitiv" gelten können, sondern in denen das ursprüngliche Bild des Totemismus schon durch eine Fülle zufälliger Bestimmungen überdeckt und unkenntlich ge/worden ist, lassen diesen Grundzug oft noch klar hervortreten. In dem mythosoziologischen Weltbild der Zuñi geht die totemistische Gliederung auf weite Strecken hin mit der ständischen Gliederung zusammen, so daß die Krieger, die Jäger, die Ackerbauer, die Medizinmänner je einer besonderen, durch bestimmte Totemtiere bezeichneten Gruppe angehören[1]. Und bisweilen ist die Verwandtschaft zwischen dem Clan selbst und seinem Totemtier so eng, daß sich kaum entscheiden läßt, ob der einzelne Clan sich ein bestimmtes Totemtier nach seiner Eigenart gewählt, oder ob er vielmehr sich selbst nach dem Charakter dieses Tieres gebildet und geformt habe; wilden und starken Tieren entsprechen kriegerische, zahmen Tieren friedliche Clans

---

[1] S. Cushing, Outlines of Zuñi Creation Myths. (13 th. Ann. Rep. of the Bur. of Ethnol., S. 367 ff.).

und Beschäftigungen[1]. Es ist, als ob der einzelne Clan in seinem Totemtier gleichsam sich selber objektiv anschaue, als ob er in ihm sein Wesen, seine Besonderheit, die Grundrichtung seines Tuns erkenne. Und indem nun in den durchgebildeten Systemen des Totemismus die Gliederung nicht bei den einzelnen sozialen Gruppen Halt macht, sondern sich konzentrisch auf alles Sein und Geschehen ausdehnt[2], wird damit das gesamte Universum nach derartigen „Affinitäten" abgeteilt, wird es in bestimmte scharf auseinandergehaltene mythische Gattungen und Arten geschieden[3]. /

---

[1] Vgl. hierzu z. B. den Bericht in The Cambridge Expedition to Torres Straits, V, 184 ff. (zit. bei Levy Bruhl, Das Denken der Naturvölker, S. 217 f.); sowie die Nachweise bei Thurnwald, Die Psychologie des Totemismus, Anthropos XIV (1919), S. 16 f.

[2] Diese konzentrische Ausbreitung tritt besonders deutlich in dem totemistischen System der Marind-anim hervor, das von P. Wirz (Die religiösen Vorstellungen und Mythen der Marind-anim und die Herausbildung der totemistischen Gruppierungen, Hamburg 1922) eingehend beschrieben worden ist. Näheres in meiner Studie über die Begriffsform im mythischen Denken, S. 19 ff. und 56 ff.

[3] Wie sehr diese Scheidung durch einen allgemeinen Grundzug des mythischen „strukturalen Denkens" bedingt ist – dies ergibt sich, wenn man in dieser Hinsicht die totemistischen Systeme mit inhaltlich ganz anderen mythischen Klassenbildungen, insbesondere mit den Systemen der Astrologie vergleicht. Auch hier werden die „Genera" des Seins, wird die Zuordnung all seiner einzelnen Elemente zueinander dadurch gewonnen, daß zunächst bestimmte magische Wirkungskreise geschieden werden, an deren Spitze je einer der Planeten als Herrscher dieses Kreises steht. Der mythische Grundsatz des σύμπνοια πάντα erfährt hierdurch eine Differenzierung: nicht jegliches Seinselement vermag unmittelbar auf jedes andere zu wirken, sondern es wirkt direkt immer nur auf das, was ihm wesensverwandt ist, was innerhalb derselben magisch-astrologischen „Kette" von Dingen und Geschehnissen steht. So ist z. B., um eine dieser Ketten herauszugreifen, der Mars, nach der Darstellung im Picatrix, die Quelle der anziehenden Kraft, er hat unter seiner Obhut die Naturwissenschaft, die Tierarzneikunde, die Chirurgie, das Zahnziehen, Schröpfen und Beschneiden. Von den Sprachen gehört ihm zu das Persische; von den äußeren Gliedern das rechte Nasenloch, im Innern des Leibes die rote Galle, von den Stoffen die Halbseide und die Felle der Hasen, Panther und Hunde, von den Gewerben die Eisen- und Feuerarbeit, von den Geschmäcken die heiße und trockene Bitterkeit, von den Edelsteinen der Karneol, von den Metallen das Schwefelarsen, Schwefel, Naphta, Glas und Kupfer, von den Farben das Dunkelrot usf. (Näheres bei Hellmut Ritter, Picatrix, ein arabisches Handbuch hellenistischer Magie, in den Vorträgen der Bibliothek Warburg, I (1921/22), S. 104 ff.) Und dieser Vorstellung des gleichen magischen *Genus*, das die verschiedenartigsten Inhalte des Seins umfaßt und zu einer Einheit zusammenschließt, folgt auch hier die Vorstellung der Zeugung, des *gignere* und *gigni*: denn was immer unter einem bestimmten Planeten steht, was seinem magischen

Aber in all diesen Sonderungen, so scharf sie sich allmählich auch ausprägen mögen, bleibt nichtsdestoweniger für das mythische Bewußtsein und für das mythische Gefühl die Idee der Einheit des Lebens in unverminderter Stärke erhalten. Die Dynamik und Rhythmik des Lebens wird als ein und dieselbe empfunden – gleichviel in welchen verschiedenen objektiven Gestaltungen sie sich offenbart. Sie ist die gleiche nicht nur im Menschen und im Tier, sondern auch im Menschen und in der Pflanzenwelt. Auch in der Entwicklung des Totemismus sind Tier und Pflanze nirgends scharf geschieden. Dieselbe Verehrung wie dem Totemtier bringt der einzelne Clan auch seiner Totempflanze entgegen; dieselben Verbote, die die Tötung des Totemtieres verbieten oder doch nur unter Innehaltung bestimmter Bedingungen, eines bestimmten magischen Zeremonials, gestatten, gelten auch für den Genuß der Totempflanze[1]. Auch die „Abstammung" des Menschen von einer bestimmten Pflanzenart, sowie die Vorstellung der Verwandlung menschlicher und pflanzlicher Gestalten bildet ein durchgehendes Motiv des Mythos und des Mythenmärchens. Auch hier kann die äußere Form und die besondere physische Gestalt und Beschaffenheit so leicht zur bloßen Maske herabsinken, weil das Gefühl der Gemeinschaft alles Lebendigen von Anfang an alle sichtbaren und alle im analytisch-kausalen Denken setzbaren Unterschiede auslöscht, oder sie doch als bloß zufällige, als akzidentelle Unterschiede / gelten läßt. Seine stärkste Stütze findet dieses Gefühl in der Eigenart der mythischen Zeitanschauung, für die sich alles Leben in ganz bestimmte Phasen absetzt, die immer und überall gleichartig wiederkehren[2]. All diese Phasen sind keineswegs bloß Maße, nach denen wir das Geschehen künstlich und willkürlich abteilen, sondern es stellt sich in ihnen das Wesen und die Grundbeschaffenheit des Lebens selbst als einer durchgängigen qualitativen Einheit dar. So findet der Mensch insbesondere im Werden und Wachsen, im Vergehen und Welken der Pflanzenwelt keinen bloß mittelbaren und reflektierten Ausdruck seines eigenen Seins, sondern er erfaßt und weiß darin unmittelbar sich selbst; er erfährt darin sein eigenes Schicksal. „Aus dem Win-

---

Wirkungskreis angehört, das hat diesen Planeten zum Ahnherrn und ist mit ihm durch das Verhältnis der Planetenkindschaft verbunden. Vgl. hierzu bes. die bekannten bildlichen Darstellungen der „Planetenkinder"; näheres bei Fritz Saxl, Beiträge zu einer Geschichte der Planetendarstellungen im Orient und Okzident, Islam III, 151 ff.

[1] Siehe z. B. das Verzeichnis der Totem-Pflanzen der Aranda und Loritja bei Strehlow, a. a. O., I, 2, S. 68 ff.

[2] Vgl. oben S. 134 ff.

ter wahrlich" – so lautet ein vedischer Spruch – „ersteht wiederauflebend der Frühling. Denn aus jenem kommt dieser wieder zum Dasein. Wieder zum Dasein wahrlich kommt in dieser Welt, wer dies also weiß[1]." Von den großen Kulturreligionen ist es insbesondere die phönizische Religion, die dieses mythische Grundgefühl am reinsten bewahrt und am intensivsten durchgebildet hat. Man hat die „Idee des Lebens" geradezu als die zentrale Idee dieser Religion bezeichnet, von der alles übrige ausstrahle. Während im phönizischen Pantheon die Baale relativ späte Bildungen zu sein scheinen, während sie nicht sowohl als Personifikationen von Naturkräften als vielmehr als die Herren des Stammes und als die Beherrscher des Grund und Bodens erscheinen, ist der Göttin Astarte ursprünglich keine derartige nationale Bindung eigen. Sie repräsentiert vielmehr die Göttin-Mutter schlechthin, die als solche alles Leben aus ihrem Schoße hervorgehen läßt, die nicht nur den Stamm, sondern auch alles physisch-natürliche Dasein ständig von neuem gebiert. Und ihr als der ewig gebärenden, als dem Bilde der unerschöpflichen Fruchtbarkeit, steht das Bild des jugendlichen Gottes, ihres Sohnes, gegenüber, der zwar dem Tode unterworfen ist, der sich aber immer wieder aus ihm befreit und zu einer neuen Form des Daseins aufersteht[2]. Dieses Bild des sterbenden und wiederaufstehenden Gottes geht nicht nur durch die meisten historischen Religionen hindurch, sondern es findet sich in mannigfachen Abwandlungen, aber in wesentlich gleichartiger Form auch im religiösen Vorstellungskreis der Primitiven wieder. Und überall geht gerade von ihm die stärkste kultische Kraft/aus. Vergleicht man die Vegetationskulte der Primitiven mit dem Tamuz-Kult in Babylon, dem Adonis-Kult in Phönizien, dem phrygischen Attis-Dienst und dem thrakischen Dionysos-Dienst, so zeigt sich in ihnen allen ein und dieselbe Grundlinie der Entwicklung und ein und derselbe Quell der spezifisch-religiösen Erregung. Nirgends bleibt hier der Mensch in der bloßen Anschauung des Naturgeschehens stehen, sondern überall drängt es ihn, die Schranke, die ihn vom All des Lebendigen trennt, zu durchbrechen, die Intensität des Lebensgefühls in sich derart zu steigern, daß er sich dadurch aus seiner sei es gattungsmäßigen, sei es individuellen Besonderung befreit. In wilden orgiastischen Tänzen wird diese Befreiung erreicht, wird die Identität mit dem Urquell alles Lebens wieder-

---

[1] S. Oldenburg, Die Lehre der Upanishaden und die Anfänge des Buddhismus, S. 29.
[2] Näheres hierüber s. bes. bei W. v. Baudissin, Adonis und Esmun, Leipzig 1911.

hergestellt. Hier handelt es sich nicht um eine bloß mythisch-religiöse Deutung des Naturgeschehens, sondern um die unmittelbare Einswerdung mit ihm, um ein echtes Drama, das das religiöse Subjekt in sich selbst erfährt[1]. Die mythische Erzählung ist meist nur der äußere Reflex dieses inneren Geschehens, ist die leichte Hülle, hinter der dieses Drama hindurchscheint. So erwächst im Dionysos-Dienst aus der Form des Kultes die Erzählung von Dionysos-Zagreus, der von den Titanen überwältigt, in Stücke zerrissen und verschlungen wird, so daß nun das Eine Gotteswesen sich in die Vielheit der Gestalten dieser Welt und in die Vielheit der Menschen verliert: denn aus der Asche der Titanen, die Zeus durch seinen Blitzstrahl zerschmettert, geht das Geschlecht der Menschen hervor[2]. Auch der ägyptische Osiris-Kult gründet sich in der Identität, die zwischen dem Gott und dem Menschen angenommen wird. Der Tote selbst wird hier zum Osiris: „so wahr Osiris lebt, wird auch er leben; so wahr Osiris nicht gestorben ist, wird auch er nicht sterben; so wahr Osiris nicht vernichtet ist, wird auch er nicht vernichtet werden[3]." Für das entwickelte metaphysische Bewußtsein gründet sich die/Gewißheit der Unsterblichkeit vor allem auf die scharfe analytische Scheidung, die dieses Bewußtsein zwischen „Körper" und „Seele", zwischen der Welt des physisch-natürlichen und des „geistigen" Seins vollzieht. Das mythische Bewußtsein aber weiß ursprünglich von einer derartigen Scheidung, von einem solchen Dualismus nichts. Hier wurzelt vielmehr die Gewißheit der Fortdauer in der umgekehrten Ansicht: hier befestigt sie sich stets aufs neue in der Anschauung

---

[1] Für den Adonis-, Attis- und Osiris-Kult und seine „primitiven" Parallelen vgl. bes. die zusammenfassende Darstellung Frazers, Adonis, Attis, Osiris (Goulden Bough Vol. IV), 3. Aufl., London 1907; für die Vegetationskulte s. insbes. noch Preuß, Phallische Fruchtbarkeitsdämonen als Träger des altmexikanischen Dramas, Archiv für Anthropologie N. F. I, 158 ff., 171 ff. Daß auch der germanische Balder-Mythos dem gleichen Anschauungskreis angehört, ja, daß zwischen Balder und Adonis-Tamuz ein direkter genetischer Zusammenhang besteht, ist neuerdings von Gustav Nickel, Die Überlieferungen vom Gotte Balder, Dortmund 1921, wahrscheinlich gemacht worden.

[2] Über Ursprung und Bedeutung der Legende von Dionysos-Zagreus s. bes. Rohde, Psyche[2], II, 116 ff., 132.

[3] S. Erman, Die ägyptische Religion[2], S. 111 ff.; Le Page Renouf, Lectures on the origin and growth of religion as illustrated by the religion of ancient Egypt., London 1880, S. 184 ff. Auch im phrygischen Attis-Dienst kehrt die gleiche Grundanschauung und die gleiche mythische Formel (θαρρεῖτε, Μύσται, τοῦ θεοῦ σεσωσμένου. ἔσται γὰρ ἡμῖν ἐκ πόνων σωτηρία) wieder; näheres bei Reitzenstein, Die hellenistischen Mysterienreligionen, Leipzig 1910, S. 205 ff.

der Natur als eines Kreislaufs immer neuer Geburten. Denn alles Wachsen und Werden ist aufeinander bezogen und greift magisch ineinander ein. In den festlichen Gebräuchen, mit denen der Mensch bestimmte entscheidende Phasen des Jahres, mit denen er vor allem den Abstieg der Sonne von der herbstlichen Tag- und Nachtgleiche oder ihren Aufstieg und die Wiederkehr des Lichtes und Lebens begleitet, tritt überall deutlich hervor, daß es sich dabei nicht um die bloße Spiegelung, um eine analogische Abbildung eines äußeren Geschehens handelt, sondern daß hier das menschliche Tun und das kosmische Werden sich unmittelbar ineinanderschlingen. So wenig die „komplexe" mythische Vorstellung ursprünglich das Sein in eine Mehrheit scharf voneinander geschiedener biologischer „Arten" zerlegt, so wenig sondern sich ihr auch die verschiedenen belebenden und zeugenden Kräfte der Natur. Es ist ein und dieselbe Lebenskraft, der das Wachstum der Pflanze und der die Geburt und das Wachstum des Menschen anvertraut ist. Im Zusammenhange der magischen Weltansicht und der magischen Betätigung tritt daher durchweg das eine für das andere ein. Wie in der bekannten Sitte des „Brautlagers auf dem Ackerfelde" die Ausübung oder Darstellung des Geschlechtsaktes unmittelbar die Schwangerschaft und die Fruchtbarkeit der Erde zur Folge hat, so ist es umgekehrt die mimische Darstellung der Befruchtung der Erde, die die Seelen nach dem Tode zu neuer Geburt fähig und kräftig macht. Der Regen, der den Erdboden befruchtet, hat im menschlichen Samen, der Pflug im männlichen Glied, die Ackerfurche im weiblichen Schoß das ihm entsprechende magische „Gegenstück": mit dem einen ist magisch das andere gesetzt und gegeben[1].

Demgemäß bildet die Vorstellung von der „Mutter Erde" oder die/entsprechende der Erde als Vater einen Kern und Urgedanken, der vom Glauben der Primitiven bis hinauf zu den höchsten Gestaltungen des religiösen Bewußtseins immer wieder seine Macht beweist. Bei den Uitoto gehen die Feldfrüchte die ganze Zeit über, wo es keine Früchte gibt, zum Vater unter die Erde herab: die „Seele" der Früchte und Pflanzungen geht an den Wohnort des Vaters[2]. Daß die Erde die gemeinsame Mutter ist, die die Menschenkinder ans Licht bringt, und der sie nach ihrem Tode zurückgegeben werden, um im Kreislauf des Werdens von neuem zum Leben zu

---

[1] Zum Ganzen s. bes. Mannhardt, Wald- und Feldkulte, bes. Kap. 4–6 und Mythologische Forschungen, Straßburg 1884, Kap. VI: Kind und Korn (S. 351 ff.).
[2] Preuß, Religion und Mythologie der Uitoto, S. 29, vgl. Preuß im Archiv für Religionswiss. VII, S. 234.

erstehen, ist noch eine Grundansicht griechischen Glaubens, die sich in den Choephoren des Äschylos in Elektras Gebet an Agamemnons Grabe unmittelbar ausspricht[1]. Ja noch im Platonischen Menexenos findet sich der Satz, daß nicht die Erde die Frauen nachahme in Schwangerschaft und Geburt, sondern daß es die Frauen hierin der Erde nachtun. Für die ursprüngliche mythische Anschauung aber gibt es hier überhaupt kein Vor oder Nach, kein Erstes oder Zweites, sondern nur das völlige und unlösliche Ineinander beider Prozesse. Die Mysterienkulte wenden diesen allgemeinen Glauben ins Individuelle. Durch die Ausübung der sakramentalen Akte, die das Urgeheimnis des Werdens, des Sterbens und Wiederauferstehens darstellen, sucht der Myste die Bürgschaft der Wiedergeburt zu gewinnen. Im Isis-Kult ist Isis, die Schöpferin der grünen Saaten, denen, die sie verehren, die Gottesmutter, die große Mutter, die Herrin, die allen Menschen das Leben spendet[2]. Und ausdrücklich wird hier, wie in anderen Mysterien-Kulten gelehrt, daß der Myste, ehe er sein neues geistiges Sein, seine geistige „Transfiguration" erlangt, zuvor durch alle Kreise der Natur und des physischen Lebens hindurchgegangen sein muß, daß er in allen Elementen und allen Gebilden, in der Erde, im Wasser und in der Luft, in den Tieren und in den Pflanzen gewesen sein, daß er die Wanderung und Wandlung durch die Himmelszonen und alle Tiergestalten vollzogen haben muß[3]. So bricht auch dort, wo die Grundtendenz auf eine scharfe Trennung des Geistigen vom Körperlichen, auf einen Dualismus zwischen Leib und Seele gerichtet ist, immer wieder das ursprüngliche mythische Einheitsgefühl durch. Auch die fundamentalen Kategorien des menschlichen Gemeinschaftslebens werden zunächst ebensowohl als „natürliche" wie als „geistige" gefaßt und gebraucht. Es ist insbesondere die Urform der menschlichen Familie, die Trias von Vater, Mutter und Kind, die unmittelbar in das Sein der Natur hineingelegt, wie aus ihm herausgelesen wird. Die „Mutter Erde" steht in der vedischen Religion wie im germanischen Norden dem „Vater Himmel" gegenüber[4]. Auch innerhalb

---

[1] Choephoren Vers 127 ff.; vgl. Wilamowitz, Einleitung zur Übersetzung der Eumeniden des Äschylos, Griech. Tragöd. II, S. 212.

[2] Näheres s. bes. in den Schriften von Dieterich, Nekyia[2], S. 63 ff. Eine Mithrasliturgie, S. 145 f., Mutter Erde, S. 82 ff. – Zur Vorstellung der Mutter Erde im semitischen Kreis vgl. bes. Th. Nöldeke, Mutter Erde und Verwandtes bei den Semiten, Arch. f. Religionswiss. VIII, 161 ff. und Baudissin, Adonis u Esmun, S. 18 ff.

[3] Vgl. Reitzenstein, Die hellenistischen Mysterienreligionen, S. 33 ff.

[4] Näheres bei Oldenberg, Religion des Veda[2], S. 244 f., 284 und bei L. v. Schröder, Arische Religion, I, 295 ff., 445 ff.

des polynesischen Kreises wird der Ursprung des Menschen auf den Himmel und die Erde als erste Stammeltern zurückgeführt[1]. Die Dreiheit von Vater, Mutter und Sohn stellt sich in der ägyptischen Religion in den Gestalten von Osiris, Isis und Horus dar, sie kehrt ferner bei fast allen semitischen Völkern wieder und ist nicht minder bei den Germanen[2], bei Italikern und Kelten, bei Skythen und Mongolen nachgewiesen. Usener sieht daher in der Vorstellung dieser Götterdreiheit eine Grundkategorie des mythisch-religiösen Bewußtseins: eine „festgewurzelte und darum mit der Gewalt natürlicher Triebkraft begabte Anschauungsform[3]." Auch in der Entwicklung des Christentums hat sich die religiös-ethische Auffassung der „Gotteskindschaft" erst allmählich aus bestimmten konkret-physischen Anschauungen dieses Verhältnisses entwickelt; auch hier beruft sich die Hoffnung der Auferstehung noch mit Vorliebe auf den Grundgedanken der alten primitiven Religion, daß der Fromme mit Gott-Vater physisch verwandt, ein leibliches Kind Gottes ist[4].

So spricht sich im Mythos alles natürliche Sein in der Sprache des / menschlich-sozialen Seins, alles menschlich-soziale in der Sprache des natürlichen aus. Hier ist keine Reduktion des einen Moments auf das andere möglich, sondern beide bestimmen erst in ihrer durchgängigen Korrelation die eigentümliche Struktur und die eigentümliche Komplexion des mythischen Bewußtseins. Es ist daher eine kaum geringere Einseitigkeit, wenn man die Gebilde des Mythos rein soziologisch, als wenn man sie rein naturalistisch zu „erklären" sucht. Der eindringendste und konsequenteste Versuch einer solchen Erklärung ist von der modernen französischen Soziologenschule, insbesondere von ihrem Begründer Emile Durkheim, unternommen worden. Durkheim geht davon aus, daß weder der Animismus, noch der „Naturismus" die eigentliche Wurzel der Religion sein könne; denn wären sie es, so hieße dies nichts anderes, als daß alles religiöse Leben über-

---

[1] S. die Legende, die unter dem Titel „The children of Haeven and Earth" von Grey, Polynesian Mythology, Auckland 1885, S. 1 ff., mitgeteilt wird.

[2] Für die germanische Göttertrias: Balder, Frigg und Odin s. bes. Neckel, Die Überlieferungen vom Gotte Balder, S. 199 ff.

[3] S. Usener, Dreiheit. Rhein. Mus. N. F. Bd. 58; für die Verbreitung der Trias Vater, Sohn und Mutter im semitischen Kreis s. jetzt bes. Nielsen, Der dreieinige Gott in religionshistorischer Beleuchtung, Kopenhagen 1922, S. 68 ff.; für Ägypten, Babylon und Syrien s. Boussets Artikel „Gnosis" bei Pauly-Wissowa.

[4] Belege hierfür s. bei Nielsen, a. a. O. S. 217 ff.; vgl. bes. die religionsgeschichtliche Analyse des Prädikats des „lebendigen Gottes" bei Baudissin, a. a. O. S. 498 ff.

haupt ohne ein festes tatsächliches Fundament, daß es ein Inbegriff bloßer Trugbilder, ein Ganzes von Phantasmen wäre. Auf so schwankendem Grunde kann die Religion nicht beruhen: sondern wenn sie irgendeine Art von innerer Wahrheit für sich in Anspruch nehmen kann, so muß sie sich als Ausdruck einer objektiven Realität erkennen lassen. Diese Realität ist nicht die Natur, sondern die Gesellschaft; sie ist nicht physischer, sondern sozialer Art. Das wahrhafte Objekt der Religion, das einzige und ursprüngliche, auf das sich alle religiösen Gebilde und alle religiösen Äußerungen zurückführen lassen, ist der soziale Verband, dem der Einzelne unlöslich angehört, der sein Sein und sein Bewußtsein vollständig und durchgängig bedingt. Eben dieser gesellschaftliche Verband ist es, der, ebenso wie er die Form der Mythologie und der Religion bestimmt, auch das Grundschema und das Modell für alles theoretische Begreifen, für alle **Erkenntnis** der Wirklichkeit in sich schließt. Denn alle Kategorien, in die wir diese Wirklichkeit fassen – der Begriff des Raumes wie der der Zeit, der Begriff der Substanz und der Kausalität – sind Produkte nicht des individuellen, sondern des sozialen Denkens und haben demgemäß ihre religiössoziale Vorgeschichte. Sie auf diese Vorgeschichte zurückführen, ihre scheinbar rein logische Struktur auf bestimmte soziale Strukturen zurückzuführen: das heißt diese Begriffe erklären und sie in ihrer eigentlichen „Apriorität" verstehen. Als „apriori", als allgemeingültig und notwendig muß dem Individuum alles erscheinen, was nicht seiner eigenen Aktivität, sondern der Aktivität der Gattung entstammt. Das reale Band, das das Individuum mit seinem Stamm, seinem Clan, seiner Sippe verknüpft, ist daher der letzte aufweisbare Grund für die ideelle Einheit seines Welt/bewußtseins, für den religiösen und intellektuellen Aufbau des Kosmos. Auf die **erkenntnistheoretische** Begründung, die Durkheim dieser seiner Lehre gegeben hat, auf seinen Versuch, die „transzendentale" Deduktion der Kategorien durch ihre soziologische Deduktion zu ersetzen, soll hier nicht näher eingegangen werden. Auch hier ließe sich freilich fragen, ob die Kategorien, die bei ihm aus dem Sein der Gesellschaft **abgeleitet** werden sollen, nicht vielmehr **Bedingungen** eben dieses Seins sind: ob die reinen Denkformen wie die reinen Anschauungsformen nicht ebensowohl den Bestand der Gesellschaft wie jene empirische Gesetzlichkeit der Erscheinungen, die wir „Natur" nennen, selbst erst ermöglichen und konstituieren. Aber selbst wenn wir diese Frage ausschalten, wenn wir uns rein im Umkreis der Phänomene des mythisch-religiösen Bewußtseins halten, so ergibt sich bei schärferer Betrachtung, daß auch in dieser Hinsicht die Theorie Durkheims zuletzt auf ein ὕστερον πρότερον hinausläuft. Denn so wenig die Form der objektiven Gegenstände der Natur, die Gesetzlichkeit unserer Wahrnehmungswelt, etwas schlechthin und unmittelbar Gegebenes ist, so wenig ist es auch die Form der Gesellschaft. Wie jene erst durch eine theoretische Deutung und Bearbeitung der sinnlichen Inhalte zustande kommt, so ist der Aufbau der Gesellschaft ein vermitteltes, ein ideell-bedingtes Sein. Er ist nicht sowohl die letzte ontologisch-reale Ursache der geistigen, insbesondere der religiösen „Kategorien", als er vielmehr durch diese entscheidend bestimmt wird. Sucht man diese Kategorien dadurch zu erklären, daß man sie als bloße Wiederholungen und gewissermaßen als Abdrücke der wirklichen Gestalt der Gesellschaft ansieht, so vergißt man, daß eben in diese wirkliche Gestalt die Prozesse und die Funktionen der mythisch-religiösen Gestaltung schon eingegangen sind. Wir kennen keine noch so primitive Gesellschaftsform, die nicht schon irgendeine Art von religiöser „Prägung" aufweise; und als geprägte Form kann die Gesellschaft selbst nur angesehen werden, wenn man die Art und Richtung dieser Prägung bereits stillschweigend voraussetzt[1]./Auch die Durkheimsche Erklärung des Totemismus, die er als die eigentliche Probe auf die Richtigkeit seiner Grundansicht ansieht, bestätigt mittelbar diesen Zusammenhang. Für Durkheim ist der Totemismus nichts anderes als die Projektion bestimmter innerlich-sozialer Bindungen nach außen. Weil die Individuen ihr eigenes Leben nur innerhalb eines umschließenden sozialen Verbandes kennen, und weil sich innerhalb dieses Verbandes wieder besondere Gruppen herausheben und sich als charakteristische Einheiten gegeneinander absondern, so kann auch das objektive Dasein nur von dieser Grundform des Erlebens aus geistig erfaßt, so kann es nur kraft einer bis ins einzelne gehenden Gliederung alles Seins und alles Geschehens in „Arten" und „Klassen" gedeutet werden. Der Totemismus tut nichts ande-

---

[1] Sucht man konkrete historische Beispiele für diesen Prozeß der „Prägung", für die Art, in der das religiöse Bewußtsein das Sein der Gesellschaft nach sich bildet und formt, so genügt es, hierfür auf Max Webers grundlegende Arbeiten zur „Religionssoziologie" zu verweisen. In ihnen ist überall die spezifische Form des religiösen Bewußtseins nicht sowohl als Produkt einer bestimmten gesellschaftlichen Struktur, als vielmehr als deren Bedingung aufgewiesen, so daß hier, in moderner Wendung und Terminologie, der gleiche Gedanke vom „Primat des Religiösen" vertreten wird, den wir in den früher angeführten Sätzen Schellings ausgesprochen fanden (s. oben S. 211 f.). Vgl. bes. Max Webers eigene Bemerkungen über seine religionssoziologische Methode, Gesamm. Aufs. zur Religionssoziologie, Tübingen 1920, I, 240 f.

res, als daß er die Zusammengehörigkeiten und Verwandtschaften, die der Mensch als Glied des sozialen Körpers unmittelbar erfährt, auf die Gesamtnatur überträgt; er bildet den sozialen Mikrokosmos auf den Makrokosmos ab. So gilt für Durkheim auch hier als das eigentliche Objekt der Religion die Gesellschaft, während das Totem nur als ein sinnliches Zeichen angesehen wird, durch welches irgendein Gegenstand zum sozial-bedeutungsvollen gestempelt und damit in die Sphäre des Religiösen emporgehoben wird[1]. Aber diese nominalistische Theorie, die das Totem nur als das gewissermaßen zufällige, als das mehr oder weniger willkürliche Zeichen betrachtet, hinter dem ein ganz anderer, mittelbarer Gegenstand der Verehrung steht, geht gerade an einem zentralen Problem des Totemismus vorbei. Zugegeben, daß der Mythos und die Religion überall solcher Bilder, solcher sinnlich-gegenwärtiger Zeichen bedürfen, so bleibt doch immer die Besonderheit der einzelnen mythisch-religiösen Symbole eine Frage, die durch den Hinweis auf die allgemeine Funktion der Zeichengebung nicht gelöst werden kann. Die Beziehung aller Seinsgestaltungen auf bestimmte tierische oder pflanzliche Gestaltungen erscheint in der Tat solange ungeklärt, als es nicht gelingt, eben ihre spezifische Bestimmtheit aus einer bestimmten Grundrichtung des mythischen Denkens und des mythischen Lebensgefühls zu verstehen und damit den Zeichen des/Totemismus zwar kein festes dingliches Korrelat, kein *fundamentum in re*, wohl aber ein Fundament im mythisch-religiösen Bewußtsein zu geben. Gerade das Dasein und die Form der menschlichen Gesellschaft bedarf einer solchen Fundierung: denn auch dort, wo wir die Gesellschaft in ihrer empirisch-frühesten und primitivsten Gestalt vor uns zu sehen meinen, ist sie nichts ursprünglich-Gegebenes, sondern etwas geistig-Bedingtes und geistig-Vermitteltes. Alles gesellschaftliche Dasein wurzelt in bestimmten konkreten Formen der Gemeinschaft und des Gemeinschaftsgefühls. Und je mehr es gelingt, diese seine eigentliche Wurzel aufzudecken, um so deutlicher zeigt sich, daß das primäre Gemeinschaftsgefühl an den Grenzen, die wir in unseren entwickelten biologischen Klassenbegriffen setzen, nirgends haltmacht, sondern daß es über alle solche Grenzen hinaus auf die Totalität des Lebendigen gerichtet ist. Lange bevor der Mensch sich als eine bestimmt geschiedene Art und Gattung weiß, die durch irgendeine spezifische Kraft ausgezeichnet und durch einen spezifischen Wertvorzug

---

[1] Zum Ganzen s. Durkheim, Les formes élémentaires de la vie religieuse, Paris 1912, bes. S. 50 ff., 201 ff., 314 ff., 623 ff.; vgl. auch Durkheim und Mauss, De quelques formes primitives de classification, Année Sociologique, VI, S. 47 ff.

aus dem Naturganzen herausgehoben ist, weiß er sich als Glied in der Kette des Lebens überhaupt, innerhalb deren jedes einzelne Dasein mit dem Ganzen magisch verbunden ist, so daß ein stetiger Übergang, eine Wandlung des einen Seins in das andere nicht nur als möglich, sondern als notwendig, als die „natürliche" Form des Lebens selbst erscheint[1].

Es begreift sich hieraus, daß auch in den Bildgestalten, in denen der Mythos ursprünglich lebt und ist, in denen er seine Wesensart unmittelbar und konkret verkörpert, die Züge von Gott, Mensch und Tier sich nirgends scharf voneinander abheben. Erst allmählich bereitet sich hier ein Wandel vor, der das unverkennbare Symptom eines geistigen Wandels, einer Krisis in der Entwicklung des menschlichen Selbst/bewußtseins ist. Wie in der ägyptischen Religion die Tiergestalt der Götter die durchgehende Regel ist, wie hier der Himmel als Kuh, die Sonne als Sperber, der Mond als Ibis, der Totengott als Schakal, der Wassergott als Krokodil gestaltet ist, so zeigen sich auch in den Veden neben dem herrschenden Anthropomorphismus noch deutlich die Spuren einer älteren theriomorphen Anschauung[2]. Und selbst dort, wo die Götter bereits in klarer menschlicher Bildung vor uns stehen, pflegt sich ihre Verwandtschaft mit der tierischen Natur in ihrer fast unbegrenzten Verwandlungsfähigkeit auszusprechen. So ist Odin in der germanischen Mythologie der große Zauberer, der sich in jede beliebige Gestalt wandeln, der zum Vogel, zum Fisch, zum Wurm werden kann. Auch die griechische Urreligion verleugnet diesen Zusammenhang nicht. Die großen Götter der Arkader wurden in Roßgestalt oder als Bär und Wolf dargestellt; Demeter und Poseidon erscheinen als pferdeköpfig, Pan in Bocksgestalt. Erst die homerische Dichtung ist es gewesen,

---

[1] Wenn man häufig versucht hat, den Totemismus als das Grund- und Urphänomen des mythischen Denkens aufzuweisen, so scheint es, daß die ethnographischen Tatsachen eher zu dem umgekehrten Schluß zwingen. Der Totemismus erscheint überall gleichsam eingebettet in eine allgemeine mythische Grundanschauung, die das Leben, statt es von vornherein in Arten und Klassen auseinandergehen zu lassen, als eine einheitliche Kraft, als ein Ganzes, das allen Trennungen vorausliegt, betrachtet. Auch die Tierverehrung als solche ist ein weit allgemeineres Phänomen, als der eigentliche Totemismus, der sich nur unter besonderen Bedingungen aus ihr heraus entwickelt zu haben scheint: – so ist z. B. für Ägypten, das klassische Land der Tierverehrung, eine totemistische Grundlage des Tierkults nicht erweisbar. Vgl. hierzu bes. die scharfe Kritik, die Georges Foucart vom Standpunkt der Ägyptologie und der vergleichenden Religionsgeschichte an der angeblichen Universalität des „totemistischen Codex" geübt hat, Histoire des réligions et methode comparative[2], S. LII ff., 116 ff. u. ö.

[2] Näheres bei Oldenberg, Religion des Veda[2], S. 67 ff.

die in Arkadien diese Anschauung verdrängt hat[1]. Und eben dies weist darauf hin, daß der Mythos an diesem Punkte von sich allein vielleicht niemals zu einer scharfen Scheidung gelangt wäre, die seiner eigenen Wesensart, die seiner „komplexen" Anschauung im Grunde widerstreitet, wenn hierbei nicht andere Motive und andere geistige Kräfte mitgewirkt hätten. Erst die Kunst ist es gewesen, die, indem sie dem Menschen zu seinem eigenen Bilde verhalf, gewissermaßen auch die spezifische Idee des Menschen als solche entdeckt hat. In der plastischen Darstellung der Götter läßt sich die Entwicklung, die sich hier vollzogen hat, fast Schritt für Schritt verfolgen. In der ägyptischen Kunst finden sich noch durchweg die Doppel- und Mischformen, die den Gott schon in menschlicher Bildung, aber mit einem Tierkopf, mit dem Haupt einer Schlange, eines Frosches oder Sperbers zeigen, während auf anderen der Leib tierisch gestaltet ist, das Antlitz aber menschliche Züge trägt[2]. Die griechische Plastik aber vollzieht hier den scharfen Schnitt: sie dringt in der Formung der reinen Menschengestalt zu einer neuen Form des Göttlichen selbst und seines Verhältnisses zum Menschen durch. Und kaum minder stark als die bildende Kunst hat die Dichtung an diesem Prozeß der Vermenschlichung und Individualisierung Anteil. Auch hier stehen freilich die poetische und/ die mythische Gestaltung nicht lediglich im Verhältnis von „Ursache" und „Wirkung", auch hier geht nicht einfach die eine der anderen vorauf, sondern beide sind nur verschiedene Exponenten ein und derselben geistigen Entwicklung. „Die Befreiung, die dem Bewußtsein durch Scheidung der Göttervorstellungen zuteil wurde" – so sagt Schelling – „gab den Hellenen auch erst Dichter, und umgekehrt, nur erst die Zeit, welche ihnen Dichter gab, brachte auch die vollkommen entfaltete Göttergeschichte mit sich. Poesie ging nicht voraus, wenigstens nicht wirkliche, und Poesie hat auch die ausgesprochene Göttergeschichte nicht eigentlich hervorgebracht; keines geht dem anderen voraus, sondern beide sind das gemeinschaftliche und gleichzeitige Ende eines früheren Zustandes, eines Zustandes der Einwickelung und des Schweigens ... Die Krisis, durch welche die Götterwelt zur Göttergeschichte sich entfaltet, ist nicht außer den Dichtern, sie vollzieht sich in den Dichtern selbst, sie macht ihre Gedichte ... Es sind nicht ihre Personen ... es ist die in sie fallende Krisis des mythologischen Bewußtseins, welche die

---

[1] Vgl. hierzu Wilamowitz, in der Einleitung zur Übersetzung der Eumeniden, Griech. Trag. II, 227 ff.

[2] Vgl. z. B. das Bildmaterial bei Erman, Ägyptische Religion[2], S. 10 ff.

Göttergeschichte macht[1]." Aber freilich spiegelt die Dichtung diese Krisis nicht nur wieder, sondern sie steigert sie und bringt sie damit zur Vollendung und Entscheidung. Es bewährt sich hierin aufs neue die Grundregel, die alle Entwicklung des Geistes beherrscht: daß der Geist erst in seiner Äußerung zu seiner wahrhaften und vollkommenen Innerlichkeit gelangt. Die Form, die sich das Innere gibt, bestimmt auch rückwirkend sein Wesen und seinen Gehalt. In diesem Sinne greift das griechische Epos in die Entwicklung der griechischen Religionsgeschichte ein. Nicht die technische Form des Epos ist hierbei entscheidend; denn in sie kann sich auch noch ein ganz allgemeiner mythischer Gehalt kleiden, für den die Individualisierung nur eine leichte allegorische Hülle bildet. So trägt etwa das babylonische Gilgamesch-Epos noch deutlich den allgemein-astralen Charakter: unter dem Bilde der Taten und Leiden des Helden Gilgamesch läßt sich hier ein Sonnenmythos, eine Darstellung des jährlichen Sonnenlaufes, der Umkehr dieses Laufes an je zwei Wendepunkten usf. erkennen. Die zwölf Tafeln des Gilgamesch-Epos stehen in Beziehung zu den zwölf Bildern des Tierkreises, durch die die Sonne während eines Jahres hindurchzieht[2]. Aber an den Gestalten der homerischen Dichtung muß jede solche astrale Deutung, so oft/man sie auch versucht hat, scheitern. Hier handelt es sich nicht mehr um die Schicksale von Sonne und Mond, sondern hier ist der Held, und in ihm der individuelle Mensch, als tätiges und leidendes Subjekt entdeckt. Und erst mit dieser Entdeckung fällt eine letzte Schranke zwischen Gott und Mensch: der Heros tritt zwischen beide und vollzieht die Vermittlung zwischen ihnen. Wie der Held, wie die menschliche Persönlichkeit in den Kreis des Göttlichen erhoben erscheint, so sind andererseits die Götter aufs engste in den Kreis des menschlichen Geschehens, an dem sie nicht als bloße Zuschauer, sondern als Kämpfer und Mitstreiter teilnehmen, verflochten. Durch die Beziehung auf den Helden werden die Götter erst vollends in die Sphäre des persönlichen Daseins und Wirkens hereingezogen, in der sie nunmehr eine neue Gestalt und Bestimmtheit gewinnen. Und was im griechischen Epos begonnen ist, das findet im Drama seinen Abschluß und seine Vollendung. Auch die griechische Tragödie wächst aus einer Urschicht des mythisch-religiösen Bewußtseins heraus und hat sich von diesem ihrem eigentlichen Lebensgrund

---

[1] Schelling, Einl. in die Philos. der Mythologie, S. W., 2. Abteil., I, 18 ff.
[2] Näheres bei Ungnad-Gressmann, Das Gilgamesch-Epos (1911) und bei P. Jensen, Das Gilgamesch-Epos in der Weltliteratur, Straßburg 1906, bes. S. 77 ff.

nie völlig gelöst. Sie geht unmittelbar aus der kultischen Handlung, aus der Feier der Dionysien und aus den dionysischen Chören hervor. Aber die Entwicklung, die sie nimmt, läßt immer deutlicher erkennen, wie sie in der orgiastisch-dionysischen Grundstimmung, in der sie wurzelt, nicht gefangen bleibt, sondern wie dieser nun eine ganz neue Gestalt des Menschen, ein neues Ich- und Selbstgefühl, gegenübertritt. Der Dionysoskult empfindet, wie alle großen Vegetationskulte, im Ich nur die gewaltsame Losreißung von dem allgemeinen Urgrund des Lebens, und was er erstrebt, ist die Rückkehr in ihn, die „Ekstase", durch die die Seele die Fesseln des Leibes und der Individualität sprengt, um sich dem Alleben wieder zu vereinen. Hier wird an der Individualität somit nur das eine Moment, das Moment der tragischen Vereinzelung erfaßt, wie es sich in dem Mythos von Dionysos-Zagreus, der von den Titanen zerstückt und verschlungen wird, unmittelbar darstellt. Die künstlerische Anschauung aber erblickt im individuellen Dasein nicht sowohl diese Vereinzelung als vielmehr die Besonderung, die Zusammenfassung zu einer in sich geschlossenen Gestalt. Für sie ist erst der bestimmte plastische Umriß die Gewähr der Vollendung. Die Vollendung selbst verlangt die Endlichkeit, so wahr sie feste Bestimmung und Begrenzung verlangt. In der griechischen Tragödie setzt sich, wie im Epos und in der Plastik, diese Forderung durch, indem zunächst aus dem Ganzen des Chors die Person des Chorführers heraustritt und sich/als eigene geistige Individualität abhebt. Aber das Drama kann hierbei nicht stehen bleiben: was es fordert, ist nicht sowohl die Person, als vielmehr die Personen, das Verhältnis des „Ich" zum „Du" und den Konflikt zwischen beiden. So wird zunächst bei Äschylos der zweite Schauspieler, der „Gegenspieler" eingeführt, zu dem dann bei Sophokles der dritte Schauspieler hinzutritt. Und diesem dramatischen Fortgang und Stufengang entspricht nun die fortschreitende Vertiefung des Persönlichkeitsgefühls und des Persönlichkeitsbewußtseins – wie denn das Wort Person, das uns als Ausdruck dieses Bewußtseins dient, zunächst nichts anderes als die Maske des Schauspielers besagt. Auch im Epos hebt sich die Gestalt des Helden, hebt sich das menschliche Subjekt aus dem Kreis des objektiven Geschehens heraus; aber wenn sich der Held von diesem Kreis unterscheidet, so steht er ihm doch mehr leidend als tätig gegenüber. Er ist in dieses Geschehen verschlungen, ohne daß es unmittelbar aus ihm selbst erwächst und durch ihn notwendig bedingt ist; er ist noch immer der Spielball freundlicher und feindlicher, göttlicher und dämonischer Mächte, die statt seiner den Lauf des Geschehens bestimmen und lenken. In dieser Hinsicht grenzt auch das Homerische Epos, insbesondere die Odyssee, noch unmittelbar an den Mythos und das Mythenmärchen an. Die List, die Stärke, die Klugheit des Helden, durch die er sein Geschick zu leiten scheint, sind selbst dämonisch-göttliche Gaben, die ihm von außen zuteil werden. Erst die griechische Tragödie entdeckt dieser passiven Anschauung gegenüber einen neuen Quellpunkt des Ich, indem sie den Menschen als selbsttätig und selbstverantwortlich nimmt und ihn damit erst wahrhaft zum ethischdramatischen Subjekt gestaltet. „Niemand kann dich freisprechen" – so erwidert im Agamemnon des Äschylos der Chor der Klytaimnestra, als sie den Mord des Gatten von sich auf den Fluchdämon des Hauses abzuwälzen sucht. Hier stellt sich dramatisch die gleiche Entwicklung dar, die innerhalb der griechischen Philosophie ihren reinsten Ausdruck in Heraklits Wort: ἦθος ἀνθρώπῳ δαίμων und in der Fortwirkung dieses Wortes bei Demokrit, bei Sokrates und Platon gefunden hat[1]. Und auch die Götter werden in diese Entwicklung hineingezogen; denn auch sie unterstehen dem Spruch der Dike, der höchsten Gottheit der Tragödie. Die Erinyen selbst, die alten Rachegöttinnen, beugen sich in den Eumeniden des Äschylos zuletzt dem Spruche des Rechts. Indem die Tragödie, im Gegensatz zum Epos, das Zentrum des Geschehens von außen nach innen verlegt, ersteht damit eine neue Form des ethischen Selbstbewußtseins, durch die nunmehr auch das Wesen und die Gestalt der Götter verwandelt wird.

Zugleich aber weist die Krisis des religiösen Bewußtseins, die sich in den individuellen Göttergestalten darstellt, auf eine Krisis innerhalb des Gemeinschaftsbewußtseins hin. In dem Kreise des Denkens und Fühlens, in dem die primitive Religion, in dem z. B. der Totemismus sich bewegt, gibt es, so wie hier keine scharfe Absonderung zwischen der menschlichen Gattung und den Gattungen der Tiere und Pflanzen besteht, auch keine solche Abgrenzung zwischen der menschlichen Gruppe als Ganzem und dem Einzelnen, der ihr angehört. Das individuelle Bewußtsein bleibt im Stammesbewußtsein gebunden und geht in ihm auf. Der Gott selbst ist zunächst und vornehmlich der Gott des Stammes, nicht der des Einzelnen. Der Einzelne, der den Stamm aufgibt oder von ihm ausgestoßen wird, hat damit auch seinen Gott verloren: „Gehe hin, diene anderen Göttern", so wird zu dem Vertriebenen gesagt[2]. In allem, was es denkt und fühlt, was es wirkt und leidet, weiß das Individuum sich der Gemeinschaft verbunden,

---

[1] Vgl. oben S. 205 f.
[2] Sam. 26, 19; vgl. hierzu Robertson Smith, Die Religion der Semiten, deutsche Ausgabe, Freiburg 1899, S. 19 ff.

wie diese sich mit den Einzelnen verhaftet fühlt. Jede Befleckung, von der ein Einzelner betroffen wird, jede Bluttat, die er begangen, geht wie durch unmittelbare physische Ansteckung auf das Ganze der Gruppe über. Denn die Rache der Seele des Getöteten macht nicht bei dem Mörder halt, sondern greift auf alles über, was mit ihm in unmittelbarer oder mittelbarer Berührung steht. Sobald sich indes das religiöse Bewußtsein zum Gedanken und zur Gestalt persönlicher Götter erhebt, beginnt auch diese Verstrickung des Einzelnen in das Ganze sich zu lösen. Jetzt erst empfängt auch der Einzelne gegenüber dem Leben der Gattung sein selbständiges Gepräge und gleichsam sein persönliches Gesicht. Und mit dieser Richtung aufs Individuelle ist – was nur scheinbar mit ihr in Widerspruch steht, in Wahrheit aber sich korrelativ zu ihr verhält – eine neue Tendenz zum Allgemeinen verknüpft. Denn über der engeren Einheit des Stammes oder der Gruppe erheben sich jetzt die umfassenderen sozialen Einheiten. Die persönlichen Götter Homers sind auch die ersten Nationalgötter der Griechen – und als solche sind sie geradezu zu den Schöpfern des all/gemein-hellenischen Bewußtseins geworden. Denn sie sind die Olympier, die allgemeinen Himmelsgötter, die weder an eine einzelne Örtlichkeit oder Landschaft noch an eine besondere Kultstätte gebunden sind. So vollzieht sich hier die Befreiung zum persönlichen Bewußtsein und die Erhebung zum nationalen Bewußtsein in ein und demselben Grundakt der religiösen Gestaltung. Von neuem beweist sich darin, daß die Form der mythischen und religiösen Vorstellung nicht lediglich bestimmte Fakta der sozialen Struktur wiedergibt, sondern daß sie zu den Faktoren gehört, kraft deren jedes lebendige Gemeinschaftsbewußtsein sich aufbaut. Derselbe Differenzierungsprozeß, durch den der Mensch dahin gelangt, die Grenzen seiner Art geistig zu bestimmen, führt ihn in weiterem Fortgang dazu, auch innerhalb dieser Art die Grenzen schärfer zu ziehen und zum spezifischen Bewußtsein seines Ich zu gelangen.

2.

Die vorhergehenden Betrachtungen haben zu zeigen gesucht, wie der Mensch das Universum seines eigenen Innern nur dadurch zu entdecken und für sein eigenes Bewußtsein zu bestimmen vermag, daß er es in mythischen Begriffen denkt und in mythischen Bildern anschaut. Aber damit ist nur eine einzelne Richtung in der Entwicklung des mythisch-religiösen Bewußtseins beschrieben. Der Weg nach innen findet auch hier seine Ergänzung erst dadurch, daß er sich mit dem scheinbar entgegengesetzten

Weg, mit dem Fortgang von innen nach außen, vereint. Denn der wichtigste Faktor im Aufbau des Persönlichkeitsbewußtseins ist und bleibt der Faktor des Wirkens: für das Wirken aber gilt in rein geistigem, wie im physischen Sinne das Gesetz der Gleichheit von „Aktion" und „Reaktion". Die Wirkung, die der Mensch auf die Außenwelt übt, besteht nicht einfach darin, daß das Ich als ein fertiges Ding, als eine in sich abgeschlossene „Substanz", die äußeren Dinge in seinen Kreis herüberzieht und sie für sich in Besitz nimmt. Alles echte Wirken ist vielmehr so beschaffen, daß es sich im doppelten Sinne als bildend erweist: das Ich drückt nicht nur seine eigene, ihm von Anfang an gegebene Form den Gegenständen auf, sondern es findet, es gewinnt diese Form erst in der Gesamtheit der Wirkungen, die es auf die Gegenstände übt und die es von ihnen zurückempfängt. Die Grenzen der inneren Welt können demgemäß nur dadurch bestimmt, ihre ideelle Gestaltung kann nur dadurch sichtbar werden, daß der Umkreis des Seins im Tun umschritten wird. Je größer hierbei der/ Kreis wird, den das Selbst mit seiner Tätigkeit erfüllt, um so deutlicher tritt die Beschaffenheit der objektiven Wirklichkeit, wie die Bedeutung und die Funktion des Ich heraus.

Wenn wir diesen Prozeß in der Art, wie er sich uns im Reflex des mythisch-religiösen Bewußtseins zu erkennen gibt, aufzufassen suchen, so zeigt sich, daß auf den ersten Stufen dieses Bewußtseins die „Dinge" für das Ich nur dadurch „sind", daß sie in ihm affektiv wirksam werden, – daß sie in ihm eine bestimmte Regung der Hoffnung oder Furcht, der Begierde oder des Schreckens, der Befriedigung oder Enttäuschung auslösen. Auch die Natur ist dem Menschen, lange bevor sie zum Gegenstand der Anschauung, geschweige zum Gegenstand der Erkenntnis werden kann, einzig in dieser Weise gegeben. Schon hieran scheitern alle Theorien, die als den Anfang des mythischen Bewußtseins die „Personifikation" und die Verehrung bestimmter Naturgegenstände und bestimmter Naturkräfte ansehen. Denn „Dinge" und „Kräfte" sind für das mythische Bewußtsein, so wenig wie für das theoretische, von vornherein gegeben; sondern in ihnen stellt sich schon ein relativ weit fortgeschrittener Prozeß der „Objektivierung" dar. Ehe diese Objektivierung eingesetzt hat, ehe das Ganze der Welt sich in bestimmte dauernde und einheitliche Gestalten auseinandergelegt hat, gibt es eine Phase, in der es nicht anders denn im dumpfen Gefühl für den Menschen da ist. Aus dieser Unbestimmtheit des Gefühls lösen sich nur einzelne Eindrücke heraus, die sich durch ihre besondere Intensität, durch ihre Stärke und Eindringlichkeit von dem gemeinsamen

Hintergrund abheben. Und ihnen entsprechen die ersten mythischen „Gebilde". Sie entstehen nicht als Erzeugnisse der Betrachtung, die bei bestimmten Gegenständen verweilt, um sich ihrer bleibenden Merkmale, um sich ihrer konstanten Wesenszüge zu versichern, sondern als Ausdruck einer einmaligen, vielleicht niemals gleichartig wiederkehrenden Bewußtseinslage, aus einer momentanen Spannung oder Entspannung des Bewußtseins. Usener hat gezeigt, wie diese eigentümliche und ursprüngliche Produktivität des mythischen Bewußtseins sich auch auf weit vorgeschrittenen Stufen behauptet und fort und fort wirksam erweist: wie selbst in einer Phase, die schon durch die Ausbildung fest bestimmter „Sondergötter" und klar umrissener persönlicher Göttergestalten charakterisiert ist, solche „Augenblicksgötter" immer aufs neue geschaffen werden können. Trifft diese Auffassung zu, so müssen wir uns auch die Naturgottheiten und Naturdämonen statt in der Personifikation allgemeiner Naturkräfte oder/ allgemeiner Naturprozesse vielmehr als mythische Objektivationen einzelner Eindrücke entstanden denken. Je unbestimmter und unfaßbarer derartige Eindrücke sind, je weniger sie dem Gesamtverlauf des „natürlichen" Geschehens eingereiht erscheinen, je mehr sie das Bewußtsein unvermittelt und unvorbereitet treffen: um so größer ist die elementare Gewalt, die sie auf dasselbe ausüben. Der Volksglaube zeigt, wie noch heute diese Urkraft des mythischen Vorstellens unmittelbar lebendig und unmittelbar wirksam ist. Hier wurzelt der Glaube an die unübersehbare Fülle der Naturdämonen, die das Feld und die Flur, die den Busch und den Wald bewohnen. Im Rauschen der Blätter, im Wehen und Brausen der Luft, in tausend unbestimmbaren Stimmen und Tönen, im Spielen und Flimmern des Lichtes: in alledem wird für das mythische Bewußtsein das Leben des Waldes zuerst vernehmbar – vernehmbar als die unmittelbare Äußerung der zahllosen Elementargeister, die den Wald bevölkern, der Waldmänner und Waldfrauen, der Alben und Elbinnen, der Baum- und Windgeister. Aber die Entwicklung, die die Wald- und Feldkulte nehmen, zeigt uns nun Schritt für Schritt, wie der Mythos allmählich über diese Gestalten hinauswächst, wie er ihnen, ohne daß sie jemals völlig zurückgedrängt würden, andere zugesellt, die einer anderen Schicht des Denkens und Fühlens entstammen. Die Welt der bloßen Elementargeister weicht einer neuen Welt in dem Maße, als das Ich aus der bloß gefühlsmäßigen Reaktion in das Stadium der Aktion übergeht, als es sein Verhältnis zur Natur nicht mehr durch das Medium des bloßen Eindrucks, sondern durch das Medium des eigenen Tuns sieht. Aus der Regel dieses Tuns, aus den wechselnden und sich doch stets in einem bestimmten Kreislauf wiederholenden Phasen seines Wirkens empfängt jetzt auch das Sein der Natur erst seinen eigentlichen Bestand und seine feste Gestaltung. So bedeutet insbesondere der Übergang zum Ackerbau, zur geregelten Bestellung des Feldes, in der Entwicklung der Vegetationsmythen und der Vegetationskulte einen entscheidenden Wendepunkt. Auch hier steht freilich der Mensch der Natur nicht sofort als freies Subjekt gegenüber, sondern er fühlt sich mit ihr innerlich verwachsen und schicksalsmäßig eins. Ihr Entstehen und Vergehen, ihr Blühen und Verwelken steht mit seinem eigenen Leben und Sterben in durchgängigem Zusammenhang. Alle großen Vegetationsriten ruhen auf dem Gefühl dieses Zusammenhangs, den sie nicht nur in mythischen Bildern, sondern im unmittelbaren Tun ausdrücken: das Verdorren und Wiederauferstehen der Pflanzenwelt stellt sich in ihnen als Drama, als δρώ-/μενον dar[1]. Und auch in anderen Zügen lebt die Vorstellung dieser schicksalsmäßigen Gebundenheit weiter. Auch die Familie, auch der Einzelne haben ihren Geburts- und Schicksalsbaum, dessen Gedeihen und Welken für sie über Gesundheit und Krankheit, über Leben und Tod entscheidet. Aber über diese bloße Zugehörigkeit, über diese halb-physische, halb-mythische Bindung hinaus knüpft sich zwischen dem Menschen und der Natur zugleich eine andere Form der Gemeinschaft. Der Mensch fühlt sich nicht nur in seinem Zustand mit irgendeinem besonderen Dasein in der Natur oder mit ihr als Gesamtheit verknüpft, sondern er zieht sie unmittelbar in den Kreis seiner Arbeit hinein. Wie der „Dämon" des Menschen allmählich zu seinem Schutzgeist, zum „Genius" wird – so wandeln sich in der Natur die elementaren Spukgeister in Schutzgeister. Der Volksglaube hat auch diese Gestalten bis heute treu bewahrt. „Das Holzfräulein in Thüringen und Franken" – so heißt es bei Mannhardt – „die wilden Leute in Baden, die Saligen in Tirol helfen zur Erntezeit den Arbeitern. Ständig treten Holzweiber und Waldmännchen, Fanggen, Salinge ... in den Dienst des Menschen, besorgen das Vieh im Stalle und segnen Vieh und Vorratskammer[2]." Daß diese noch immer lebendigen Gestalten einer typischen Grundauffassung des mythischen Denkens und Fühlens entstammen, und daß sie einer bestimmten Phase desselben notwendig angehören: das zeigt der Vergleich mit den „Tätigkeitsgöttern", die wir vom Glauben der „Primitiven" bis in die Kreise der einzelnen großen Kulturreligionen verfolgen können. Bei den Joruba, die sich totemistisch gliedern, hat jeder

---

[1] Vgl. oben S. 224 ff.
[2] Mannhardt, Wald- und Feldkulte[2], I, 153 f.

Clan seinen Sippengott, von dem er abstammt, und dessen Gebote seinen gesamten Lebenslauf regeln. Aber neben dieser Gliederung und relativ unabhängig von ihr besteht hier eine Art ständischer Gliederung der Götterwelt. Die Krieger, die Schmiede, die Jäger, die Holzarbeiter verehren, welchem Totem sie übrigens angehören mögen, einen gemeinsamen Gott, dem sie ihre Opfer darbringen. Bis ins einzelne ist diese technische Differenzierung, diese „Arbeitsteilung" innerhalb der mythischen Welt durchgeführt: es gibt einen Gott der Schwarzschmiede und der Gelbgießer, einen Gott des Zinngusses, von dem berichtet wird, daß er den Menschen zuerst eine bestimmte Legierung gelehrt habe[1]. Die ge/naueste Durchbildung aber hat dieser Gedanke der Tätigkeitsgötter, die je einem besonderen Tätigkeitskreise zugewiesen und in ihn gewissermaßen gebannt sind, im römischen Götterglauben gefunden. Jede Verrichtung, insbesondere jeder in der Bestellung des Feldes notwendige Einzelakt hat hier seinen eigenen Gott und eine eigene organisierte Priesterschaft. Die Pontifices wachen darüber, daß bei jedem dieser Akte der Gott, der als sein Hüter gilt, bei seinem rechten Namen genannt, und daß die Gesamtheit der Götter in der rechten Folge angerufen wird. Ohne diese Regelung in der Götteranrufung bliebe das Tun in sich selbst regellos und demgemäß fruchtlos. „Für alle Handlungen und Zustände sind besondere Götter geschaffen und mit deutlicher Wortprägung benannt, und nicht nur die Handlungen und Zustände als Ganze sind in dieser Weise vergöttlicht, sondern auch sämtliche irgendwie hervortretende Abschnitte, Akte, Momente derselben . . . Beim Fluropfer hatte der Flamen außer Tellus und Ceres zwölf Götter anzurufen, welche ebenso vielen Handlungen des Landmanns entsprechen: den *Veruactor* für das erste Durchackern des Brachfeldes *(ueruactum)*, den *Reparator* für die zweitmalige Durchpflügung, den *Inporcitor* für die dritte und endgültige Pflügung, bei welcher die Furchen *(lirae)* gezogen und die Ackerbeete *(porcae)* aufgeworfen werden, den *Insitor* für das Einsäen, den *Obarator* für die Überpflügung nach der Aussaat, den *Occator* für die Überarbeitung des Ackers mit der Egge, den *Saritor* für das Jäten *(sarire)* oder Ausräuten des Unkrauts mit der Hacke, den *Subruncinator* für das Ausraufen des Unkrauts, den *Messor* für die Tätigkeit der Schnitter, den *Convector* für die Einfahrt des Getreides, den *Conditor* für die Aufspeicherung, den *Promi-*

---

[1] Näheres bei Frobenius, Und Afrika sprach, S. 154 ff., 210 ff. Auch anderwärts, z. B. bei den Haida, bestehen derartige „Tätigkeitsgötter", vgl. Swanton, Contributions to the Ethnology of the Haida. Mem. Americ. Mus. of Natur. History, VIII, 1, 1905.

*tor* für die Herausgabe des Korns aus Speicher und Scheune¹." In diesem Aufbau und Ausbau der Götterwelt aus den einzelnen Antrieben des jeweiligen Tuns und gemäß dessen deutlich geschiedenen Richtungen bewährt sich die gleiche Form der Objektivation, die wir in der Sprache wirksam fanden. Wie das Lautbild, so dient auch das mythische Bild nicht lediglich dazu, schon vorhandene Unterschiede einfach zu bezeichnen, sondern dazu, sie für das Bewußtsein erst zu fixieren, sie als solche erst sichtbar zu machen: es gibt diese Unterschiede nicht nur als zuvor bestehende wieder, sondern / es ruft sie im eigentlichen Sinne hervor². Zu einer klaren Scheidung der einzelnen Tätigkeitskreise, sowie der verschiedenen objektiven und subjektiven Bedingungen, unter denen sie stehen, gelangt das Bewußtsein erst dadurch, daß es jeden dieser Kreise auf einen festen Mittelpunkt, auf eine bestimmte mythische Gestalt bezieht. Indem bei jeder einzelnen Tätigkeit der besondere Gott, der ihr vorsteht, als Schützer und Helfer angerufen wird, scheint damit freilich die „Spontaneität" des Tuns verkannt, scheint alles Tun als bloße „Äußerung" eben dieses Gottes, also als eine nicht sowohl von innen als von außen stammende Wirkung angesehen zu werden. Und doch erfaßt andererseits, durch dieses Medium des Tätigkeitsgottes, das Tun, das sonst in Gefahr stünde, sich über seinem bloßen Ertrag und Produkt zu vergessen, sich erst in seiner reinen Geistigkeit. An seinen verschiedenen mythischen Exponenten erst lernt es allmählich sich selbst kennen und sich selbst verstehen. In der Vielheit seiner Göttergestalten schaut der Mensch nicht lediglich die äußere Mannigfaltigkeit der Naturgegenstände und der Naturkräfte an; sondern er erblickt in ihr sich selbst, in der konkreten Mannigfaltigkeit und Besonderung seiner Funktionen. Die Fülle der Göttergebilde, die er sich schafft, leitet ihn nicht nur durch den Kreis des gegenständlichen Seins und Geschehens, sondern vor allem durch den Kreis seines eigenen Wollens und Vollbringens hindurch und erhellt ihm diesen Kreis von innen her. Jede konkrete Einzeltätigkeit wird sich ihrer eigentümlichen Richtung und ihrer Richtschnur erst wahrhaft bewußt, indem sie, im Bilde des ihr zugehörigen Sondergottes, sich selbst objektiv anschaut. Die klare Sonderung des Tuns, seine Zerlegung in deutlich voneinander geschiedene selbständige Akte, erfolgt nicht auf dem Wege einer abstrakt-diskursiven Begriffsbildung, sondern sie er-

---

[1] Usener, Götternamen, S. 75 f.; für die römischen Indigitamentengötter vgl. bes. Wissowa, Religion und Kultus der Römer², S. 24 ff.
[2] Vgl. hierzu Bd. I, S. 257 ff.

gibt sich umgekehrt dadurch, daß jeder dieser Akte als ein intuitives Ganze erfaßt und in einer selbständigen mythischen Gestalt verkörpert wird. Versucht man diesen geistigen Prozeß von der Seite seines Inhalts her zu erfassen, so stellt er sich am klarsten in dem Fortgang dar, den das mythische Bewußtsein vollzieht, indem es von den bloßen Naturmythen zu den Kulturmythen weiterschreitet. Jetzt rückt die Ursprungsfrage mehr und mehr von dem Umkreis der Dinge gegen den spezifisch-menschlichen Kreis vor: die Form der mythischen Kausalität dient nicht sowohl dazu, die Entstehung der Welt oder einzelner/ihrer Objekte, als vielmehr die Herkunft der menschlichen Kulturgüter zu erklären. Auch diese Erklärung bleibt freilich, gemäß der Eigenart des mythischen Vorstellens, bei der Anschauung stehen, daß diese Güter nicht durch die Kraft und den Willen des Menschen geschaffen, sondern daß sie ihm gegeben worden sind. Sie gelten nicht als durch den Menschen mittelbar hervorgebracht, sondern als fertig und unmittelbar von ihm empfangen. Der Gebrauch des Feuers wie die Verfertigung bestimmter Werkzeuge, die Bestellung des Ackers oder die Einführung der Jagd, die Kenntnis einzelner Heilmittel oder die Erfindung der Schrift: dies alles erscheint als ein Geschenk mythischer Mächte. Der Mensch begreift auch hier sein Tun nur dadurch, daß er es von sich entfernt und nach außen projiziert: und aus dieser Projektion geht die Gestalt des Gottes hervor, in der er nicht mehr als bloße Naturmacht, sondern als Kulturheros, als Licht- und Heilbringer erscheint[1]. Die Gestalten derartiger Heilbringer sind der erste mythisch-konkrete Ausdruck für das erwachende und fortschreitende Selbstbewußtsein der Kultur. In diesem Sinne wird der Kult zum Vehikel und Durchgangspunkt aller Kulturentwicklung: denn er hält an ihr gerade dasjenige Moment fest, in welchem sie sich von aller bloß technischen Bewältigung der Natur unterscheidet und worin sich ihr spezifischer, ihr eigentümlich-geistiger Charakter ausprägt. Die religiöse Verehrung folgt nicht einfach dem praktischen Gebrauch, sondern sie ist es, die diesen Gebrauch – wie man es z. B. für den Gebrauch des Feuers vermutet hat – dem Menschen vielfach erst geschenkt hat[2]. Auch die Zähmung der Tiere hat sich wahrscheinlich erst auf religiöser Grundlage und unter ganz bestimmten mythisch-religiösen Voraussetzungen, vor allem unter totemistischen Voraussetzungen,

---

[1] Für die Bedeutung und die allgemeine Verbreitung dieses Gedankens der „Heilbringer" vgl. Kurt Breysig, Die Entstehung des Gottesgedankens und der Heilbringer, Berlin 1905.

[2] Vgl. Bousset, Das Wesen der Religion, Halle 1904, S. 3, 13.

entwickelt. Die mythische Bildwelt dient hier, gleich der der Sprache oder Kunst, als eines der Grundmittel, durch welches sich die „Auseinandersetzung" von Ich und Welt vollzieht. Diese Auseinandersetzung erfolgt, indem die Gestalt des Gottes oder Heilbringers gewissermaßen zwischen Ich und Welt tritt: sie zugleich miteinander verknüpfend und voneinander sondernd. Denn das Ich, das eigentliche „Selbst" des Menschen findet sich erst auf dem Umweg über das göttliche Ich. Indem der Gott aus der Gestalt des bloßen Sondergottes, der/an ein bestimmtes, eng begrenztes Gebiet der Tätigkeit gebunden bleibt, in die Gestalt des persönlichen Gottes übergeht, bedeutet dies einen neuen Schritt auf dem Wege zur Anschauung der freien Subjektivität schlechthin. „Aus der Masse der Sondergötter" – so heißt es bei Usener – „erheben sich persönliche Götter umfassenderen Machtbereichs erst, wenn die alte Begriffsbildung zum Eigennamen erstarrt und ein fester Kern geworden ist, um den sich mythische Vorstellungen schlingen lassen ... Erst im Eigennamen verdichtet sich die flüssige Vorstellung zu einem festen Kern, der Träger einer Persönlichkeit werden kann. Der Eigenname nötigt, wie der Rufname des Menschen, an eine bestimmte Persönlichkeit zu denken, für welche er ausschließlich gilt. Damit ist der Weg eröffnet, auf dem die Flut anthropomorpher Vorstellungen sich in die fast leere Form ergießen kann. Nun erst gewinnt der Begriff Leiblichkeit, gleichsam Fleisch und Blut. Er vermag zu handeln und zu leiden wie der Mensch. Die Vorstellungen, die für den durchsichtigen Begriff des Sondergottes selbstverständliche Prädikate waren, werden für den Träger des Eigennamens zu Mythen"[1]. Aber diese Theorie enthält freilich, gerade wenn man ihre allgemeine methodische Voraussetzung: die durchgängige Wechselbeziehung zwischen Sprachbildung und Mythenbildung annimmt – eine noch ungelöste Schwierigkeit und eine eigentümliche Paradoxie in sich. Der Weg, auf welchem der Mythos sich von den bloßen „Sondergöttern" zur Anschauung persönlicher Götter erhebt, ist für Usener der gleiche wie der, auf dem die Sprache von der Vorstellung und Bezeichnung des Einzelnen zu der des Allgemeinen gelangt. Hier wie dort wirkt sich nach ihm derselbe Prozeß der „Abstraktion", der Fortgang von den Einzelwahrnehmungen zum Gattungsbegriff aus. Wie aber ist es zu verstehen, daß gerade in dieser Wendung zum Allgemeinen, in dieser Richtung der generalisierenden Abstraktion, die Individualisierung, die Bestimmung zum „persönlichen Gott' gefunden werden soll? Wie soll dasjenige, was sich nach der objektiven Seite hin in der immer stärkeren Ab-

---
[1] Usener, Götternamen, S. 323, 331.

wendung vom räumlich- oder zeitlich-Einzelnen kund gibt, nach der Seite des subjektiven Lebens hin, vielmehr zur Ausbildung der Einzelheit und Einzigkeit der Person hinführen? Hier muß somit ein anderes Moment mitwirken, das in der Art seiner Wirksamkeit der Richtung, die die generalisierende Begriffsbildung nimmt, entgegengesetzt ist. In der Tat bedeutet der Fortgang vom „Besonderen"/zum „Allgemeinen" in der Welt des Tuns und im Aufbau der Welt der „inneren" Erfahrung etwas anderes, als er im Aufbau des „äußeren" Seins, in der Gestaltung der Sach- und Dingwelt bedeutet. Je mehr ein bestimmter Kreis des Tuns, wie er mythisch in der Gestalt eines Sondergottes befaßt und bezeichnet wird, sich erweitert, je größer also die Mannigfaltigkeit der Gegenstände wird, auf die sich das Tun bezieht, um so reiner und kräftiger hebt sich auch die reine Energie des Tuns als solche, hebt sich das Bewußtsein des tätigen Subjekts heraus. Dieses äußert sich zwar noch immer in jeweilig besonderen Arten und Formen des Wirkens, aber es ist an sie nicht mehr gebunden und geht in sie nicht mehr schlechthin auf. Mit der allmählichen Loslösung von der Besonderheit des Werkes verschwindet daher nicht, sondern mit ihr erhöht und steigert sich das Gefühl der Bestimmtheit der Persönlichkeit. Das Ich weiß und erfaßt sich jetzt – nicht als ein bloßes Abstraktum, als ein unpersönlich-Allgemeines, das über und hinter all den besonderen Tätigkeiten stünde, sondern als konkrete, mit sich identische Einheit, die alle verschiedenen Richtungen des Tuns miteinander verknüpft und zusammenhält. Diesem Identischen gegenüber, als dem konstanten Urgrund des Tuns, erscheint die einzelne besondere Schöpfung immer nur als ein Zufälliges und „Akzidentelles", weil sie immer nur eine Teilerfüllung von ihm bildet. So wird es verständlich, daß das Moment der Persönlichkeit sich an dem „Sondergott" um so klarer ausprägt und um so freier entfaltet, je weiter er sich über seine anfängliche eng begrenzte Sphäre erhebt. Im Kreise der bloßen Dinganschauung entspricht nach der herkömmlichen logischen Lehre jeder Erweiterung des Umfangs eines Begriffs zugleich eine Verarmung seines Inhalts: einen je weiteren Kreis von Einzelvorstellungen der Begriff umfaßt, um so mehr büßt er an konkreter Bestimmtheit ein. Hier dagegen bedeutet gerade die Erstreckung über ein größeres Gebiet, die wachsende Extension, zugleich die Steigerung der Intensität und der Bewußtheit des Wirkens selbst. Denn die Einheit der Persönlichkeit kann nicht anders als an ihrem Gegensatz, kann nur an der Art, wie sie sich in einer konkreten Vielheit und Verschiedenheit von Wirkensformen äußert und durchsetzt, zur Anschauung kommen.

Je weiter das mythische Gefühl und das mythische Denken auf diesem Wege fortschreitet, um so deutlicher hebt sich schließlich aus dem Kreis der bloßen Sondergötter und aus der Menge der polytheistischen Einzelgötter die Gestalt eines höchsten Schöpfergottes heraus. In ihm erscheint alle Mannigfaltigkeit des Tuns gleichsam in eine einzige Spitze zusammengefaßt: statt in der/Anschauung einer Gesamtheit unbestimmbar vieler schaffender Einzelkräfte steht das mythisch-religiöse Bewußtsein jetzt in der Anschauung des reinen Akts des Schaffens selbst, der wie er selbst als einer gefaßt wird, so auch immer nachdrücklicher zu der Auffassung eines einheitlichen Subjekts des Schaffens hindrängt.

Der Gedanke des Schöpfers gehört freilich zu jenen mythischen Urmotiven, die als solche keiner weiteren Ableitung und „Erklärung" mehr fähig und bedürftig zu sein scheinen. Er scheint bisweilen in überraschender Klarheit schon in ganz primitiven Schichten des religiösen Vorstellens zu begegnen. Insbesondere läßt sich innerhalb des totemistischen Vorstellungskreises häufig verfolgen, wie hier über der Vorstellung der Urväter, auf die der Clan seinen Ursprung zurückführt, der Gedanke eines höchsten Wesens steht, das als solches von den totemistischen Vorfahren deutlich getrennt bleibt. Auf dieses Wesen wird die Entstehung der Naturdinge, wie andererseits die Einsetzung der heiligen Riten, der kultischen Zeremonien und Tänze zurückgeführt. Es selbst aber bildet gewöhnlich keinen Gegenstand des Kultes mehr, noch tritt der Mensch zu ihm wie zu den einzelnen dämonischen Kräften, die das Ganze der Welt erfüllen, in ein direktes, in ein unmittelbar-magisches Verhältnis[1]. Es ist demnach, als trete uns hier mitten unter den Affekt- und Willensmotiven, die jede „primitive" Religion beherrschen und die ihr ihr charakteristisches Gepräge geben, mit einem Male, schon auf den frühesten Stufen, ein rein gedankliches, ein „theoretisches" Motiv entgegen. Aber bei näherer Betrachtung zeigt sich freilich, daß die scheinbar abstrakte Vorstellung der „Schöpfung" und des „Schöpfers" hier noch nirgend in wirklicher Allgemeinheit erfaßt ist, sondern daß das Schaffen, wenn überhaupt, so nur in der Art irgendeiner einzelnen konkreten Form des Bildens und Formens vorgestellt wer-

---

[1] Für die Verbreitung des „Urheberglaubens" im Kreis „primitiver" Religionen ist vor allem auf die Zusammenstellung des Materials bei P. W. Schmidt, Der Ursprung der Gottesidee, Münster 1912, zu verweisen. S. auch die vortreffliche Zusammenfassung bei Söderblom, Das Werden des Gottesglaubens, S. 114 ff. Für die amerikanischen Religionen s. jetzt bes. Preuß, Die höchste Gottheit bei den kulturarmen Völkern, Psychol. Forschung II, 1922.

den kann. So wird der australische *Baiame (Bäjämi)*, der gewöhnlich als typisches Beispiel für die Gestaltung des „Urhebergedankens" bei den Primitiven angeführt wird, als der „Schnitzer" der Dinge gedacht: er bringt die einzelnen Objekte hervor, wie eine Figur aus Rinde oder ein Schuh aus einem Fell oder einer Haut hervor/gebracht wird[1]. Der Gedanke des Schaffens lehnt sich durchweg an die Tätigkeit des Handwerkers, des Werkbildners an – wie noch die Philosophie, wie noch Platon den höchsten Schöpfergott unter keinem anderen Bilde als unter dem mythischen Bild des „Demiurgen" zu erfassen vermag. In Ägypten wird der Gott Ptah als der große Gott des Uranfangs, als erster Urgott verehrt; aber er erscheint zugleich in seinem Tun dem menschlichen Künstler vergleichbar, wie er denn auch als eigentlicher Schützer der Künstler und Handwerker gilt. Sein Attribut ist die Töpferscheibe, aus der er als der Gott-Bildner die Majestät der Götter und die Gestalt der Menschen gemodelt hat[2]. Aber auf diesem Wege über die konkreten Besonderungen des Tuns dringt nun allmählich das mythisch-religiöse Denken immer weiter zu seiner universellen Erfassung vor. In der vedischen Religion finden sich schon früh neben den reinen Naturgottheiten andere Götter, die bestimmte Sphären und Typen des Handelns darstellen. Neben Agni als Gott des Feuers oder Indra als Gewittergott steht etwa ein „Gott Erreger" oder „Antreiber" *(Savitar)*, der alle Bewegung in der Natur und im menschlichen Leben erweckt, ein „Gott Sammler", der bei der Ernte hilft, ein „Gott Zurückbringer" *(Nivarta, Nivartana)*, der für die Rückkehr des verlorenen Viehs sorgt usf. „Wie man in jeder Epoche der Sprachgeschichte" – so bemerkt Oldenberg zu diesen Göttergestalten – „neben Wortbildungselementen, deren Wirksamkeit abgeschlossen ist, und die sich nur in fertigen, aus der Vergangenheit ererbten Bildungen erhalten haben, solche findet, die in vollem Leben stehen und von jedem Sprechenden zur Erzeugung immer neuer Worte gebraucht werden können, so muß der religionsgeschichtlichen Bildungsweise der Götter mit den Namen auf *-tar* für das vedische und schon das nächstvorangehende Zeitalter höchste Lebendigkeit und Produktivität beigelegt werden. Es gibt einen Gott Tratar („Hüter"), einen Dhatar („Macher"), einen Netar („Führer"); mit entsprechender weiblicher Namensform die Göttinnen Varutrit („Schützerinnen") u. a. m.[3]."

---

[1] Vgl. Brinton, Religions of primitive peoples, S. 74, 123.

[2] Näheres bei Brugsch, Religion und Mythologie der alten Ägypter, S. 113 und bei Erman, Die ägyptische Religion[2], S. 20.

[3] Oldenberg, Religion des Veda[2], S. 60 f.; cf. Vedaforschung (1905) S. 78 ff.

Die Freiheit, mit der hier, unter der Leitung der Sprache, das Suffix, das die Kernvorstellung des Tuns und des Täters in sich schließt, gebraucht, und in der es zur Erschaffung immer neuer Götternamen verwendet wird, schließt freilich die Möglichkeit und die Gefahr einer/fast unbeschränkten Zersplitterung in der Anschauung des Tuns in sich; aber andererseits weisen Bildungen dieser Art kraft der sprachlichen Gemeinsamkeit ihrer Form, auch auf die allgemeine Funktion des Wirkens selbst, unabhängig von der Besonderheit des Ziels und des Objekt des Wirkens, hin. Und so führen in der vedischen Religion die der ersten Gruppe analogen Bildungen, die einen bestimmten Gott als den „Herrn" eines gewissen Gebiets bezeichnen – also Göttergestalten, wie der „Herr der Nachkommenschaft" *(prajapati)*, der „Herr des Feldes", der „Herr der Stätte", weiter der „Herr des Denkens" und der Wahrheit – immer mehr dazu, alle diese verschiedenen Herrschaftskreise zuletzt einem einzigen höchsten Herrscher unterzuordnen. Der „Herr der Nachkommenschaft", Prajapati, der anfangs gleichfalls ein bloßer Sondergott war, ist in der Brahmanaperiode zum eigentlichen Weltschöpfer geworden. Er ist jetzt der „Gott in allen Weltenräumen": „mit eins umwandelt hat er Erd' und Himmel, – Umwandelt Welten, Pole und das Lichtreich; – Er löste auf der Weltordnung Gewebe: Er schaute es und ward es, denn er war es[1]."

Und auch in anderer Hinsicht lassen gerade die vedischen Texte die mannigfachen Vermittlungen erkennen, deren der mythisch-religiöse Gedanke bedarf, ehe er zur Konzeption der Weltschöpfung und des Weltenschöpfers durchdringen kann. Das Sein als Ganzes unter die Kategorie der Schöpfung zu stellen, ist eine für den Mythos zunächst unvollziehbare Forderung. Wo immer er von der Entstehung der Dinge, von der Geburt des Kosmos spricht, da faßt er diese Geburt als bloße Umwandlung. Immer wird ein bestimmtes, zumeist durchaus sinnlich vorgestelltes Substrat vorausgesetzt, von dem das Werden ausgeht und an dem es vonstatten geht. Bald ist es das Weltei, bald ist es der Weltenbaum, bald ist es eine Lotosblüte, bald sind es die Glieder eines menschlich-tierischen Leibes, aus denen die einzelnen Teile des Kosmos hervorgebracht und gebildet werden. In Ägypten geht aus dem Urwasser Nun anfangs ein Ei hervor, aus dem sodann der Gott des Lichtes, der Sonnengott *Ra* geboren wird: er entstand, als noch kein Himmel entstanden war und noch kein Wurm und Gewürm er-

---

[1] Vgl. Deussen, Die Geheimlehre des Veda, Ausgew. Texte der Upanishad's, Leipzig 1907, S. 14 f.; zur Geschichte des Prajapati s. bes. Deussen, Philosophie des Veda (Allg. Gesch. der Philos. I, 1), Leipzig 1894, S. 181 ff.

schaffen war; es gab keinen, der mit ihm war an jenem Orte, an dem er sich befand und er fand keinen Ort, an dem er stehen konnte[1]. Schon/hierin zeigt sich, daß sich der mythische Schöpfungsgedanke, um in bestimmter Form hervorzutreten, auf der einen Seite immer an irgendwelche konkrete Substrate anklammern muß, aber daß er andererseits eben sie mehr und mehr zu negieren, daß er sich von ihnen loszureißen sucht. Eine solche fortschreitende Reihe von Negationen haben wir in dem berühmten Schöpfungshymnus des Rigveda vor uns. „Nicht war Sein, nicht Nichtsein damals. Nicht war der Luftraum, nicht der Himmel, der darüber ist. Was regte sich? Wo? In wessen Obhut? Bestand aus Wasser der tiefe Abgrund? Nicht gab es damals Tod, nicht Unsterblichkeit; keinen Unterschied zwischen Tag und Nacht. Es atmete windlos, von selbst nur das Das, es gab nichts anderes als dies[2]." So wird hier der Versuch gemacht, den **Ursprung** des Seins als reines ἄπειρον, als ein bestimmungsloses „Das" zu fassen. Aber doch kann andererseits die kosmogonische Spekulation nicht davon lassen, dieses „Das" in irgendeiner Hinsicht näher zu bestimmen und nach dem konkreten **Untergrund**, nach dem „Bauholz" zu fragen, aus dem das All entstanden ist. Immer wieder drängt sich die Frage nach diesem Grunde auf, auf dem der Schöpfer gestanden und der ihm als Stütze gedient habe. „Was war das für ein Standort, was und wie der Stützpunkt, von wo aus Visvakarman, der alles schauende, die Erde schaffend, durch seine Macht den Himmel enthüllte? Was war das für ein Holz, was war das für ein Baum, aus dem sie Himmel und Erde zimmerten? Forschet ihr Weisen im Geiste nach, was es war, worauf er sich stützte, als er Himmel und Erde hielt[3]." Die spätere philosophische Lehre der Upanishaden hat diese Frage nach der „ersten Materie", der πρώτη ὕλη der Schöpfung dadurch zu bewältigen gesucht, daß sie ihre gedanklichen Voraussetzungen aufhob. Im Gedanken des Brahman als des All-Einen kommt, wie alle anderen Gegensätze, so auch der Gegensatz von „Stoff" und „Form" zum Verschwinden. Wo aber nicht dieser Weg der pantheistischen Auflösung der Gegensätze beschritten wird, wo vielmehr statt dessen die religiöse Entwicklung den Schöpfergedanken als solchen rein und scharf herausarbeitet, da tritt mehr und mehr das Bestreben hervor, diesen Gedanken gewissermaßen in eine andere Dimension zu versetzen, ihn von der Berührung und Be-

---

[1] S. Erman, Die ägyptische Religion², S. 20, 32.
[2] Rigveda X, 129, übers. von Hillebrandt, Lieder des Rigveda, Göttingen 1913, S. 133.
[3] Rigveda X, 81 (bei Hillebrandt, a. a. O., S. 130).

haftung mit dem Physisch-Materiellen zu befreien und ihm eine rein „geistige" Prägung zu geben. Schon an der Auffas/sung der Mittel, deren sich der Schöpfer bedient, um die Welt ins Dasein zu rufen, läßt sich dieser Fortgang verfolgen. Die Beschreibung dieser Mittel pflegt sich zunächst durchaus an bestimmte sinnlich-dingliche Analogien und Vergleiche zu halten. Die ältesten ägyptischen Texte lehren, daß Tum-Ra, der Schöpfergott, die Götter, die die Urahnen aller lebendigen Wesen sind, auf menschliche Weise durch eine Ausgießung seines Samens gebildet habe oder daß er das erste Götterpaar aus seinem Munde ausgespien habe. Aber schon früh dringt in den Pyramidentexten eine andere „geistigere" Ansicht durch. Der Akt der Schöpfung wird jetzt durch kein einzelnes materielles Bild mehr bezeichnet: sondern als Organ, das der Schöpfer gebraucht, erscheint lediglich die Kraft seines Willens, die sich in der Kraft seiner Stimme und seines Wortes konzentriert. Das Wort bildet die Macht, die die Götter selbst, die den Himmel und die Erde aus sich hervorbringt[1]. Wenn einmal Sprache und Wort als solche geistige Instrumente der Weltschöpfung konzipiert sind, so gewinnt damit der Akt der Schöpfung selbst eine andere rein „spirituelle" Bedeutung. Zwischen der Welt als dem Inbegriff der physisch-materiellen Dinge und der göttlichen im Schöpferwort befaßten und beschlossenen Kraft ist jetzt kein unmittelbarer Übergang mehr möglich: denn beide gehören getrennten Regionen des Seins an. Die Beziehung, die der religiöse Gedanke nichtsdestoweniger zwischen beiden fordert, kann

---

[1] Vgl. hierzu z. B. Moret, Mystères Egyptiens, Paris 1913, S. 114 ff., 138 f.: A Héliopolis on enseignait, aux plus anciennes époques, que Torum-Râ avait procréé les dieux, ancêtres de tous les êtres vivants, à la façon humaine, par une émission de sémence; ou qu'il s'était levé sur le site du temple du Phénix à Héliopolis et qu'il y avait craché le premier couple divin. D'autres dieux, qualifiés aussi démiurges, avaient employé ailleurs d'autres procédés: Phtah à Memphis, Hnoum à Eléphantine modelaient sur un tour les dieux et les hommes: Thot-Ibis couvait un œuf à Hermopolis; Neith, la grande déesse de Saïs, était le vautour, ou la vache, qui enfanta le Soleil Râ alors que rien n'existait. Ce sont là sans doute les explications les plus anciennes et les plus populaires de la création. Mais une façon plus subtile et moins matérielle d'énoncer que le monde est une émanation divine, apparaît dès les textes des Pyramides: la Voix du Démiurge y devient un des agents de la création des êtres et des choses ... Il résulte de cela que pour les Egyptiens cultivés de l'époque pharaonique et des milliers d'années avant l'ère chrétienne, le Dieu était conçu comme un Intellect comme instrument de création ... Par le théorie du Verbe créateur et révélateur les écrits hermétiques n'ont fait que rajeunir une idée ancienne en Egypte, et qui faisait partie essentielle du vieux fonds de la culture intellectuelle religieuse et morale." Näheres in meiner Studie über Sprache und Mythos, Leipzig 1924, S. 38 ff.

demnach nur eine indirekte, auf bestimmte Mittelglieder angewiesene/ und durch sie hindurchführende Beziehung sein. Um sie herzustellen und auszudrücken, muß jetzt durch das Ganze des Seins ein neuer Schnitt geführt werden, muß der physischen Existenz der Gegenstände eine andere rein „ideelle" Seinsform zugrunde gelegt werden. Zu seiner wahrhaften geistigen Durchbildung und Entfaltung ist dieses Motiv erst innerhalb der philosophischen Erkenntnis, erst im Schöpfungsmythos des Platonischen Timäos, gelangt. Aber daß es auch unabhängig hiervon, rein aus den geistigen Quellen und aus der Problematik der Religion selber erwachsen kann, – dafür gibt es in der Religionsgeschichte ein bezeichnendes und markantes Beispiel. Von den großen Kulturreligionen ist es – außerhalb des Kreises des jüdischen Monotheismus – vor allem die iranische Religion, die die Kategorie der Schöpfung zur vollen Bestimmtheit entwickelt und die die Persönlichkeit des Schöpfers, als geistig-sittliche Persönlichkeit, zu reiner Ausprägung gebracht hat. Das Glaubensbekenntnis der iranisch-persischen Religion beginnt mit der Anrufung des höchsten Herrschers, Ahura Mazda, der alles Sein und alle Ordnung im Sein, der den Menschen, wie Himmel und Erde vermöge seines „heiligen Geistes" und seines „guten Denkens" hervorgebracht hat. Aber wie hier die Schöpfung dem Urquell des Denkens und des Geistes entstammt, so bleibt sie zunächst in ihm auch durchaus beschlossen. Nicht unvermittelt geht der Kosmos in seiner stofflich-dinglichen Beschaffenheit aus dem göttlichen Willen hervor, sondern was von ihm vorerst erzeugt wird, das ist nichts anderes als seine selbst rein geistige Form. Der erste Schöpfungsakt Ahura Mazdas betrifft nicht die sinnliche, sondern die „intelligible" Welt – und während der ersten großen Periode, während eines Zeitraumes von dreitausend Jahren, verharrt die Welt in diesem immateriellen, lichthaft-geistigen Zustand, um sodann erst auf Grund ihrer schon vorhandenen Formen in sinnlich-wahrnehmbare Gestalt umgeschaffen zu werden[1]. Überblickt man jetzt nochmals die ganze Reihe der mythisch-religiösen Konzeptionen, die von den vielfältigen „Sondergöttern", die alle in einem eng umschriebenen Umkreis des Wirkens festgehalten und auf ihn beschränkt sind, bis zur geistig-unbedingten Tätigkeit des Einen Schöpfungsgottes hinführt, so zeigt sich auch in ihr wieder, daß die gewöhnliche Auffassung, die man von dem „anthropomorphen" Charakter dieses Prozesses zu haben pflegt, un/zureichend ist –

---

[1] Näheres bei H. Junker, Über iranische Quellen der hellenistischen Aion-Vorstellung (Vortr. der Bibl. Warburg I, 127 f.) und bei Darmesteter, Ormazd et Ahriman, S. 19 ff., 117 ff.

daß sie an dem entscheidenden Punkt einer Umkehrung bedarf. Denn der Mensch überträgt nicht einfach seine eigene, fertig-ausgestaltete Persönlichkeit auf den Gott und leiht diesem nicht schlechthin sein eigenes Selbstgefühl und Selbstbewußtsein: sondern die Gestalt seiner Götter ist es, an der er dieses Selbstbewußtsein erst findet. Durch das Medium der Gottesanschauung gelangt er dazu, sich selbst als tätiges Subjekt vom bloßen Inhalt des Tuns und von dessen dinglichem Ertrag loszulösen. Der Gedanke der „Schöpfung aus Nichts", bis zu dem sich zuletzt der reine Monotheismus erhebt, dieser Gedanke, in welchem die Kategorie der Schöpfung erst ihre eigentlich radikale Fassung erhält, mag daher vom Standpunkt des theoretischen Denkens gesehen immerhin ein Paradoxon, ja eine Antinomie darstellen: in religiöser Hinsicht bedeutet er nichtsdestoweniger ein Letztes und Höchstes, weil in ihm die gewaltige Abstraktionskraft des religiösen Geistes, der das Sein der Dinge aufheben und vernichten muß, um zum Sein des reinen Willens und des reinen Tuns zu gelangen, zu voller uneingeschränkter Geltung gelangt.

Und noch in einer anderen Richtung läßt sich verfolgen, wie die Ausbildung des Bewußtseins des Tuns daran gebunden ist, daß das bloße gegenständliche Produkt des Tuns gewissermaßen immer weiter in die Ferne rückt, daß es seine sinnliche Unmittelbarkeit mehr und mehr verliert. Auf den ersten Stufen der magischen Weltansicht besteht zwischen dem einfachen Wunsch und dem Gegenstand, auf den er sich richtet, kaum irgendeine deutlich gefühlte Spannung. Dem Wunsch selbst wohnt hier eine unmittelbare Kraft inne: es genügt, seine Äußerung aufs höchste zu steigern, um eben in ihr eine Wirksamkeit zu entbinden, die von selbst zur Erreichung des gewünschten Zieles hinführt. Alle Magie ist durchsetzt von diesem Glauben an die reelle, an die realisierende Macht der menschlichen Wünsche, von dem Glauben an die „Allmacht des Gedankens[1]." Und immer neue Nahrung muß dieser Glaube durch die Erfahrungen gewinnen, die sich dem Menschen in dem ihm nächsten Wirkungsbereich aufdrängen: in dem Einfluß, den er auf seinen eigenen Körper, auf die Bewegungen seines Leibes und seiner Gliedmaßen, ausübt. Für die theoretische Zergliederung des Kausalbegriffs wird später auch dieser, wie es scheint, direkt erfahrene und direkt gefühlte Einfluß zum Problem. Daß mein Wille meinen Arm bewegt – so erklärt Hume – das ist um nichts begreiflicher und „verständlicher", als wenn er auch den Mond in

---

[1] Vgl. oben S. 188.

seiner / Bahn anzuhalten vermöchte. Die magische Weltansicht aber kehrt diese Beziehung um: weil mein Wille meinen Arm bewegt, so besteht ein gleich sicherer und ein ebenso verständlicher Zusammenhang auch zwischen ihm und allem sonstigen Geschehen der „äußeren" Natur. Für die mythische Auffassung, die ja eben dadurch charakterisiert ist, daß es für sie keine feste Scheidung der Objektkreise, keinen Ansatz zu einer kausalen Analyse der Wirklichkeitselemente gibt[1], hat dieser „Schluß" in der Tat zwingende Kraft. Hier bedarf es keiner Mittelglieder, die vom Anfang des Wirkensprozesses bis zu seinem Ende in einer bestimmt-geordneten Folge herüberleiten; sondern das Bewußtsein. ergreift im Anfang, im bloßen Willensakt, zugleich das Ende, das Resultat und den Erfolg des Wollens und knüpft beide aneinander. Erst in dem Maße, als beide Momente allmählich auseinanderrücken, schiebt sich zwischen Wunsch und Erfüllung ein trennendes Medium ein, und mit ihm erwacht das Bewußtsein von der Notwendigkeit bestimmter „Mittel", deren der gewollte Zweck zu seiner Verwirklichung bedarf. Aber selbst dort, wo diese Mittelbarkeit bereits im hohen Maße besteht, kommt sie nicht sogleich als solche zum Bewußtsein. Auch nachdem der Mensch von dem magischen Verhältnis zur Natur in ein technisches übergegangen ist, nachdem er also die Notwendigkeit und den Gebrauch bestimmter primitiver Werkzeuge erlernt hat, haben doch diese Werkzeuge selbst für ihn zunächst noch einen magischen Charakter und eine magische Wirkungsweise. Den einfachsten menschlichen Geräten wird jetzt eine ihnen eigentümliche, unabhängige Wirkungsform, eine bestimmte ihnen innewohnende dämonische Gewalt zugeschrieben. Die Pangwe in Spanisch-Guinea nehmen an, daß in das Werkzeug, das vom Menschen verfertigt ist, ein Teil der menschlichen Lebenskraft eingegangen ist, die sich nun selbständig äußern und weiterwirken kann[2]. Überhaupt ist der Glaube an den Zauber, der bestimmten Arbeitsgeräten, bestimmten Werkzeugen oder Waffen innewohnt, über die ganze Erde verbreitet. Die Tätigkeit, die mittels solcher Geräte und Werkzeuge verrichtet wird, bedarf bestimmter magischer Unterstützungen und Förderungen, ohne die sie nicht völlig gelingen kann. Wenn bei den Zuñi die Frauen vor ihrer steinernen Backmulde knien, um Brot zu bereiten, so stimmen sie einen Gesang an, der viele kleine Nachahmungen des Geräusches enthält, das der Mahlstein verursacht: sie glauben, daß unter

---

[1] Vgl. oben S. 57 ff.
[2] S. Tessmann, Religionsformen der Pangwe, Zeitschr. f. Ethnologie, 1909, S. 876.

diesen Umständen das/Gerät besser seinen Dienst tun wird[1]. Demgemäß bildet die Verehrung und der Kult bestimmter ausgezeichneter Geräte und Werkzeuge ein wichtiges Moment in der Entwicklung des religiösen Bewußtseins und der technischen Kultur. Bei den Eweern werden noch heute bei der jährlich wiederkehrenden Jamsernte allen Gerätschaften und Werkzeugen, der Axt, dem Hobel, der Säge und der Schelle Opfer dargebracht[2]. So wenig sich jedoch Magie und Technik rein genetisch voneinander sondern lassen, so wenig sich ein bestimmter Zeitpunkt in der Entwicklung der Menschheit angeben läßt, an dem sie von der magischen zur technischen Beherrschung der Natur übergeht, so schließt doch der Gebrauch des Werkzeugs als solcher schon eine entscheidende Wendung im Fortgang und im Aufbau des geistigen Selbstbewußtseins ein. Der Gegensatz zwischen der „inneren" und der „äußeren" Welt beginnt jetzt, sich schärfer zu akzentuieren: die Grenzen zwischen der Welt des Wunsches und der Welt der „Wirklichkeit" fangen an, klarer herauszutreten. Nicht unmittelbar greift die eine Welt in die andere ein und geht in sie über, sondern an der Anschauung des vermittelnden Objekts, das im Werkzeug gegeben ist, entfaltet sich allmählich das Bewußtsein des vermittelten Tuns. „Die ganz erste Form der Religion, wofür wir den Namen Zauberei haben" – so schildert Hegels Religionsphilosophie den allgemeinsten Gegensatz zwischen der Form des magischen und der des technischen Wirkens – „ist dieses, daß das Geistige die Macht über die Natur ist, aber dies Geistige ist noch nicht als Geist, noch nicht in seiner Allgemeinheit, sondern es ist nur das einzelne zufällige empirische Selbstbewußtsein des Menschen, der sich höher weiß in seinem Selbstbewußtsein, obgleich es nur bloße Begierde ist, als die Natur – der weiß, daß es eine Macht ist über die Natur ... Diese Macht ist eine direkte Macht über die Natur überhaupt und nicht zu vergleichen mit der indirekten, die wir ausüben durch Werkzeuge über die natürlichen Gegenstände in ihrer Einzelheit. Solche Macht, die der gebildete Mensch über die einzelnen natürlichen Dinge ausübt, setzt voraus, daß er zurückgetreten ist gegen diese Welt, daß die Welt Äußerlichkeit gegen ihn erhalten hat, der er eine Selbständigkeit, eigentümliche qualitative Bestimmungen, Gesetze einräumt gegen ihn, daß diese Dinge in ihrer qualitativen Bestimmtheit relativ gegeneinader sind, in mannigfachem Zusammenhang miteinander stehen ... Dazu/gehört, daß der Mensch in sich

---

[1] O. T. Mason, Woman's share in primitive culture, London 1895, S. 176 (zit. nach Bücher, Arbeit und Rhythmus[2], S. 343 f.).
[2] Spieth, Die Religion der Eweer in Süd-Togo, S. 8.

frei sei; erst wenn er selbst frei ist, läßt er die Außenwelt sich frei gegenübertreten, andere Menschen und die natürlichen Dinge[1]." Aber dieses Zurücktreten des Menschen gegen die Objekte, das die Voraussetzung seiner eigenen inneren Freiheit bildet, vollzieht sich nicht erst im „gebildeten", im rein theoretischen Bewußtsein, sondern der erste keimhafte Ansatz hierzu läßt sich schon im Bereich der mythischen Weltansicht aufzeigen. Denn in dem Augenblick, in dem der Mensch auf die Dinge, statt durch bloßen Bild- oder Namenszauber, durch Werkzeuge einzuwirken sucht, ist für ihn – wenngleich diese Einwirkung selbst sich zunächst noch durchaus in den gewohnten Bahnen der Magie bewegt – eine geistige Scheidung, eine innere „Krisis" eingetreten. Die Allmacht des bloßen Wunsches ist jetzt gebrochen: das Tun steht unter bestimmten objektiven Bedingungen, von denen es nicht abweichen kann. In der Sonderung dieser Bedingungen gewinnt die äußere Welt für den Menschen erst ihr bestimmtes Dasein und ihre bestimmte Gliederung: denn zur Welt gehört für ihn ursprünglich nichts anderes, als das, was in irgendeiner Weise sein Wollen und sein Tun berührt. Indem jetzt zwischen dem „Inneren" und dem „Äußeren" eine Schranke errichtet ist, die das unmittelbare Überspringen vom sinnlichen Trieb zu seiner Erfüllung verwehrt, indem sich zwischen den Trieb und dem, worauf er sich richtet, immer neue Zwischenstufen einschieben, wird damit erst eine wirkliche „Distanz" zwischen Subjekt und Objekt erreicht. Es sondert sich ein fester Kreis von „Gegenständen" heraus, die eben dadurch bezeichnet sind, daß sie in sich selbst einen eigentümlichen Bestand haben, mit dem sie dem unmittelbaren Verlangen und Begehren „entgegenstehen". Das Bewußtsein der Mittel, die zur Erreichung eines bestimmten Zweckes unumgänglich sind, lehrt zuerst das „Innere" und das „Äußere" als Glieder eines **kausalen Gefüges** begreifen und ihnen innerhalb desselben je eine eigene unvertauschbare Stelle anzuweisen – und hieraus wächst nun allmählich die empirisch-konkrete Anschauung einer Dingwelt mit realen „Eigenschaften" und Zuständen hervor. Aus der Mittelbarkeit des Wirkens resultiert erst die des Seins, vermöge deren es sich in einzelne aufeinander bezogene und voneinander abhängige Elemente auseinanderlegt. –

So zeigt sich, auch wenn man das Werkzeug rein nach seiner technischen Seite hin als das Grundmittel für den Aufbau der materiellen/Kultur betrachtet, daß diese seine Leistung, wenn sie wahrhaft verstanden und

---

[1] Hegel, Vorles. über die Philosophie der Religion, T. II, Abschn. 1: Die Naturreligion, S. W. XI, 283 f.

nach ihrem tiefsten Gehalt gewürdigt werden soll, nicht isoliert aufgefaßt werden darf. Seiner mechanischen Funktion entspricht auch hier eine rein geistige, die sich nicht nur aus dieser ersteren entwickelt, sondern die sie von Anfang an bedingt und mit ihr in einer unlöslichen Korrelation steht. Niemals dient das Werkzeug einfach der Beherrschung und Bewältigung der Außenwelt, die hierbei als ein fertiger, einfach gegebener „Stoff" anzusehen wäre, sondern mit seinem Gebrauch stellt sich für den Menschen auch erst das Bild dieser Außenwelt, ihre geistig-ideelle Form her. Die Gestaltung dieses Bildes, die Gliederung seiner einzelnen Elemente, hängt nicht von der bloß passiven Sinnesempfindung oder von der bloßen „Rezeptivität" der Anschauung ab, sondern sie geht hervor aus der Art und Richtung der Einwirkung, die der Mensch auf die Gegenstände ausübt. Ernst Kapp hat in seiner „Philosophie der Technik" für die Beschreibung und Darstellung dieses Prozesses den Begriff der „Organ-Projektion" geprägt. Unter „Organ-Projektion" versteht er dabei die Tatsache, daß alle primitiven Werkzeuge und Gerätschaften zunächst nichts anderes sind, als eine Erweiterung der Wirksamkeit, die der Mensch mit seinen eigenen Organen, mit seinen Gliedmaßen auf die Dinge ausübt. Es ist insbesondere die Hand – nach Aristoteles das ὄργανον τῶν ὀργάνων – die als natürliches Werkzeug zum Vorbild der meisten künstlichen wird. Das primitive Handwerkszeug, – wie der Hammer, das Beil, die Axt, weiter das Messer, der Meißel, der Bohrer, die Säge, die Zange – sind ihrer Form und ihrer Funktion nach nichts als Fortsetzungen der Hand, deren Kraft sie verstärken, und demnach eine andere Erscheinung dessen, was das Organ als solches leistet und bedeutet. Aber von diesen primitiven Werkzeugen erweitert sich sodann der Begriff aufwärts bis zu den Werkzeugen der besonderen Berufstätigkeiten, den Maschinen der Industrie, den Waffen, den Instrumenten und Apparaten der Kunst und Wissenschaft, kurz zu allen Artefakten, die irgendeinem einzelnen, in den Bereich der mechanischen Technik gehörenden Bedürfnisse dienen. In ihnen allen vermag die technische Analyse ihres Baues und die kulturgeschichtliche Betrachtung ihrer Entstehung bestimmte Momente aufzuweisen, kraft deren sie mit der „natürlichen" Gliederung des menschlichen Leibes zusammenhängen. Und nun kann dieser zunächst durchaus unbewußt dem organischen Vorbild nachgeformte Mechanismus seinerseits wieder nach rückwärts als Mittel zur Erklärung und/zum Verständnis des menschlichen Organismus dienen. An den Gerätschaften, an den Artefakten, die er sich bildet, lernt der Mensch erst die Beschaffenheit und den Aufbau des eigenen Leibes verstehen. Seine eigene Physis ergreift er und begreift er nur im Reflex des von ihm Gewirkten – die Art der mittelbaren Werkzeuge, die er sich gebildet hat, erschließt ihm die Kenntnis der Gesetze, die den Aufbau seines Körpers und die physiologische Leistung seiner einzelnen Gliedmaßen beherrschen. Aber auch damit ist die eigentliche und tiefste Bedeutung der „Organ-Projektion" noch nicht erschöpft. Sie tritt vielmehr erst hervor, wenn man erwägt, daß auch hier dem fortschreitenden Wissen um die eigene leibliche Organisation ein geistiger Vorgang parallel geht; daß der Mensch vermittels diesen Wissens erst zu sich selbst, zu seinem Selbstbewußtsein gelangt. Jedes neue Werkzeug, das der Mensch findet, bedeutet demgemäß einen neuen Schritt, nicht nur zur Formung der Außenwelt, sondern zur Formierung seines Selbstbewußtseins. Denn „einesteils ist jedes Werkzeug im weiteren Sinne des Wortes als Mittel der Erhöhung der Sinnestätigkeit die einzige Möglichkeit, um über die unmittelbare oberflächliche Wahrnehmung der Dinge hinauszugelangen, andererseits steht es als Werk der Tätigkeit von Hirn und Hand so wesentlich in innerster Verwandtschaft mit dem Menschen selbst, daß er in der Schöpfung seiner Hand ein Etwas von seinem eigenen Sein, seine im Stoff verkörperte Vorstellungswelt, ein Spiegel- und Nachbild seines Innern, kurz, einen Teil von sich, vor seine Augen gestellt erblickt . . . Eine derartige Aufnahme dieses, die Gesamtheit der Kulturmittel umfassenden Gebietes der Außenwelt ist ein tatsächliches Selbstbekenntnis der Menschennatur und wird durch den Akt der Zurücknahme des Abbildes aus dem Äußeren in das Innere zur Selbsterkenntnis[1]."

Die Grundlegung der „Philosophie der symbolischen Formen" hat gezeigt, daß dem Begriff, den hier die „Philosophie der Technik" als „Organ-Projektion" zu bezeichnen und auszuzeichnen versucht hat, eine Bedeutung innewohnt, die über das Gebiet der technischen Naturbeherrschung und der technischen Naturerkenntnis weit hinausgeht. Wenn die Philosophie der Technik es mit den unmittelbaren und mittelbaren sinnlich-leiblichen Organen zu tun hat, kraft deren der Mensch der /Außenwelt ihre bestimmte Gestalt und Prägung gibt, so wendet die Philosophie der symbolischen Formen ihre Frage auf die Gesamtheit der geistigen Ausdrucksfunktionen. Auch in ihnen sieht sie nicht Abdrücke oder Kopien des

---

[1] Ernst Kapp, Grundlinien einer Philosophie der Technik, Braunschweig 1877, S. 25 f., s. bes. S. 29 ff., 40 ff. – Zum Ganzen vgl. auch Ludwig Noiré, Das Werkzeug und seine Bedeutung für die Entwicklungsgeschichte der Menschheit, Mainz 1880, S. 53 ff.

Seins, sondern Richtungen und Weisen der Gestaltung; „Organe" nicht sowohl der Beherrschung als vielmehr der „Sinngebung". Und auch hier vollzieht sich die Leistung dieser Organe zunächst in durchaus unbewußter Form. Die Sprache, der Mythos, die Kunst: sie stellen je eine eigene Welt von Gebilden aus sich heraus, die nicht anders denn als Ausdrücke der Selbsttätigkeit, der „Spontaneität" des Geistes verstanden werden können. Aber diese Selbsttätigkeit vollzieht sich nicht in der Form der freien Reflexion und bleibt somit sich selbst verborgen. Der Geist erzeugt die Reihe der sprachlichen, der mythischen, der künstlerischen Gestalten, ohne daß er in ihnen sich selbst als schöpferisches Prinzip wiedererkennt. So wird ihm jede dieser Reihen zu einer selbständigen „äußeren" Welt. Hier gilt nicht sowohl, daß das Ich sich in den Dingen, daß der Mikrokosmos sich im Makrokosmos spiegelt, sondern hier schafft das Ich sich in seinen eigenen Produkten eine Art von „Gegenüber", das ihm als durchaus objektiv, als rein gegenständlich erscheint. Nur in dieser Art der „Projektion" vermag es sich selbst anzuschauen. In diesem Sinne bedeuten auch die Göttergestalten des Mythos nichts anderes als die sukzessiven Selbstoffenbarungen des mythischen Bewußtseins. Wo dieses Bewußtsein noch ganz im Augenblick gebunden und von ihm ausschließlich beherrscht ist, wo es jeder momentanen Regung und Erregung schlechthin unterliegt und sich ihr gefangen gibt – da sind auch die Götter in dieser bloß sinnlichen Gegenwart, in dieser einen Dimension des Augenblicks beschlossen. Und erst ganz allmählich, indem die Kreise des Tuns sich erweitern, indem der Trieb nicht mehr in einem einzelnen Moment und einem einzelnen Objekt aufgeht, sondern, vorausschauend und rückschauend, eine Mannigfaltigkeit verschiedener Beweggründe und verschiedener Aktionen umfaßt, gewinnt auch der Umkreis des göttlichen Wirkens seine Mannigfaltigkeit, seine Breite und Fülle. Es sind zunächst die Gegenstände der Natur, die auf diese Weise auseinandertreten – die sich für das Bewußtsein dadurch scharf gegeneinander absondern, daß jeglicher von ihnen als Ausdruck einer eigenen göttlichen Kraft, als Selbstoffenbarung eines Gottes oder Dämons, gefaßt wird. Aber wenn die Reihe der Einzelgötter, die auf diese Weise entsteht, ihrem bloßen Umfang nach der unbestimmten Erweiterung fähig ist, so enthält sie doch andererseits bereits den/Keim und Ansatz zu einer inhaltlichen Begrenzung: denn alle Vielfältigkeit, alle Besonderung und Zersplitterung des göttlichen Wirkens hört auf, sobald das mythische Bewußtsein dieses Wirken nicht mehr von der Seite der Objekte, auf die es sich erstreckt, sondern von der Seite seines Ursprungs her betrachtet. Die

Mannigfaltigkeit des bloßen Wirkens wird jetzt zur Einheit des Schaffens, in der immer bestimmter die Einheit eines schöpferischen Prinzips sichtbar wird[1]. Und dieser Wandlung im Gottesbegriff entspricht nun eine neue Auffassung des Menschen und seiner geistig-sittlichen Persönlich/keit. So bewährt sich immer wieder, daß der Mensch sein eigenes Sein nur soweit erfaßt und erkennt, als er es sich im Bilde seiner Götter sichtbar zu machen vermag. Wie er nur dadurch, daß er werkzeugbildend und werkbildend

---

[1] Wie diese Tendenz auch im Kreise polytheistischer Naturreligionen allmählich zur Herrschaft gelangt, läßt sich an der ägyptischen Religion verfolgen. Hier zeigt sich schon früh, mitten in der Vergötterung der einzelnen Naturkräfte, wie sie das ägyptische Pantheon darbietet, die Hinwendung zu dem Gedanken des Einen Gottes, der „seiend von Anfang an" war und der alles, was da ist und was da sein wird, in sich schließt. (Näheres bei Le Page Renouf, Lectures on the origin and growth of religion as illustrated by the religion of ancient Egypt., London 1880, S. 89 ff.; vgl. auch Brugsch, Religion und Mythologie der alten Ägypter, S. 99.) Eine bewußte Hinwendung zu den Grundideen einer religiösen Einheitsanschauung findet sich sodann in der bekannten Reform Königs Amenophis IV (um 1500 v. Chr.), die freilich in der Geschichte der ägyptischen Religion nur eine Episode bildet. Hier wird, mit Unterdrückung aller übrigen Gottheiten, der Kult auf die verschiedenen Sonnengötter beschränkt, die sämtlich wieder nur als verschiedene Darstellungen des Einen Sonnengottes Aton gedacht und verehrt werden. In den Inschriften der Gräber bei Tell el Amarna treten in diesem Sinne die alten Sonnengötter Horus, Râ, Tum als Teile der einen Gottheit auf. Neben das alte Bild des Sonnengottes mit dem Sperberkopf tritt ein anderes, das die Sonne selbst als Scheibe darstellt, wie sie nach allen Seiten Strahlen aussendet; jeder Strahl endet in einer Hand, die das Zeichen des Lebens reicht. Und auch hier läßt sich in dieser Symbolik eines neuen religiösen Universalismus deutlich der Ausdruck eines neuen ethischen Universalismus, einer neuen Idee der „Humanität", erkennen. Wer den neuen Hymnus auf die Sonne, der im Kult des Aton entsteht, „mit den Liedern auf den alten Sonnengott vergleicht" – so urteilt Erman – „dem wird der grundsätzliche Unterschied nicht entgehen. Gemeinsam ist ihnen, daß sie den Gott als Schöpfer und Erhalter der Welt und alles Lebens feiern. Aber der neue Hymnus weiß nichts von den alten Namen des Sonnengottes, von seinen Kronen, Szeptern, heiligen Städten. Er weiß nichts von seinen Schiffen und Matrosen und vom Drachen Apophis, nichts von der Fahrt durch das Totenreich und der Freude von dessen Insassen. Es ist ein Lied, das ebenso gut auch ein Syrer oder ein Äthiope zum Preise der Sonne anstimmen kann. Und in der Tat sind ja diese Länder und ihre Bewohner so in diesem Hymnus erwähnt, als wolle er dem Hochmut, mit dem der Ägypter auf die *elenden Barbaren* herabsah, ein Ende machen. Alle Menschen sind des Gottes Kinder; er hat ihnen verschiedene Farben und verschiedene Sprachen gegeben und hat sie in verschiedene Länder gesetzt, aber er sorgt für alle in gleicher Weise ..." (Erman, Die ägyptische Religion[2], S. 81; vgl. auch Wiedemann, Die Religion der alten Ägypter, S. 20 ff.)

wird, das Gefüge seines Leibes und seiner Gliedmaßen verstehen lernt, so entnimmt er seinen geistigen Bildungen, der Sprache, dem Mythos und der Kunst die objektiven Maße, an denen er sich mißt und durch die er sich als einen selbständigen Kosmos mit eigentümlichen Strukturgesetzen begreift. /

## KAPITEL III

## KULTUS UND OPFER

Die Wechselbeziehung zwischen Mensch und Gott, die sich im Fortgang des mythischen und religiösen Bewußtseins herstellt, wurde bisher im wesentlichen in der Form betrachtet, in welcher sie sich in der mythisch-religiösen Vorstellungswelt darstellt. Jetzt aber gilt es diesen Kreis der Betrachtung zu erweitern: denn der Gehalt des Religiösen hat seine eigentliche und tiefste Wurzel nicht in der Welt der Vorstellung, sondern in der Gefühls- und Willenswelt. Jedes neue geistige Verhältnis, das der Mensch zur Wirklichkeit gewinnt, drückt sich demgemäß nicht einseitig in seinem Vorstellen und „Glauben", sondern in seinem Wollen und Tun aus. Deutlicher als in den einzelnen Gestalten und Bildern, die die mythische Phantasie entwirft, muß sich hierin die Stellung des Menschen zu den übermenschlichen Kräften, die er verehrt, offenbaren. Die eigentliche Objektivierung der mythisch-religiösen Grundempfindung finden wir daher nicht in dem bloßen Bild der Götter, sondern in dem Kult, der ihnen zuteil wird. Denn der Kult ist das aktive Verhältnis, das der Mensch sich zu seinen Göttern gibt. In ihm wird das Göttliche nicht nur mittelbar vorgestellt und dargestellt, sondern es wird unmittelbar auf dasselbe eingewirkt. Und in den Formen dieser Einwirkung, in den Formen des Rituals, wird sich daher im allgemeinen der immanente Fortgang des religiösen Bewußtseins am klarsten ausprägen. Die mythische Erzählung ist meist nur ein Reflex dieses unmittelbaren Verhältnisses. An einer Fülle mythischer Motive läßt sich noch deutlich aufzeigen, wie sie ursprünglich nicht aus der Anschauung eines Naturprozesses, sondern aus der Anschauung eines kultischen Prozesses entstanden sind. Nicht irgendein physisches Dasein oder Geschehen, sondern ein aktives Verhalten des Menschen ist es, worauf sie zurückgehen und was sich in ihnen explizit darstellt. Ein bestimmter Vorgang, der sich fort und fort im Kult wiederholt, wird mythisch gedeutet und mythisch „be/griffen", indem er an ein einmaliges zeitliches Ereignis angeknüpft und als Wiedergabe und Spiegelbild desselben angesehen wird. Aber in Wahrheit vollzieht sich die Spiegelung hier vielmehr in umgekehrter Richtung. Das Tun ist das Erste, woran die mythische Erklärung, der ἱερὸς λόγος sich erst nachträglich anschließt. Diese Erklärung stellt nur in der Form des Berichts dar, was in der heiligen Handlung selbst als unmittelbare Wirklichkeit vorhanden ist. So bietet nicht dieser Bericht den Schlüssel zum Verständnis des Kultus dar, sondern es ist vielmehr der Kult, der die Vorstufe des Mythos und seine „objektive" Grundlage bildet[1].

Indem die moderne empirische Mythenforschung diesen Zusammenhang an einer großen Zahl von Einzelfällen herausgestellt hat, hat sie damit nur die Bestätigung eines Gedankens erbracht, der in spekulativer Allgemeinheit zuerst in der Religionsphilosophie Hegels erfaßt worden war. Für Hegel steht der Kult und die Besonderheit der Kultformen überall im Mittelpunkt der Deutung des religiösen Prozesses. Denn in ihm sieht er seine Auffassung von dem allgemeinen Ziel und Sinn dieses Prozesses unmittelbar bestätigt. Besteht dieses Ziel darin, daß der Standpunkt der Trennung des Ich vom Absoluten aufgegeben wird, daß er nicht als das Wahrhafte, sondern als das sich selbst als nichtig Wissende gesetzt wird, so ist es eben der Kult, der diese Setzung fortschreitend vollzieht. „Diese Einheit, Versöhnung, Wiederherstellung des Subjekts und seines Selbstbewußtseins, das positive Gefühl des Teilhabens, der Teilnahme an jenem Absoluten und die Einheit mit demselben sich auch wirklich zu geben, diese Aufhebung der Entzweiung macht die Sphäre des Kultus aus[2]." Dieser ist daher nach Hegel nicht nur in der/beschränkten Bedeutung eines bloß äußerlichen Handelns zu nehmen, sondern als ein die Innerlichkeit, wie die äußerliche

---

[1] Vgl. hierzu oben S. 50 ff. – Der Gedanke des „Primats" des Kultus vor dem Mythos ist in der neueren religionsgeschichtlichen und religionsphilosophischen Literatur insbesondere durch Robertson Smith vertreten worden (Die Religion der Semiten, deutsche Ausgabe von Stübe, Freiburg i. Br., 1899, bes. S. 19 ff.). Seitdem hat die moderne ethnologische Forschung die Grundanschauung, die Smith aus der Betrachtung der semitischen Religionen gewonnen hatte, im wesentlichen bestätigt: Marett nennt die Theorie, daß der „Ritus" dem „Dogma" vorausgehe, geradezu eine „Kardinalwahrheit" der Ethnologie und der sozialen Anthropologie (The birth of humility in: The threshold of religion[3], S. 181). Vgl. hierzu auch James, Primitive ritual and belief, S. 215: „Generally speaking ritual is evolved long before belief, since primitive man is wont to ‚dance out his religion'. The savage does not find it easy to express his thoughts in words, and so he resorts to *visual language*. He thinks with his eyes rather than by articulate sounds, and therefore the root feeling of primitive religion is arrived at through an investigation of ritual."

[2] Hegel, Vorles. über die Philos. der Religion, S. W. XI, 67.

Erscheinung umspannendes Tun. Der Kult ist „überhaupt der ewige Prozeß des Subjekts, sich mit seinem Wesen identisch zu setzen". Denn in ihm erscheint zwar Gott auf der einen, das Ich, das religiöse Subjekt, auf der anderen Seite: aber die Bestimmung ist zugleich die konkrete Einheit beider, kraft deren das Ich in Gott und Gott in mir gewußt wird. In diesem Sinne sieht die Hegelsche Religionsphilosophie die dialektische Folge, nach der sie die besonderen geschichtlichen Religionen entwickelt, vor allem in der Entfaltung des allgemeinen Wesens des Kults und seiner besonderen Formen bestätigt: der geistige Gehalt jeder einzelnen Religion und das, was sie als notwendiges Moment im Ganzen des religiösen Prozesses bedeutet, stellt sich vollständig erst in ihren Kultformen dar, an denen dieser Gehalt seine äußere Erscheinung besitzt[1].

Trifft diese Voraussetzung zu, so muß sich der Zusammenhang, den Hegel kraft der dialektischen Konstruktion herzustellen sucht, auch von der entgegengesetzten Seite her, von der Seite der rein phänomenologischen Betrachtung, aufweisen lassen. In den äußeren, in den sinnlichen Formen des Kults selbst wird sich, auch wenn wir sie zunächst rein in ihrer empirischen Mannigfaltigkeit und Verschiedenheit vor uns hinzustellen suchen, zugleich eine einheitliche geistige „Tendenz", eine Richtung auf fortschreitende „Verinnerlichung" offenbaren. Auch hier werden wir erwarten dürfen, daß das Verhältnis zwischen dem „Innen" und „Außen", das für das Verständnis aller geistigen Ausdrucksformen die Richtschnur bildet, sich bewährt: daß die scheinbare Entäußerung des Ich es ist, an der es sich selbst findet und begreift. Wir können, um uns diese Beziehung zu verdeutlichen, an ein Grundmotiv anknüpfen, das uns überall entgegentritt, wo der Kult und das religiöse Ritual sich bis zu einer gewissen Höhe entwickelt hat. Je bestimmter beide sich ausbilden, um so deutlicher tritt in ihnen das Opfer in den Mittelpunkt. Es kann in den verschiedensten Gestalten, als Gabenopfer oder als Reinigungsopfer, als Bitt- oder Dankopfer oder als Sühnopfer erscheinen: immer bildet es in all diesen Erscheinungsformen einen festen Kern, um den sich die kultische Handlung gruppiert. Hier erlangt der religiöse „Glaube" seine eigentliche Sichtbarkeit; hier setzt er sich unmittelbar in die Tat um. Die Art des Opferdienstes ist an ganz bestimmte objektive Regeln, an eine feste/Folge von Worten und Werken gebunden, die aufs sorgfältigste innegehalten werden muß, wenn das Opfer seinen Zweck nicht verfehlen soll. Aber an der Gestaltung und Umgestaltung, die diese rein äußeren Bestimmungen erfahren, läßt

---
[1] A. a. O., S. W. XI, 204 ff. u. s.

sich nun zugleich etwas anderes, läßt sich die allmähliche Entfaltung und Umbildung der religiösen Subjektivität verfolgen. Die Konstanz der religiösen Formensprache wie der Fortschritt in ihr kommen an diesem Punkte zu gleich deutlichem Ausdruck: denn hier ist eine allgemeine und typische Urform religiösen Verhaltens gegeben, die sich doch mit immer neuem konkreten Inhalt erfüllen kann, und die sich auf diese Weise allen Wandlungen der religiösen Empfindung anzuschmiegen und sie in sich auszudrücken vermag.

Jedes Opfer schließt, seinem ursprünglichen Sinn nach, ein negatives Moment in sich: es bedeutet eine Einschränkung des sinnlichen Begehrens, einen Verzicht, den das Ich sich auferlegt. Hier liegt eines seiner wesentlichen Motive, durch die es sich von Anfang an über die Stufe der magischen Weltansicht erhebt. Denn diese weiß zunächst nichts von einer derartigen Selbstbeschränkung, sondern sie beruht auf dem Glauben an die Allmacht der menschlichen Wünsche. Die Magie ist ihrer Grundform nach nichts anderes als eine primitive „Technik" der Wunscherfüllung. In ihr glaubt das Ich das Werkzeug zu besitzen, um sich alles äußere Sein zu unterwerfen, um es in den eigenen Kreis herüberzuziehen. Die Gegenstände haben hier kein selbständiges Sein, die niederen und höheren geistigen Kräfte, die Dämonen und Götter haben keinen eigenen Willen, der sich nicht durch Anwendung der rechten magischen Mittel dem Menschen dienstbar machen ließe. Der Zauberspruch ist Herr über die Natur, die er von der festen Regel ihres Seins und ihres Verlaufs abzuziehen vermag: „*carmina vel caelo possunt deducere lunam*". Aber auch über die Götter übt er eine unumschränkte Gewalt aus; er beugt und zwingt ihren Willen[1]. So ist der Macht des Menschen, in dieser Sphäre des Fühlens und Denkens, zwar eine empirisch-tatsächliche, aber keine prinzipielle Grenze gesetzt: das Ich kennt noch keine Schranke, die es nicht zu überspringen strebt, und die es nicht gelegentlich zu überspringen vermag. Demgegenüber enthüllt sich uns schon in den ersten Stadien des Opfers eine andere Richtung des menschlichen Wollens und Tuns. Denn die Kraft, die dem Opfer zugesprochen wird, gründet sich in der Selbstbescheidung, die es in sich schließt. Schon auf ganz elementaren Stufen der religiösen Entwicklung läßt sich dieser Zusammenhang aufweisen. Die Formen der Askese, die zu dem Grundbestand primitiven Glaubens und primitiver religiöser

---

[1] Über die „Zwangsnamen" (ἐπάναγκοι) der Götter in der griechisch-ägyptischen Magie vgl. bes. die charakteristischen Belege bei Hopfner, Griechisch-ägytischer Offenbarungszauber, Leipzig 1921, § 690 ff. (S. 176 ff.).

Betätigung zu gehören pflegen, wurzeln in der Anschauung, daß jede Erweiterung und Erhöhung der Kräfte des Ich an eine entsprechende Beschränkung gebunden ist. Jeder wichtigen Unternehmung muß die Enthaltsamkeit in Hinblick auf die Ausübung bestimmter natürlicher Triebe vorausgehen. Noch heute gilt bei den Naturvölkern fast allenthalben der Glaube, daß kein Kriegszug, keine Jagd, kein Fischfang gelingen kann, wenn ihnen nicht derartige asketische Sicherungsmaßnahmen, wenn ihnen nicht ein mehrtägiges Fasten, Beraubung des Schlafs und eine lange geschlechtliche Enthaltsamkeit vorangegangen sind. Auch jede entscheidende Wendung, jede „Krisis" im physisch-geistigen Leben des Menschen erfordert solche Schutzmaßnahmen. Bei den einzelnen Initiationsriten, insbesondere bei der Männerweihe, hat der, der sich der Einweihung unterzieht, zuvor eine Reihe der schmerzhaftesten Entbehrungen und Prüfungen zu bestehen[1]. Dennoch haben alle diese Formen der Entsagung und des „Opfers" hier zunächst noch einen durchaus egozentrischen Sinn: indem das Ich sich bestimmten physischen Entbehrungen unterwirft, will es damit nichts anderes erreichen, als daß dadurch auf der anderen Seite sein *Mana*, sein Besitz an physisch-magischer Gewalt und Wirksamkeit gestärkt wird. Hier stehen wir somit noch völlig in der Gedanken- und Gefühlswelt der Magie selbst; aber mitten in ihr tritt jetzt ein neues Motiv auf. Die sinnlichen Wünsche und Begierden strömen nicht mehr gleichmäßig nach allen Seiten hin aus, sie suchen sich nicht mehr unmittelbar und ungehemmt in Wirklichkeit umzusetzen, sondern sie beschränken sich an bestimmten Punkten, damit die hier zurückgehaltene und gewissermaßen aufgespeicherte Kraft für andere Zwecke frei wird. Durch diese Verengung des Umfangs des Begehrens, die sich in den negativen Akten der Askese und des Opfers ausdrückt, gelangt das Begehren seinem Inhalt nach erst zu seiner höchsten intensiven Zusammenfassung und damit zu einer neuen Form der Bewußtheit. Es macht sich eine Macht geltend, die der scheinbaren Allgewalt des Ich gegenübersteht, die aber andererseits, indem sie als/solche begriffen wird, auch dem Ich erst seine Grenze setzt und ihm damit eine bestimmte „Form" zu geben beginnt. Denn nur wenn die Schranke als solche gefühlt und gewußt wird, wird der Weg zu ihrer fortschreitenden Überwindung frei: nur indem der Mensch das Göttliche als eine ihm überlegene Macht anerkennt, die nicht durch magische Mittel bezwungen, son-

---

[1] S. hierzu die Zusammenstellung des ethnologischen Materials bei Levy-Bruhl, Das Denken der Naturvölker, deutsche Ausgabe, S. 200 ff., 312 ff.; Frazer, Goulden Bough III, 422 ff.

dern durch Gebet und Opfer versöhnt werden muß, gewinnt er ihr gegenüber allmählich ein eigenes freies Selbstgefühl. Auch hier findet, auch hier konstituiert sich das Selbst nur dadurch, daß es sich nach außen projiziert: die wachsende Selbständigkeit der Götter ist die Bedingung dafür, daß der Mensch in sich selber, gegenüber der auseinanderfließenden Mannigfaltigkeit der einzelnen sinnlichen Triebe, einen festen Mittelpunkt, eine Einheit des Wollens entdeckt.

In allen Formen des Opfers läßt sich diese typische Wendung verfolgen[1]. Schon im Gabenopfer kündigt sich ein neues freieres Verhältnis des Menschen zur Gottheit an, sofern die Gabe eben als freies Geschenk erscheint. Auch hier zieht sich der Mensch von den Gegenständen des unmittelbaren Begehrens gewissermaßen zurück – sie werden ihm nicht direkt zu Objekten des Genusses, sondern zu einer Art von religiösem Ausdrucksmittel, zum Mittel einer Verbindung, die er zwischen sich und dem Göttlichen herstellt. Die physischen Gegenstände selbst rücken damit in eine andere Beleuchtung: denn hinter dem, was sie in ihrer individuellen Erscheinung, was sie als Objekt der Wahrnehmung oder als Mittel für die unmittelbare Befrie/digung bestimmter Triebe sind, wird jetzt eine allgemeine Kraft des Wirkens sichtbar. So wird z. B. in den Vegetationsriten die letzte Ähre des Feldes nicht gleich den übrigen eingeerntet, sondern sie wird geschont, weil in ihr die Kraft des Wachstums als solche, der Geist der künftigen Ernte verehrt wird[2]. Auf der anderen Seite läßt sich freilich auch das Gaben-

---

[1] Wir betrachten diese verschiedenen Formen hier nur ihrer ideellen Bedeutung nach: als mannigfache Ausprägungen und Momente der einheitlichen „Idee", die dem Opferdienst zugrunde liegt. Die genetische Frage dagegen, ob sich eine Urform des Opfers nachweisen lasse, aus der sich alle anderen entwickelt haben kann bei dieser Art der Problemstellung ganz außer Betracht bleiben. Bekanntlich sind auf diese Frage sehr verschiedene Antworten versucht worden; während Spencer und Tylor das „Gabenopfer" als diese Grundform ansehen, haben andere, wie z. B. Jevons unf Robertson Smith, den Gesichtspunkt der „Communion" zwischen Gott und Mensch als den ursprünglichen und entscheidenden herausgehoben. Die neueste eingehende Untersuchung der Frage durch Hopkins (1923) kommt zu dem Ergebnis, daß eine endgültige Entscheidung zugunsten der einen oder andern Theorie auf Grund des vorliegenden empirischen Materials nicht möglich sei: man werde sich vielmehr damit begnügen müssen, verschiedene gleich-ursprüngliche Motive des Opferdienstes nebeneinander anzuerkennen (Hopkins, Origin and evolution of religion, New Haven 1923, S. 151 ff.). In jedem Fall hat die geistige „Schichtung" dieser Motive, die hier versucht wird, mit der Frage ihres empirisch-geschichtlichen Hervortretens, ihres zeitlichen Früher oder Später nichts zu tun.

[2] Näheres bei Mannhardt, Wald- und Feldkulte[2], bes. I, 212 ff.

opfer bis zu einer Stufe zurückverfolgen, in der es mit der magischen Weltansicht noch aufs engste verwoben ist und sich von ihr, seiner empirischen Erscheinungsweise nach, nicht lostrennen läßt. So sind etwa im Roßopfer, das in den Veden als der höchste sakrale Ausdruck königlicher Macht erscheint, die uralten magischen Elemente, die in dasselbe eingehen, noch unverkennbar. Erst nach und nach scheinen sich diesem Zauberopfer andere Züge angeheftet zu haben, die es in den Vorstellungskreis des Gabenopfers übergeführt haben[1]. Aber auch dort, wo die Form des letzteren rein entwickelt ist, scheint zunächst insofern keine entscheidende geistige Umwendung vollzogen zu sein, als jetzt die magisch-sinnliche Idee des Zwanges der Götter nur durch die nicht minder sinnliche Idee des Tausches ersetzt wird. „Gib mir, ich gebe Dir. Lege hin für mich; ich lege hin für Dich. Darbietung biete Du mir, Darbietung biete ich Dir" – so spricht in einer vedischen Formel der Opfernde zu dem Gott[2]. In diesem Akt des Gebens und Nehmens ist es somit selbst nur das wechselseitige Bedürfnis, das den Menschen und den Gott miteinander verknüpft und das beide, im gleichen Maße und in demselben Sinne, aneinander kettet. Denn wie der Mensch von Gott, so wird hier auch der Gott vom Menschen abhängig. Er ist in seiner Macht, ja in seinem Bestand auf die Spende des Opfernden angewiesen. In der indischen Religion ist der Somatrank das allbelebende Mittel, aus dem die Kraft der Götter, wie die der Menschen quillt[3]. Aber gerade hier tritt nun um so schärfer und klarer die Wandlung hervor, die fortan dem Gabenopfer eine ganz neue Bedeutung und eine ganz neue Tiefe verleiht. Sie vollzieht sich, sobald die religiöse Betrachtung sich nicht mehr einseitig auf den Inhalt der Gabe beschränkt, sondern sich statt dessen auf die Form des Gebens, des Darbringens/selbst konzentriert und in ihr den eigentlichen Kern des Opfers beschlossen sieht. Von der bloßen materiellen Ausübung des Opfers schreitet jetzt der Gedanke zu seinem inneren Motiv und Bestimmungsgrund fort. Nur dieses Motiv der „Verehrung" *(upanishad)* ist es, was dem Opfer seinen Sinn und Wert verleihen kann. Es ist dieser Grundgedanke, durch den sich die Spekulation der Upanishaden und des Buddhismus von der rituell-liturgischen Litera-

---

[1] S. hierzu die Darstellung des vedischen Roßopfers bei Oldenberg, Religion des Veda², S. 317 f., 471 ff. und bei Hopkins, The religions of India, S. 191.

[2] Vgl. Oldenberg, a. a. O., S. 314; Hopkins, Origin and evolution of religion, S. 176.

[3] S. hierzu Lieder des Rigveda, übers. von Hillebrandt, bes. S. 29 ff.

tur der früheren Veden vor allem unterscheidet[1]. Jetzt wird nicht nur die Gabe verinnerlicht – sondern das Innere des Menschen ist es, was als die einzige religiös-wertvolle und religiös-bedeutsame Gabe erscheint.Die gewaltsamen Opfer von Pferden und Ziegen, von Rindern und Schafen können nicht fruchtbar werden: vielmehr ist – wie es in einem buddhistischen Text heißt – nur das das erwünschte Opfer, bei dem nicht allerlei Lebewesen zugrunde gehen, sondern das in einem fortwährenden Geben besteht. „Und warum das? Weil zu einem derartigen, von Gewalttat freien Opfer sowohl die Heiligen als auch diejenigen, welche den Weg zur Heiligkeit betreten haben, kommen: wer solches Opfer darbringt, dem ist Heil beschieden und nicht Unheil[2]."

Mit dieser völligen Konzentration der religiösen Grundfrage auf einen einzigen Punkt: auf den Heilsweg der menschlichen Seele aber verbindet sich nun im Buddhismus eine merkwürdige Konsequenz. Die reine Rückwendung alles Äußeren in das Innere hat zur Folge, daß nicht nur das äußere Sein und Tun, sondern daß auch der geistig-religiöse Gegenpol des Ich, daß auch die Götter aus dem Zentrum des religiösen Bewußtseins verschwinden. Der Buddhismus läßt die Götter bestehen – aber für die eine wesentliche Grundfrage, die er stellt, für die Frage der Erlösung bedeuten und leisten sie nichts mehr. Und damit sind sie aus dem eigentlich entscheidenden religiösen Prozeß überhaupt herausgedrängt. Nur die reine Versenkung, die das Ich nicht sowohl zur Gottheit erweitert als sie es vielmehr im Nichts erlöschen läßt, bringt die wahrhafte Erlösung. Wenn hier die spekulative Kraft des Denkens vor der letzten Folgerung nicht zurückschreckt, wenn sie, um zum Wesen des Selbst vorzudringen, seine Form vernichtet, so besteht der Grundcharakter der ethisch-monotheistischen Religionen darin, daß sie den entgegengesetzten Weg einschlagen. In ihnen/wird sowohl das Ich des Menschen, wie die Persönlichkeit Gottes in höchster Prägnanz und Schärfe herausgebildet. Aber je klarer beide Pole bezeichnet und voneinander unterschieden werden, um so deutlicher tritt nun der Gegensatz und die Spannung zwischen ihnen hervor.Der echte Monotheismus sucht diese Spannung nicht auszugleichen: – denn sie ist ihm der Ausdruck und die Bedingung für jene eigentümliche Dynamik, in der nach ihm das Wesen des religiösen Lebens und des religiösen Selbstbewußt-

---

[1] Vgl. Oldenberg, Die Lehre der Upanishaden und die Anfänge des Buddhismus, S. 37, 155 ff.; Hopkins, Religions of India, S. 217 ff.

[2] Anguthara-Nikāya II, 4, 39; Udana I, 9 (nach der Übers. von Winternitz, a. a. O., S. 263 und 293).

seins besteht. Auch die prophetische Religion wird zu dem, was sie ist, erst durch die gleiche Umwendung des Opferbegriffs, die sich in den Upanishaden und im Buddhismus vollzieht. Aber diese Wendung hat hier ein anderes Ziel. „Was soll mir die Menge Eurer Opfer" – so spricht Gott bei Jesaja – „ich bin satt der Brandopfer von Widdern und des Fettes von den Gemästeten ... Lernet Gutes tun, trachtet nach Recht, helfet dem Unterdrückten, schaffet den Waisen Recht und helfet der Witwen Sache" (Jesaj. 1, 11 ff.). In diesem ethisch-sozialen Pathos des Prophetismus wird das Ich dadurch erhalten, daß ihm mit allem Nachdruck sein Gegenbild, das „Du" gegenübertritt, an dem es sich erst wahrhaft findet und bewährt. Und wie zwischen Ich und Du eine rein ethische Korrelation sich knüpft, so knüpft sich jetzt eine gleich strenge Wechselbeziehung zwischen Mensch und Gott. „Nicht vor dem Opfer, nicht vor dem Priester" – so charakterisiert Hermann Cohen den Grundgedanken des Prophetismus – „steht der Mensch, so daß er vor ihm der Reinheit teilhaft werden könnte ... Die Korrelation wird gefügt und geschlossen zwischen Mensch und Gott, und kein anderes Glied darf in sie eingeschoben werden ... Jede Mitwirkung eines anderen zerstört die Einzigkeit Gottes, die mehr als für die Schöpfung erforderlich ist für die Erlösung[1]."

Damit aber mündet das Gabenopfer, in der höchsten religiösen Verklärung, deren es fähig ist, von selbst wieder in ein anderes Grundmotiv des Opferdienstes ein. Denn als der allgemeine Sinn des Opfers, der in all seinen verschiedenen Formen in irgendeiner Weise wiederkehrt, läßt sich die Vermittlung bezeichnen, die es zwischen der Sphäre des Göttlichen und des Menschlichen schafft. Man hat den allgemeinen „Begriff" des Opfers, der sich aus einer Übersicht über die Gesamtheit seiner empirisch-geschichtlichen Erscheinungsformen gewinnen und abstrahieren läßt, geradezu dadurch zu definieren gesucht, daß das Opfer in jedem Falle darauf gerichtet sei, zwischen der Welt des „Heiligen"/und des „Profanen" eine Verbindung herzustellen und zwar durch das Mittelglied einer geweihten Sache, die im Lauf der heiligen Handlung vernichtet werde[2]. Aber wenn in der Tat das Opfer stets durch das Streben nach einer derartigen Verbindung charakterisiert ist, so ist doch die Synthese, die sich in ihm vollzieht, selbst der mannigfaltigsten Abstufungen fähig. Sie vermag von der bloß materiellen Aneignung an bis hinauf zu den höchsten Formen rein

---

[1] Herm. Cohen, Die Religion der Vernunft aus den Quellen des Judentums, S. 236.

[2] Vgl. Hubert et Mauss, Mélanges d'histoire des réligions, Paris 1909, S. 124.

ideeller Gemeinschaft alle Stadien und Stufen zu durchlaufen. Und jede neue Art des Weges verändert hier zugleich die Auffassung des Zieles, das an seinem Ende steht: denn für das religiöse Bewußtsein ist es immer erst der Weg selbst, vermittelst dessen sich die Anschauung des Zieles bestimmt und formt. Die elementarste Form, in der der Gegensatz zwischen Gott und Mensch und die Überwindung dieses Gegensatzes gefaßt werden kann, besteht darin, daß beides, die Trennung wie die Wiederherstellung der Gemeinschaft, nach der Analogie bestimmter physischer Grundverhältnisse genommen wird. Und es genügt nicht, hier von bloßer Analogie zu sprechen, sondern diese schlägt, gemäß einem Grundzug des mythischen Denkens, überall in wirkliche Identität um. Was den Menschen ursprünglich mit dem Gott verbindet, das ist das reale Band der Blutsgemeinschaft. Zwischen dem Stamm und seinem Gott besteht eine unmittelbare Verwandtschaft des Blutes: der Gott ist der gemeinsame Ahnherr, aus dem der Stamm entsprossen ist. Weit über den Kreis der eigentlich-totemistischen Vorstellungsweise erstreckt sich diese Grundanschauung[1]. Und durch sie wird nun auch der eigentliche Sinn des Opfers bestimmt. Von den Grundformen des Totemismus bis hinauf zu der Gestaltung des Tieropfers in hoch entwickelten Kulturreligionen scheint sich hier ein bestimmter Stufengang verfolgen zu lassen. Im Totemismus gilt im allgemeinen die Schonung des Totemtieres als religiöse Pflicht – aber daneben stehen Fälle, in denen es zwar nicht von dem Einzelnen verzehrt, wohl aber von der Gesamt/heit des Clans im gemeinsamen sakralen Mahl unter Innehaltung bestimmter Riten und Gebräuche genossen wird. Dieser gemeinsame Genuß des Totemtieres gilt als das Mittel, um die Blutsgemeinschaft, die die Einzelnen untereinander und die sie mit ihrem Totem verbindet, zu bestätigen und um sie zu erneuern. Insbesondere in Zeiten der Not, in denen die Gemeinschaft gefährdet und ihre Existenz bedroht scheint, bedarf es dieser Erneuerung ihrer physisch-religiösen Urkraft. Der eigentliche Akzent des sakralen Aktes aber liegt darauf, daß die Gemeinschaft als Ganzes ihn vollzieht. In dem Genuß des Fleisches des Totemtieres stellt sich die Einheit des Clans und

---

[1] Für den semitischen Kreis ist dies z. B. von Baudissin, Adonis und Esmun, Leipzig 1911, ausgeführt worden. Während für die weibliche Hauptgottheit (Ishtar, Astarte) hier überall eine bestimmte Naturgrundlage besteht, während sie die Idee des sich beständig fortzeugenden und sich aus dem Tode neu gebärenden Lebens vertritt, repräsentieren die Baale nach Baudissin zwar auch die Kraft der Fruchtbarkeit, sind aber vor allem die Väter und demgemäß die Herrscher des Stammes, der sich durch eine reale Folge von Zeugungen aus ihnen ableitet. (Näheres a. a. O., S. 25 und S. 39 ff.)

der Zusammenhang mit seinem totemistischen Ahnherrn als unmittelbare, als sinnlich-körperliche Einheit wieder her: in ihm wird sie gewissermaßen stets aufs neue besiegelt. Daß die Idee einer solchen Festigung der Lebens- und Stammesgemeinschaft, die Idee der „Kommunion" des Menschen mit dem Gott, der als Vater des Stammes gilt, zu den ursprünglichen Motiven des Tieropfers, vor allem im Kreise der semitischen Religionen, gehört, scheint durch Robertson Smiths grundlegende Untersuchungen erwiesen[1]. Diese Kommunion kann sich zunächst nicht anders als rein materiell darstellen, kann sich nur im gemeinsamen Essen und Trinken, im leiblichen Genuß ein und derselben Sache vollziehen. Aber eben dieser Akt hebt nun die Sache selbst, auf die er sich richtet, zugleich in eine neue ideelle Sphäre hinauf. Das Opfer ist der Punkt, an dem sich das ‚Profane' und das ‚Heilige' nicht nur berühren, sondern an dem sie sich unlöslich durchdringen – was immer in ihm rein physisch vorhanden ist und was in ihm irgendeine Funktion erfüllt, das ist fortan in den Kreis des Heiligen, des Geweihten eingetreten. Darin aber liegt andererseits, daß es ursprünglich überhaupt kein einzelnes, von den gewöhnlichen und profanen Verrichtungen des Menschen scharf abgesondertes Tun bildet, sondern daß jede beliebige, ihrem bloßen Inhalt nach noch so sinnlich-praktische Verrichtung zum Opfer werden kann, sobald sie unter den spezifisch-religiösen „Gesichtspunkt" rückt und durch ihn bestimmt wird. Neben dem Essen und Trinken kann insbesondere die Ausübung des Geschlechtsaktes diese sakrale Bedeutung empfangen: wie denn, noch auf weit fortgeschrittenen Stufen religiöser Entwicklung, die Prostitution/als „Opfer", als Preisgabe im Dienste des Gottes erscheint. Die Kraft des Religion beweist sich hier eben darin, daß es das noch ungeteilte Ganze des Seins und Tuns umfaßt, daß es keinen Kreis des physisch-natürlichen Daseins von sich ausschließt, sondern daß es dasselbe vielmehr bis in seine Grund- und Urelemente hinein erfüllt. Hegel sieht in dieser Wechselbeziehung ein Grundmoment des heidnischen Kults[2], aber die religionsgeschichtliche Forschung hat überall gelehrt,

---

[1] Vgl. bes. Robertson Smith, Die Religion der Semiten, deutsche Ausg., S. 212 ff., S. 239 ff.; sowie die Bestätigungen und Ergänzungen, die J. Wellhausen für die hier vertretene Grundauffassung des Opfers insbesondere aus den arabischen Religionsquellen gegeben hat. (Reste arabischen Heidentums[2], Berlin 1897, S. 112 ff.)

[2] Vgl. Hegel, Vorles. über die Philos. der Religion, S. W. XI, 225 ff.: (Im heidnischen Cultus) „ist der Cultus schon das, was der Mensch als gewöhnliche Lebensweise sich vorstellt, er lebt in dieser substantiellen Einheit, Cultus und Leben ist nicht unterschieden und eine Welt absoluter Endlichkeit hat sich einer Unendlich-

wie auch in den Anfängen des Christentums und in seiner weiteren Fortentwicklung eben dieses Ineinander, diese Verwobenheit sinnlicher und geistiger Motive des Opfergedankens sich fort und fort behauptet[1]. Und wenn in ihr das Religiöse erst zu seiner konkret-geschichtlichen Wirksamkeit gelangt, so findet es freilich an ihr zugleich auch seine Schranke. Mensch und Gott müssen, sofern eine wahrhafte Einheit zwischen ihnen zustande kommen soll, zuletzt von gleichem Fleisch und Blut sein. So hat die Vergeistigung des Sinnlichen kraft der Opferhandlung die Versinnlichung des Geistigen zur unmittelbaren Folge. Das Sinnliche wird seiner Existenz, seinem/physischen Dasein nach vernichtet: – und erst in dieser Vernichtung erfüllt es seine religiöse Funktion. Erst durch die Tötung und Verzehrung des Opfertieres gewinnt dieses die Kraft, als „Mittler" zwischen dem Einzelnen und seinem Stamm und als Mittler zwischen dem Stamm und seinem Gott zu dienen. Aber diese Kraft ist an die Ausübung des sakramentalen Aktes in seiner vollen sinnlichen Bestimmtheit und mit allen Einzelheiten und Besonderheiten, die das Ritual vorschreibt, gebunden – die geringste Abweichung und Verfehlung hierin bringt das Opfer um seinen Sinn und seine Wirksamkeit.

Das erweist sich auch in dem andern Hauptmoment des Kultus, das das Opfer fast überall begleitet, und das erst vereint mit ihm die Vollendung

---

keit noch nicht gegenüber gestellt. So herrscht bei den Heiden das Bewußtsein ihrer Glückseligkeit, daß Gott ihnen nahe ist als der Gott des Volkes, der Stadt, dies Gefühl, daß die Götter ihnen freundlich sind und ihnen den Genuß des Besten geben... Der Cultus hat also hier wesentlich die Bestimmung, daß er nicht ein Eigentümliches, ein vom übrigen Leben Abgesondertes, sondern ein beständiges Leben im Lichtreiche und im Guten ausmacht. Das zeitliche Leben der Bedürftigkeit, dieses unmittelbare Leben, ist selbst Cultus und das Subjekt hat sein wesentliches Leben noch nicht von der Unterhaltung seines zeitlichen Lebens und von den Verrichtungen für die unmittelbare, endliche Existenz unterschieden. Es muß auf dieser Stufe wohl vorkommen ein ausdrückliches Bewußtsein seines Gottes als solches, ein Erheben zu dem Gedanken des absoluten Wesens und ein Anbeten und Preisen desselben. Dieses ist aber zunächst ein abstraktes Verhältnis für sich, in welches das konkrete Leben nicht eintritt. Sobald das Verhältnis des Cultus sich konkreter gestaltet, so nimmt es die ganze äußere Wirklichkeit des Individuums in sich auf, und der ganze Umfang des gewöhnlichen täglichen Lebens, Essen, Trinken, Schlafen und alle Handlungen für die Befriedigung der natürlichen Bedürfnisse stehen in Beziehung auf den Cultus, und der Verlauf aller dieser Handlungen und Verrichtungen bildet ein heiliges Leben."

[1] Statt viele einzelne Belege für dies Verhältnis zu geben, verweise ich hier nur auf die prägnante Zusammenfassung und auf das Urteil Herm. Useners in seinem Aufsatz Mythologie, Arch. für Religionswiss., VII, (1904) S. 15 ff.

der kultischen Handlung darstellt. Wie das Opfer, so ist auch das Gebet dazu bestimmt, die Kluft zwischen Gott und Mensch auszufüllen. Aber in ihm ist es die Kraft des Wortes, ist es also nichts bloß Physisches, sondern ein Symbolisch-Ideelles, wodurch der Abstand zwischen beiden aufgehoben werden soll. Auch hier jedoch besteht für die Anfänge des mythisch-religiösen Bewußtseins keinerlei scharfe Grenze zwischen der Sphäre der sinnlichen Existenz und der der reinen Bedeutung. Die Macht, die dem Gebet innewohnt, ist magischer Herkunft und magischer Art: sie besteht in dem Zwang, der durch die Zauberkraft des Wortes auf den Willen der Gottheit ausgeübt wird. In vollster Deutlichkeit tritt uns dieser Sinn des Gebets in den Anfängen und in der Weiterentwicklung der vedischen Religion entgegen. Die richtig ausgeführte Opfer- und Gebetshandlung erscheint hier überall mit einer unfehlbaren und unwiderstehlichen Gewalt ausgestattet: sie ist das Fanggarn, das Netz und die Falle, worin der Priester die Götter fängt[1]. Die heiligen Hymnen und Sprüche, die Lieder und Metra formen und regieren das Sein: von ihrem Gebrauch, ihrer richtigen oder falschen Anwendung hängt die Gestalt des Weltlaufs ab. Der Priester, der morgens vor Sonnenaufgang opfert, bringt damit den Sonnengott selbst zur Erscheinung, zum Geborenwerden. So sind alle Dinge und alle Kräfte in die eine Kraft des Brahmans, des Gebetswortes, verwoben, das die Schranken zwischen Gott und Mensch nicht nur überspringt, sondern geradezu niederreißt. Die vedischen Texte sprechen es ausdrücklich aus, daß der Priester in der Gebets- und Opferhandlung selbst zum Gotte wird[2]./ Und wieder läßt sich die gleiche Grundansicht bis in die Anfänge des Christentums verfolgen: auch bei den Kirchenvätern erscheint als der eigentliche Zweck des Gebets noch die direkte Vereinigung und Verschmelzung des Menschen mit Gott (τὸ ἀνακραθῆναι τῷ πνεύματι)[3]. Die weitere religiöse Entwicklung des Gebets drängt indes mehr und mehr über diesen magischen Kreis hinaus. In seinem rein religiösen Sinne gefaßt erscheint jetzt das Gebet über die Sphäre des bloß menschlichen Wünschens und Begehrens hinausgehoben. Es richtet sich nicht auf ein relatives und partikulares Gut, sondern auf ein objektiv-Gutes, das mit dem Willen der

---

[1] Vgl. Geldner, Vedische Studien, Stuttgart 1899, I, 144 ff.

[2] Näheres bei Gough, The philosophy of the Upanishads, London 1882 und bei Oldenberg, Die Lehre der Upanishaden und die Anfänge des Buddhismus, bes. S. 10 ff.

[3] Origines περὶ εὐχῆς c. 10, 2 (zit. nach Farnell, The evolution of religion[3], New York 1905, S. 228).

Gottheit gleichgesetzt wird. Das „philosophische" Gebet des Epiktet, das die Götter bittet, ihm nichts anderes zu gewähren, als was in ihrem eigenen Willen steht, das die Willkür des Menschen gegenüber dem Willen der Gottheit als nichtig empfindet und auslöscht, – dieses Gebet hat auch innerhalb der Religionsgeschichte seine charakteristischen Parallelen[1]. In alledem erweisen sich Opfer wie Gebet als typische religiöse Ausdrucksformen, die nicht sowohl von einem zuvor bestimmten und fest umgrenzten Kreis des Ich zum Kreis des Göttlichen hinüberleiten, als sie vielmehr diese beiden Kreise erst ihrerseits bestimmen und die Grenzen zwischen ihnen fortschreitend anders und anders ziehen. Es handelt sich in dem, was der religiöse Prozeß als die Sphäre des Göttlichen und als die des Menschlichen bezeichnet, nicht um zwei von vornherein starr gegeneinander abgegrenzte, durch räumliche wie durch qualitative Schranken getrennte Seinsgebiete, sondern es handelt sich hier um eine Urform der Bewegung des religiösen Geistes, des steten Einandersuchens und Einanderfliehens seiner beiden entgegengesetzten Pole. So erscheint auch in der Entwicklung des Gebets und des Opfers dies als das eigentlich Entscheidende: daß beide nicht nur als Medien erscheinen, die die Extreme des Göttlichen und Menschlichen miteinander vermitteln, sondern daß sie den Gehalt dieser beiden Extreme erst feststellen, daß sie ihn erst finden lehren. Jede neue Form von ihnen schließt einen neuen Gehalt des Göttlichen wie des Menschlichen und eine neue Beziehung zwischen beiden auf. Das Ver/hältnis der wechselseitigen Spannung, das sich zwischen beiden herstellt, gibt jedem von ihnen erst seinen Charakter und Sinn. So wird durch Gebet und Opfer nicht nur eine für das religiöse Bewußtsein von Anfang an bestehende Kluft geschlossen, sondern das Bewußtsein schafft diese Kluft, um sie sodann zu schließen: es bringt den Gegensatz zwischen Gott und Mensch zu immer schärferer Ausprägung, um eben darin die Mittel zu seiner Überwindung zu finden.

Dies tritt vor allem auch darin hervor, daß die Bewegung, die sich hier vollzieht, fast durchweg als eine rein umkehrbare erscheint, daß ihrem „Sinn" immer zugleich ein bestimmter und im allgemeinen gleichwertiger „Gegensinn" entspricht. Denn die Vereinigung, die ἕνωσις zwischen Gott und Mensch, die das Ziel des Gebets und des Opfers bildet, kann von Anfang an in zweifacher Weise gefaßt und beschrieben werden: in ihr wird nicht nur der Mensch zum Gott, sondern auch der Gott zum Menschen. In

---

[1] Näheres bei Marett, From spell to prayer (The threshold of religion[3], S. 29 ff.) sowie bei Farnell (a. a. O., S. 163 ff.).

der Sprache des Opferdienstes stellt sich dies in einem Motiv dar, dessen Geltung und Wirksamkeit sich von den „primitivsten" mythischen Vorstellungen und Gebräuchen bis hinauf zu den Grundformen unserer Kulturreligionen verfolgen läßt. Der Sinn des Opfers erschöpft sich nicht darin, daß dem Gotte geopfert wird: sondern er scheint erst dort ganz hervorzutreten und sich in seiner eigentlichen religiösen und spekulativen Tiefe zu offenbaren, wo der Gott selbst als Opfer dargebracht wird oder sich als solches darbringt. Indem er leidet und stirbt, indem er in das physisch-endliche Dasein eingeht und in ihm dem Tode geweiht wird, vollzieht sich dadurch auf der andern Seite erst die Erhebung dieses Daseins zum Göttlichen und seine Befreiung vom Tode. Die großen Mysterienkulte bewegen sich durchweg um das Urgeheimnis dieser Befreiung und Wiedergeburt, die durch das Sterben des Gottes vermittelt wird[1]. Und daß dieses Motiv des Opfertodes des Gottes zu den eigentlichen mythisch-religiösen „Elementargedanken" der Menschheit gehört – das ist u. a. dadurch erwiesen worden, daß es sich bei der Entdeckung der neuen Welt in den amerikanischen Urreligionen fast unverändert wiedergefunden hat: ein Zusammenhang, den sich bekanntlich die spanischen Missionare nur dadurch zu erklären vermochten, daß sie in den aztekischen Opferbräuchen eine teufliche Verspottung und „Parodie" des christlichen Mysteriums der/Eucharistie sahen[2]. Was das Christentum hier von den anderen Religionen unterscheidet, ist in der Tat nicht sowohl der Inhalt des Motivs als der neue rein „spirituelle" Sinn, der ihm abgewonnen wird. Und doch bewegen sich andererseits selbst die abstrakten Spekulationen der christlich-mittelalterlichen Rechtfertigungslehre großenteils noch in den altgewohnten Bahnen mythischer Gedankengänge. Die Satisfaktionslehre, die z. B. Anselm von Canterbury in seiner Schrift „Cur Deus homo" entwickelt, sucht diesen Gedankengängen eine rein begriffliche, eine scholastisch-vernünftige Form zu geben, indem sie davon ausgeht, daß der unendlichen Schuld des Menschen nur durch ein unendliches Opfer, also durch das Opfer des Gottes selbst, genug getan werden konnte. Die Mystik des Mittelalters aber geht hier einen Schritt weiter. Für sie lautet die Frage nicht mehr, wie die Kluft

---

[1] Vgl. oben S. 224 ff.; zum ethnologischen und religionsgeschichtlichen Material vgl. bes. die Zusammenstellung bei Frazer, Goulden Bough, Vol. III: The Dying God, 3. Aufl., London 1911.

[2] Vgl. Brinton, Religions of primitive peoples, S. 190 f. – Ein „stellvertretendes Sühnopfer" findet sich auch in den babylonischen Inschriften, s. hierzu H. Zimmern, Keilschriften und Bibel, Berlin 1903, S. 27 ff.

zwischen Gott und Mensch zu schließen sei, da sie eine solche Kluft nicht kennt, da sie sie schon in ihrer religiösen Grundeinstellung negiert. Im Verhältnis von Mensch zu Gott gibt es für sie kein bloßes Auseinander mehr, sondern nur noch ein Mit- und Füreinander. Hier ist Gott ebenso notwendig und unmittelbar auf den Menschen, wie dieser auf jenen bezogen. In dieser Hinsicht spricht die Mystik aller Völker und aller Zeiten, sprechen etwa Dschelal al-din Rumi und Angelus Silesius, die gleiche Sprache. „Es hat zwischen uns aufgehört" – so heißt es z. B. bei dem ersteren – „das Ich und Du. Ich bin nicht Ich, Du bist nicht Du, auch bist Du nicht Ich. Ich bin zugleich Ich und Du, Du bist zugleich Du und Ich[1]." Die religiöse Bewegung, die sich in der Umbildung und in der fortschreitenden Vergeistigung des Opferbegriffs ausdrückte, ist hier an einen Abschluß gelangt: – was zuvor als rein physische oder ideelle Vermittlung erschien, das hebt sich jetzt in eine reine Korrelation auf, in welcher sich der spezifische Sinn des Göttlichen wie der des Menschlichen erst bestimmt. /

---

[1] Dschelal-al-din Rumi, Vierzeiler nach der Übers. von Goldziher (Vorles. über den Islam, Heidelberg 1910, S. 156).

# VIERTER ABSCHNITT
# DIE DIALEKTIK DES MYTHISCHEN BEWUSSTSEINS

Die bisherigen Betrachtungen haben, gemäß der allgemeinen Aufgabe, die die „Philosophie der symbolischen Formen" sich stellt, den Mythos als eine einheitliche Energie des Geistes darzustellen gesucht: als eine in sich geschlossene Form der Auffassung, die in aller Verschiedenheit des objektiven Vorstellungsmaterials sich behauptet. Von diesem Standpunkt aus suchten wir die Grundkategorien des mythischen Denkens aufzuweisen – nicht als handle es sich in ihnen um starre, ein für allemal feststehende Schemata des Geistes, sondern in dem Sinne, daß wir in ihnen bestimmte ursprüngliche Richtungen der Formung zu erkennen suchten. Hinter der unabsehbaren Fülle der mythischen Gebilde sollte auf diese Weise eine einheitliche Kraft des Bildens und das Gesetz, nach welchem diese Kraft sich auswirkt, sichtbar werden. Aber der Mythos wäre keine wahrhaft geistige Form, wenn diese seine Einheit nichts anderes als eine gegensatzlose Einfachheit bedeutete. Die Entfaltung seiner Grundform und ihre Ausprägung in immer neuen Motiven und Gestalten vollzieht sich in ihm nicht in der Art eines einfachen Naturprozesses – in der Art des ruhigen Wachstums eines von Anfang an vorhandenen und vorgebildeten Keimes, der nur noch bestimmter äußerer Bedingungen bedarf, um sich auseinanderzulegen und sich zur deutlichen Erscheinung zu bringen. Die einzelnen Stufen seiner Entwicklung schließen sich nicht einfach aneinander an, sondern sie treten sich vielmehr, oft in scharfer Gegensätzlichkeit, gegenüber. Der Fortgang besteht darin, daß gewisse Grundzüge, gewisse geistige Bestimmtheiten der früheren Stufen nicht nur weitergebildet und ergänzt, sondern daß sie verneint, ja daß sie schlechthin vernichtet werden. Und diese Dialektik läßt sich nicht nur in der Umbildung der Inhalte des mythischen Bewußtseins aufweisen, sondern sie beherrscht auch dessen „innere Form". Auch die Funktion des mythischen Gestaltens als solche wird durch sie ergriffen und von innen her umgewandelt. Diese Funktion kann sich/nicht anders betätigen als dadurch, daß sie fortschreitend immer neue Gestalten aus sich hervorgehen läßt – als objektive Ausdrücke des inneren und des äußeren Universums, wie es sich dem Blick des Mythos darstellt. Aber indem sie auf diesem Wege weiterschreitet, gelangt sie auf ihm zu einem

Wende- und Rückkehrpunkt – zu einem Punkt, an dem für sie das Gesetz, unter dem sie steht, zum Problem wird. Dies scheint freilich auf den ersten Blick befremdlich: denn der „Naivität" des mythischen Bewußtseins pflegt man eine derartige Scheidung nicht zuzutrauen. Und in der Tat handelt es sich hier nicht um einen Akt der bewußten theoretischen Reflexion, in der der Mythos sich selbst erfaßt und in der er sich gegen seine eigenen Grundlagen und Voraussetzungen wendet. Das Entscheidende liegt vielmehr darin, daß er auch in dieser Rückwendung noch in sich selbst verbleibt und beharrt. Er tritt nicht schlechthin aus seinem Kreise heraus, er geht nicht zu einem völlig anderen „Prinzip" über – aber indem er seinen eigenen Kreis vollständig erfüllt, zeigt es sich, daß er ihn zuletzt sprengen muß. Diese Erfüllung, die zugleich Überwindung ist, ergibt sich aus der Stellung, die der Mythos gegenüber der eigenen Bildwelt einnimmt. Er kann sich nicht anders als in ihr offenbaren und äußern – aber je weiter er fortschreitet, um so mehr beginnt für ihn diese Äußerung selbst zu etwas „Äußerlichem" zu werden, das seinem eigentlichen Ausdruckswillen nicht völlig adäquat ist. Hier liegt der Grund eines Konflikts, der allmählich immer schärfer hervortritt und der, indem er das mythische Bewußtsein in sich selbst spaltet, doch in eben dieser Spaltung zugleich seinen letzten Grund und seine Tiefe erst wahrhaft aufdeckt.

Die positivistische Philosophie der Geschichte und der Kultur, wie sie insbesondere von Comte begründet worden ist, nimmt einen Stufengang der geistigen Entwicklung an, durch den die Menschheit allmählich von den „primitiven" Phasen des Bewußtseins bis zur theoretischen Erkenntnis und damit zur vollendeten geistigen Beherrschung der Wirklichkeit emporgeführt wird. Von den Fiktionen, von den Phantasmen und Glaubensvorstellungen, die jene ersten Phasen erfüllen und kennzeichnen, führt der Weg immer bestimmter zur wissenschaftlichen Erfassung der Wirklichkeit, als einer Wirklichkeit reiner „Tatsachen". Hier soll jede bloß subjektive Zutat des Geistes abfallen – hier steht der Mensch der Realität selber gegenüber, die sich ihm nun als das, was sie ist, gibt, während er sie zuvor nur durch das trügerische Medium der eigenen Gefühle und Begehrungen, sowie der eigenen Bilder und Vorstellungen erblickte. Drei Stadien sind es wesentlich, in denen sich/nach Comte dieser Fortgang vollzieht: das „theologische", das „metaphysische" und das „positive". In dem ersten werden die subjektiven Wünsche und die subjektiven Vorstellungen des Menschen von ihm zu Dämonen und Götterwesen, in dem zweiten werden sie zu abstrakten Begriffen umgeformt, – bis erst in der letzten Phase die klare Scheidung des „Innen" und „Außen" und die Bescheidung in den gegebenen Tatsachen der inneren und äußeren Erfahrung sich durchsetzt. Hier ist es somit eine dem mythisch-religiösen Bewußtsein fremde und ihm äußerliche Macht, durch die dieses Bewußtsein allmählich verdrängt und überwunden wird. Ist einmal die höhere Stufe erreicht, so wäre, nach dem positivistischen Schema, die frühere entbehrlich geworden, so dürfte und müßte ihr Gehalt nunmehr absterben. Daß Comte selbst diese Konsequenz nicht gezogen hat, daß vielmehr seine Philosophie nicht nur in ein System des positiven Wissens, sondern auch in eine positivistische Religion, ja in einen positivistischen Kult ausläuft, ist bekannt. Die verspätete Anerkennung, die sich die Religion und der Kult hier erzwingen, aber bildet nun nicht nur einen für Comtes eigene geistige Entwicklung bedeutsamen und charakteristischen Zug – sondern in ihr spricht sich zugleich mittelbar das Zugeständnis eines sachlichen Mangels der positivistischen Geschichtskonstruktion aus. Das Schema der drei Stufen, das Comtesche Gesetz der „trois états" läßt eine rein immanente Würdigung der Leistung des mythisch-religiösen Bewußtseins nicht zu. Das Ziel, dem es zustrebt, muß hier außerhalb seiner selbst, in einem prinzipiell-Anderen gesucht werden. Damit aber wird die eigentliche Beschaffenheit und die rein innere Bewegtheit des mythisch-religiösen Geistes nicht erfaßt. Diese tritt vielmehr erst dann wahrhaft zutage, wenn sich zeigen läßt, daß das Mythische und Religiöse in sich selbst einen eigenen „Ursprung der Bewegung" besitzt, daß es, von seinen ersten Anfängen bis hinauf zu seinen höchsten Ergebnissen, durch eigene Triebkräfte bestimmt und aus eigenen Quellen genährt wird. Auch dort, wo es über diese ersten Anfänge weit hinausschreitet, löst es sich von seinem geistigen Mutterboden nicht schlechthin los. Seine Positionen schlagen nicht jäh und unvermittelt in Negationen um: – vielmehr läßt sich zeigen, daß schon innerhalb seiner selbst jeder Schritt, den es tut, gewissermaßen ein doppeltes Vorzeichen trägt. Dem stetigen Aufbau der mythischen Bildwelt entspricht das stete Hinausdrängen über sie: derart jedoch, daß beides, die Position wie die Negation, der Form des mythisch-religiösen Bewußtseins selbst angehören und sich in ihm zu einem einzigen/unteilbaren Akt zusammenschließen. Der Prozeß der Vernichtung erweist sich, tiefer betrachtet, als ein Prozeß der Selbstbehauptung, wie der letztere sich nur kraft des ersteren vollziehen kann: beide vereint fördern erst in ihrem ständigen Zusammenwirken das wahre Wesen und den wahren Gehalt der mythisch-religiösen Form zutage. –

Wir haben in der Entwicklung der **Sprachformen** drei Stadien unterschieden, die wir als die des mimischen, des analogischen und des symbolischen Ausdrucks bezeichneten. Die erstere Stufe fanden wir hierbei dadurch charakterisiert, daß in ihr zwischen dem sprachlichen „Zeichen" und dem Anschauungsinhalt, auf den es sich bezieht, noch keine wahrhafte Spannung besteht, daß beide vielmehr ineinander aufzugehen und zur gegenseitigen Deckung zu gelangen bestrebt sind. Das Zeichen versucht, als mimisches Zeichen, in seiner Form den Inhalt unmittelbar wiederzugeben, ihn gewissermaßen in sich aufzunehmen und zu absorbieren. Erst allmählich tritt hier eine Entfernung, eine wachsende Differenz ein: und sie ist es, durch die erst das charakteristische Grundphänomen des Sprechens, durch die die Trennung von **Laut** und **Bedeutung** erreicht wird[1]. Erst wenn diese Trennung sich vollzogen hat, hat sich die Sphäre des sprachlichen „Sinnes" als solche konstituiert. In seinen ersten Anfängen gehört das Wort noch der bloßen **Daseinssphäre** an: statt seiner Bedeutung wird in ihm vielmehr ein eigenes substantielles Sein und eine eigene substantielle Kraft erfaßt. Es weist nicht auf einen dinglichen Inhalt hin, sondern es setzt sich an seine Stelle; es wird zu einer eigenen Art von „**Ur-Sache**", zu einer Macht, die in das inhaltliche Geschehen und seine kausale Verkettung eingreift[2]. Es bedarf der Abwendung von dieser ersten Ansicht, wenn sich der Einblick in die symbolische Funktion und damit in die reine Idealität des Wortes vollziehen soll. Und was vom Sprachzeichen gilt, das gilt im gleichen Sinne auch vom Schriftzeichen. Auch das Zeichen der Schrift wird nicht sofort als solches **gefaßt**, sondern es wird als ein Teil der Gegenstandswelt gewissermaßen als ein Auszug all der Kräfte, die in ihr beschlossen liegen, angesehen. Alle Schrift beginnt als mimisches Zeichen, als Bildzeichen, wobei das Bild zunächst noch keinerlei Bedeutungs- und Mitteilungscharakter in sich schließt. Es tritt vielmehr für den Gegenstand selbst ein; es ersetzt ihn und steht für ihn. Auch die Schrift gehört in ihrem ersten/Hervortreten und in ihren primären Gestaltungen der magischen Sphäre an. Sie dient der magischen Besitznahme oder der magischen Abwehr: das Zeichen, das dem Gegenstand aufgedrückt wird, zieht ihn in den Kreis des eigenen Wirkens hinein und hält fremde Einwirkungen von ihm fern. Dieses Ziel wird um so vollkommener erreicht, je mehr die Schrift, dem, was sie darstellen will, gleicht – je mehr sie

---

[1] S. Bd. I, S. 139 ff.
[2] Näheres s. in meiner Studie über „Sprache und Mythos", Leipzig 1924, S. 38 ff.; vgl. auch oben S. 54 ff.

also reine Gegenstandsschrift ist. Lange bevor das Schriftzeichen als Ausdruck eines Gegenstandes begriffen wird, wird es daher gewissermaßen als der substantielle Inbegriff der Wirkungen, die von ihm ausgehen, als eine Art dämonischer Doppelgänger des Gegenstandes gefürchtet[1]. Erst wenn dieser magische Affekt verblaßt, wendet sich auch hier die Betrachtung vom Realen ins Ideelle, vom Dinglichen ins Funktionale. Aus der unmittelbaren Bildschrift entfaltet sich die Silbenschrift und schließlich die Wort- und Lautschrift, in welcher das anfängliche Ideogramm, das Bildzeichen, zum reinen Sinnzeichen, zum Symbol geworden ist.

Und das gleiche Verhältnis sehen wir nun in der Bildwelt des Mythos vor uns. Auch das mythische Bild wird, wo es zuerst auftritt, keineswegs als Bild, als geistiger Ausdruck gewußt. Es ist vielmehr in die Anschauung der Sachwelt, der „objektiven" Wirklichkeit und des objektiven Geschehens so fest eingeschmolzen, daß es als integrierender Bestand von ihr erscheint. Auch hier gibt es daher ursprünglich keinerlei Scheidung zwischen dem Reellen und Ideellem, zwischen dem Gebiet des „Daseins" und dem der „Bedeutung". Der Übergang zwischen beiden Gebieten spielt sich fortwährend, nicht nur im Vorstellen und Glauben, sondern im Tun des Menschen ab[2]. Am Anfang des mythischen Tuns steht auch hier der Mimus: und dieser hat nirgends bloß „ästhetischen", bloß darstellenden Sinn. Der Tänzer, der in der Maske des Gottes oder Dämons erscheint, ahmt in ihr nicht nur den Gott oder Dämon nach, sondern er nimmt seine Natur an, er wandelt sich in ihn und verschmilzt mit ihm. Es gibt hier nirgends ein bloß Bildhaftes, eine leere Repräsentation; es gibt kein bloß Gedachtes, Vorgestelltes oder „Gemeintes", das nicht zugleich ein Wirkliches und Wirksames wäre. Aber im allmählichen Fortgang der mythischen Weltansicht setzt nun auch hier die Trennung ein: und diese Trennung ist es, die den eigentlichen Anfang des spezifisch-/religiösen Bewußtseins ausmacht. Der Inhalt des religiösen Bewußtseins läßt sich, je weiter wir ihn bis zu seinen Ursprüngen zurückzuverfolgen suchen, um so weniger von dem des mythischen Bewußtseins scheiden. Beide sind derart ineinander verflochten und verkettet, daß sie sich nirgend in wirklicher Bestimmtheit voneinander sondern und einander gegenüberstellen lassen. Versucht man aus dem Glaubensinhalt der Religion die mythischen Grundbestandteile

---

[1] Belege hierüber s. z. B. bei Th. W. Danzel, Die Anfänge der Schrift, Leipzig 1912.

[2] Vgl. hierzu und zum folgenden oben S. 50 ff.

herauszulösen und abzuscheiden: so behält man nicht mehr die Religion in ihrer wirklichen, in ihrer objektiv-geschichtlichen Erscheinung, sondern nur noch ein Schattenbild von ihr, eine leere Abstraktion zurück. Dennoch ist, trotz dieser unlöslichen Verwobenheit der Inhalte von Mythos und Religion, die Form beider nicht die gleiche. Und die Eigenart der religiösen „Form" bekundet sich in der veränderten Stellungnahme, die hier das Bewußtsein gegenüber der mythischen Bildwelt einnimmt. Es kann diese Welt nicht entbehren, es kann sie nicht unmittelbar von sich ausstoßen; aber sie empfängt nun allmählich, durch das Medium der religiösen Fragestellung gesehen, einen neuen Sinn. Die neue Idealität, die neue geistige „Dimension", die durch die Religion erschlossen wird, verleiht nicht nur dem Mythischen eine veränderte „Bedeutung", sondern sie führt geradezu den Gegensatz zwischen „Bedeutung" und „Dasein" erst in das Gebiet des Mythos ein. Die Religion vollzieht den Schnitt, der dem Mythos als solchem fremd ist: indem sie sich der sinnlichen Bilder und Zeichen bedient, weiß sie sie zugleich als solche, – als Ausdrucksmittel, die, wenn sie einen bestimmten Sinn offenbaren, notwendig zugleich hinter ihm zurückbleiben, die auf diesen Sinn „hinweisen", ohne ihn jemals vollständig zu erfassen und auszuschöpfen. –

Jede Religion sieht sich in ihrer Entwicklung an einen Punkt geführt, an welchem sie diese „Krisis" bestehen, an dem sie sich von ihrem mythischen Grund und Boden lösen muß. Aber in der Art dieser Loslösung verfahren die verschiedenen Religionen nicht gleichartig – sondern hierin eben bekundet jede ihre besondere geschichtliche und geistige Eigenart. Und immer wieder zeigt sich hierbei, daß die Religion, indem sie sich ein neues Verhältnis zur mythischen Bildwelt gibt, damit zugleich in ein neues Verhältnis zum Ganzen der „Wirklichkeit", zur Gesamtheit des empirischen Daseins tritt. Sie kann die ihr eigentümliche Kritik dieser Bildwelt nicht vollziehen, ohne zugleich das wirkliche Dasein in sie einzubeziehen. Denn eben weil es hier noch kein losgelöstes „objektiv" Wirkliches im Sinne der/sondernden theoretischen Erkenntnis gibt, weil vielmehr die Anschauung der Wirklichkeit in die mythische Vorstellungs-, Gefühls- und Glaubenswelt noch wie eingeschmolzen ist, muß auch jede andere Stellung, die das Bewußtsein zu dieser letzteren gewinnt, auf die Gesamtansicht des Daseins überhaupt zurückwirken. Die Idealität des Religiösen setzt daher nicht nur das Ganze der mythischen Gestaltungen und Kräfte zu einem Sein niederer Ordnung herab, sondern sie richtet diese Form der Negation auch gegen die Elemente des sinnlich-natürlichen Daseins selbst.

Wir greifen, um diesen Zusammenhang zu verdeutlichen, auf wenige prägnante Beispiele, auf einzelne typische Grundeinstellungen zurück, zu denen der religiöse Gedanke in diesem seinen Kampf gegen seine eigenen mythischen Fundamente und Uranfänge gelangt. Das eigentliche klassische Beispiel der großen Umkehr und Abkehr, die sich hier vollzieht, wird für immer jene Form des religiösen Bewußtseins bilden, die sich in den prophetischen Büchern des Alten Testaments durchsetzt. Das ganze sittlich-religiöse Pathos der Propheten faßt sich in diesen einen Punkt zusammen. Es beruht auf der Kraft und der Gewißheit des religiösen Willens, der in den Propheten lebendig ist – eines Willens, der sie über alle Anschauung des Gegebenen, des bloß Daseienden hinwegtreibt. Dieses Dasein muß versinken, wenn die neue Welt, die Welt der messianischen Zukunft erstehen soll. Die prophetische Welt, die rein in der religiösen Idee sichtbar ist, ist durch kein bloßes Bild, das immer nur auf die sinnliche Gegenwart geht und in ihr verhaftet bleibt, zu fassen. Das Verbot des Bilderdienstes, das Verbot, sich ein Abbild oder Gleichnis zu machen von dem, was oben im Himmel oder auf der Erde unten, oder was im Wasser unter der Erde ist, erhält daher im prophetischen Bewußtsein einen ganz neuen Sinn und eine neue Kraft: es wird geradezu zum Constituens eben dieses Bewußtseins selbst. Es ist, als würde jetzt mit einem Schlage eine Kluft aufgerissen, die das unreflektierte, das „naive" mythische Bewußtsein nicht kennt. Die Vorstellungswelt des Polytheismus, die „heidnische" Grundansicht, die von den Propheten bekämpft wird, macht sich insofern keiner Verehrung eines bloßen „Abbildes" des Göttlichen schuldig, als für sie der Unterschied von „Urbild" und „Abbild" als solcher überhaupt nicht besteht. Diese Vorstellungswelt besitzt in den Bildern, die sie sich vom Göttlichen macht, noch unmittelbar das Göttliche selbst – eben weil es sie niemals als bloße Zeichen, sondern als konkret-sinnliche Offenbarungen nimmt. Die Kritik, die der Prophetismus an dieser Anschauung übt, beruht daher, rein formell betrachtet, gewissermaßen auf einer *petitio principii:* denn sie schiebt ihr eine Auffassung unter, die nicht in ihr selbst liegt, sondern die erst durch die neue Betrachtung, durch den Gesichtspunkt, unter welchen sie hier gestellt wird, an sie herangebracht wird. Mit leidenschaftlichem Eifer wendet sich Jesaja gegen den Widersinn, daß der Mensch sein eigenes Gebilde, daß er etwas, was er als sein eigenes Machwerk kennt und weiß, dennoch als ein Göttliches verehrt. „Wer sind sie, die einen Gott machen und Götzen gießen?... Es schmiedet einer das Eisen in der Zange, arbeitet in der Glut und bereitet's mit Hämmern...

der andere zimmert Holz und mißt's mit der Schnur und zeichnet's mit Rötelstein und behauet es und zirkelt's ab ... Die Hälfte verbrennt er im Feuer ... aber das übrige macht er zum Gott, daß es sein Götze sei, davor er kniet und niederfällt, und betet und spricht: Errette mich: denn du bist mein Gott. Sie wissen nichts und verstehens nicht; denn sie sind verblendet, daß ihre Augen nicht sehen und ihre Herzen nicht merken können und gehen nicht in ihr Herz; keine Vernunft, noch Witz ist da, daß sie doch dächten: Ich habe die Hälfte mit Feuer verbrannt... und sollte das übrige zum Greuel machen und sollte knien vor einem Klotz" (Jes. 44, 9 ff.). Wie man sieht, muß hier in das mythische Bewußtsein eine neue, ihm fremde Spannung, ein Gegensatz, den es als solchen nicht kennt und nicht faßt, hineinverlegt werden, damit es durch ihn innerlich zersetzt und zunichte gemacht wird. Das wahrhaft Positive aber besteht nicht in dieser Zersetzung selbst, sondern es liegt vielmehr in dem geistigen Motiv, aus dem heraus sie erfolgt; es liegt in dem Rückgang in das „Herz" des Religiösen, kraft dessen nunmehr die Bildwelt des Mythos als ein bloß Äußerliches und als ein bloß Dingliches sich zu erkennen gibt. Weil für die Grundansicht des Prophetismus zwischen Gott und Mensch kein anderes Verhältnis als das geistig-sittliche Verhältnis des „Ich" zum „Du" stattfinden kann – darum erscheint nunmehr alles, was nicht dieser Fundamentalbeziehung angehört, religiös entwertet. In dem Augenblick, in dem die religiöse Funktion, weil sie die Welt der reinen Innerlichkeit entdeckt hat, sich von der Welt des Äußeren, des naturhaften Daseins zurückzieht, hat damit dieses Dasein gewissermaßen seine Seele verloren, ist es zur toten „Sache" herabgesetzt. Und damit wird jedes Bild, das dieser Sphäre entnommen ist, nicht wie bisher zum Ausdruck, sondern schlechthin zum Gegensatz des Geistigen und des Göttlichen. Das sinnliche Bild und die ganze Sphäre der sinnlichen Erscheinungswelt muß des eigentlichen /„Sinngehalts" beraubt werden: denn nur auf diesem Wege ist die Vertiefung möglich, welche die reine religiöse Subjektivität, die sich in nichts Dinglichem mehr abbilden läßt, im Denken und im Glauben der Propheten erfährt. –

Einen anderen Weg, um aus der Seinssphäre in die eigentliche religiöse Sinnsphäre, um vom Bildhaften zum Bildlosen zu gelangen, hat die persisch-iranische Religion eingeschlagen. Schon Herodot hebt in seiner Schilderung des persischen Glaubens als ein wesentliches Moment desselben hervor, daß Bildsäulen und Tempel und Altäre zu errichten bei den Persern nicht Brauch sei, vielmehr legten sie es denen, die dergleichen täten, als

Torheit aus, weil sie nicht wie die Hellenen glaubten, daß ihre Götter von Menschenart seien[1]. Hier ist in der Tat dieselbe ethisch-religiöse Grundtendenz wie bei den Propheten wirksam gewesen, denn wie der Gott der Propheten, so wird auch Ahura Mazda, der persische Schöpfergott, durch keine anderen Prädikate, als durch die des reinen Seins und der sittlichen Güte bezeichnet. Und doch ergibt sich auf dieser Grundlage eine andere Stellung, wie zur Natur, so überhaupt zum Ganzen des konkret-gegenständlichen Daseins. Die Verehrung, die die Religion Zarathustras einzelnen Naturelementen und Naturkräften widmet, ist bekannt. Die Sorge, die hier dem Feuer und dem Wasser zugewandt wird, die Scheu, mit der sie vor aller Verunreinigung geschützt und die Strenge, mit der eine solche Verunreinigung gleich den schwersten sittlichen Verfehlungen geahndet wird, beweist, daß hier das Band, das die Religion mit der Natur verknüpft, keineswegs zerschnitten ist. Auch hier jedoch zeigt sich ein anderes Verhältnis, wenn man statt des bloßen dogmatischen und rituellen Tatbestandes die religiösen Motive, die ihm zugrunde liegen, ins Auge faßt. Nicht um ihrer selbst willen werden im persischen Glauben die Elemente der Natur verehrt, sondern was ihnen ihre eigentliche Bedeutsamkeit verleiht, ist die Stellung, die ihnen in der großen religiös-ethischen Entscheidung, in dem Kampf des guten und bösen Geistes um die Weltherrschaft, zukommt. In diesem Kampf hat auch jedes natürliche Dasein seinen bestimmten Platz und seine bestimmte Aufgabe. Wie der Mensch sich zwischen beiden Grundmächten zu entscheiden hat, so stehen auch die einzelnen Naturkräfte auf der einen oder der anderen Seite – so dienen sie entweder dem Werk der Erhaltung oder dem der Zerstörung und Vernichtung. Diese ihre Funktion,/nicht ihre bloß physische Gestalt und ihre physische Macht, ist es, was ihnen ihre religiöse Sanktion gibt. So braucht hier die Natur nicht schlechthin entgöttert zu werden, weil in ihr selbst, wenngleich sie niemals als unmittelbares Abbild des göttlichen Seins gedeutet werden darf, doch eine unmittelbare Beziehung auf den göttlichen Willen und sein Endziel besteht. Sie steht zu ihm entweder im Verhältnis der Gegnerschaft und sinkt damit zum bloß-Dämonischen herab – oder aber im Verhältnis der Bundesgenossenschaft. Die Natur ist an sich weder gut noch böse, weder „göttlich", noch „dämonisch": aber das religiöse Denken macht sie dazu, sofern es ihre Inhalte nicht als bloße Seinselemente und Seinsfaktoren, sondern als Kulturfaktoren betrachtet und sie damit in den Kreis, den die ethisch-religiöse Weltansicht zieht, aufnimmt. Sie gehören zu den „himm-

---

[1] Herodot, I, 131; vgl. bes. III, 29.

lischen Heerscharen", deren Ormazd sich im Kampf gegen Ahriman bedient, und sind als solche selbst verehrungswürdig. Diesem Bereich des Verehrungswürdigen, (der „Yazata") gehören Feuer und Wasser an, als Bedingungen aller Kultur und aller menschlichen Ordnung und Gesittung. Diese Verwandlung ihres bloß **physischen** Gehalts in einen bestimmten **teleologischen** Gehalt drückt sich besonders deutlich darin aus, daß das ausgebildete theologische System der persischen Religion sorgfältig bemüht ist, die Indifferenz gegen Gut und Böse, die allem bloß Naturhaften eigen zu sein scheint, ausdrücklich aufzuheben, – indem es z. B. lehrt, daß schädigende oder tödliche Wirkungen, die von Feuer und Wasser ausgehen, nicht ihnen selber zuzurechnen sind, sondern ihnen höchstens mittelbar zukommen[1]. Hier läßt sich wiederum deutlich erkennen, wie die rein mythischen Elemente, die wie jeder anderen, auch der iranischen Religion ursprünglich zugrunde liegen, nicht schlechthin verdrängt, wohl aber in ihrer Bedeutung fort und fort umgebildet werden. Es ergibt sich hieraus ein merkwürdiges Ineinander, eine eigentümliche Koordination und Korrelation natürlicher und geistiger Potenzen, dinglich-konkreten Seins und abstrakter Kräfte. An einzelnen Stellen des Awesta treten das Feuer und der „gute Gedanke" *(Vohu Manah)* als heilbringende Kräfte unmittelbar nebeneinander. Als der böse Geist die Schöpfung des guten überfiel – so wird hier gelehrt – da traten *Vohu Manah* und das Feuer schützend dazwischen und überwanden ihn, daß er nicht mehr die Gewässer in ihrem Laufe oder die Pflanzen in ihrem Wachstum hemmen konnte[2]. Dieses Ineinandergreifen und Ineinander-Übergehen des Abstrakten und Bildhaften macht einen wesentlichen und spezifischen Zug der persischen Glaubenslehre aus. Der höchste Gott ist hier zwar im Grunde monotheistisch gedacht – da er zuletzt auch seinen Gegner überwinden und vernichten wird – aber er ist andererseits doch nur die Spitze einer Hierarchie, der ebensowohl natürliche wie rein geistige Kräfte angehören. Ihm zunächst stehen die sechs „unsterblichen Heiligen" *(Amesha Spenta)*, deren Namen (der gute Gedanke", die „beste Rechtlichkeit" usf.) deutlich eine abstraktethische Prägung zeigt; auf diese folgen die Yazatas, die Engel der Mazda-Religion, in denen einerseits sittliche Kräfte, wie Wahrheit, Rechtschaffenheit oder Gehorsam, andererseits Naturelemente, wie das Feuer und die Gewässer, personifiziert sind. So erhält hier, durch den Mittelbegriff der menschlichen Kultur, durch die Auffassung der Kulturordnung als religiöse

---

[1] Näheres hierüber bei Victor Henry, Le Parsisme, Paris 1905, S. 63.
[2] Yasht 13, 77.

Heilsordnung, die Natur selbst einen doppelten und religiös-zwiespältigen Sinn. Denn sie wird zwar innerhalb eines bestimmten Kreises erhalten; aber um erhalten zu werden, muß sie zugleich vernichtet, d. h. ihrer bloß dinglich-materiellen Bestimmtheit entkleidet und durch die Beziehung auf den Grundgegensatz des Guten und Bösen einer ganz anderen Dimension der Betrachtung zugewiesen werden. —
Die Sprache der Religion besitzt, um derart feine und schwebende Übergänge des religiösen Realitätsbewußtseins kenntlich zu machen, ein eigentümliches Mittel, das der Begriffssprache der Logik und der reinen theoretischen Erkenntnis versagt ist. Für diese letztere gibt es zwischen „Wirklichkeit" und „Schein", zwischen „Sein" und „Nichtsein" kein Mittleres. Hier gilt die Alternative des Parmenides, die Entscheidung: ἔστιν ἢ οὐκ ἔστιν. Innerhalb der religiösen Sphäre aber ist, zumal an jenem Punkte, an dem sie sich von der Sphäre des bloß Mythischen abzugrenzen beginnt, diese Alternative nicht unbedingt gültig und bindend. Wenn sie bestimmte mythische Gestalten, durch die das Bewußtsein zuvor beherrscht wurde, negiert und von sich abstößt, so bedeutet diese Verneinung doch nicht, daß sie schlechthin dem Nichts anheimfallen. Die mythischen Gebilde haben auch nach ihrer Überwindung keineswegs allen Gehalt und alle Kraft verloren. Sie bleiben vielmehr bestehen — als niedere dämonische Mächte, die dem Göttlichen gegenüber als nichtig erscheinen und die dennoch, auch nachdem sie in diesem Sinne als „Schein" erkannt sind, noch als substantieller, im gewissen Sinne wesenhafter Schein gefürchtet werden. Die Entwicklung der religiösen Sprache gibt / für diesen Prozeß, den das religiöse Bewußtsein durchläuft, charakteristische Belege. So hat z. B. in der Sprache des Awesta der alte Name für die arischen Licht- und Himmelsgötter einen entscheidenden Bedeutungswandel erfahren: die *deivos* oder *devas* sind zu den *daêva* des Awesta geworden, die die bösen Mächte, die Dämonen im Gefolge Ahrimans bezeichnen. Hier sieht man, wie dadurch, daß der religiöse Gedanke sich über die elementare Schicht der mythischen Naturvergötterung erhebt, alles, was dieser Schicht angehört, gewissermaßen ein umgekehrtes Vorzeichen erhält[1]. Aber dessen ungeachtet lebt es, mit diesem veränderten Vorzeichen behaftet, weiter. Die dämonische Welt, die

---

[1] Näheres über diesen sprachlich-religiösen Bedeutungswandel siehe bei L. v. Schröder, Arische Religion I, 273 ff. und bei Jackson im Grundr. der iranischen Philologie II, 646 – daß es sich hierbei um mehr als einen „sprachlichen Zufall" (un accident de langage) handelt, wird gegen Darmesteter von Victor Henry (Le Parsisme, S. 12 ff.) betont.

Welt Ahrimans, ist eine Welt des Trugs, des Scheins und der Täuschung.
Wie Ormazd in seinem Kampfe das Asha, die Wahrheit und das Recht, zur
Seite stehen, so ist Ahriman der Herrscher im Reich der Lüge, ja er wird
mit ihr an einzelnen Stellen geradezu identifiziert. Und dies besagt nicht
nur, daß er die Lüge und die Verstellung als seine Waffen gebraucht, sondern daß er selbst objektiv in den Kreis des Scheins und der Unwahrheit
gebannt bleibt. Er ist blind – und diese Blindheit, dieses Nicht-Wissen ist
es, was ihn bestimmt, den Kampf mit Ormazd aufzunehmen, in welchem
er, wie dieser im voraus weiß, sein Ende finden wird. So geht er an seiner
eigenen Unwahrheit zuletzt zugrunde: aber dieser Untergang vollzieht sich
nicht mit einem Schlage, sondern erst am „Ende der Zeiten", während er
in der Zeit, in der sich die menschliche Geschichte und die menschliche
Kulturentwicklung abspielt, in der „Kampfzeit", neben und gegen Ormazd
seine Macht bewährt. Das religiöse Bewußtsein der israelitischen Propheten freilich geht auch hier einen Schritt weiter: es sucht die niedere dämonische Welt als absolutes Nichts zu erweisen – als ein Nichts, dem weder
in der Vorstellung und im Glauben, noch im Affekt der Furcht irgendwelche noch so mittelbare „Realität" beizumessen ist. „Denn der Heiden
Satzungen" – so heißt es bei Jeremia – „sind lauter Nichts... Darum sollt
ihr euch nicht vor ihnen fürchten, denn sie können weder helfen, noch
Schaden tun... Ihre Götzen sind Trügerei und haben kein Leben. Es ist
eitel Nichts und ein verführerisches Werk" (Jerem. 10, 3 ff.). Das neue
göttliche Leben, das hier verkündet wird,/kann sich selbst nicht aussprechen, ohne eben damit alles was ihm entgegensteht, schlechthin als irreal,
als Trug zu erklären. Und doch vollzieht sich auch hier die Scheidung in
solcher radikalen Schärfe nur bei den eigentlichen religiösen Genies, bei
den großen Einzelnen, während die allgemeine religionsgeschichtliche Entwicklung einen anderen Weg nimmt. Immer wieder drängen sich hier die
Bilder der mythischen Phantasie hinzu – auch nachdem sie ihr eigentliches
Leben verloren haben, nachdem sie zu einer bloßen Traum- und Schatten-
welt geworden sind. Wie im mythischen Seelenglauben der Tote als Schatten noch wirkt und ist, so beweist auch die mythische Bildwelt noch auf
lange hinaus ihre alte Macht, auch wenn ihr, namens der religiösen Wahrheit, ihr Sein und ihre Wesenheit bestritten wird[1]. Auch hier gehören, wie

---

[1] Auch dieser eigentümliche Mittel- und Schwebezustand des religiösen Bewuß-
seins läßt sich in der sprachlichen Bezeichnung, die die mythische Welt, die
„niedere" Dämonenwelt erfährt, oft noch mit unmittelbarer Deutlichkeit aufzeigen. Wenn z. B. Ahriman im Awesta als Herr der Lüge (*druj*) bezeichnet wird, so

in der Entwicklung aller „symbolischen Formen", Licht und Schatten zusammen. Das Licht bekundet und erweist sich erst in dem Schatten, den es wirft: das rein „Intelligible" hat das Sinnliche zu seinem Gegensatz, aber dieser Gegensatz bildet zugleich sein notwendiges Korrelat. — Ein drittes großes Beispiel dafür, wie im Fortschritt des religiösen Gedankens und der religiösen Spekulation die mythische Welt allmählich der Nichtigkeit anheimfällt, und wie dieser Prozeß von den Gestaltungen des Mythos weiterhin auf die des empirisch-sinnlichen Daseins übergreift, bietet uns die Lehre der Upanishaden dar. Auch sie gelangt zu ihrem letzten und höchsten Ziele auf dem Wege der Verneinung, die für sie gewissermaßen zur religiösen Grundkategorie wird. Der einzige Name, die einzige Bezeichnung, die für das Absolute zuletzt zurückbleibt, ist die Verneinung selbst. Das Seiende ist der Atman, der da heißt: Nein, Nein, — über diesem „So ist es nicht" gibt es nichts anderes Höheres[1]. Und einen letzten Schritt auf diesem Wege bedeutet es, wenn der Buddhismus den gleichen Prozeß / der Negation nun auch vom Objekt auf das Subjekt erstreckt. In der prophetisch-monotheistischen Religion tritt, je deutlicher sich der religiöse Gedanke und der religiöse Affekt von allem bloß Dinglichen ablöst, um so reiner und energischer die Wechselbeziehung von Ich und Gott zutage. Die Befreiung vom Bild und von der Gegenständlichkeit des Bildes hat kein anderes Ziel, als diese Wechselbeziehung klar und scharf heraustreten zu lassen. An ihr findet daher die Negation zuletzt ihre feste Grenze: sie läßt den Mittelpunkt des religiösen Verhältnisses, sie läßt die Person und ihr Selbstbewußtsein unberührt. Je weiter das Gegenständliche versinkt, je weniger es als zureichender und adäquater Ausdruck des Göttlichen erscheint, um so deutlicher hebt sich eine neue Form der Gestaltung: die Gestaltung im Willen und in der Tat heraus. Der Buddhismus aber geht auch über diese letzte Schranke hinaus: ihm wird die Form des „Ich" genau so zufällig und äußerlich, wie irgendeine bloß-dingliche Form.

---

kehrt die hier in enthaltene indogermanische Wurzel *dhrugh* (sanskr. druh) in der germanischen Wurzel *drug* wieder, die sich in unserer Sprache zu Trug und Traum entwickelt. Hierzu treten die germanischen Bezeichnungen für die Dämonen und Gespenster (altnord. *draugr* = Gespenst, ahd. *troc, gitroc* usf.). Näheres über diesen Zusammenhang s. bei W. Golther, Handbuch der german. Mythologie S. 85 sowie in Kluges Etymol. Wörterbuch der deutschen Sprache, s. v. „Traum" und „Trug".

[1] Näheres hierzu z. B. bei Oldenberg, Die Lehre der Upanishaden u. die Anfänge des Buddhismus, S. 63 ff., sowie bei Deussen, Philosophie der Upanishad's, S. 117 ff., 206 ff.

Denn seine religiöse „Wahrheit" strebt nicht nur über die Welt der Dinge, sondern auch über die des Wollens und Wirkens hinweg. Im Wirken und Wollen liegt für ihn eben dasjenige, was den Menschen immer aufs neue im Kreis des Werdens festhält, was ihn an das „Rad der Geburten" kettet. Die Tat (das Karman) ist es, die dem Menschen seinen Weg in der unaufhörlichen Folge der Geburten bestimmt, und die damit für ihn zur nie versiegenden Quelle des Leidens wird. Nicht nur jenseits der Dinge, sondern vor allem jenseits des Tuns und Begehrens liegt demnach die wahre Befreiung. Wer sie gewonnen hat, für den ist nicht nur der Gegensatz von Ich und Welt, sondern nicht minder der von Ich und Du versunken: – für den bedeutet auch die Persönlichkeit nicht mehr den Kern, sondern nur noch die Schale, nur den letzten Rest aus der Sphäre der Endlichkeit und Bildlichkeit. Sie besitzt kein Beharren, keine eigene „Substantialität", sondern sie lebt und ist nur in ihrer unmittelbaren Aktualität – d. h. aber im Kommen und Gehen, im Entstehen und Verschwinden verschiedenartiger, immer neuer Daseinselemente. Auch das Ich, selbst als geistiges Ich, gehört somit der Welt der zerfließenden und zergehenden Gestaltungen, der Samkhāra an, deren letzte Ursache im Nichtwissen zu suchen ist[1]. „Wie ein Affe, der in einem Walde, einem Gehölz umherstreift, einen Ast ergreift und den fahren läßt und einen anderen/ergreift, so entsteht und vergeht das, was Geist genannt wird oder Denken und Erkennen, immer wechselnd Tag und Nacht." So ist die Person, das Selbst nicht mehr als ein Name, den wir einem Komplex vergänglicher Daseinsinhalte geben: wie das Wort „Wagen" nur das Ganze von Joch und Wagenkasten, von Deichseln und Rädern, aber nicht daneben noch ein besonderes für sich bestehendes Etwas bezeichnet. „Ein Wesen gibt es hier nicht." In dieser Folgerung erweist sich wiederum mit besonderer Prägnanz und Klarheit eine allgemeine Grundrichtung des religiösen Denkens. Es charakterisiert dieses Denken, daß alles Sein, das der Dinge wie das des Ich, das der inneren wie das der äußeren Welt, hier nur insofern Bestand und Bedeutung hat, als es sich auf den religiösen Prozeß und seinen Mittelpunkt bezieht. Dieser letztere ist im Grunde das einzig Reale: während alles andere entweder überhaupt nichtig ist oder nur, als Moment in diesem Prozeß, ein abgeleitetes Sein, ein Sein zweiter Ordnung besitzt. Je nachdem sich die Anschauung des religiösen Prozesses in den einzelnen geschichtlichen

---

[1] Zur Stellung des Begriffs der Samkhara in der buddhistischen Lehre, vgl. bes. Pischel, Leben und Lehre des Buddha, Leipzig 1906, S. 65 ff.; s. auch Oldenberg, Buddha[4], S. 279 ff.

Religionen verschieden gestaltet, je nachdem in ihnen die religiösen Wertakzente wechseln, werden daher von ihnen verschiedene Elemente herausgelöst und, platonisch gesprochen, „mit dem Siegel des Seins versehen". Eine Religion des Tuns muß hier notwendig anders verfahren, als eine Religion des Leidens; eine Religion der Kultur anders als eine reine Naturreligion. „Seiend" heißen zuletzt für die religiöse Anschauung und Gedankenstimmung nur diejenigen Inhalte, die von ihrem eigenen Zentrum her Licht empfangen, während alles andere, was der zentralen religiösen Entscheidung gegenüber ein bloß Indifferentes, ein ἀδιάφορον ist, ins Dunkel des Nichts herabsinkt. Für den Buddhismus muß auch das Ich, muß das Individuum und die individuelle „Seele", diesem Gebiet des Nichts zugewiesen werden, weil sie in seine Fassung des religiösen Grundproblems nicht mit eingehen. Denn wenngleich er seinem wesentlichen Gehalt und Ziel nach reine Erlösungsreligion ist, so ist doch die Erlösung, die er sucht, nicht die des individuellen Ich, sondern die vom individuellen Ich. Was wir Seele, was wir Person nennen, das ist selbst nichts Reales, sondern es ist nur die letzte, die am schwersten zu durchschauende und zu überwindende Illusion, in die die empirische, an „Gestalt und Namen" haftende Vorstellung uns verwickelt. Wer dieses Gebiet von Gestalt und Namen völlig hinter sich gelassen hat, für den hat auch der Schein einer selbständigen Individualität seine Macht verloren. Und zugleich mit der substantiellen Seele muß hier auch ihr religiöses Korrelat und/Gegenbild: die substantielle Gottheit verschwinden. Buddha hat die Götter der Volksreligion nicht geleugnet; aber sie sind ihm nichts anderes als Einzelwesen, die, wie alles Einzelne, dem Gesetz des Vergehens unterworfen sind. Von ihnen, die selbst in den Kreis des Werdens und somit in den des Leidens festgebannt sind, kann keine Hilfe, keine Befreiung vom Leiden kommen. So wird in dieser Hinsicht der Buddhismus zum Typus einer „atheistischen Religion": nicht in dem Sinne, daß er das Dasein der Götter bestreitet, sondern in dem weit tiefer greifenden und radikaleren Sinne, daß dieses Dasein, gegenüber seinem Kern- und Hauptproblem, irrelevant und bedeutungslos wird. Aber wenn man aus diesem Grunde versucht hat, ihm den Namen der Religion überhaupt zu bestreiten und statt dessen in ihm lediglich eine praktische Sittenlehre sehen wollte, so liegt darin eine willkürliche Einengung des Begriffs der Religion. Denn nicht der Inhalt einer Lehre, sondern ihre Form kann allein für die Einordnung unter diesen Begriff maßgebend sein: nicht die Behauptung irgendeines Seins, sondern einer spezifischen „Ordnung", eines spezifischen Sinnes ist es, was einer Lehre den Stempel des Religiösen aufprägt. Jedes beliebige Seinselement – dafür ist gerade der Buddhismus eines der bedeutsamsten Beispiele – kann negiert werden, wenn nur die allgemeine Funktion der religiösen „Sinngebung" aufrecht erhalten bleibt. Hier weist der Grundakt der religiösen „Synthesis" in eine Richtung, in der zuletzt nur noch das Geschehen selbst erfaßt und einer bestimmten Deutung unterzogen wird, während jedes angebliche Substrat dieses Geschehens sich mehr und mehr auflöst und schließlich ganz ins Nichts versinkt. –

Auch das Christentum kämpft in seiner gesamten Entwicklung diesen Kampf: den Kampf um die ihm gemäße und eigentümliche Bestimmung der religiösen „Realität". Die Ablösung von der mythischen Bildwelt erscheint hier um so schwieriger, als bestimmte mythische Anschauungen in seine eigenen Grundlehren, in seinen dogmatischen Bestand, so tief eingesenkt sind, daß sie aus ihm nicht entfernt werden können, ohne diesen Bestand selbst zu gefährden. Auf dieses historische Verhältnis hat Schelling sich berufen, um daraus den Schluß zu ziehen, daß die „natürliche Religion" auch für jede „offenbarte Religion" die notwendige Voraussetzung sein und bleiben müsse. „Den Stoff, in dem sie (die offenbarte Religion) sich auswirkt, schafft sie sich nicht; sie findet ihn unabhängig von sich vor. Ihre formelle Bedeutung ist, Überwindung der bloß natürlichen, unfreien/Religion zu sein; aber eben darum hat sie diese in sich, wie das Aufhebende das Aufgehobene in sich hat ... War es verstattet, im Heidentum Entstellungen geoffenbarter Wahrheiten zu sehen, so kann es unmöglich verwehrt sein, umgekehrt in dem Christentum das zurechtgestellte Heidentum zu erblicken ... Zeigte sich doch die Verwandtschaft schon in dem gemeinschaftlichen äußeren Schicksal beider, daß man beide (Mythologie und Offenbarung) durch eine ganz gleiche Unterscheidung von Form und Inhalt, von Wesentlichem und bloß zeitgemäßer Einkleidung zu rationalisieren, d. h. auf einen vernünftigen oder den meisten vernünftig scheinenden Sinn zurückzubringen suchte. Aber eben mit dem ausgestoßenen Heidnischen wäre auch alle Realität aus dem Christentum hinweggenommen[1]." Was Schelling hier ausspricht, das ist, in einem Maße, in dem er selbst es kaum vorauszusehen vermochte, durch die auf ihn folgende religionsgeschichtliche Forschung bestätigt worden. Heute läßt sich auf Grund dieser Forschung sagen, daß es kaum einen einzelnen Zug der christlichen Glaubens- und Vorstellungswelt, kaum ein Sinnbild oder Symbol in ihr gibt, zu dem sich nicht seine mythisch-heidnischen Parallelen

---

[1] Schelling, Einl. in die Philos. der Mythologie, S. W., 2. Abteil., I, 248.

aufzeigen ließen[1]. Die gesamte Entwicklung der Dogmengeschichte, von ihren ersten Anfängen bis zu Luther und Zwingli hin, zeigt uns sodann den ständigen Kampf zwischen dem geschichtlichen Ursinn der „Symbole", nach dem sie noch ganz als „Sakramente" und „Mysterien" erscheinen und ihrem abgeleiteten, rein „geistigen" Sinn. Auch hier arbeitet sich das „Ideelle" nur ganz allmählich aus der Sphäre des Dinglichen, des real-Wirklichen heraus. Insbesondere die Taufe und die Eucharistie werden zunächst durchaus in diesem realen Sinne nach der unmittelbaren Wirksamkeit, die ihnen eignet, verstanden und gewertet. „Das Symbolische" – so bemerkt Harnack für die christliche Frühzeit – „ist für jene Zeit nicht als der Gegensatz des Objektiven, Realen zu denken, sondern es ist das Geheimnisvolle, Gottgewirkte ($\mu\upsilon\sigma\tau\acute{\eta}\rho\iota\text{o}\nu$), dem das Natürliche, profan Klare gegenübersteht[2]." In einer derartigen Auffassung drückt sich eine Unterscheidung aus, die bis in die letzten Wurzeln des mythischen Denkens zurückgeht[3]. Und gerade in dieser Schranke des Christentums liegt/ein großer Teil seiner geschichtlichen Kraft beschlossen. Es wäre in dem Wettstreit der orientalischen Religionen um die Weltherrschaft, der das ausgehende Altertum charakterisiert, vielleicht unterlegen, wenn es nicht diese seine mythische „Bodenständigkeit" besessen und trotz allen Versuchen der Umbildung immer wieder behauptet hätte. An den verschiedenen Elementen der christlichen Liturgie läßt sich dieser Zusammenhang bis ins Einzelne verfolgen und aufweisen[4]. So kann sich auch hier die neue religiöse Tendenz, die das Christentum kennzeichnet, die neue Sinngebung, die sich in der Forderung der $\mu\varepsilon\tau\acute{\alpha}\nu\text{o}\iota\alpha$ ausspricht, nicht unmittelbar darstellen und durchsetzen; sondern diese neue Form kann nicht anders als am mythischen Stoffe, der hierbei gewissermaßen die Rolle einer psychologisch-geschichtlichen „Gegebenheit" spielt, zum Ausdruck und zur Reife kommen. Die Entwicklung des „Dogmas" wird fort und fort durch diese beiden Bedingungsreihen bestimmt: denn jedes Dogma ist nichts anderes, als die Fassung, die der reine religiöse Sinngehalt annimmt, wenn man versucht, ihn als einen Vorstellungs- und Seinsgehalt auszusprechen.

---

[1] Ich begnüge mich, hierfür auf die letzte Untersuchung zu verweisen, die diesen Zusammenhang allseitig verfolgt und erleuchtet hat: Eduard Norden, Die Geburt des Kindes (Studien der Bibl. Warburg, Nr. III), Leipzig 1924.

[2] Harnack, Lehrbuch der Dogmengeschichte[3] I, 198.

[3] Vgl. oben S. 93 ff.

[4] Wieder gehe ich hier auf das Einzelne nicht ein: es genügt, an die eindringliche Analyse der einzelnen „liturgischen Bilder" zu erinnern, die Dieterich im zweiten Teil seiner „Mithrasliturgie" (S. 92 ff.) gegeben hat.

Aber auch hier ist es die Mystik, die den Versuch unternimmt, den reinen Sinn der Religion als solchen, unabhängig von jeder Behaftung mit der „Andersheit" des empirisch-sinnlichen Daseins und der sinnlichen Bild- und Vorstellungswelt, zu gewinnen. In ihr wirkt sich die reine Dynamik des religiösen Gefühls aus, die alle starre und äußere Gegebenheit abzustreifen und aufzulösen bestrebt ist. Das Verhältnis der menschlichen Seele zu Gott findet weder in der Bildersprache der empirischen oder mythischen Anschauung, noch im Umkreis des „tatsächlichen" Daseins oder des empirisch-realen Geschehens seinen adäquaten Ausdruck. Nur wenn das Ich sich völlig aus dieser Sphäre zurückzieht, wenn es in seinem Wesen und Grunde wohnt, um sich in ihm von dem einfachen Wesen Gottes anrühren zu lassen, ohne Vermittlung eines Bildes: nur dann erschließt sich ihm die reine Wahrheit und die reine Innerlichkeit dieses Verhältnisses. Demgemäß stößt die Mystik wie die mythischen, so auch die historischen Elemente des Glaubensinhalts von sich ab. Sie strebt nach der Überwindung des Dogmas, weil auch im Dogma, selbst wenn dasselbe in rein gedanklicher Fassung sich darstellt, noch das Moment des Bildhaften vorherrscht. Denn jedes Dogma verfährt isolierend und begrenzend: es sucht das, was allein in der Dynamik des religiösen Lebens faßbar und sinnvoll ist, in die Bestimmtheit der Vorstellung und ihrer festen „Gebilde" zu verwandeln. So rücken, vom Standpunkt der Mystik aus gesehen, Bild und Dogma, der „konkrete" wie der „abstrakte" Ausdruck des Religiösen, auf die gleiche Linie. Die Menschwerdung Gottes soll nicht länger als ein, sei es mythisches, sei es geschichtliches Faktum gefaßt werden: sie wird als Prozeß gefaßt, der sich immer aufs neue im menschlichen Bewußtsein vollzieht. Hier findet nicht die nachträgliche Einswerdung zweier an sich vorhandener gegensätzlicher „Naturen" statt, sondern hier bricht aus der Einheit der religiösen Beziehung, die für die Mystik das allein bekannte und ursprüngliche Datum ist, die Zweiheit der Elemente dieser Beziehung hervor. „Der Vater" – so heißt es bei Meister Eckhart – „gebiert seinen Sohn ohne Unterlaß und ich spreche mehr: er gebiert mich nicht allein, seinen Sohn, mehr: er gebiert mich sich und sich mich[1]." Dieser Grundgedanke einer Polarität, die sich in reine Korrelation aufzulösen strebt und die doch nichtsdestoweniger als Polarität erhalten werden muß, bestimmt den Charakter und den Weg der christlichen Mystik. Wieder ist dieser Weg durch die Methode der „negativen Theologie" bezeichnet, die hier folgerecht durch alle „Kate-

---

[1] Meister Eckhart, Ausg. von Fr. Pfeiffer, Deutsche Mystiker des 14. Jahrh. II, 205.

gorien" des Anschauens und des Denkens durchgeführt wird. Um zur Erfassung des Göttlichen zu gelangen, müssen zuvor alle Bedingungen des endlichen und empirischen Seins, des „Wo", des „Wann" und des „Was" abgestreift werden. Gott hat – nach Eckhart und Suso – kein Wo: er ist „ein zirkeliger Ring, des Ringes mittler Punkt allenthalben ist und sein Umschwank nirgend", und ebenso ist jeder Unterschied und Gegensatz der Zeit, der Vergangenheit, Gegenwart und Zukunft in ihm ausgelöscht: seine Ewigkeit ist ein gegenwärtiges Jetzt, das nichts von der Zeit weiß. So bleibt für ihn nur die „namenlose Nichtigkeit", die Gestalt der Gestaltlosigkeit. Immer wieder droht auch für die christliche Mystik die Gefahr, daß diese Nichtigkeit und Gehaltlosigkeit wie das Sein, so auch das Ich ergreift. Und doch bleibt hier zuletzt eine Schranke zurück, die sie, im Gegensatz zur buddhistischen Spekulation, nicht überschreitet. Denn im Christentum, in dem das Problem des individuellen Ich, das Problem der Einzelseele im Mittelpunkt steht, kann die Befreiung vom Ich immer nur so gedacht werden, daß sie zugleich die Befreiung für das Ich bedeutet. Auch dort, wo Eckhart und Tauler/bis an die Grenze des buddhistischen Nirwana heranzugehen scheinen, wo sie das Selbst in Gott erlöschen lassen, sind sie daher bemüht, gewissermaßen diesem Erlöschen selbst noch seine individuelle Form zu wahren: es bleibt ein Punkt, ein „Fünklein" zurück, mit dem das Ich eben dies Aufgeben seiner selbst weiß.

Wiederum tritt hier mit besonderer Schärfe jene Dialektik hervor, die die gesamte Entwicklung des mythisch-religiösen Bewußtseins durchzieht. Als ein Grundzug der mythischen Denkart hat sich uns ergeben, daß sie überall, wo sie eine bestimmte Beziehung zwischen zwei Gliedern setzt, diese Beziehung in ein Verhältnis der Identität umschlagen läßt. Die gesuchte Synthesis führt hier notwendig immer wieder zum Zusammenfall, zur unmittelbaren „Konkreszenz" der zu verknüpfenden Elemente[1]. Und diese Form der Einheitsforderung ist es, die auch dort, wo das religiöse Gefühl und der religiöse Gedanke über ihre anfängliche mythische Bedingtheit hinauswachsen, immer wieder nachklingt. Erst wenn die Differenz zwischen Gott und Mensch geschwunden ist, wenn der Gott zum Menschen, der Mensch zum Gott geworden ist, scheint das Ziel der Erlösung erreicht. Als eigentliches und höchstes Ziel gilt schon in der Gnosis die unmittelbare Vergottung, die Apotheose: τοῦτό ἐστι τὸ ἀγαθὸν τέλος τοῖς γνῶσιν

---

[1] Näheres s. oben S. 82 ff.

ἐσχηκόσι θεωθῆναι (Poimand. 1, 22)[1]. Hier stehen wir an der Grenze, die die mythisch-religiöse Auffassung von der im engeren und im strengeren Sinne religionsphilosophischen scheidet. Die religionsphilosophische Ansicht denkt die Einheit zwischen Gott und Mensch nicht sowohl als substantielle, als vielmehr als echte synthetische Einheit: als Einheit des Verschiedenen. Für sie bleibt daher die Sonderung ein notwendiges Moment, eine Bedingung für den Vollzug der Einheit selbst. In klassischer Prägnanz ist dies bei Platon ausgesprochen. Hier wird in der Diotima-Rede des Symposion die Beziehung zwischen Gott und Mensch durch den Eros hergestellt, der als der große Mittler die Aufgabe hat, den Göttern, was von den Menschen kommt, und den Menschen, was von den Göttern kommt, zu überbringen und zu verdolmetschen. In der Mitte zwischen beiden stehend füllt er die Kluft zwischen ihnen aus, so daß nun das All durch ihn in sich selbst verbunden ist. „Denn Gott mischt sich nicht mit dem Menschen, sondern alle Gemeinschaft und aller Verkehr der Götter und der Menschen/geschieht durch diesen sowohl im Wachen als im Schlafe[2]." In dieser Abwehr der „Mischung" zwischen Gott und Mensch vollzieht Platon als Dialektiker den scharfen Schnitt, den weder der Mythos noch die Mystik zu vollziehen vermag. An die Stelle der Apotheose, der Identität zwischen Gott und Mensch tritt jetzt die Forderung der ὁμοίωσις τῷ θεῷ: eine Forderung, die nicht anders als im Tun des Menschen, im steten Fortgang in der Richtung auf das Gute sich erfüllen kann, wobei jedoch das Gute selbst „jenseits des Seins" (ἐπέκεινα τῆς οὐσίας) stehen bleibt. Hier kündigt sich – so wenig Platon das mythische Bild als solches abwehrt und so nahe er sich inhaltlich mit bestimmten mythischen Grundvorstellungen zu berühren scheint – eine neue Denkform an, die über den Mythos prinzipiell hinausweist. Die Synopsis führt nicht mehr zur συμπτῶσις: – sie wird zur Einheit der ideellen Schau, die eben durch die Wechselbeziehung, durch die unaufhebliche Korrelation von Verknüpfung und Trennung konstituiert wird. –

Demgegenüber bleibt das religiöse Bewußtsein dadurch gekennzeichnet, daß in ihm der Konflikt zwischen dem reinen Sinngehalt, den es in sich faßt, und zwischen dem bildlichen Ausdruck eben dieses Gehalts niemals zur Ruhe kommt, sondern daß er in allen Phasen seiner Entwicklung stets

---

[1] Vgl. oben S. 51 f.; näheres bei Reitzenstein, Die hellenistischen Mysterienreligionen[2], S. 38 ff., sowie bei Norden, Agnostos Theos. S. 97 ff.
[2] θεὸς δὲ ἀνθρώπῳ οὐ μίγνυται, ἀλλὰ διὰ τούτου πᾶσά ἐστιν ἡ ὁμιλία καὶ ὁ διάλεκτος θεοῖς πρὸς ἀνθρώπους, καὶ ἐγρηγορόσι καὶ καθεύδουσι (Sympos. 203 A).

aufs neue hervorbricht. Die Versöhnung zwischen diesen seinen beiden Extremen wird ständig gesucht, ohne doch jemals vollständig erreicht zu werden. In dem Hinausstreben über die mythische Welt der Bilder und in der unlöslichen Verklammerung und Verhaftung mit eben dieser Welt liegt ein Grundmoment des religiösen Prozesses selbst. Auch die höchste geistige Sublimierung, die die Religion erfährt, bringt diesen Gegensatz nicht zum Verschwinden: sie dient nur dazu, ihn immer schärfer kenntlich zu machen und ihn in seiner immanenten Notwendigkeit zu verstehen. Wieder drängt sich an diesem Punkte ein Vergleich zwischen dem Weg der Religion und dem der Sprache auf. Und es handelt sich in diesem Vergleich nicht um eine bloß subjektive Reflexion, die zwischen weit entlegenen und ihrem Gehalt nach geschiedenen geistigen Gebieten eine künstliche Vermittlung herzustellen sucht, sondern wir ergreifen damit einen Zusammenhang, auf den die religiöse Spekulation sich in ihrer eigenen Entwicklung immer wieder hingeführt sah, und den sie mit ihren eigenen Begriffs- und Denkmitteln stets aufs neue zu bezeichnen und zu/bestimmen suchte. Was der gemeinen, der „profanen" Weltansicht als die unmittelbar gegebene Wirklichkeit der „Dinge" erscheint – das wandelt die religiöse Auffassung in eine Welt der „Zeichen" um. Der spezifisch-religiöse Blickpunkt ist geradezu durch diese Umkehr bestimmt. Alles Physische und Materielle, jegliches Dasein und jegliches Geschehen wird jetzt zum Gleichnis: zum leiblich-bildhaften Ausdruck eines Geistigen. Die naive Ungeschiedenheit von „Bild" und „Sache", die Immanenz beider, wie sie im mythischen Denken besteht[1], beginnt jetzt zu weichen: an ihrer Statt prägt sich immer schärfer und deutlicher jene Form der „Transzendenz" aus, in welcher sich, in ontologischer Wendung, die neue Scheidung ausspricht, die das religiöse Bewußtsein nunmehr in sich selbst erfahren hat. Kein Ding und kein Ereignis bedeutet mehr schlechthin sich selbst, sondern es ist zum Hinweis auf ein „Anderes", „Jenseitiges" geworden. In dieser strengen Scheidung des „abbildlichen" und des „urbildlichen" Seins dringt das religiöse Bewußtsein erst zu der ihm eigenen und eigentümlichen Idealität durch – und zugleich berührt es sich hier mit einem Grundgedanken, den das philosophische Denken auf ganz anderen Wegen und unter anderen Voraussetzungen sich fortschreitend erarbeitet. In ihrer geschichtlichen Wirksamkeit können jetzt beide Formen des Ideellen unmittelbar ineinander eingreifen. Wenn Platon lehrt, daß die Idee des Guten „jenseits des Seins" ist, und wenn er sie demgemäß der Sonne vergleicht, in

---

[1] Vgl. oben S. 50 ff.

die das menschliche Auge nicht unmittelbar blicken kann, sondern die es nur im Reflex, in ihrem Spiegelbild im Wasser zu betrachten vermag, so hat er damit auch für die religiöse Formensprache ein typisches und bleibendes Ausdrucksmittel geschaffen. In der Geschichte des Christentums läßt sich die Entwicklung dieses Ausdrucksmittels, seine Weiterbildung und seine religiöse Vertiefung, von den Schriften des neuen Testament bis zu den dogmatischen und mystischen Spekulationen des Mittelalters, und von diesen weiter bis in die Religionsphilosophie des achtzehnten und neunzehnten Jahrhunderts verfolgen. Von Paulus bis zu Eckhart und Tauler, von diesen bis zu Hamann und Jacobi führt hier eine ununterbrochene Kette des religiösen Gedankens. Und immer wieder schließt sich hierbei das Problem der Religion, kraft des entscheidenden Mittelbegriffs des Zeichens, mit dem Problem der Sprache zusammen. „Ihnen von Grund meiner Seele zu sagen" – so schreibt Hamann an Lavater – „ist mein ganzes Christentum ein Geschmack an Zeichen, und an den Elementen des Wassers,/des Brots, des Weins. Hier ist Fülle für Hunger und Durst – eine Fülle, die nicht bloß wie das Gesetz einen Schatten der zukünftigen Güter hat, sondern αὐτὴν τὴν εἰκόνα τῶν πραγμάτων, insofern selbige durch einen Spiegel im Rätsel dargestellt, gegenwärtig und anschaulich gemacht werden können; denn das τέλειον liegt jenseits[1]." Wie für Eckharts mystische Grundanschauung alle Kreaturen nichts anderes als ein „Sprechen Gottes" sind[2], so wird hier die gesamte Schöpfung, so wird alles natürliche, wie alles geistig-geschichtliche Geschehen zu einer fortlaufenden Rede des Schöpfers an die Kreatur durch die Kreatur. „Denn ein Tag sagt's dem andern, und eine Nacht tut's kund der andern. Ihre Losung läuft über jedes Klima bis an der Welt Ende und in jeder Mundart hört man ihre Stimme[3]." Durch Jacobi, der in seinem Denken die Grundelemente von

---

[1] Hamann an Lavater (1778) Schriften, hg. von Roth, V, 278; näheres über Hamanns „symbolische" Welt- und Sprachauffassung, s. bes. in den vorzüglichen Darstellungen von Rudolf Unger; Hamanns Sprachtheorie im Zusammenhange seines Denkens, München 1905, Hamann und die Aufklärung, Jena 1911.

[2] Vgl. z. B. Eckhart, Ausg. Pfeiffer, II, 92 u. ö.

[3] Hamann, Aesthetica in nuce, Schriften (Roth) II, 261. – Wie stark diese aus der Mystik stammende Grundanschauung selbst noch in der modernen Erkenntnislehre nachwirkt, beweist vor allem das Beispiel Berkeleys, dessen psychologische und erkenntnistheoretische Lehren in dem Gedanken gipfeln, daß die gesamte Welt der sinnlichen Wahrnehmung nichts anderes als ein System sinnlicher Zeichen ist, in denen sich der unendliche Geist Gottes den endlichen Geistern mitteilt (vgl. Bd. I, S. 79 f.).

Hamanns metaphysisch-symbolischer Weltansicht mit Kantischen Elementen zu verschmelzen sucht, erfährt dann der objektive Zusammenhang, der sich hier auftut, eine Wendung ins Subjektive, ins Psychologisch-Transzendentale. Sprache und Religion sind dadurch aufeinander bezogen und aufs innigste miteinander verknüpft, daß sie sich aus ein und derselben geistigen Wurzel herleiten: beide sind nichts anderes als verschiedene Vermögen des Gemüts, das Übersinnliche sinnlich, das Sinnliche übersinnlich zu fassen. Alle „Vernunft" des Menschen ist als ein passives „Vernehmen" auf die Hilfe des Sinnlichen angewiesen. So ist immer und notwendig zwischen dem menschlichen Geist und dem Wesen der Dinge als ein Mittleres die Welt der Bilder und der Zeichen eingeschaltet. „Immer ist etwas zwischen uns und dem wahren Wesen: Gefühl, Bild und Wort. Wir sehen überall nur ein Verborgenes; aber als ein Verborgenes sehen wir und spüren wir dasselbe. Dem Gesehenen, Gespürten setzen wir das Wort zum Zeichen, das lebendige. Das ist die/Würde des Wortes. Selbst offenbaret es nicht; aber es beweist Offenbarung, befestiget sie und hilft das Befestigte verbreiten ... Ohne diese Gabe unmittelbarer Offenbarung und Auslegung wäre der Gebrauch der Rede unter Menschen nie entstanden. Mit dieser Gabe erfand die ganze Gattung ihn von Anbeginn zugleich ... Jedes Geschlecht bildete sich eine eigene Zunge; keines verstehet das andere, aber alle reden – alle reden, weil alle, obgleich nicht in demselben Maße, doch in einem ähnlichen, mit der Vernunft die Gabe empfingen, Inneres aus dem Äußeren, aus dem Offenbaren Verborgenes, Unsichtbares aus dem Sichtbaren zu verstehen, zu erkennen[1]."

Wenn in dieser Weise die religionsphilosophische wie die sprachphilosophische Betrachtung auf einen Punkt hinweist, in dem sich beide schneiden, und in dem Sprache wie Religion sich gewissermaßen in einem einzigen Medium, im Medium des geistigen „Sinnes", miteinander vereinigen, so erwächst hieraus auch der Philosophie der symbolischen Formen ein neues Problem. Für sie kann es sich freilich nicht darum handeln, die spezifische Verschiedenheit von Sprache und Religion in irgendeine ursprüngliche Einheit aufgehen zu lassen – mag diese nun objektiv oder subjektiv gefaßt, mag sie als Einheit des göttlichen Urgrunds der Dinge oder als Einheit der „Vernunft", als Einheit des menschlichen Geistes bestimmt werden. Denn ihre Frage geht nicht auf die Gemeinsamkeit des Ursprungs, sondern auf die der Struktur. Sie sucht zwischen Sprache und Religion nicht eine verborgene Einheit des Grundes, sondern sie muß

---
[1] Jacobi, Über eine Weissagung Lichtenbergs (1801) Werke III, 209 ff.

sich fragen, ob zwischen beiden, als durchaus selbständigen und eigenartigen Gebilden, nicht eine Einheit der Funktion sich aufweisen lasse. Besteht eine derartige Einheit, so wird sie nirgend anders zu suchen sein als in einer Grundrichtung des symbolischen Ausdrucks selbst, in einer inneren Regel, nach der er sich entwickelt und entfaltet. Wir haben in der Betrachtung der Sprache zu verfolgen gesucht, wie hier das Wort und der Sprachlaut, ehe es zur Erfassung ihrer rein symbolischen Funktion kommt, eine Reihe von Mittelstufen durchlaufen, in denen sie zwischen der Welt der „Dinge" und der der „Bedeutungen" gleichsam noch in einer schwebenden Mitte stehen. Der Laut glaubt den Inhalt, auf den er geht, nur dadurch „bezeichnen" zu können, daß er sich ihm in irgendeiner Art angleicht, daß er zu ihm in ein Verhältnis der unmittelbaren „Ähnlichkeit" oder der mittelbaren „Entsprechung" tritt. Das Zeichen muß mit der Dingwelt in irgendeiner Weise/verschmelzen, muß ihr selbst gleichartig werden, wenn es als Ausdruck für sie fungieren soll. Auch der religiöse Ausdruck ist in der Gestalt, in der er zuerst heraustritt, durch diese seine unmittelbare Nähe zum sinnlichen Dasein gekennzeichnet. Er vermöchte nicht ins Sein zu treten und sich nicht im Sein zu erhalten, wenn er sich nicht in dieser Weise am Sinnlich-Dinglichen mit klammernden Organen festhielte. Es gibt freilich keine noch so „primitive" Äußerung des religiösen Geistes, in der sich nicht, ähnlich wie im Sprachlaut, schon die Tendenz zur Trennung, zu einer künftigen „Krisis", die sich in ihm vollziehen wird, erkennen ließe. Denn immer wird, selbst in den elementarsten Gebilden des Religiösen, eine Scheidung zwischen der Welt des „Heiligen" und der des „Profanen" vollzogen. Aber diese Scheidung der beiden Welten schließt einen ständigen Übergang zwischen ihnen, schließt eine durchgehende Wechselwirkung, wie eine durchgängige gegenseitige Angleichung nicht aus. Vielmehr bekundet sich die Kraft des Heiligen eben darin, daß es mit einer unumschränkten, mit einer unmittelbar-sinnlichen Gewalt jedes einzelne physische Dasein und jedes besondere physische Geschehen beherrscht – stets bereit, in dasselbe einzubrechen und es als Werkzeug für sich zu gebrauchen. So besitzt hier alles noch so Partikulare, Zufällige, sinnlich-Besondere zugleich eine eigene magisch-religiöse „Bedeutsamkeit", ja eben diese Besonderheit und Zufälligkeit selbst wird zum auszeichnenden Merkmal, durch das ein Ding oder Vorgang dem Kreis des Gewöhnlichen entzogen und in den des Heiligen versetzt erscheint. Die Technik der Magie und des Opfers versucht durch dieses Gewirr von „Zufällen" bestimmte feste Linien zu ziehen, versucht in sie eine bestimmte Gliederung und eine Art „systematischer" Ordnung einzuführen. So teilt etwa der Augur in der Beobachtung des Vogelflugs die Gesamtheit des Himmels in verschiedene, je von einer Gottheit bewohnte und beherrschte Gegenden, die er als bestimmte heilige Bezirke im voraus kennt und benennt. Aber immer gilt, daß auch außerhalb derartiger fester Schemata, die einen ersten Ansatz zur „Allgemeinheit" zeigen, jedes noch so isolierte und abgelöste Einzelne in jedem Augenblick die Funktion des Wahrzeichens gewinnen kann. Was nur immer ist und geschieht, gehört zugleich einem magisch-religiösen Komplex, dem Komplex der Bedeutungen und Vorbedeutungen, an. So ist alles sinnliche Sein, eben in seiner sinnlichen Unmittelbarkeit zugleich „Zeichen" und „Wunder": denn beides gehört auf dieser Stufe der Betrachtung noch notwendig zusammen und ist nur ein verschiedener Ausdruck ein und desselben Sachverhalts. Das Einzelne wird zum Zeichen und Wunder, sobald es, statt in seiner bloßen räumlich-zeitlichen Existenz betrachtet zu werden, vielmehr als Ausdruckswert, als Äußerung einer dämonischen oder göttlichen Macht genommen wird. So bezieht hier das Zeichen, als religiöse Grundform, alles auf sich und verwandelt alles in sich – aber darin liegt zugleich, daß es selbst in das Ganze des sinnlich-konkreten Daseins eingeht und sich in inniger Verschmelzung mit ihm zusammenschließt.

Aber wie nun die Sprache in ihrer geistigen Entwicklung dadurch bestimmt ist, daß sie sich am Sinnlichen festhält und daß sie darüber fortstrebt, daß sie über die Enge des bloß „mimischen" Zeichens hinausgeht: so zeigt sich auch im Kreise des Religiösen der gleiche charakteristische Grundgegensatz. Und auch hier vollzieht sich der Übergang nicht unmittelbar – sondern zwischen den beiden Extremen steht eine gewissermaßen mittlere Haltung des Geistes. Sinnliches und Geistiges fallen in ihr in keiner Weise mehr zusammen, aber sie weisen nichtsdestoweniger ständig aufeinander hin. Sie stehen zueinander in einem Verhältnis der „Analogie", durch das sie zugleich aufeinander bezogen, wie voneinander gesondert erscheinen. Im religiösen Denken tritt diese Beziehung überall dort ein, wo ein scharfer Schnitt die Welt des Sinnlichen und des Übersinnlichen, des Geistigen und des Körperlichen scheidet – wo aber andererseits beide Welten nun dadurch, daß sie sich ineinander reflektieren, ihre konkrete religiöse Formung erfahren. Die „Analogie" trägt daher immer die typischen Züge der „Allegorie": denn alles religiöse „Verstehen" der Wirklichkeit fließt nicht aus ihr selbst, sondern ist daran gebunden, daß sie auf ein „Anderes" bezogen und in ihm ihrem Sinne nach erkannt wird. Es ist vor allem das mittelalterliche Denken, an dem man sich diesen fortschreitenden geistigen Prozeß der Allegorisierung deutlich machen kann. In ihm verliert alles Wirkliche in dem Maße, als es der spezifisch-religiösen „Sinngebung" unterstellt wird, seine unmittelbare Seinsbedeutung. Sein physischer Bestand ist nur noch die Hülle und Maske, hinter der sich sein spiritueller Sinn verbirgt. Diesen Sinn gilt es auszulegen – in der vierfachen Form der Deutung, die die mittelalterlichen Quellen als das Prinzip der historischen, der allegorischen, der tropologischen und der anagogischen Auslegung unterscheiden. Wenn in den ersteren ein bestimmtes Geschehen in seiner rein empirischen Tatsächlichkeit erfaßt wird, so decken erst die drei anderen seinen eigentlichen Gehalt, seine ethisch-metaphysische Bedeutung auf. Noch Dante hat diese Grundauffassung des Mittelalters,/in der nicht nur seine Theologie, sondern nicht minder seine Poetik wurzelt, unverändert festgehalten[1]. In dieser Form der Allegorese ist ein neuer charakteristischer „Blickpunkt", ein neues Verhältnis der Ferne und Nähe zur Wirklichkeit gegeben. Der religiöse Geist kann sich jetzt in die Wirklichkeit, in das Einzelne und Faktische versenken, ohne in ihnen verhaftet zu bleiben, denn was er am Wirklichen erblickt, ist niemals es selbst in seiner Unmittelbarkeit, sondern der transzendente Sinn, der in ihm seine mittelbare Darstellung findet. Jetzt hat die Spannung zwischen der Welt, der das Zeichen selbst angehört, und dem, was durch dasselbe ausgedrückt wird, eine ganz neue Weite und Intensität erlangt und damit ist auch eine andere gesteigerte Bewußtheit des Zeichens erreicht. Auf der ersten Stufe der Betrachtung gehören Zeichen und Bezeichnetes gewissermaßen noch dersel-

---

[1] Dante, Convivio, Trattato secondo, cap. 1: „Le scritture si possono intendere e debbonsi sponere massimamente per quattro sensi. L'uno si chiama litterale, e questo è quello che non si distende piu oltre che la lettera propia ... L'altro si chiama allegorico, e questo è quello che si nasconde sotto il manto de queste favole, ed è una verità ascosa sotto bella menzogna ... Il terzo senso si chiama morale; e questo è quello che li lettori deono intentamente andare appostando per le scritture a utilità di loro e di loro discenti: siccome appostare si può nel Vangelio, quando Cristo salio lo monte per trasfigurarsi, che delli dodici Apostoli, ne menò seco li tre; in che moralmente si può intendere, che alle secretissime cose noi dovemo avere poca compagnia. Lo quarto senso si chiama anagogico, cioè sovra senso: e quest' è, quando spiritualmente si spone una scrittura, la quale, ancora nel senso litterale, eziandio per le cose significate, significa delle superne cose dell' eternale gloria; siccome veder si può in quel canto del Profeta, che dice, che nell' uscita del popolo d'Israele d'Egitto, la Giudea è fatta santa e libera. Che avvegna essere vero, secondo la lettera, si è manifesto, non meno è vero quello che spiritualmente s'intende, cioè che nell' uscita dell'anima del peccato, essa si è fatta santa e libera in sua potestade."

ben Ebene an: ein sinnliches „Ding", ein empirisches Geschehen weist auf ein anderes hin und dient ihm als Wahrzeichen und Vorbedeutung. Hier dagegen herrscht keine solche direkte Beziehung mehr, sondern nur noch eine durch die Reflexion vermittelte Beziehung. Die Form des „tropologischen" Denkens wandelt alles Dasein in einen bloßen Tropus, in eine Metapher um – aber die Auslegung dieser Metapher erfordert eine eigentümliche Kunst der religiösen „Hermeneutik", die das mittelalterliche Denken auf feste Regeln zu bringen sucht.

Um diese Regeln aufzustellen und um sie zur Anwendung und Durchführung zu bringen: dazu bedarf es freilich eines Punktes, an dem die Welt des geistigen transzendenten „Sinnes" und die Welt der em/pirisch-zeitlichen Wirklichkeit sich, trotz ihrer inneren Verschiedenheit und Gegensätzlichkeit, miteinander berühren – ja in dem sie sich unmittelbar durchdringen. Alle allegorisch-tropologische Deutung ist auf das Grundproblem der Erlösung, und damit auf die geschichtliche Wirklichkeit des Erlösers als festen Mittelpunkt bezogen. Alles zeitliche Werden, alles natürliche Geschehen und alles menschliche Tun empfängt erst von hier aus sein Licht: es ordnet sich zu einem sinnvollen Kosmos, indem es als notwendiges Glied in dem religiösen „Heilsplan" erscheint und sich ihm zweckvoll einfügt. Und von diesem einem geistigen Zentrum aus erweitert sich allmählich der Kreis der Deutung. Der höchste, der „anagogische" Sinn einer Textstelle oder eines bestimmten Geschehens ist aufgefunden, sobald es gelingt, in ihnen eine Hindeutung auf das Überirdische oder auf seine unmittelbare geschichtliche Erscheinung, auf die Kirche, zu finden[1]. Man sieht, alle noch so weitgehende „geistige" Auslegung, alle Spiritualisierung des natürlichen Seins ist hier an die Voraussetzung und an das Gegenmotiv gebunden, daß der Logos selbst in die Welt des Sinnlichen herabgestiegen ist, daß er sich in ihr in zeitlicher Einmaligkeit „inkarniert" hat. Aber schon die mittelalterliche Mystik setzt nun dieser Form der Allegorie einen anderen, neuen Sinn der Grundsymbole der christlichen Lehre entgegen. Sie hebt die zeitliche Einmaligkeit in Ewigkeit auf; sie entfernt aus dem reli-

---

[1] „Allegoria est, quando aliud sonat in littera et aliud in spiritu, ut quando per unum factum aliud intelligitur; quod si illud sit visibile, est simplex ἀλληγορία; si invisibile et caeleste, tunc dicitur ἀναγωγή, ut cum Christi praesentia vel Ecclesiae sacramenta verbis vel mysticis rebus designatur. Anagoge dicitur ... sensus, qui a visibilibus ad invisibilia ducit ... ad superiora sive ecclesiam ... et de praemio futuro et de futura vita disputans." Guilelmus Durandus, Rationale divinorum officiorum (1286), Prooem. fol. 2 a, zitiert nach Sauer, Symbolik des Kirchengebäudes, S. 52.

giösen Prozeß alles, was er an bloß historischem Gehalt in sich birgt. Der Prozeß der Erlösung wird in die Tiefe des Ich, in den Abgrund der Seele zurückverlegt, wo er sich ohne jede fremde Vermittlung, in unmittelbarer Korrelation von Ich und Gott und Gott und Ich vollzieht[1]. Und hier zeigt sich nun, wie der Sinn aller religiösen Grundbegriffe von der Eigenart und Richtung der Symbolik abhängt, die in ihnen lebendig ist – denn die neue Orientierung dieser Symbolik, die in der Mystik erfolgt, gibt jetzt jedem Einzelbegriff einen neuen Gehalt und gleichsam eine andere Stimmung und Tönung. Alles Sinnliche ist und bleibt Zeichen und Gleichnis – aber diesem/Zeichen haftet nichts mehr vom „Wunder" an, wenn man den Charakter des Wunders in seiner Besonderheit, in der einzelnen partikularen Offenbarung des Übersinnlichen sieht. Die eigentliche Offenbarung erfolgt in nichts Einzelnem mehr, sondern sie erfolgt im Ganzen: im Ganzen der Welt, wie in dem der menschlichen Seele[2].

Wir stehen damit vor einer Grundanschauung, deren volle Entwicklung und Ausbildung über die Grenzen des religiösen Bereichs hinausführt. Erst in der Geschichte des modernen philosophischen Idealismus hat die neue Ansicht des „Symbols", die in der Mystik durchbricht, ihre volle gedankliche Ausprägung erfahren. Leibniz knüpft an das Wort Eckharts, daß alles individuelle Sein ein „Fußstapfe Gottes" sei, ausdrücklich an: „In unserem Selbstwesen" – so heißt es in dem Aufsatz ‚von der wahren Theologia mystica' – „stecket eine Unendlichkeit, ein Fußstapf, ein Ebenbild der Allwissenheit und Allmacht Gottes[3]." Und von hier aus gestaltet sich ihm sein Weltbild der „Harmonie", die nicht auf irgendeiner Form des kausalen Einflusses, nicht auf einer Wechselwirkung der Einzelwesen, sondern auf ihrer ursprünglichen wechselweisen „Entsprechung" beruht. Jede Monade ist in sich ein durchaus Selbständiges und Abgeschlossenes: aber eben in

---

[1] Vgl. ob. S. 298.

[2] S. Albert Görland, Religionsphilosophie als Wissenschaft aus dem Systemgeiste des kritischen Idealismus, S. 263 f.; „Dieser Religion ... wird jedwedes ‚Ding' ein ‚Fußstapfe Gottes' zum Ich hin, ein Fußstapfe des Ich zu Gott hin. Und also ist ‚Welt' nichts anderes als die Wegweite, auf der sich die ‚Nähe Gottes' ergebt ... Diese Bezogenheit bedeutet das religiose Wort ‚Welt'. Und ist die Bezogenheit von Ich und Gott die Ewigkeit, die Bezogenheit von Ich und Welt die Zeitlichkeit, so bedeutet Welt, als das totale Inmitten von Gott und Ich, Findung der Ewigkeit in der Zeitlichkeit, der Zeitlichkeit in der Ewigkeit ... In aller Religion, in klarster Form ... in der deutschen Mystik eines Eckehart liegen die Zeugen vor, daß die Forderung totaler Heiligung der Welt aus dem tiefsten Grunde religiösen Erlebens aufsteigt."

[3] S. Leibniz, Deutsche Schriften, hg. von Guhrauer, Berlin 1838, I, 411.

dieser Eigenheit und Abgeschlossenheit ist sie der lebendige „Spiegel des Universums", das sie, je nach ihrem besonderen Gesichtspunkt, ausdrückt. Hier stellt sich daher eine Art der Symbolik her, die den Gedanken der durchgreifenden und lückenlosen Gesetzlichkeit alles Seins und Geschehens nicht ausschließt, sondern einschließt, ja die wesentlich auf eben diesem Gedanken beruht. Das Zeichen hat alle Partikularität und Zufälligkeit endgültig von sich abgestreift; es ist zum reinen Ausdruck einer allgemeinen Ordnung geworden. Im System der universellen Harmonie gibt es keine „Wunder" mehr: wohl aber bedeutet die Harmonie selbst das dauernde und allgemeine Wunder, das / alle besonderen in sich aufhebt und sie dadurch „absorbiert"[1]. Das Geistige greift nicht mehr in das Sinnliche ein, um sich in ihm ein einzelnes Abbild oder Analogon zu schaffen, in dem es sich manifestiert – sondern die Gesamtheit des Sinnlichen ist das eigentliche Feld der Offenbarung des Geistigen. „*Toute la nature*" – so schreibt Leibniz an Bossuet – „*est pleine de miracles, mais de miracles de raison*[2]." So hat sich hier zwischen dem „Symbolischen" und dem „Rationalen" eine neue und eigentümliche Synthese vollzogen. Der Sinn der Welt erschließt sich uns erst, wenn wir uns zu einem Standpunkt erheben, von dem aus wir alles Sein und alles Geschehen zugleich als rational und als symbolisch ansehen – wie denn selbst Leibniz' Logik durch die Vermittlung des Gedankens der „allgemeinen Charakteristik" mit seiner Auffassung des Symbolischen aufs innigste verknüpft und von ihr durchdrungen ist.

Ihre Fortbildung, ihre systematische Weiterführung und Begründung hat sodann diese Grundansicht, innerhalb der neueren Religionsphilosophie, durch Schleiermacher erfahren. Schleiermachers „Reden über die Religion" nehmen das Problem genau in der Fassung auf, die Leibniz ihm gegeben hatte. Und eben dieser ideelle und geistesgeschichtliche Zusammenhang ist es, kraft dessen Schleiermachers Religion des „Universums" über die Form eines bloß naturalistischen „Pantheismus" hinauswächst. Alles Einzelne als einen Teil des Ganzen, alles Beschränkte als eine Darstellung des Unendlichen hinnehmen, das ist nach Schleiermacher Religion. Aber der Raum und die Masse machen nicht die Welt aus und sind somit nicht der Stoff der Religion – in ihnen die Unendlichkeit suchen ist

---

[1] Leibniz, Réponse aux réflexions de Bayle (Philos. Schriften, hg. von Gerhardt, IV, 557): „Le merveilleux universel fait cesser et absorbe, pour ainsi dire, le merveilleux particulier, parce qu'il en rend raison".

[2] Oeuvres, publ. par Foucher de Careil, I, 277.

eine kindische Denkungsart. ,,Was in der Tat den religiösen Sinn anspricht in der äußeren Welt, das sind nicht ihre Massen, sondern ihre Gesetze." Und eben diese Gesetze sind es auch, in denen der echte und wahrhafte, der eigentlich religiöse Sinn des Wunders beschlossen liegt. ,,Was ist denn ein Wunder! – sagt mir doch, in welcher Sprache ... es denn etwas anderes heißet, als ein Zeichen, eine Andeutung? Und so besagen alle jene Ausdrücke nichts als die unmittelbare Beziehung einer Erscheinung aufs Unendliche, aufs Universum; schließt das aber aus, daß es nicht eine ebenso unmittelbare aufs Endliche und auf die Natur gibt? Wunder ist nur der religiöse Name für Begebenheit; jede, auch die allernatürlichste, sobald sie sich dazu eignet, daß die religiöse Ansicht von ihr die herrschende sein kann, ist ein Wunder[1]." Hier stehen wir an dem Gegenpol jener ursprünglichen Auffassung, nach der das Symbolische ein objektiv-Reales, ein unmittelbar-Gottgewirktes, ein Mysterium bedeutete[2]. Denn die religiöse Bedeutsamkeit eines Geschehens hängt jetzt nicht mehr von seinem Inhalt, sondern rein von seiner Form ab: nicht was es ist und woher es unmittelbar stammt, sondern der geistige Aspekt, unter den es tritt, die ,,Beziehung" auf das Universum, die es im religiösen Gefühl und im religiösen Gedanken erhält, gibt ihm seinen Charakter als Symbol. In dem Hin und Wider, in der lebendigen Oszillation zwischen diesen beiden Grundauffassungen besteht jene Bewegung des religiösen Geistes, in der sich erst seine eigene Form, nicht sowohl als ruhende Gestalt, als vielmehr als eine eigentümliche Weise der Gestaltung konstituiert. Hier zeigt sich jene Korrelation von ,,Sinn" und ,,Bild", wie jener Konflikt zwischen ihnen, die beide tief im Wesen des symbolischen, des sinn-bildlichen Ausdrucks überhaupt gegründet sind. Auf der einen Seite erweist sich schon die niederste, die primitivste mythische Gestaltung als Sinnträger: denn sie steht schon im Zeichen jener Ur-Teilung, die die Welt des ,,Heiligen" aus der des ,,Profanen" herausarbeitet und sie gegen sie abgrenzt. Und andererseits bleibt auch die höchste ,,Wahrheit" des Religiösen dem sinnlichen Dasein – dem Dasein der Bilder wie dem der Dinge – verhaftet. Sie muß in dieses Dasein, das sie ihrem letzten ,,intelligiblen" Ziele nach von sich abzustoßen und auszustoßen strebt, ständig von neuem ein- und untertauchen, weil sie nur an ihm ihre Äußerungsform und somit ihre konkrete Wirklichkeit und Wirksamkeit besitzt. Wie Platon von den Begriffen, von der Welt der

---

[1] Schleiermacher, Reden über die Religion, Zweite Rede, Jubil.-Ausg. von Rudolf Otto, Göttingen 1899, S. 33, 47, 66.
[2] S. ob. S. 297.

theoretischen Erkenntnis sagt, daß das Auseinandergehen des Einen in das Viele und die Rückkehr des Vielen zum Einen hier weder Anfang noch Ende habe, sondern daß es immer war und ist und sein wird als ein „unsterbliches und nie alterndes Begegnis" unseres Denkens und Redens selbst – so gehört das Ineinander und Gegeneinander von „Sinn" und „Bild" zu den Wesensbedingungen des Religiösen. Könnte an Stelle dieses In- und Gegeneinander jemals das reine und völlige Gleichgewicht treten, so wäre damit auch die innere Spannung der Religion/aufgehoben, auf der ihre Bedeutung als „symbolische Form" beruht. Die Forderung dieses Gleichgewichts weist somit in eine andere Sphäre. Erst wenn wir von der mythischen Bildwelt und von der Welt des religiösen Sinnes auf die Sphäre der Kunst und des künstlerischen Ausdrucks herüberblicken, zeigt sich der Gegensatz, der die Entwicklung des religiösen Bewußtseins beherrscht, wenn nicht aufgehoben, so doch gewissermaßen beruhigt und beschwichtigt. Denn eben dies bezeichnet die Grundrichtung des Ästhetischen, daß hier das Bild rein als solches anerkannt bleibt, daß es, um seine Funktion zu erfüllen, nichts von sich selbst und seinem Gehalt aufzugeben braucht. Der Mythos sieht im Bilde immer zugleich ein Stück substantieller Wirklichkeit, einen Teil der Dingwelt selbst, der mit gleichen oder höheren Kräften wie diese ausgestattet ist. Die religiöse Auffassung strebt von dieser ersten magischen Ansicht zu immer reinerer Vergeistigung fort. Und doch sieht auch sie sich immer wieder an einen Punkt geführt, an dem die Frage nach ihrem Sinn- und Wahrheitsgehalt in die Frage nach der Wirklichkeit ihrer Gegenstände umschlägt, an dem sich, hart und schroff, das Problem der „Existenz" vor ihr aufrichtet. Das ästhetische Bewußtsein erst läßt dieses Problem wahrhaft hinter sich. Indem es sich von Anfang an der reinen „Betrachtung" überläßt, indem es die Form des Schauens im Unterschied und Gegensatz zu allen Formen des Wirkens ausbildet, gewinnen nunmehr die Bilder, die in diesem Verhalten des Bewußtseins entworfen werden, erst eine rein immanente Bedeutsamkeit. Sie bekennen sich der empirisch-realen Wirklichkeit der Dinge gegenüber als „Schein": aber dieser Schein hat seine eigene Wahrheit, weil er seine eigene Gesetzlichkeit besitzt. In dem Rückgang auf diese Gesetzlichkeit ersteht zugleich eine neue Freiheit des Bewußtseins: das Bild wirkt jetzt nicht mehr als ein Selbständig-Dingliches auf den Geist zurück, sondern es ist für ihn zum reinen Ausdruck der eigenen schöpferischen Kraft geworden.

## SEITENVERGLEICH DER VORLIEGENDEN AUSGABE
## MIT DER ERSTEN AUFLAGE

(Seite 3 vorliegende Auflage = Seite *3, 4* erste Auflage)

| | | | | | | | | | |
|---|---|---|---|---|---|---|---|---|---|
| 1 | *1* | 41 | *41,42* | 81 | *81,82* | 121 | *124,125* | 161 | *165,166* |
| 2 | *2* | 42 | *42,43* | 82 | *82,83* | 122 | *125,126* | 162 | *166,167* |
| 3 | *3,4* | 43 | *43,44* | 83 | *83,84* | 123 | *126,127* | 163 | *167,168* |
| 4 | *4,5* | 44 | *44,45* | 84 | *84,85* | 124 | *127,128* | 164 | *168,169* |
| 5 | *5,6* | 45 | *45,46* | 85 | *85,86* | 125 | *128,129* | 165 | *169,170* |
| 6 | *6,7* | 46 | *46,47* | 86 | *86,87* | 126 | *129,130* | 166 | *170,171* |
| 7 | *7,8* | 47 | *47,48* | 87 | *87,88* | 127 | *130,131* | 167 | *171,172* |
| 8 | *8,9* | 48 | *48,49* | 88 | *88,89* | 128 | *131,132* | 168 | *172,173* |
| 9 | *9,10* | 49 | *49,50* | 89 | *89,90* | 129 | *132,133* | 169 | *173,174* |
| 10 | *10,11* | 50 | *50,51* | 90 | *90,91* | 130 | *133,134* | 170 | *174,175* |
| 11 | *11,12* | 51 | *51,52* | 91 | *93* | 131 | *134,135* | 171 | *175,176* |
| 12 | *12,13* | 52 | *52,53* | 92 | *94* | 132 | *135,136* | 172 | *176,177,178* |
| 13 | *13,14* | 53 | *53,54* | 93 | *95,96* | 133 | *136,137* | 173 | *178,179* |
| 14 | *14,15* | 54 | *54,55* | 94 | *96,97* | 134 | *137,138* | 174 | *179,180* |
| 15 | *15,16* | 55 | *55,56* | 95 | *97,98* | 135 | *138,139* | 175 | *180,181* |
| 16 | *16,17* | 56 | *56,57* | 96 | *98,99* | 136 | *139,140* | 176 | *181,182* |
| 17 | *17,18* | 57 | *57,58* | 97 | *99,100* | 137 | *140,141* | 177 | *182,183* |
| 18 | *18,19* | 58 | *58,59* | 98 | *100,101* | 138 | *141,142* | 178 | *183,184* |
| 19 | *19,20* | 59 | *59,60* | 99 | *101,102* | 139 | *142,143* | 179 | *184,185* |
| 20 | *20,21* | 60 | *60,61* | 100 | *102,103* | 140 | *143,144,145* | 180 | *185,186* |
| 21 | *21,22* | 61 | *61,62* | 101 | *103,104* | 141 | *145,146* | 181 | *186,187* |
| 22 | *22,23* | 62 | *62,63* | 102 | *104,105* | 142 | *146,147* | 182 | *187,188* |
| 23 | *23,24* | 63 | *63,64* | 103 | *105,106* | 143 | *147,148* | 183 | *189* |
| 24 | *24,25* | 64 | *64,65* | 104 | *107,108* | 144 | *148,149* | 184 | *190* |
| 25 | *25,26* | 65 | *65,66* | 105 | *108,109* | 145 | *149,150* | 185 | *191,192* |
| 26 | *26,27* | 66 | *66,67* | 106 | *109,110* | 146 | *150,151* | 186 | *192,193* |
| 27 | *27,28* | 67 | *67,68* | 107 | *110,111* | 147 | *151,152* | 187 | *193,194* |
| 28 | *28,29* | 68 | *68,69* | 108 | *111,112* | 148 | *152,153* | 188 | *194,195* |
| 29 | *29,30* | 69 | *69,70* | 109 | *112,113* | 149 | *153,154* | 189 | *195,196* |
| 30 | *30,31* | 70 | *70,71* | 110 | *113,114* | 150 | *154,155* | 190 | *196,197* |
| 31 | *31,32* | 71 | *71,72* | 111 | *114,115* | 151 | *155,156* | 191 | *197,198* |
| 32 | *32,33* | 72 | *72,73* | 112 | *115,116* | 152 | *156,157* | 192 | *198,199* |
| 33 | *33,34* | 73 | *73,74* | 113 | *116,117* | 153 | *157,158* | 193 | *199,200* |
| 34 | *34,35* | 74 | *74,75* | 114 | *117,118* | 154 | *158,159* | 194 | *200,201* |
| 35 | *35,36* | 75 | *75,76* | 115 | *118,119* | 155 | *159,160* | 195 | *201,202* |
| 36 | *36* | 76 | *76,77* | 116 | *119,120* | 156 | *160,161* | 196 | *202,203* |
| 37 | *37* | 77 | *77* | 117 | *120,121* | 157 | *161,162* | 197 | *203,204* |
| 38 | *38* | 78 | *78,79* | 118 | *121,122* | 158 | *162,163* | 198 | *204,205* |
| 39 | *39,40* | 79 | *79,80* | 119 | *122,123* | 159 | *163,164* | 199 | *205,206* |
| 40 | *40,41* | 80 | *80,80* | 120 | *123,124* | 160 | *164,165* | 200 | *206,207* |

| | | | | | | | |
|---|---|---|---|---|---|---|---|
| 201 | 207,208 | 229 | 236,237 | 257 | 265,266 | 285 | 293,294 |
| 202 | 208,209 | 230 | 237,238 | 258 | 266,267 | 286 | 294,295 |
| 203 | 209,210 | 231 | 238,239 | 259 | 267,268 | 287 | 295,296 |
| 204 | 210,211 | 232 | 239,240 | 260 | 268,269 | 288 | 296,297 |
| 205 | 211,212 | 233 | 240,241 | 261 | 269 | 289 | 297,298 |
| 206 | 212,213 | 234 | 241,242 | 262 | 270,271 | 290 | 298,299 |
| 207 | 213,214 | 235 | 242,243 | 263 | 271,272 | 291 | 299,300 |
| 208 | 214,215 | 236 | 243,244 | 264 | 272,273 | 292 | 300,301 |
| 209 | 216,217 | 237 | 244,245 | 265 | 273,274 | 293 | 301,302 |
| 210 | 217,218 | 238 | 245,246 | 266 | 274,275 | 294 | 302,303 |
| 211 | 218,219 | 239 | 246,247 | 267 | 275,276 | 295 | 303,304 |
| 212 | 219,220 | 240 | 247,248 | 268 | 276,277 | 296 | 304,305 |
| 213 | 220,221 | 241 | 248,249 | 269 | 277,278 | 297 | 305,306 |
| 214 | 221,222 | 242 | 249,250 | 270 | 278,279 | 298 | 306,307 |
| 215 | 222,223 | 243 | 250,251 | 271 | 179,280 | 299 | 307,308 |
| 216 | 223,224 | 244 | 251,252 | 272 | 280,281 | 300 | 308,309 |
| 217 | 224,225 | 245 | 252,253 | 273 | 281,282 | 301 | 309,310 |
| 218 | 225,226 | 246 | 253,254 | 274 | 282,283 | 302 | 310,311 |
| 219 | 226 | 247 | 254,255 | 275 | 283,284 | 303 | 311,312 |
| 220 | 226,227,228 | 248 | 255,256 | 276 | 284,285 | 304 | 312,313 |
| 221 | 228,229 | 249 | 256,257 | 277 | 285 | 305 | 313,314 |
| 222 | 229,230 | 250 | 257,258 | 278 | 286 | 306 | 314,315 |
| 223 | 230 | 251 | 258,259 | 279 | 287 | 307 | 315,316 |
| 224 | 231,232 | 252 | 259,260,261 | 280 | 288 | 308 | 316,317 |
| 225 | 232,233 | 253 | 261 | 281 | 289,290 | 309 | 317,318 |
| 226 | 233,234 | 254 | 261,262 | 282 | 290,291 | 310 | 318,319 |
| 227 | 234,235 | 255 | 262,263,264 | 283 | 291,292 | 311 | 319,320 |
| 228 | 235,236 | 256 | 264,265 | 284 | 292,293 | | |